电子电气基础课程系列教材

U0656124

微机原理与接口技术

熊军华　王赛爽　主　编
康　义　杨　杰　王亭岭　周　玉　副主编

电子工业出版社
Publishing House of Electronics Industry
北京·BEIJING

内 容 简 介

本书从微机系统应用的角度出发，系统介绍微型计算机的组成和工作原理，以及常用接口技术及应用等。全书共 10 章，包括微型计算机概述、80x86 微处理器及其系统、8086/8088 指令系统、汇编语言程序设计、存储器、输入/输出接口与总线、中断系统、定时/计数器与 DMA 控制器、并行接口与串行接口、A/D 和 D/A 转换通道。

本书内容全面、实用性强，原理、技术与应用并重，可作为高等院校计算机类、电子信息类与电气类各专业本科生的教材，也可作为研究生教材或供有关工程技术人员参考使用。

图书在版编目（CIP）数据

微机原理与接口技术 / 熊军华，王赛爽主编.

北京 ：电子工业出版社，2024. 7. -- ISBN 978-7-121
-48343-1

Ⅰ．TP36

中国国家版本馆 CIP 数据核字第 2024M3H006 号

责任编辑：凌　毅　　文字编辑：李晓彤

印　　刷：涿州市京南印刷厂
装　　订：涿州市京南印刷厂
出版发行：电子工业出版社
　　　　　北京市海淀区万寿路 173 信箱　邮编　100036
开　　本：787×1 092　1/16　印张：17　字数：436 千字
版　　次：2024 年 7 月第 1 版
印　　次：2024 年 7 月第 1 次印刷
定　　价：59.80 元

前　言

自 20 世纪 70 年代初第一代微型计算机问世以来，微型计算机技术迅猛发展，尤其是在以 Intel（英特尔）8086/8088 为 CPU 的 16 位 IBM PC（Personal Computer，个人计算机）诞生以后，又相继出现了以 Intel 80386、80486 为 CPU 的 32 位 PC。如今，以 Core（酷睿）系列为 CPU 的高性能微型计算机早已普及。尽管目前使用较多的是高性能的 32 位或 64 位微型计算机，但由于 8086 的典型性和后来的 80x86 系列微处理器对它的兼容性，8086 微机系统仍为初学者的最佳首选。所以本书仍以 16 位的 8086 为主线，系统介绍微处理器的结构、指令系统概念、程序设计方法、存储器接口、各类可编程接口芯片和总线等相关知识。同时，简要介绍 32 位微机系统的基本工作原理。尽管目前使用的计算机中分立的接口芯片已很难找到，但在主板的芯片组中都有相应功能的实现，因此本书仍然分章独立讲述各接口及接口芯片相关知识。

"微机原理与接口技术"作为电类本科专业的一门重要专业基础课，是提高学生微型计算机应用与开发能力的重要课程。通过对本课程的学习，学生可以从理论与实践上掌握微型计算机的组成和工作原理，掌握汇编语言程序设计和微机常用接口技术，掌握接口电路的设计与编程方法，建立微机系统整体概念，了解微型计算机的新技术和新理论。本课程具有实践性强的特点，程序设计能力只有在编写程序及调试的过程中才能得以加强，学习者应多上机调试程序，去真正体会编程的乐趣。

参加本书编写的有浙江水利水电学院熊军华和华北水利水电大学王赛爽、康义、杨杰、王亭岭、周玉等，均为多年在"微机原理及应用""微机原理与接口技术"等课程教学第一线的教师。熊军华、王赛爽任主编，康义、杨杰、王亭岭、周玉任副主编。全书共 10 章，熊军华编写了第 1 章和第 2 章，王亭岭和周玉共同编写了第 3 章、第 4 章及附录，王赛爽编写了第 5 章和第 6 章，杨杰编写了第 7 章和第 8 章，康义编写了第 9 章和第 10 章并参与了课后习题的审定。全书由熊军华和王赛爽统稿、定稿，由浙江水利水电学院罗云霞教授审阅。

本书配有电子课件、题库及解答等教学资源，读者可以登录华信教育资源网（www.hxedu.com.cn）免费下载。另外，读者也可到"中国大学 MOOC"上学习与本书配套的在线课程。

在本书编写的过程中，参考了大量国内外文献，在此对文献作者表示真挚的感谢！由于编者水平有限，书中难免存在一些疏漏和不当之处，敬请同行和各位读者朋友批评指正。

编　者

2024 年 3 月

目　　录

第 1 章　微型计算机概述 ··· 1

1.1　计算机的发展 ··· 1

　　1.1.1　计算机的诞生 ·· 1

　　1.1.2　微处理器的发展 ·· 2

　　1.1.3　我国微处理器的发展 ··· 6

　　1.1.4　新型微处理器简介 ··· 7

1.2　微型计算机系统 ·· 9

　　1.2.1　计算机的工作原理 ··· 9

　　1.2.2　系统组成与结构 ··· 10

　　1.2.3　微型计算机分类 ··· 12

　　1.2.4　微型计算机的性能指标 ·· 13

1.3　微型计算机的运算基础 ··· 14

　　1.3.1　无符号数的表示方法 ··· 15

　　1.3.2　数制的转换与运算 ·· 16

　　1.3.3　有符号数的表示及运算 ·· 17

　　1.3.4　计算机中的定点数和浮点数 ·· 18

　　1.3.5　计算机中的编码 ··· 19

　　思考与练习 ··· 20

第 2 章　80x86 微处理器及其系统 ··· 21

2.1　8086 微处理器 ·· 21

　　2.1.1　8086 微处理器的逻辑结构 ·· 21

　　2.1.2　8086/8088 CPU 的内部寄存器 ·· 23

　　2.1.3　8086/8088 CPU 的引脚功能 ·· 27

　　2.1.4　8086/8088 CPU 的工作方式 ·· 27

2.2　80386 微处理器 ·· 28

　　2.2.1　80386 的内部结构 ·· 28

　　2.2.2　80386 的寄存器 ··· 29

　　2.2.3　80386 的工作方式 ·· 30

　　2.2.4　80386 的存储器管理 ··· 31

2.3　高性能微处理器 ·· 33

　　2.3.1　Pentium 处理器 ··· 33

　　2.3.2　Pentium 处理器的技术特点 ··· 34

　　2.3.3　Pentium 处理器的发展 ··· 35

　　2.3.4　多核微处理器 ··· 36

2.4　80x86 微型计算机系统 ·· 37

2.4.1　微型计算机系统主板 ·· 37

2.4.2　80x86 典型芯片组 440BX ······································ 38

2.4.3　BIOS 功能与设置 ··· 39

思考与练习 ·· 40

第 3 章　8086/8088 指令系统 ····································· 42

3.1　概述 ·· 42

3.1.1　指令的基本构成 ··· 43

3.1.2　指令的执行时间 ··· 44

3.2　寻址方式 ·· 45

3.2.1　立即寻址 ··· 45

3.2.2　寄存器寻址 ··· 46

3.2.3　直接寻址 ··· 46

3.2.4　寄存器间接寻址 ··· 47

3.2.5　寄存器相对寻址 ··· 48

3.2.6　基址-变址寻址 ·· 49

3.2.7　基址-变址相对寻址 ·· 50

3.2.8　隐含寻址 ··· 51

3.3　8086/8088 指令系统 ·· 51

3.3.1　数据传送类指令 ··· 51

3.3.2　算术运算指令 ··· 62

3.3.3　逻辑运算和移位指令 ··· 72

3.3.4　串操作指令 ··· 78

3.3.5　程序控制指令 ··· 83

3.3.6　处理器控制指令 ··· 94

思考与练习 ·· 95

第 4 章　汇编语言程序设计 ······································· 97

4.1　汇编语言概述 ·· 97

4.2　汇编语言源程序的结构及组成 ···································· 98

4.2.1　汇编语言源程序的基本结构 ··································· 98

4.2.2　汇编语言语句的类型和组成 ··································· 99

4.3　伪操作指令 ·· 102

4.3.1　处理器方式伪指令 ··· 103

4.3.2　数据定义伪指令 ··· 103

4.3.3　符号定义伪指令 ··· 104

4.3.4　段定义伪指令 ··· 105

4.3.5　过程定义伪指令 ··· 106

4.3.6　模块定义与结束伪指令 ······································· 106

4.3.7　宏处理伪指令 ··· 107

4.3.8　模块连接伪指令 ··· 107

4.4　汇编程序的功能及汇编过程 ······································ 108

4.4.1　汇编程序的功能 ··· 108

    4.4.2　程序的编辑、汇编及连接过程 ·················· 108

    4.4.3　常用的汇编调试方法 ·················· 110

  4.5　汇编语言程序设计方法及应用 ·················· 112

    4.5.1　概述 ·················· 112

    4.5.2　顺序结构程序设计 ·················· 113

    4.5.3　分支结构程序设计 ·················· 113

    4.5.4　循环结构程序设计 ·················· 114

    4.5.5　子程序设计 ·················· 116

    4.5.6　宏定义与使用 ·················· 119

    4.5.7　系统功能调用 ·················· 120

  4.6　汇编语言与 C/C++语言的接口 ·················· 127

  思考与练习 ·················· 129

第 5 章　存储器 ·················· 130

  5.1　概述 ·················· 130

    5.1.1　存储器的分类 ·················· 130

    5.1.2　存储器芯片的主要技术指标 ·················· 132

  5.2　随机存储器（RAM） ·················· 133

    5.2.1　存储器系统的结构 ·················· 133

    5.2.2　静态 RAM（SRAM） ·················· 135

    5.2.3　动态 RAM（DRAM） ·················· 141

    5.2.4　存储器扩展技术 ·················· 147

    5.2.5　存储器与系统的连线 ·················· 150

  5.3　只读存储器（ROM） ·················· 150

    5.3.1　掩膜 ROM（MROM） ·················· 150

    5.3.2　可编程 ROM（PROM） ·················· 151

    5.3.3　可擦除的 PROM ·················· 152

    5.3.4　闪存 ·················· 156

  5.4　存储器的分级体系 ·················· 157

    5.4.1　存储器的分级结构 ·················· 157

    5.4.2　高速缓存系统 ·················· 158

  思考与练习 ·················· 161

第 6 章　输入/输出接口与总线 ·················· 162

  6.1　接口概述 ·················· 162

    6.1.1　I/O 接口中的信息 ·················· 162

    6.1.2　I/O 接口的结构 ·················· 163

    6.1.3　I/O 接口的功能 ·················· 163

    6.1.4　I/O 端口的编址方式 ·················· 164

  6.2　CPU 与外设之间的数据传输方式 ·················· 164

    6.2.1　程序控制方式 ·················· 164

    6.2.2　中断方式 ·················· 166

    6.2.3　DMA 方式 ·················· 167

6.3 微型计算机中的总线·····168
6.3.1 总线定义·····168
6.3.2 总线分类·····168
6.3.3 总线周期·····168
6.3.4 总线的操作过程·····169
6.3.5 常用系统总线和外设总线标准·····170
思考与练习·····175

第7章 中断系统·····176
7.1 中断的基本概念·····176
7.1.1 中断、中断源及中断系统·····176
7.1.2 中断处理过程·····177
7.1.3 中断嵌套·····178
7.2 80x86 中断系统·····178
7.2.1 外部中断·····179
7.2.2 内部中断·····180
7.2.3 中断向量和中断向量表·····181
7.2.4 80x86 中断响应过程·····182
7.3 可编程中断控制器 8259A·····184
7.3.1 8259A 的功能·····184
7.3.2 8259A 的内部结构和引脚功能·····184
7.3.3 8259A 的引脚及功能·····186
7.3.4 8259A 的工作方式·····186
7.3.5 8259A 的级联·····187
7.3.6 8259A 的编程·····188
7.3.7 8259A 在微机系统中的应用·····192
思考与练习·····194

第8章 定时/计数器与 DMA 控制器·····196
8.1 可编程定时/计数器 8253·····196
8.1.1 定时/计数器的工作原理·····196
8.1.2 8253 的功能与结构·····197
8.1.3 8253 的控制字·····198
8.1.4 8253 的工作方式与工作时序·····200
8.1.5 8253 的初始化编程及应用·····203
8.2 DMA 控制器 8237A·····205
8.2.1 DMA 的基本原理·····205
8.2.2 8237A 的内部结构和引脚·····206
8.2.3 8237A 的工作方式和传输类型·····210
8.2.4 8237A 的初始化编程及应用·····211
思考与练习·····212

第9章 并行接口与串行接口·····214
9.1 可编程并行接口芯片 8255A·····214

9.1.1 并行接口概述 ·· 214

9.1.2 8255A 的内部结构与引脚 ·· 214

9.1.3 8255A 的控制字 ··· 216

9.1.4 8255A 的工作方式 ··· 217

9.1.5 8255A 的应用 ··· 219

9.2 可编程串行接口芯片 8251A ··· 221

9.2.1 串行通信的基本概念 ·· 221

9.2.2 8251A 的功能及结构 ··· 225

9.2.3 8251A 的控制命令 ··· 228

9.2.4 8251A 的初始化编程与应用 ·· 229

思考与练习 ·· 233

第 10 章 A/D 和 D/A 转换通道 ··· 234

10.1 模拟量输入和输出通道 ··· 234

10.1.1 模拟量输入通道组成 ·· 234

10.1.2 模拟量输出通道组成 ·· 235

10.2 D/A 转换及其接口 ·· 235

10.2.1 D/A 转换的主要性能参数 ··· 235

10.2.2 D/A 转换器的输入/输出特性 ··· 235

10.2.3 D/A 转换器的工作原理 ·· 236

10.2.4 D/A 转换器芯片 DAC0832 ·· 238

10.3 A/D 转换及其接口 ·· 240

10.3.1 A/D 转换的基本概念 ·· 240

10.3.2 A/D 转换器的工作原理 ·· 242

10.3.3 典型 A/D 转换器介绍 ·· 243

思考与练习 ·· 246

附录 A ASCII 字符集 ·· 247

附录 B 8086/8088 指令系统一览表 ·· 249

附录 C 通用汇编程序伪指令 ·· 253

附录 D 常用 DOS 功能调用（INT 21H） ··· 255

附录 E 常用 ROM BIOS 功能调用 ··· 258

参考文献 ··· 261

第1章　微型计算机概述

计算机技术是 20 世纪发展最迅速、普及程度最高、应用最广泛的科学技术之一。经过 60 多年的发展，计算机已经渗透到国民经济和社会生活的各个领域，极大地改变着人们的工作和生活方式，并转化为推动社会进步的巨大生产力。微机原理与接口技术是学习和使用微型计算机（简称微机）的基础。

本章主要介绍计算机的发展、微型计算机系统的组成和微型计算机的运算基础。重点学习内容为微型计算机系统的组成与工作原理、微处理器的性能评价指标和计算机中的数制转换及其运算。

1.1　计算机的发展

1.1.1　计算机的诞生

计算机的设计思想由来已久，到了 19 世纪已经日渐成熟。英国皇家学会会员、剑桥大学数学教授查尔斯·巴贝奇（Charles Babbage，1792—1871）最早提出，人类可以制造出通用的计算机来代替大脑计算复杂的数学问题。巴贝奇将他设想的通用计算机命名为分析机。当时并没有电子技术的应用，于是，巴贝奇的设想就架构在当时日趋成熟的机械技术上。

"分析机"的思想过于超前，研究工作历经千辛万难，甚至被世人耻笑。英国著名诗人拜伦的女儿爱达·拉夫拉斯伯爵夫人是当时唯一能理解巴贝奇的人。她也是世界计算机先驱中的第一位女性。她帮助巴贝奇研究分析机，建议用二进制数代替原来的十进制数。她还指出，分析机可以像雅阁织布机一样编程，并发现了编程的要素。她还为某些计算开发了一些指令，并预言计算机总有一天会能够演奏音乐。

由于当初的技术水平实在低弱，"分析机"最终没能成功，但是计算机的思想及二进制运算的雏形得到了现代科学家的普遍认同。1981 年，美国国防部花了 10 年时间研制了一种计算机全功能混合语言，并将其作为军方数千种计算机的标准语言。为了纪念爱达·拉夫拉斯伯爵夫人，这种语言被正式命名为 Ada 语言，并赞誉她是"世界上第一位软件工程师"。

巴贝奇逝世 75 年之后，1946 年 2 月 14 日，世界上公认的第一台电子计算机 ENIAC（Electronic Numerical Integrator and Computer）由美国宾夕法尼亚大学研制成功。ENIAC 占地面积为 $150m^2$，重达 30000kg，使用了 18000 多个电子管，功率为 150kW，运算速度为 5000 次/秒。今天看来，ENIAC 体积庞大，运行效率不高，且采用十进制运算，输入和更换程序十分不便，但它的问世开创了计算机科学技术的新纪元。ENIAC 的发明者继承了 ABC 计算机（阿塔纳索夫设计）的主要构想。因此，ABC 计算机有时也被认为是世界上第一台电子计算机。

1947 年，贝尔实验室威廉·肖克利（William Shockley，1910—1989）博士发明了被誉为"20 世纪最伟大发明"的晶体管。晶体管与电子管相比体积小、功耗低、载流子运动速度快，它开辟了电子时代的新纪元。

1949 年，英国剑桥大学数学实验室率先制成电子离散时序自动计算机（Electronic Discrete Sequential Automatic Computer，EDSAC），EDSAC 是世界上第一台采用冯·诺依曼体系结构的计算机。

此后 60 多年，计算机的发展日新月异，至今已经历了电子管计算机、晶体管计算机、集成电路计算机和（超）大规模集成电路计算机四代的发展。表 1-1 简要地描述了这一发展历程。

表 1-1   计算机的发展历程

计算机时代		年份	存储器	重要特征
第一代	电子管时代	1946—1957	磁鼓存储器	机器语言
第二代	晶体管时代	1958—1963	磁芯存储器	发展到高级语言
第三代	集成电路时代	1964—1970	半导体存储器	发展到总线结构
第四代	（超）大规模集成电路	1971 年至今	半导体存储器	发展到微处理器

由于社会的需求和发展，在 20 世纪 70 至 80 年代，派生出大小不一、花样繁多的各种类型的计算机。人们按计算机的规模、性能、用途和价格等特征来分类，把计算机分为巨、大、中、小、微型计算机。20 世纪 90 年代后，计算机的发展趋势为：一方面向着高速、大容量、智能化的超级巨型机的方向发展；另一方面向着微型机的方向发展。

1.1.2   微处理器的发展

电子计算机的诞生、发展和应用普及是 20 世纪科学技术的卓越成就。计算机技术对其他科学技术发展的推动作用和对整个人类生活的影响是前所未有的。在当今信息化、网络化的时代，计算机已成为人们工作和生活中不可缺少的基本工具。

在计算机中，人们接触最多的是微型计算机。微型计算机诞生于 20 世纪 70 年代，是大规模集成电路发展的产物，是计算机向微型化发展的一个重要分支，它的发展是以微处理器的发展为主要标志的。将计算机中的运算器和控制器集成在一片硅片上制成的集成电路作为微型计算机的中央处理器（Central Processing Unit，CPU），称为微处理器。微型计算机是以微处理器为核心，再配上适量内存、接口电路和外部设备组成的。

1. 第一代微处理器（1971—1973）

1971 年，Intel（英特尔）公司的工程师霍夫发明了世界上第一个商用微处理器 4004。这一发明被当作具有全球 IT 界里程碑意义的事件而永远地载入史册，标志着第一代微处理器的问世，微处理器和微机时代从此开始。4004 当时只有 2300 只晶体管，是个 4 位系统，时钟频率为 108kHz，每秒执行 60000 条指令，即 0.06MIPS（百万条指令每秒）。其功能比较弱，且计算速度较慢，只能用在 Busicom 计算器上。紧接着又发明了微处理器 8008。8008 可一次处理 8 位二进制数据，可寻址内存空间为 16KB，共有 48 条指令。

2. 第二代微处理器（1974—1977）

典型的第二代微处理器有 Intel 公司的 8080/8085、Zilog 公司的 Z80 和 Motorola 公司的 M6800。与第一代微处理器相比，第二代微处理器采用了 NMOS 工艺，集成度提高了 1～4 倍，达 9000 只晶体管以上，时钟频率达 1～4MHz，执行指令的速度达 0.5MIPS 以上，运算速度比第一代微处理器提高了 10～15 倍。用它构成的微型计算机已具备典型的计算机体系结构，有中断和直接存储器访问等功能。软件上除配备的汇编语言外，还含有 BASIC、FORTARN 等语言和简单的操作系统。

3. 第三代微处理器（1978—1984）

第三代微处理器也称为 16 位微处理器。1978 年 6 月，Intel 公司推出时钟频率为 4.77MHz 的 8086 微处理器，标志着第三代微处理器的问世，其集成度为 29000 只晶体管以上，数据总线宽度为 16 位，地址总线宽度为 20 位，可寻址内存空间达 1MB。它还支持指令高速缓存或队列，可以在执行指令前预取几条指令，运算速度比第二代微处理器快2～5倍。

第三代微处理器随着超大规模集成电路（Very Large Scale Integration Circuit，VLSI）的研制成功而出现，采用HMOS工艺，集成度更高，扩充了指令系统，指令功能大大加强，采用多级中断技术，增强了中断功能，采用流水线技术，处理速度加快，寻址方式增多，寻址范围增大（1～16MB）；配备磁盘操作系统、数据库管理系统和多种高级语言。例如IBM公司启用Intel 80286微处理器研制的PCG时钟，频率为25MHz，有24位地址线，可寻址存储空间达16MB，有存储器管理和保护功能，并支持虚拟存储器体系。

4．第四代微处理器（1985—1992）

第四代微处理器也称为32位微处理器。1985年10月17日，Intel公司划时代的产品80386DX正式发布。80386DX的内部和外部数据总线均为32位，地址总线也为32位，可以寻址到4GB的内存，并可以管理64TB的虚拟存储空间。它的运算模式除了实地址模式（简称实模式）和保护虚拟地址模式（简称保护模式），还增加了一种虚拟8086模式（简称V86模式），可以通过同时模拟多个8086微处理器来提供多任务能力。

80386微处理器采用CHMOS工艺，集成度达15万～50万只晶体管，时钟频率为16～33MHz。它是一种向上兼容8086的32位微处理器，具有32位的数据线和32位的地址线，寻址空间达4GB，提供了容量更大的虚拟存储，执行速度达3～4MIPS。

80486微处理器比80386微处理器性能更高，集成度达120万只晶体管，采用64位的内部数据总线，增加了片内协处理器和一个8KB容量的高速缓存（Cache）。它还采用了RISC（Reduced Instruction Set Computer，精简指令集计算机）技术，这使它的执行速度大大提高，在相同时钟频率下，执行速度比80386微处理器快了2～3倍。

5．第五代微处理器（1993—2005）

第五代微处理器也称奔腾（Pentium）系列微处理器，典型产品是Intel公司的奔腾系列芯片及与之兼容的微处理器芯片。其内部采用了超标量流水线结构，并具有相互独立的指令和数据高速缓存。随着MMX（Multi-Media Extension）微处理器的出现，微型计算机的发展在网络化、多媒体化和智能化等方面跨上了更高的台阶。

1993年，Intel公司推出了全新的32位微处理器Pentium586。它采用亚微米级的CMOS工艺设计，集成度高达330万只晶体管，时钟频率为60～166MHz，执行速度达110MIPS。

Pentium系列微处理器采用了全新的体系结构，其内核采用了RISC技术，并采用超标量流水线结构。Pentium系列微处理器共有3个执行部件：浮点执行部件和U、V两个流水线型的整数执行部件。Pentium系列微处理器具有64位的数据总线，但地址总线仅为32位，内部主要的寄存器也为32位，所以仍称为32位微处理器。同时期推出的第五代微处理器还有IBM、Apple和Motorola三家联盟的Power PC，以及AMD公司的K5和Cyrix公司的M1等。

6．第六代微处理器（2005年至今）

第六代微处理器即Core（酷睿）系列微处理器。"Core"是一款领先、节能的新型微架构，设计的出发点是提供卓然出众的性能和能效，提高每瓦特性能，也就是所谓的能效比。

2006年8月，Intel公司正式发布了Core架构的微处理器，产品命名也正式更改，并且第一次采用移动、桌面、服务器三大平台同核心架构的模式。

2010年6月，Intel公司再次发布革命性的微处理器——第二代Core i3/i5/i7。第二代产品全部基于全新的Sandy Bridge微架构。相比第一代产品，它主要有5点重要革新：（1）采用全新的32nm的Sandy Bridge微架构，功耗更低，性能更强；（2）内置高性能GPU（Graphics Processing Unit，图形处理单元），图形、视频编码、性能更强；（3）采用睿频加速技术2.0，更智能，效能更高；（4）引入全新环形架构，带来了更大的带宽与更小的延迟；（5）采用全新的 AVX、AES 指令集，加强了浮点运算与加密解密运算。

2012 年 4 月，Intel 公司正式发布了第三代智能 Core 处理器 Ivy Bridge（IVB）。22nm 的 IVB 将执行单元的数量翻了一番，最多达到 24 个，自然带来了性能上的进一步跃进。IVB 加入了支持 DX11 的集成显卡。另外，新加入的 XHCI USB 3.0 控制器则共享其中的 4 条通道，从而提供 4 个 USB 3.0，并支持原生 USB 3.0。其 CPU 的制作采用 3D 晶体管技术，耗电量会减少一半。

2013 年 6 月，Intel 公司推出使用 Core 技术的第四代处理器 Haswell，对应 8 系列主板，基于 IVB 的架构进行改进，采用了 22nm 制程技术与 3D 晶体管技术，同频率 CPU 性能比 IVB 提升 10%左右。CPU 电池效率是 Sandy Bridge 的 20 倍，集成了更强悍的 GPU，并采用了全新的封装。

2015 年 1 月，Intel 公司在 CES（国际消费电子展）上发布 14nm 的 Broadwell 架构的 CPU，作为第五代智能 Core 处理器正式亮相。相比前几代的处理器，新产品可显著提升系统和显卡的性能，提供更自然、更逼真的用户体验，以及更持久的电池续航能力。

2015 年 8 月，Intel 公司正式发布了第六代 Core 处理器架构 Skylake。Skylake 采用 14nm 制程技术，是 Broadwell 架构及改进版 Broadwell 架构的继任者。

2016 年 8 月，Intel 公司正式发布了第七代 Core 处理器。这一代处理器的微架构代号为 Kaby Lake，也采用 14nm 制程技术，主要用来代替上一代的 Skylake 架构。

2017 年 8 月，Intel 公司第八代 Core 处理器发布，依然分为 Core i7、Core i5 和 Core i3 三个系列。率先公布的是低电压 U 系列处理器，此系列处理器采用优化的 14nm 制程技术（14nm++）的 Kaby LakeRefresh 架构，性能卓越，在 15W 散热设计功耗下，拥有高达 4 核 8 线程的处理内核。随后 9 月份又发布了桌面处理器 Coffee Lake。其中 Core i5 和 Core i7 都拥有 6 个物理核心，Core i7 配备 12MB 三级高速缓存和超线程技术，Core i5 拥有 9MB 三级高速缓存。

2018 年 10 月，Intel 公司推出第九代 Core 桌面处理器，其核心型号为 i9-9900K，采用 8 核 16 线程，基本频率为 3.6GHz，可以提升至 5.0GHz，配备 16MB 三级高速缓存，号称"地表最强游戏处理器"。遗憾的是，10nm 依然难产，第九代 Core 处理器仍然基于 14nm++工艺。但是 Intel 公司终于在该处理器上用上了钎焊散热，因此提供了更多的超频空间。

2022 年，Intel 公司推出第十二代 Core 桌面处理器，核心型号为 i9-12900，采用 16 核 24 线程（8 大核 8 小核），引脚从 1200 个增加到 1700 个，制作工艺从用了 7 年的 14nm 改进到 10nm，首次使用大小核异架构，支持 PCIE5.0，支持 DDR5。

Intel 历代微处理器的典型产品见表 1-2。

表 1-2　Intel 历代微处理器的典型产品

型号	推出年月份	时钟频率	处理器位宽	地址总线宽度/位	外部数据总线宽度/位	晶体管数/个
4004	1971	108kHz	4			0.23 万
8080	1974	2MHz	8	16	8	0.5 万
8085	1976	3MHz	8	16	8	0.6 万
8086	1978	8MHz	16	20	16	2.9 万
8088	1979	8MHz	16	20	8	2.9 万
80186	1982	8MHz	16	20	16	5.6 万
80286	1982	12.5MHz	16	24	16	13.4 万
80386	1985	≥20MHz	32	32	32	27.5 万
80486	1989	≥25MHz	32	32	32	120 万

型号	推出年月份	时钟频率	处理器位宽	地址总线宽度/位	外部数据总线宽度/位	晶体管数/个
Pentium	1993.03	≥60MHz	32	32	64	310 万
Pentium Pro	1995.11	≥200MHz	32	36	64	550 万
Pentium MMX	1997.01	≥166MHz	32	36	64	450 万
Pentium 2	1997.05	≥266MHz	32	36	64	750 万
Pentium 3	1999.01	≥500MHz	32	36	64	950 万
Pentium 4	2000.11	≥1.3GHz	32	36	64	3400 万
Pentium M 二代	2004.10	≥1GHz	32	36	64	1.4 亿
Pentium D 双核	2005.04	3.2GHz	32	36	64	2.3 亿
Core2 双核	2006.07	1.66～2.93GHz	64	36	64	2.91 亿
Core i7 四核	2008.11	2.66～3.2GHz	64	36	64	7.31 亿
Core i9 八核	2017.05	2.8～5.2GHz	64	36	64	18 亿

由表 1-2 可见，正如著名的摩尔定律所预言的那样：每过约 18 个月，微处理器的集成度将翻一番，性能会提高一倍或价格降低一半。

微处理器的品质决定了微型计算机的性能，因此微处理器的发展历程也是微型计算机的发展历程。Intel 公司于 1971 年成功开发出全球第一块微处理器芯片 4004，这一芯片最初被应用于一种计算器中。这一创举也开启了人类将智能内嵌于无生命设备的历程。近 30 多年来微处理器本身不断更新换代，从 4 位发展到 8 位、16 位、32 位乃至 64 位。其应用几乎渗透到社会的各个领域。研制与生产微处理器的厂家遍及全球，然而 Intel 等几家公司始终保持着这个领域中的领先地位。

在此不得不提一下，与 Intel 公司的初创团队同出一门（美国仙童半导体公司）的 AMD 公司，只比 Intel 公司晚一年成立（1969 年）。AMD 公司成立之初，在经历了短暂的合作之后，就与 Intel 公司在微处理器市场上展开竞争，虽然一直被 Intel 公司压一头，但正是这种竞争，对微处理器的技术进步起着非常大的促进作用。

从另一个方面来看，随着微型计算机性能的不断提高，微处理器的结构设计也在不断发展和进步，为了满足浮点数的快速运算，设计了浮点处理器（Float Point Unit，FPU）。FPU 刚开始是作为独立的芯片设计的，后来集成到 CPU 中。为了提高视频图像的处理速度，设计了 GPU，承担输出显示图形的任务，并拥有 2D 或 3D 图形加速功能。CPU 和 GPU 相互取长补短、走向融合，发展出加速处理器（Accelerated Processing Unit，APU）。APU 将 x86 架构 CPU 核心和可编程向量处理引擎相融合，将 CPU 擅长的精密标量运算与传统上只有 GPU 才具备的大规模并行向量运算能力结合起来，第一次将 CPU 和 GPU 做在一个晶片上，同时具有高性能处理器和独立显卡的处理性能，大幅提升了微型计算机的运行效率。

在嵌入式移动终端处理器应用领域，为了在终端上即时快速处理人工智能（Artificial Intelligence，AI）算法，满足语音输入、图像识别等功能需求，神经网络处理器（Neural Processing Unit，NPU）作为独立的处理模块集成在 CPU 中，能够用更少的能耗更快地完成更多的任务，大幅提升芯片的运行效率。NPU 采用数据驱动并行计算架构，颠覆了传统的冯·诺依曼体系结构，大大提升了计算能力与功耗的比率，特别擅长处理海量的视频、图像类多媒体数据，使 AI 在嵌入式机器视觉应用中大显身手。

Google 公司于 2016 年 5 月提出了一个针对 Tensorflow 平台的可编程 AI 加速器，即张量处理器（Tensor Processing Unit，TPU）。TPU 是一款专用于机器学习的芯片，其内部的指令集在 Tensorflow 程序变化或算法更新时也可以运行。TPU 可以提供高吞吐量的低精度计算，用于模型的前向运算，功率大大降低。

计算机发展初期，处理器性能的提高主要是为了满足科学和工程计算的需求，非常重视浮点运算能力，而且主频不是很高，功耗的问题不是很突出。随着互联网和媒体技术的迅猛发展，网络服务和移动计算逐渐成为一种非常重要的计算模式，这一新的计算模式迫切要求微处理器具有响应实时性、处理流式数据类型的能力，更高的存储性能和 I/O 带宽，低功耗，以及设计的可伸缩性；支持数据级和线程级并行；缩短芯片进入和退出市场的周期等。这就需要对处理器的微体系结构进行突破性的变革，这场变革应该是一场由复杂到简单的变革，应该面向网络服务和媒体的应用，应该考虑低功耗的要求，应该采用层次的结构来简化物理设计的复杂度。目前，片内多处理器及多线程技术正在成为处理器体系结构设计的热点。

1.1.3　我国微处理器的发展

随着智能时代的到来，电子芯片产品的市场需求量急剧增加，从小小的玩具到北斗导航卫星，都需要电子芯片的支持。我国已经是全球最大的芯片需求市场，但是由于各种原因，我国的芯片产业和技术与发达国家相比还有较大的差距。据统计，我国 2018 年芯片的进口总额高达 2.06 万亿元，远远超过石油等战略物资的进口额。

事实上，我国自主研制芯片的工作，尤其是自主研发微处理器的工作很早就已经启动，多年来虽然经历了诸多坎坷，也取得了一些可喜的成果。

早在 20 世纪 70 年代初，国防科工委（国防科学技术工业委员会，现已撤销）下达文件，由中国科学院计算技术研究所（简称计算所）主持，国防科工委、第四机械工业部（现已撤销）的研究所及清华大学组成研究分析组，对大规模集成电路技术的必要性和重要性，以及对我国发展大规模集成电路及微处理器、微型计算机提出建议。

1973 年，第四机械工业部决定由清华大学、安徽无线电厂、第四机械工业部六所组成联合设计组，开展基于 Intel 8008 研制 DJS-050 微型计算机的工作。1977 年，联合设计组成功研制出样机，并通过了国家计算机工业总局主持的鉴定。DJS-050 的字长为 8 位，基本指令有 64 条，时钟主频为 150Hz，拥有 2KB 的 ROM 空间，配有小键盘（54 个干簧键）、小打印机。在此基础上，以第四机械工业部六所为主研发了长城 0520 计算机，1978 年、1980 年又率先研制成功 μ8085A 微处理器、8086 微处理器，均获得电子工业部一等奖。1985 年《中国计算机工业概览》将 DJS-050 列为我国自制的第一台微型计算机。

20 世纪 80 年代初，上海元件五厂等单位对 Intel 8080 进行仿制，生产出名为 5G8080 的微处理器，属于大规模集成电路，集成度为约 4000 只晶体管。这是我国仿制成功的第一款严格意义上的 CPU。

进入 21 世纪后，我国自主的 CPU 品牌主要有龙芯、申威、飞腾，业界称之为国产 CPU 的"三驾马车"。2018 年这 3 家公司的产品已经被列入中国政府采购名录。

龙芯是中国科学院计算所自主研发的 MIPS 架构的通用高性能 CPU。2001 年开始研制，2010 年正式成立龙芯中科技术有限公司。目前已经推出多个系列的龙芯处理器。最新的龙芯处理器采用自主高性能处理器核架构 GS464E，以及自主指令集 LoongISA，具有自主知识产权。龙芯处理器主要用于政府办公、军事设备、航空航天等领域。北斗卫星导航系统采用的就是龙芯处理器。

申威处理器源自 DEC 的 Alpha 架构，由江南计算所在国家"核高基"（"核心电子器件、高端通用芯片及基础软件产品"的简称)重大专项支持下研制,采用自主指令集,具有完全自主的知识产权。申威处理器的第一代产品 SW-1 于 2006 年研制成功,现已形成系列产品线,主要用于我国的超级计算机系统中。世界上首台运算速度超过 10 亿亿次每秒的超级计算机"神威·太湖之光"就搭载了 40960 块申威 26010 高性能处理器。

2004 年,由国防科技大学主导研制的"银河飞腾"高性能 32 位浮点数字信号处理器通过国家鉴定,这对维护我国的国家安全有着重要的意义,有利于改善我国经济信息系统及国防领域在应用高端 DSP 芯片时产生的安全和保密问题。"银河"系列巨型机的相继问世,使我国成为世界上少数几个能发布 5~7 日中长期数值天气预报的国家。

除"三驾马车"外,还有一些其他品牌也聚焦于我国自主知识产权 CPU 的研发。2013 年上海国资委与我国台湾地区的威盛电子(VIA)合作成立"兆芯",获得 x86 架构授权,研发了 ZX 系列通用高性能 CPU,并开始应用在台式机(联想开天 M6100)和商用笔记本电脑(联想昭阳 CF03)上。2016 年,天津海光与美国 CPU 巨头 AMD 公司合作,开始研发基于 x86-64 架构的微处理器,并于 2018 年取得 AMD 公司最先进的 x86 Zen("禅")架构的授权。2013 年中晟宏芯引进 IBM 公司的 Power 架构,在 2015 年发布了第一款 IBM 公司授权的 Power 架构的服务器芯片产品 CP1,并于 2016 年拿到 IBM 公司服务器处理器芯片 Power8 的架构和指令系统的永久授权。

另外,基于 ARM 架构,在移动通信芯片领域,华为海思、紫光展讯、小米松果等自主品牌也都在构建自己的核心处理器平台,在某些方面甚至已经取得了国际领先的研发成果。

还有其他很多的企业在各自的细分领域研发自主知识产权的微处理器。当前国产品牌基本上都是基于架构授权进行自主内核设计的,在总体综合性能上和国际最先进的微处理器还有明显的差距。然而,随着国家和相关企业在自主微处理器上的持续发力,在不久的未来,我国自主知识产权的微处理器在性能上一定能够获得大幅度提升,满足我国军事、航天、民用等领域的需求,全面摆脱对国外核心厂商的依赖。

1.1.4 新型微处理器简介

现代计算机发展所遵循的基本结构形式始终是冯·诺依曼体系结构。这种结构的特点是:程序存储、共享数据、顺序执行。这种结构需要 CPU 从存储器中取出指令和数据进行相应的运算。因此,CPU 与共享存储器间信息交换的速度成为影响系统性能的主要因素和瓶颈,而信息交换速度的提高又受制于存储单元的存取速度、存储器的性能和结构等诸多条件。

传统计算机在数值处理方面已经达到较高的速度和精度,而随着非数值处理应用领域对计算机性能的要求越来越高,传统体系结构的计算机已经难以满足这些要求,所以需要寻求新的体系结构来解决问题。

1. 光子计算机

现有的计算机是由电流来传递和处理信息的,电流在导线中传播的速度虽然比我们看到的任何运载工具运动的速度都快,但是从发展迅速的计算机来看,采用电流作为传递信息的载体还不能满足快的要求,而且在提高计算机运算速度方面也明显表现出能力有限。而光子计算机以光子作为传递信息的载体,以光互联代替导线互联,以光硬件代替电子硬件,以光运算代替电运算,利用激光来传输信号,并由光导纤维与各种光学元件等构成集成光路,从而进行数据运算、传输和存储。在光子计算机中,不同波长、频率、偏正态及相位的光代表不同的数据,这远胜于电子计算机中通过 0 和 1 的状态变化进行的二进制运算,可以对复杂度高、计算量大的任务实现快速的并行处理。光子计算机将使运算速度呈指数级提高。

光子计算机是一种由光信号进行数字运算、逻辑操作、信息存储和处理的新型计算机。它由激光器、光学反射镜、透镜、滤波器等光学元件和设备构成，靠反射镜和透镜组成的阵列进行信息处理。光的并行、高速特性天然地决定了光子计算机的并行处理能力很强，具有超高的运算速度。光子计算机还具有与人脑相似的容错性，系统中某一元件出错或损坏时，并不影响最终的运算结果。光子在光介质中传输所造成的信息畸变和失真极小，光传输、转换时能量消耗和热量散发极低，而且对环境条件的要求比电子计算机低很多。

1990 年初，美国贝尔实验室制成了世界上第一台光子计算机，它采用砷化镓光学开关，运算速度达每秒 10 亿次。然而，科学家们虽然可以实现这样的装置，但是所需的条件如温度等仍较为苛刻，尚难进入实用阶段。

1999 年 5 月，在美国西北大学工作的新加坡科学家何胜忠领导的一个二十多人的研究小组利用纳米级的半导体激光器研制出世界上最小的光子定向耦合器，可以在宽度仅 0.2～0.4μm 的半导体层中对光进行分解和控制。

许多国家都投入巨资进行光子计算机的研究。随着现代光学与计算机技术、微电子技术的结合，在不久的将来，光子计算机将成为人类普遍使用的工具。

2. 量子计算机

不同于传统二进制的非 0 即 1，量子位理论上可以表达无数个状态。

顾名思义，量子计算机就是实现量子计算的机器，是一种使用量子逻辑进行通用计算的设备。不同于电子计算机，量子计算机用来存储数据的载体是量子比特，它使用量子算法来进行数据操作。

20 世纪 80 年代，一系列的研究使量子计算机的理论变得非常丰富。1982 年，理查德·费曼在演讲中提出利用量子体系实现通用计算的想法。可他发现当模拟量子的现象时，因为庞大的希尔伯特空间使资料量也变得庞大，一次完整的模拟所需的运算时间变得相当可观，甚至是不切实际的天文数字。理查德·费曼当时就想到，如果以用量子系统构成的计算机来模拟量子现象，则运算时间可大幅度减少。量子计算机的概念从此诞生。紧接着，大卫·杜斯在 1985 年提出了量子图灵机模型。

量子计算机在 20 世纪 80 年代多处于理论推导的纸上谈兵状态，一直到 1994 年彼得·秀尔（Peter Shor）提出量子质因子分解算法后，因其对通行于银行及网络等处的 RSA 加密算法的破解而构成的威胁，量子计算机变成了热门的话题。除了理论，也有不少学者着力于利用各种量子系统来实现量子计算机。

2007 年加拿大的 D-Wave System Inc.展示了全球首台量子计算机 Orion（猎户座）。它利用了量子退火效应来实现量子计算。

2013 年 5 月，D-Wave System Inc.宣称 NASA（美国国家航空航天局）和 Google 公司共同预定了一台采用 512 量子位的 D-Wave Two 量子计算机。

2013 年 6 月，由中国科学技术大学潘建伟院士领衔的量子光学和量子信息团队的陆朝阳、刘乃乐研究小组，在国际上首次成功实现了用量子计算机求解线性方程组的实验。

2014 年 1 月 3 日，美国国家安全局（NSA）着手研发一款用于破解加密技术的量子计算机，希望能够破解几乎所有类型的加密技术。

中国科学技术大学潘建伟院士于 2017 年 5 月 3 日在上海宣布，我国科研团队成功构建的光量子计算机首次演示了超越早期经典计算机的量子计算能力。实验测试表明，该原型机的取样速度比国际同行类似的实验加快至少 24000 倍；和经典算法比较，也比人类历史上第一台电子管计算机和第一台晶体管计算机的运行速度快 10 至 100 倍。这台光量子计算机标志着我国在基于光子的量子计算机研究方面取得突破性进展，为最终实现超越经典计算机能力的量子计算奠定了坚实的基础。

迄今为止，世界上还没有真正意义上的量子计算机，但是世界各地的许多实验室正在以巨大的热情追寻着这个梦想。如何实现量子计算，方案并不少，问题是在实验中实现对微观量子态的操纵确实太困难了。已经提出的方案主要利用了原子和光腔的相互作用、冷阱束缚离子、电子或核自旋共振、量子点操纵、超导量子干涉等，还很难说哪一种方案更有前景，但是量子点方案和超导约瑟夫森结方案更适合集成化和小型化。将来也许现有的方案都派不上用场，最后脱颖而出的是一种全新的设计，而这种全新的设计又是以某种新材料为基础的，就像半导体材料对于电子计算机一样。研究量子计算机的目的不是要用它来取代现有的计算机。量子计算机使计算的概念焕然一新，这是量子计算机与其他计算机（如光子计算机和生物计算机）的不同之处。量子计算机的作用远不止解决一些经典计算机无法解决的问题。

1.2 微型计算机系统

1.2.1 计算机的工作原理

1946 年 6 月，冯·诺依曼等人在《电子计算机装置逻辑初探》报告中，首次提出了"程序存储"和"二进制运算"的概念，这个报告的内容可简要概括为以下几点：

（1）计算机由运算器、控制器、存储器、输入设备和输出设备五大部分组成。

（2）数据和指令以二进制代码的形式不加区别地存放在存储器中，地址码也是二进制形式的，计算机能自动区分数据和指令。

（3）编写好的程序事先存入存储器，控制器根据存放在存储器中的指令序列（即程序）来工作，由程序计数器（Program Counter）控制指令的执行顺序。控制器具有判断能力，能根据计算结果选择不同的动作流程。

目前，计算机硬件体系结构基本上都还是经典的冯·诺依曼体系结构，如图 1-1 所示。

由图 1-1 可见，计算机的五大组成部分之间有两类信息在流动：数据信息和控制信息。数据信息用空心箭头表示，包括原始数据、中间结果、计算结果和程序指令；控制信息用单线箭头表示，它由控制器发出，是指挥和协调其他各部分动作的信号。不论是数据还是控制信息，计算机中都是用"0"和"1"来表示的。

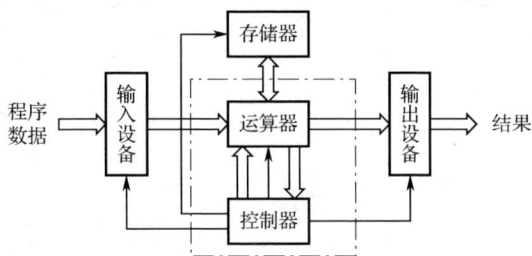

图 1-1 计算机硬件体系结构

其中，将各种算术运算、逻辑运算及存储器的读/写等作为基本操作，为每一个基本操作都规定一个代码，这个代码被称为指令。

当需要计算机完成某项任务时，就将任务分解成一系列的基本操作并用指令来表示，预先存放到存储器中。计算机工作时就逐条执行指令，完成一系列的基本操作，从而完成整个任务。我们把能完成某项任务的指令序列称为程序。

使用计算机时，首先存储程序，即将指令序列存入存储器。然后，在计算机工作时，控制器从存储器中逐条取出、分析并执行指令。执行指令时，控制器依次发出各种控制信息给其他部分，使运算器完成某种算术、逻辑运算或实现寄存器与存储器之间的数据传输等。计算机的工作过程就是执行指令的过程。

程序中的指令一般按序存放在存储器的连续区域中。计算机开始执行程序时，程序计数器中存放着第一条指令所在的存储单元的地址，每取出一条指令（或每取出一个指令字节），程序计数器中的内容自动加 1，指向下一条指令的地址，从而保证了自动按顺序取出和执行指令。

1.2.2　系统组成与结构

微型计算机系统（Microcomputer System）是以微型计算机为主体，再配以相应的外部设备（简称外设）、电源、辅助电路和控制微型计算机工作的软件而构成的完整的计算机系统，简称微机系统。微机系统可分为硬件和软件两大部分，硬件是基础，软件是灵魂，二者缺一不可。硬件和软件分别由多个部分组成，自成系统，也常称为硬件系统和软件系统。微机系统组成如图 1-2 所示。

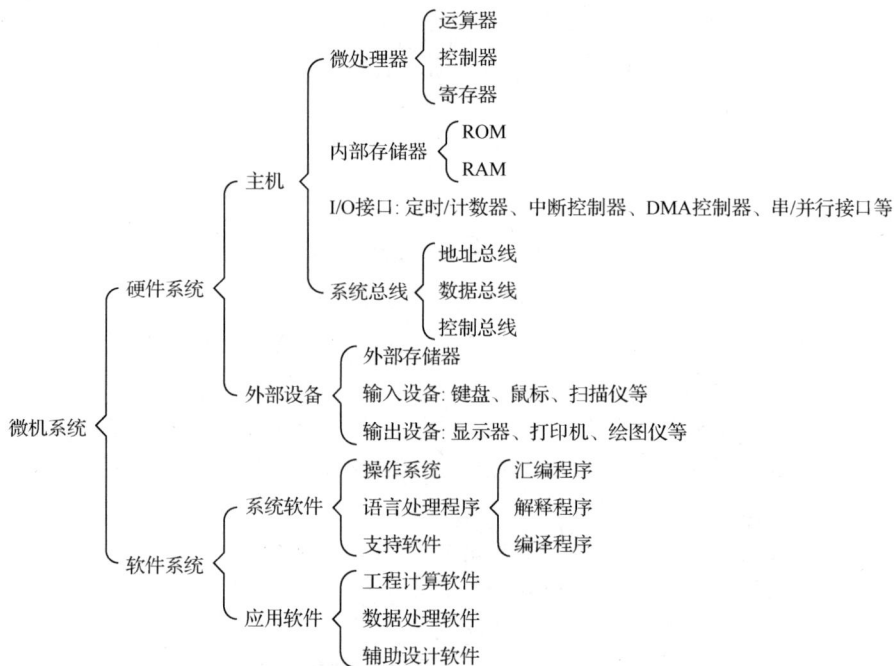

```
                                          ┌ 运算器
                              ┌ 微处理器 ┤ 控制器
                              │           └ 寄存器
                              │ 内部存储器 ┤ ROM
                    ┌ 主机   ┤              └ RAM
                    │         │ I/O接口: 定时/计数器、中断控制器、DMA控制器、串/并行接口等
                    │         │           ┌ 地址总线
          ┌ 硬件系统┤         └ 系统总线 ┤ 数据总线
          │         │                      └ 控制总线
          │         │           ┌ 外部存储器
          │         └ 外部设备 ┤ 输入设备: 键盘、鼠标、扫描仪等
微机系统 ┤                      └ 输出设备: 显示器、打印机、绘图仪等
          │                      ┌ 操作系统      ┌ 汇编程序
          │         ┌ 系统软件 ┤ 语言处理程序 ┤ 解释程序
          └ 软件系统┤           └ 支持软件      └ 编译程序
                    │           ┌ 工程计算软件
                    └ 应用软件 ┤ 数据处理软件
                                └ 辅助设计软件
```

图 1-2　微机系统组成

1. 硬件系统组成

硬件系统是机器的实体部分，由运算器、控制器、存储器、输入设备和输出设备五大部分组成。其中运算器和控制器常常集成在一起，称为中央处理器，即 CPU。

（1）微处理器

微处理器是微型计算机的核心芯片，主要包括运算器、控制器及相关寄存器等。

运算器也称为算术逻辑部件（Arithmetic and Logic Unit，ALU），用于完成数据的算术逻辑运算。

控制器一般由指令寄存器、指令译码器和控制电路组成。指令寄存器用于暂存从存储器中取出的将要执行的指令。指令译码器用来将指令寄存器中的指令进行译码分析，以确定执行什么样的操作。控制电路则起协调与定时作用。

控制器的作用是根据指令的要求对计算机各部分发出相应的控制信息，使它们协调工作，从而完成对整个微机系统的控制。

微处理器的内部寄存器用来存放常用的、正在使用的数据。

（2）存储器

存储器用来存放数据和程序。按照在系统中的位置，存储器一般分为内部存储器和外部存储器两类。内部存储器又称为内存或主存，CPU 可以直接访问。外部存储器属于外设的范畴。

内存中存放的数据和程序从形式上看都是二进制数。一般将 8 位二进制数记作 1 字节（Byte），每个内存单元都有一个地址，每个单元中存放 1 字节的信息，内存容量就是内存能包含的内存单元的数量。通常内存单元地址都是从 0 开始编号的。

CPU 对内存的操作有两种：读或写。读操作是 CPU 将内存单元的内容读入 CPU 内部，而写操作是 CPU 将其内部信息传输到内存单元保存起来。写操作的结果改变了被写内存单元的内容，是破坏性的。

内存按工作方式可分为两大类：随机存取存储器（Random Access Memory，RAM）和只读存储器（Read Only Memory，ROM）。

RAM 可被 CPU 随机读/写，用于存放用户存入的程序、数据及部分系统信息。在系统断电后，所存信息消失。

ROM 中的信息只能被 CPU 读出，不能由 CPU 任意写入，故称只读存储器。系统断电，信息仍可保留。这种存储器用于存放固定程序，如基本的 I/O 程序、BASIC 解释程序等。ROM 的内容只能用专用设备写入。

（3）I/O（输入/输出）设备和 I/O 接口

I/O 设备是微机系统的重要组成部分。程序、数据及现场信息要通过输入设备输入给微型计算机。CPU 的计算结果通过输出设备输出到外部。常用的输入设备有键盘、鼠标、扫描仪等。常用的输出设备有显示器、打印机、绘图仪等。

由于各种外设的工作速度、驱动方法差别很大，无法与 CPU 直接匹配，所以不可能将它们简单地连接到系统总线上，而需要 I/O 接口电路来充当外设与 CPU 之间的桥梁，来辅助 CPU 工作，实现 CPU 与外设之间的速度匹配、信号电平匹配、信号格式匹配、时序控制、中断控制等。主要 I/O 接口芯片有锁存器 74LS373、缓冲器 74LS245、可编程中断控制器 8259A、可编程定时/计数器 8253、可编程并行/串行接口 8255A/8251A、可编程 DMA 控制器 8237A、数模和模数转换器等。在现在的计算机系统中，这些芯片的功能都被集成在大规模集成电路芯片中。

2．体系结构

硬件系统的各个部件和电源通过系统总线有机地连在一起。系统总线是各个部件之间传输信息的公共通道。一般有 3 组总线：地址总线、数据总线和控制总线。典型的微机系统总线结构如图 1-3 所示。

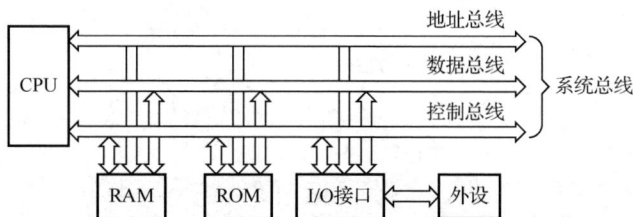

图 1-3　典型的微机系统总线结构

（1）地址总线（Address Bus，AB）。地址总线用于传输 CPU 发出的地址信息，是单向总线。

（2）数据总线（Data Bus，DB）。数据总线用于传输数据信息，是双向总线。CPU 既可通过数据总线从内存或输入设备读入数据，又可通过数据总线将 CPU 内部的数据送至内存或外设（输出设备）。

（3）控制总线（Control Bus，CB）。控制总线用于传输控制信息。其中有的是 CPU 向内存或外设发出的信息，有的是外设向 CPU 提供的信息，因此控制总线中的每一根线的传输方向都是一定的、单向的，但控制总线作为一个整体是双向的。

3．软件系统组成

软件系统主要分为系统软件和应用软件。系统软件是由设计者提供给用户的、充分发挥计算机效能的一系列软件。系统软件包括操作系统、语言处理程序和各种支持软件。

操作系统是系统软件的核心，它的主要功能是对系统的软硬件资源进行合理的管理。

程序设计语言是用来编写程序的语言，是人和计算机交换信息所用的工具，通常分为机器语言、汇编语言和高级语言 3 类。

语言处理程序是为用户设计的编程服务软件，其作用是将高级语言源程序翻译成计算机能识别的目标程序，一般由汇编程序、解释程序、编译程序等组成。

程序设计语言中的机器语言和汇编语言都直接对应微处理器的指令系统，是面向机器的程序设计语言。使用它们能利用计算机的所有硬件特性，直接控制硬件。机器语言直观性差，易错，在实际应用中很少直接采用。汇编语言的符号指令与机器代码一一对应，从执行时间和占用存储空间来看，它和机器语言同样是高效率的。因此汇编语言是要求高效率的应用中最常用的一种语言。掌握汇编语言有助于了解微型计算机的工作原理，所以本书讲述微机原理和接口应用的软件是以汇编语言为主的，这样能直接阐明其编程原理和方法。

应用软件是用户利用计算机提供的系统软件，为解决实际问题而研制的程序。应用软件包括各种应用软件包、数据库管理系统及用户根据需要而设计的各种程序。

在大规模集成电路技术支持下，出现了各种半导体 ROM，可以将软件固化于这样的硬件中，发展带有软件固化功能的微机系统已成为一个重要方向。现在微型计算机都有固化的监控程序、Basic 解释程序、操作系统的引导程序和 I/O 驱动程序等。除此之外，微机系统的各种软件还可存储在各种存储介质中，例如磁带、磁盘、光盘等，这样就形成了商品化的软件产业。根据微型计算机使用场合和利用形态的不同，可以配置不同的软件规模。

1.2.3　微型计算机分类

1．按字长分类

微型计算机按字长可分为 4 位机、8 位机、16 位机、32 位机和 64 位机。

2．按组装结构分类

微型计算机按组装结构可分为单片机、单板机和多板机。

（1）单片机。利用大规模集成电路技术将微型计算机的各组成部分（CPU、内存、I/O 接口等）集成在一片硅片上组成的单芯片微型计算机，简称单片机。因为单片机广泛应用于嵌入式系统，所以又被称为微控制器或嵌入式计算机。

（2）单板机。将微型计算机的 CPU、内存、I/O 接口电路安装在一块印制电路板上就组成了单板机。

（3）多板机。即个人计算机（PC），是将主板、微处理器、内存、I/O 接口卡、外部存储器、电源等部件组装在一个机箱内，并配置显示器、键盘、鼠标、打印机等基本外设所组成的计算机系统。

3．按用途分类

微型计算机按用途可分为通用计算机和嵌入式计算机。

（1）通用计算机为满足高速、海量的数值计算，技术发展方向是不断提高运行速度，不断扩大存储容量，通用微处理器迅速从 8086、80386、80586 发展到奔腾系列，操作系统则迅速提高高速处理海量数据文件的能力和多媒体等多功能应用能力，使通用计算机日臻完美。

（2）嵌入式计算机要嵌入对象体系中，因而向着单芯片化的方向发展，技术要求则是对象的智能化控制能力，发展方向是不断提高嵌入性能、控制能力与可靠性。嵌入式计算机系统简称嵌入式系统，它一般由嵌入式微处理器、外围硬件设备、嵌入式操作系统及用户的应用程序等4部分组成。嵌入式系统的控制核心可分为：嵌入式微处理器（EMPU，如386EX、ARM系列）、数字信号处理器（DSP，如TMS320系列）、微控制器（MCU，如80C51系列）及单片系统（SoC，如C8051F系列）。

微型计算机的出现，使计算机进入现代计算机发展阶段；嵌入式计算机的诞生，则标志着微型计算机进入了通用计算机与嵌入式计算机两大分支并行发展的时代，推动了计算机产业的革命和高速发展。微型计算机技术发展的两大分支的意义在于，它不仅形成了计算机发展的专业化分工，而且将计算机技术扩展到了各个领域，使人类迅速进入网络、通信全球化，虚拟世界和数字化生活的新时代。

1.2.4 微型计算机的性能指标

一台微型计算机的性能如何，是由它的系统结构、指令系统、硬件设备组成和软件配置情况等因素决定的。以下是评价微型计算机性能的主要指标。

1. 字长

在计算机中，所有信息都是用二进制数码（0，1）表示的。其最小单位是位（bit），即一个二进制数位。CPU在处理和传输信息时，往往把一组二进制数码看成一个整体来并行操作，并行处理的一组二进制数码称为一个字（Word），字所含有的位数称为字长。字长是CPU交换、加工和存放信息时其信息位的最基本长度，它通常与寄存器、运算器及传输线的宽度一致。字长标志着计算精度，字长越长，传输一次同样位数的数据的速度就越快，它能表示的数值范围就越大，计算出的结果的有效位数就越多，精度也越高。但字长越长，制造工艺也越复杂。目前微型计算机从8位、16位、32位到64位各档次都有，都在发挥各自不同的作用。

2. 运算速度

计算机完成一个具体任务所花费的时间就是完成该任务的时间指标，时间越短，表明计算机的速度越快。但是计算机各种指令的执行时间是不一样的。以每秒执行基本指令的条数来大致反映计算机的运算速度，单位是MIPS（百万条指令每秒）。

现在，人们用计算机的主频——时钟频率来表示运算速度，以MHz或GHz为单位。主频越高，表明运算速度越快。

3. 存储容量

存储器（通常指主存或内存）是计算机存放二进制信息的"仓库"，由若干存储单元组成。存储单元的编号称为存储单元地址。存储容量与CPU构成的系统能够访问的存储单元数有关。存储单元的数目是由传输地址信息的地址线的条数决定的。若有10条地址线，则所能编出的地址码有$2^{10}=1024$种，由此可区分1024个单元。计算机中把$2^{10}=1024$规定为1K，$2^{20}=1024K=1M$，$2^{30}=1G$，$2^{40}=1T$。若有20条地址线，则有1M个地址码。

一般存储单元都是以字节（8bit）为单位的，信息的写入和读出都以字节为单位。所以存储容量可以看作存储器能够存放信息的最大字节数，如存储容量为1MB，是指1M字节。

4. 指令系统

计算机在设计时，就确定了它能完成的各种基本操作。一台计算机所固有的基本操作指令的集合，称为该计算机的指令系统。指令系统的指令数越多，计算机能完成的基本操作种类就越多，说明其功能越强。执行这种指令系统的计算机称为复杂指令集计算机（Complex Instruction Set Computer，CISC）。

复杂指令集指令码不等长，指令数量多。在 CISC 发展到一定程度后，人们发现很多复杂指令很少被使用，普遍遵循二八定律，即 20%的指令承担着 80%的工作。1980 年 Patterson 和 Ditzel 首先提出了精简指令集计算机（Reduced Instruction Set Computer，RISC）的概念。RISC 具有精简的指令集，指令少、指令码等长，寻址方式少、指令功能简单，强调寄存器的使用，采用超标量和超级流水线。

CISC 技术和 RISC 技术都在不断发展，相互竞争且互相渗透，最新的 CISC 设计也都融入了不少 RISC 特征。

5．内核数目

内核数目是指封装在一个 CPU 硅片内的处理器内核的数目，内核越多，则 CPU 处理并行计算的能力越强，目前处理器的内核数目有 1 个、2 个、4 个、8 个，甚至 64 个。

6．高速缓存

高速缓存又称 Cache，提供"高速缓存"的目的是让数据存取的速度适应 CPU 的处理速度，当前 CPU 的高速缓存一般分为一级高速缓存（L1 Cache）和二级高速缓存（L2 Cache）两级。对于同类的 CPU 来说，高速缓存的容量越大，则 CPU 的执行效率越高，速度越快。

7．总线性能

由于 CPU 是通过总线实现读取指令，并实现与内存、外设之间的数据传输的，因此，在 CPU、内存与外设确定的情况下，总线速度成为制约计算机整体性能的关键。

8．系统配置

一台计算机要能正常工作，必须提供必要的人机联系手段，这包括配置相应数量的外设（如键盘、显示器、磁盘驱动器、打印机、扫描仪等）和配置实现计算机操作的软件。外设配置越高档，软件配置越丰富，计算机的使用就越便利，工作效率也就越高。

1.3　微型计算机的运算基础

数制是人们利用符号来计数的方法，它有很多种，如二进制、十进制、八进制、十六进制等。数在机器中是以器件的物理状态来表示的，一个具有两种不同的稳定状态且两种状态能相互转换的器件，就可以用来表示 1 位二进制数。由于用电子器件表示两种状态容易实现，所以电子计算机中一般采用二进制计数。但人们习惯使用十进制数，因此在掌握计算机原理之前，需要了解二进制、十进制、十六进制的表示方法及其相互转换。此外，人们常使用的字母、符号、图形等，在计算机中也一律用二进制编码来表示。计算机中常用数制见表 1-3。

表 1-3　计算机中常用数制

数制	后缀	特点	基数	数码	举例
二进制	B	逢二进一，借一当二	2	0，1	1101.101B
八进制	Q	逢八进一，借一当八	8	0，1，2，3，4，5，6，7	4516.753Q
十进制	D	逢十进一，借一当十	10	0，1，2，3，4，5，6，7，8，9	3890.568D
十六进制	H	逢十六进一，借一当十六	16	0，1，2，3，4，5，6，7，8，9，A，B，C，D，E，F	12AB.2C5H

计算机中的数是用二进制来表示的，数的符号也是用二进制表示的。在机器中，把一个数连同其符号在内数值化表示的数称为机器数。

计算机要处理的数分无符号数和有符号数两种。无符号数通常表示一个数的绝对值或存储单元的地址，数的各个位均为数值位，都用来表示数的大小；有符号数表示有正负意义的机器数，数的最高有效位为符号位，表示数的符号，正数用 0 表示，负数用 1 表示，其余位为数值位。

1.3.1　无符号数的表示方法

用一组符号表示数据时，符号代表的数值大小与其所在的位置有关，这种表示数的方法称为位置计数表示法。按进位的原则进行计数，称为进位计数制。每一种进位计数制都有自身的数码个数，如十进制有 10 个数码，二进制有 2 个数码，而十六进制就有 16 个数码。

1．十进制数的表示法

十进制数有 0，1，2，…，9 共 10 个数码。后缀为 D 或不加后缀。计数时，数码在不同的位置，代表不同的数值大小。低位对高位的进位是"逢十进一"。

任意一个十进制数 N_D 可表示为：

$$N_D = \sum_{i=-m}^{n-1} D_i \times 10^i \qquad (1\text{-}1)$$

其中，m 表示小数位的位数；n 表示整数位的位数；D_i 为十进制数码 0～9；10^i 为第 i 位的权值，10 为十进制基数。

【例 1.1】十进制数 3890.568 可以表示为

$$3890.568 = 3 \times 10^3 + 8 \times 10^2 + 9 \times 10^1 + 0 \times 10^0 + 5 \times 10^{-1} + 6 \times 10^{-2} + 8 \times 10^{-3}$$

2．二进制数的表示法

二进制数只有 2 个数码，分别为 0 和 1。后缀为 B。计数时，按"逢二进一"的原则计算。

任意一个二进制数可以表示为如下形式：

$$N_B = \sum_{i=-m}^{n-1} B_i \times 2^i \qquad (1\text{-}2)$$

【例 1.2】二进制数 1101.101B 可以表示为：

$$1101.101B = 1 \times 2^3 + 1 \times 2^2 + 0 \times 2^1 + 1 \times 2^0 + 1 \times 2^{-1} + 0 \times 2^{-2} + 1 \times 2^{-3}$$

3．十六进制数的表示法

十六进制数有 16 个数码，分别为 0～9 和 A～F。后缀为 H。计数时，按"逢十六进一"的原则计算。

任意一个十六进制数可以表示为：

$$N_H = \sum_{i=-m}^{n-1} H_i \times 16^i \qquad (1\text{-}3)$$

【例 1.3】十六进制数 12AB.2C5H 可以表示为：

$$12AB.2C5H = 1 \times 16^3 + 2 \times 16^2 + A \times 16^1 + B \times 16^0 + 2 \times 16^{-1} + C \times 16^{-2} + 5 \times 16^{-3}$$

计算机中常用的二进制数、十六进制数和十进制数之间的对应关系见表 1-4。

表 1-4　数制对照表

十进制数	二进制数	十六进制数	十进制数	二进制数	十六进制数
0	0000	0	8	1000	8
1	0001	1	9	1001	9
2	0010	2	10	1010	A
3	0011	3	11	1011	B
4	0100	4	12	1100	C
5	0101	5	13	1101	D
6	0110	6	14	1110	E
7	0111	7	15	1111	F

1.3.2　数制的转换与运算

1．任意进制数转换为十进制数

任意进制数转换为十进制数时，该数每位上的数字与其对应的权值的乘积之和，便是该数对应的十进制数。如二进制数、十六进制数，按式（1-2）和式（1-3）展开求和即可。例如二进制数 1101.101B 可表示为：

$$1101.101B = 1 \times 2^3 + 1 \times 2^2 + 0 \times 2^1 + 1 \times 2^0 + 1 \times 2^{-1} + 0 \times 2^{-2} + 1 \times 2^{-3} = 13.625$$

2．十进制数转换成二进制数

1）十进制整数转换为二进制整数

【例 1.4】13D = 1101B

十进制整数转换为二进制整数的方法是：用 2 连续除十进制数，直至商为零为止，逆序排列余数，便是与该十进制数相对应的二进制数各位的数值。

2）十进制小数转换为二进制小数

【例 1.5】0.6875D = 0.1011B

0.6875D×2 = 1.375	……	$B_{-1} = 1$
0.375D×2 = 0.75	……	$B_{-2} = 0$
0.75D×2 = 1.5	……	$B_{-3} = 1$
0.5D×2 = 1.0	……	$B_{-4} = 1$

十进制小数转换为二进制小数的方法是"乘 2 取整"法，连续用 2 乘十进制小数，直至乘积的小数部分等于 0。顺序排列每次乘积的整数部分，便得到二进制小数相应各位的数值，所以 0.6875D = 0.1011B。

3．二进制数的运算

二进制数的运算分为算术运算和逻辑运算。算术运算主要包括加、减、乘、除等运算，逻辑运算主要包括与、或、非、异或等运算。计算机二进制数算术运算与逻辑运算规则见表 1-5。

表 1-5　二进制数运算规则一览表

运算	加	减	乘	除
规则	0+0=0 0+1=1 1+0=1 1+1=10（逢二进一）	0−0=0 1−0=1 0−1=1（借一当二） 1−1=0	0×0=0 1×0=0 0×1=0 1×1=1	与十进制除法类似，除数不能为 0 0÷1=0 1÷1=1
运算	与（AND）	或（OR）	非（NOT）	异或（XOR）
规则	$0 \wedge 0 = 0$ $0 \wedge 1 = 0$ $1 \wedge 0 = 0$ $1 \wedge 1 = 1$	$0 \vee 0 = 0$ $0 \vee 1 = 1$ $1 \vee 0 = 1$ $1 \vee 1 = 1$	$\bar{0} = 1$ $\bar{1} = 0$	$0 \oplus 0 = 0$ $0 \oplus 1 = 1$ $1 \oplus 0 = 1$ $1 \oplus 1 = 0$

1.3.3 有符号数的表示及运算

1. 有符号数的表示法

机器数可以用不同的码制来表示，常用的有原码、反码、补码表示法。

（1）原码

在用二进制原码表示的数中，符号位为"0"表示正数，符号位为"1"表示负数，其他各数值位取原值。有符号数的这种表示法称为原码表示法，在机器中的表示形式如下：

原码的表示范围为：$-(2^{n-1}-1) \sim +(2^{n-1}-1)$。

8 位的原码的表示范围为：$-127 \sim +127$。

16 位的原码的表示范围为：$-32767 \sim +32767$。

原码简单易懂，且与真值转换方便，但使用两个原码将两个异号数相加或两个同号数相减要做减法，这样计算机中就需要添加一个符号比较电路和一个减法电路，增加了运算电路的复杂性。为了把上述运算转换成加法运算，简化计算机运算电路的结构，在计算机中引入了反码和补码。

（2）反码

对于正数，反码的表示与原码相同，即 $[X]_原 = [X]_反$。

对于负数，反码的表示除符号位仍为"1"外，其余各数值位按位取反，形式如下：

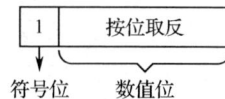

（3）补码

正数的补码与它的原码和反码均相同。

负数的补码符号位仍为"1"，其余各数值位按位取反再加 1，即 $[X]_补 = [X]_反 + 1$。

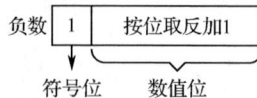

8 位二进制补码的数值范围为：$-128 \sim +127$。

16 位二进制补码的数值范围为：$-32768 \sim +32767$。

由于原码、反码中的"0"有两个代码"+0"和"-0"，而补码中的"0"只有一个代码，所以 8 位二进制补码可以比原码、反码多表示一个负数，即-128。部分 8 位二进制数的原码、反码、补码见表 1-6。

表 1-6　部分 8 位二进制数的原码、反码、补码

二进制数	无符号数	有符号数		
		原码	反码	补码
0000 0000	0	+0	+0	0
0000 0001	1	+1	+1	+1
0000 0010	2	+2	+2	+2
...	...	...	...	...
0111 1110	126	+126	+126	+126

二进制数	无符号数	有符号数		
		原码	反码	补码
0111 1111	127	+ 127	+ 127	+ 127
1000 0000	128	− 0	− 127	− 128
1000 0001	129	− 1	− 126	− 127
...	...	...	...	...
1111 1101	253	− 125	− 2	− 3
1111 1110	254	− 126	− 1	− 2
1111 1111	255	− 127	− 0	− 1

2．码制转换

正数的原码、补码和反码表示相同，不存在转换问题，故只讨论负数的情况。

（1）已知$[X]_原$，求$[X]_补$

方法是符号位不变，数值部分逐位取反后加 1。

例：$[X]_原$ = 10011011，则$[X]_补$ = 11100101。

还可以总结出一个更简单的规律：符号位不变，数值部分从低位开始向高位逐位行进，在遇到第一个 1 以前，按原码照写，包括第一个 1；第一个 1 以后，逐位取反。

（2）已知$[X]_补$，求$[X]_原$

由补码的定义，不难得出：$[[X]_补]_补$ = $[X]_原$，所以由$[X]_补$求$[X]_原$，只要求$[[X]_补]_补$即可。

例：$[X]_补$ = 11011010，则$[[X]_补]_补$ = $[X]_原$ = 10100110。

（3）已知$[X]_补$，求$[-X]_补$，即求补

求补的方法是将$[X]_补$连同符号位一起逐位取反，然后再加 1，便得到$[-X]_补$。这时要注意的是，不管$[X]_补$是正数还是负数，都应按上述方法进行。

例：$[X]_补$ = 01010110，则$[-X]_补$ = 10101010。

求补在进行补码减法运算时特别有用。

3．补码运算

补码的加法运算规则为：$[X+Y]_补=[X]_补+[Y]_补$

补码的减法运算规则为：$[X–Y]_补=[X]_补+[-Y]_补$

在计算机中，利用补码的减法运算规则，通过对减数进行求补而将减法转换成加法。

用补码表示有符号数的优点：

（1）负数的补码与对应正数的补码之间的转换可用求补运算实现，因而可简化硬件。

（2）可以将减法运算转换为加法运算，省去了减法器。

（3）无符号数与有符号数的加法运算可用同一电路完成，结果都是正确的。

1.3.4　计算机中的定点数和浮点数

对于任意一个二进制数，都可以表示为

$$N = 2^J \times S$$

式中，J 称为数 N 的阶，S 称为数 N 的尾数。尾数 S 表示数 N 的全部有效数字，阶 J 表示小数点的位置。当 J 为固定值时，称数的这种表示方法为定点表示法，这样的数称为定点数；当 J 可变时，称数的这种表示方法为浮点表示法，这样的数称为浮点数。二进制数的浮点表示法类

似于十进制数的科学计数法。

1. 数的定点表示法

常用的定点数有两种：定点纯整数和定点纯小数。

（1）定点纯整数

$J=0$，且小数点固定在尾数之后，这时定点数为定点纯整数。

（2）定点纯小数

$J=0$，且小数点固定在尾数之前，这时定点数为定点纯小数。

在计算机中，定点表示法可以表示整数也可以表示小数，一般用来表示整数，而实数的表示则用浮点表示法。符号用数字 0 或 1 来表示，"0"代表"+"，"1"代表"−"。整数的原码、补码与反码的表示方法同样适用于定点数，也适用于浮点数。

2. 数的浮点表示法

浮点数在计算机中表示为：

J_f	J	S_f	S

J_f 为阶符，表示阶的符号。$J_f=0$，阶码为正；$J_f=1$，阶码为负。

J 为阶码，表示阶的大小。J 为整数。

S_f 为数符（尾符），表示数的符号。$S_f=0$ 表示正数；$S_f=1$ 表示负数。

S 为尾数，表示有效数字。S 一般为纯小数。

【例1.6】将 $N=5.5$ 表示成字长为 8 的浮点数，要求阶码为 2 位，尾数为 4 位，阶符及数符各为 1 位，阶码与尾数均用原码表示。

二进制浮点数的表示形式为：$N=2^{011}\times0.1011$

它在计算机中的表示形式为：

0	1	1	0	1	0	1	1

16 位计算机表示浮点数，若阶符、阶码占 8 位，数符、尾数占 8 位，则最大正数的浮点数表示为：0 1111111 01111111。其中，阶码：$+1111111=2^7-1=127$，尾数：$+0.1111111=1-2^{-7}$。

最大正数的十进制表示为：$(1-2^{-7})\times2^{(2^7-1)}=(1-2^{-7})\times2^{127}$。

16 位计算机表示定点纯整数的最大无符号数为：$2^{16}-1=65535$。

1.3.5 计算机中的编码

计算机中都是按照数字化来处理问题的，计算机中的一切数据，包括各种字符和符号（英文字母、标点符号、各种运算符），均采用二进制数码的组合来表示，即采用二进制数来编码。

1. BCD 码

计算机内部对数据的处理采用二进制数，但是二进制数书写冗长、不直观，因此计算机的输入/输出通常还采用十进制数，但是这些十进制数也是用二进制数来表示的，即采用二进制数来编码的。一个十进制数用 4 位二进制编码表示，这种二进制编码表示的十进制数称为 BCD（Binary-Coded Decimal）码。4 位二进制编码有 16 种组合，舍去 6 种组合，保留 10 种组合作为代码，分别表示十进制数中的 0～9 这 10 个数字。

BCD 码有两种形式：压缩 BCD 码和非压缩 BCD 码。压缩 BCD 码的每一位都用 4 位二进制数表示，1 字节表示 2 位十进制数。例如，01010110B 表示十进制数 56。非压缩 BCD 码用 1 字节表示 1 位十进制数，高 4 位为 0000，低 4 位用 0000～1001 表示 0～9。例如，00001001B 表示十进制数 9。

2. ASCII 码

在计算机中，除了数字，还需要处理各种字符，如字母、运算符号、标点符号等，这些字符在计算机中也采用二进制编码,最常用的编码为 ASCII(American Standard Code for Information Interchange)码,即美国信息交换标准代码。基本 ASCII 码共 128 个,其中控制符 32 个,数字 10 个,大写英文字母 26 个,小写英文字母 26 个,专用字符 34 个,见附录 A。

在计算机内部,通常以字节为单位存放数据,因此实际上每个 ASCII 码都是用 8 位二进制数表示的,低 7 位为有效编码位,最高位可用作校验位或用于 ASCII 码的扩展。

思考与练习

1-1 冯·诺依曼计算机的结构特点是什么?

1-2 在微型计算机中为什么都采用二进制数而不采用十进制数?

1-3 典型微型计算机有哪三大总线?它们传输的是什么信息?

1-4 什么叫微处理器?什么叫微型计算机?什么叫微型计算机系统?三者有什么区别和联系?

1-5 评价微型计算机性能的主要指标有哪些?试举例说明目前主流微型计算机机型的性能参数。

1-6 完成下列数制的转换。

(1) 10100110B=( )D=( )H   (2) 0.101B=( )D

(3) 252.125=( )B=( )H   (4) 1011011.101B=( )H=( )BCD

1-7 用 8 位和 16 位二进制数写出下列数的原码、反码、补码。

(1) −1   (2) −0   (3) +0

(4) −127   (5) +127   (6) −128

1-8 已知[X]$_{补}$=01010101B,求 X 的真值。

1-9 已知[X]$_{补}$=11010101B,求 X 的真值。

1-10 已知 X 和 Y 的真值,求 $[X+Y]_{补}$。

(1) X=−1110111B,Y=+1011010B。

(2) X=56,Y=−21。

1-11 微型计算机某内存单元的内容为 F8H,若它表示的是一个有符号数,则该数对应的十进制数是什么?

1-12 用压缩和非压缩 BCD 码分别表示十进制数 386 和 16。

1-13 将 N=2.5 表示成字长为 8 的浮点数,要求阶码为 2 位,尾数为 4 位,阶符及数符各为 1 位,阶码与尾数均用原码表示。

1-14 写出下列字母、符号的 ASCII 码。

(1) W   (2) t   (3) SP(空格)

(4) 6   (5) CR(回车)   (6) ESC(换码)

第2章　80x86 微处理器及其系统

微处理器是采用大规模或超大规模集成电路技术制成的半导体芯片。它将控制单元、寄存器组、算术逻辑部件（ALU）及内部总线集成在芯片上，组成具有运算器和控制器功能的部件。计算机系统中的各个部件都在微处理器的统一调度下协调工作。微处理器的性能和特点基本上决定了微型计算机的性能。

Intel 8086/8088 微处理器开创了个人计算机的时代，Intel 8086/8088 微处理器是微处理器发展史上的一块里程碑。本章主要介绍 8086/8088 微处理器的内部结构、工作原理、工作方式、外部引脚，高性能微处理器 80386 的工作原理，系统总线概念和系统主板等相关知识。本章重点为 8086/8088 微处理器存储器分段技术、存储器的逻辑地址和物理地址的概念及相互转换方法。

2.1　8086 微处理器

2.1.1　8086 微处理器的逻辑结构

8086/8088 CPU 属于高性能 16 位微处理器，它们是 Intel 公司继 8080 之后于 1978 年推出的一款 CPU，采用 HMOS 工艺制造，芯片上集成了 2.9 万个晶体管，地址引脚为 20 位，寻址空间为 1MB。8086 的数据线引脚为 16 位，而 8088 的为 8 位。

要掌握一个 CPU 的工作性能和使用方法，首先应了解它的逻辑结构。所谓逻辑结构就是指从程序员和使用者的角度看到的内部结构，这种结构与 CPU 内部的物理结构和实际布局是有区别的。按功能划分，8086 CPU 由总线接口部件（Bus Interface Unit，BIU）和执行部件（Execution Unit，EU）两部分组成。8086 CPU 的逻辑结构如图 2-1 所示。8088 CPU 与 8086 逻辑结构类似，只是 8086 的指令队列为 6 字节，而 8088 的为 4 字节。

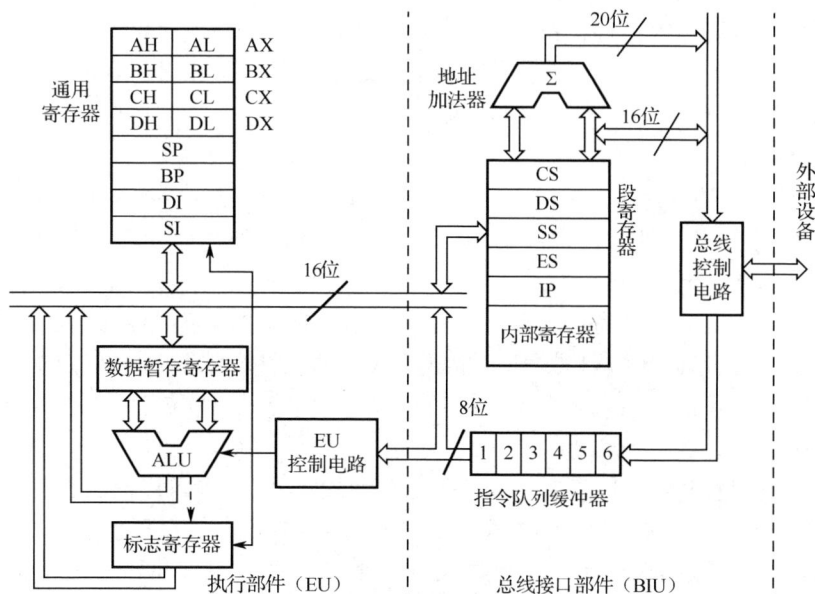

图 2-1　8086 CPU 的逻辑结构

1．总线接口部件

总线接口部件（BIU）的功能是根据执行部件（EU）的请求，完成CPU与存储器、I/O设备之间的数据传输。具体任务如下：

（1）BIU负责从存储器的指定单元取出指令送至指令队列中排队，或直接送至EU执行。

（2）负责从存储器的指定单元或外设端口中取出指令规定的操作数传送给EU，或者将EU的操作结果传输到存储器的指定单元或外设端口中。

（3）计算并形成访问存储器的20位物理地址。

总之，BIU的主要功能是负责完成CPU执行指令时全部外部总线（引脚）上的信息传输操作，而所有的这些外部总线操作都必须有正确的地址和适当的控制信号。BIU中的各部件主要是围绕这一目标设计的。

BIU内部设有4个段寄存器（代码段寄存器CS、数据段寄存器DS、堆栈段寄存器SS和附加段寄存器ES）、一个20位的地址加法器、一个指令队列缓冲器、一个16位的指令指针寄存器IP和总线控制电路。

（1）段寄存器和地址加法器

地址加法器和段寄存器用于实现存储器逻辑地址到20位物理地址的转换。逻辑地址由16位段基址（段寄存器给出）与16位段内偏移地址（指令给出）两部分组成。转换方法为段基址左移4位加上偏移地址，形成20位物理地址。

（2）指令队列缓冲器

8086 CPU的指令队列为6字节，当EU正在执行指令且不需要占用总线时，BIU会自动预取下一条或几条指令操作，将所取得的指令按先后顺序存入指令队列缓冲器中排队，然后由EU按顺序执行。

当EU转移、调用和返回指令时，自动清除指令队列缓冲器，并要求BIU从新的地址重新开始取指令，将新取的指令填入指令队列缓冲器。

（3）指令指针寄存器

指令指针（Instruction Pointer，IP）寄存器用于存放EU要执行的下一条指令的偏移地址。该寄存器不提供给用户使用。

（4）总线控制电路与内部寄存器

总线控制电路用于产生外部总线操作时的相关控制信号，而内部寄存器则用于暂存BIU和EU之间的转换信息。

2．执行部件

执行部件（EU）的功能是从BIU的指令队列缓冲器中取出指令并执行。具体过程如下。

（1）从BIU的指令队列中取出指令，由控制器单元内部的指令译码器进行译码，同时，将译码信息发给各部件并发出相应的控制信号。

（2）对操作数进行算术或逻辑运算，并将运算结果的特征状态保存到标志寄存器中。

（3）控制BIU与存储器或I/O端口进行数据转换，并提供访问存储器和I/O端口的有效地址。

EU包含1个16位的ALU、8个16位的通用寄存器、1个16位的标志寄存器、1个数据暂存寄存器和EU控制电路。

EU中的各部分通过一个16位的ALU总线连接在一起，实现内部快速的数据传输。值得注意的是，这个内部总线与CPU的外部总线是隔离的，即这两个总线有可能同时工作而互不干扰。EU对指令的执行是从取指令操作码开始的，EU不直接同外部总线相连，它从BIU的指令队列缓冲器中获取指令，当指令要求访问内存单元或外设时，EU就向BIU发出操作请求，并提供访问的数据和地址，由 BIU 完成相应操作，所以 EU 主要完成两种类型的操作：

（1）算术/逻辑运算；

（2）计算相关指令中要求寻址的存储单元的 16 位偏移地址并送至 BIU，由 BIU 最后形成 20 位的物理地址。

EU 各组成部分的功能如下。

（1）算术逻辑单元部件（ALU）。ALU 可用于进行算术逻辑运算，也可按照指令的寻址方式算出寻址单元的 16 位偏移地址。ALU 只能运算不能存储数据。在运算时，数据先送到数据暂存寄存器，再由 ALU 进行运算处理。运算结果经过内部总线送回累加器、其他寄存器或存储单元中。

（2）标志寄存器（FLAGS）。它用来反映 CPU 最后一次运算结果的状态特征或存放控制标志。

（3）数据暂存寄存器。它协助 ALU 完成运算，暂时存放参加运算的数据。

（4）通用寄存器组。它包括 4 个 16 位寄存器（AX、BX、CX、DX）、2 个 16 位地址指针（SP、BP）、2 个变址寄存器（DI、SI）。

（5）EU 控制电路。它是控制定时与状态的逻辑电路，接收从 BIU 的指令队列缓冲器取来的指令，经过指令译码形成各种定时控制信号，对 EU 各部分实现特定的定时操作。

BIU 和 EU 是按流水线方式并行工作的，即取指令和执行指令可以重叠。在 EU 执行指令的过程中，BIU 可以取出多条指令到指令队列缓冲器中排队，在 EU 执行完一条指令后，可以立即执行下一条指令，减少了 CPU 等待取指令所需的时间，提高了运算速度，降低了对存储器存取速度的要求。这是 8086/8088 CPU 的突出优点。

早期的 8 位微处理器中，程序的执行是由取指令和执行指令这两个动作的反复循环来完成的，取指令期间，CPU 必须等待，早期 CPU 的执行过程如图 2-2 所示。8086/8088 CPU 的执行过程如图 2-3 所示。

图 2-2　早期 CPU 的执行过程

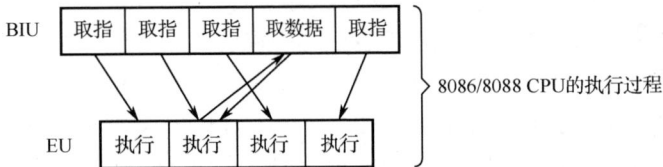

图 2-3　8086/8088 CPU 的执行过程

CPU（BIU 与 EU）的工作过程如下。

首先，EU 向 BIU 提出总线申请，BIU 响应请求，将第一条指令经指令队列缓冲器直接送至 EU 执行，EU 将该指令译码，发出相应的控制信息。数据在 ALU 中进行运算，运算结果保留在标志寄存器中，当 EU 从指令队列缓冲器中取走指令，指令队列缓冲器中出现空字节时，BIU 即从内存中取出后续的指令代码放入队列中；当 EU 需要数据时，BIU 根据 EU 给出的地址，从指定的内存单元或外设中取数据供 EU 使用；当运算结束时，BIU 将运算结果送入指定的内存单元或外设。当指令队列为空时，EU 就等待，直到有指令为止。若 BIU 正在取指令时 EU 发出访问总线请求，则必须等 BIU 取指令完毕后请求才能得到响应。一般情况下，程序顺序进行，当遇到跳转指令时，BIU 使指令队列缓冲器复位，从新地址取出指令，并立即传给 EU 去执行。

2.1.2　8086/8088 CPU 的内部寄存器

对微机系统的应用者来说，CPU 中的各寄存器、存储器、I/O 端口是他们进行编程的基本活动"舞台"，而且大部分指令都是在寄存器中实现对操作数的预定功能的，因此应熟练掌握 CPU 内部寄存器的结构和功能。

8086/8088 CPU 内部有 14 个 16 位寄存器。按功能可分为三类：第一类是通用寄存器（8 个），第二类是段寄存器（4 个），第三类是控制寄存器（2 个）。

1．通用寄存器

通用寄存器可分为两组：数据寄存器，地址指针和变址寄存器。

1）数据寄存器

数据寄存器包括 AX、BX、CX 和 DX 4 个 16 位的寄存器，它们中的每一个又均可根据需要将高 8 位和低 8 位当作两个独立的 8 位寄存器使用。16 位寄存器主要用于存放 CPU 的常用数据，也可用于存放地址。8 位寄存器（AH/AL、BH/BL、CH/CL、DH/DL）只能用于存放数据。

上述 4 个寄存器一般作为通用寄存器使用，但它们又有各自的习惯用法。

AX（Accumulator）称为累加器，所有 I/O 指令都使用该寄存器与外设的接口传输信息。

BX（Base）称为基址寄存器，在计算内存地址时常用来存放基址。

CX（Count）称为计数寄存器，在循环和串操作指令中用作计数器。

DX（Data）称为数据寄存器，在寄存器寻址的 I/O 指令中，用于存放 I/O 端口的地址；在作 16 位乘除法运算时，DX 与 AX 合起来存放一个 32 位的运算结果。

2）地址指针和变址寄存器

（1）设置地址指针和变址寄存器的目的。程序执行过程中，经常要到存储器中存取操作数。为了给出被寻址单元的地址，必须在指令中设置要访问的操作数所在存储单元的偏移地址，存储单元的地址一般都比较长，如果完全由指令中的地址码来表示，则必然加长指令的长度。因此，通常不采用在指令中直接给出存储单元偏移地址的方法，而是将存放指令操作数的存储单元的偏移地址放置在某个专用寄存器中，并给那些能够用来存放存储单元偏移地址的寄存器编码，这样就无须在指令中给出存储单元偏移地址，只需给出寄存器编码即可。通用寄存器编码为 2～3 位，所以采用这种方法给出操作数存储地址，大大缩短了指令的长度。此外，还可以方便地通过修改寄存器内容来达到修改地址的目的，提高了指令寻址的灵活性。

（2）地址指针和变址寄存器功能。地址指针和变址寄存器包括 SP、BP、SI 和 DI。这组寄存器在功能上的共同点是：在对存储器操作数寻址时，提供形成 20 位物理地址的组成部分。在任何情况下，访问存储器的地址码都由段地址（存放在段寄存器中）和段内偏移地址两部分组成，而这 4 个寄存器则用于存放段内偏移地址的全部或一部分。

SP（Stack Pointer，堆栈指针）和 BP（Base Pointer，基址指针）通常作为 16 位的地址指针使用。SP 特定指向堆栈段内某一存储单元（字）的偏移量。当进行堆栈操作时，隐含使用的就是 SP。如果指令中不另加说明，用 BP 作地址指针时，它也是指向堆栈段内的某一存储单元。这时其段地址由段寄存器 SS 提供。

变址寄存器 SI（Source Index）和 DI（Destination Index）用来存放段内偏移地址的全部或一部分。在字符串操作指令中，SI 用作源变址寄存器，DI 用作目标变址寄存器。

综上所述，通用寄存器主要用于暂存 CPU 执行程序的常用数据或地址，以减少 CPU 在运行程序中通过外部总线访问存储器或 I/O 设备来获得操作数的次数，从而加快 CPU 的运行速度。因此，可以把它们看成设置在 CPU 工作现场的小型快速"存储器"。

2．段寄存器

CS（Code Segment）称为代码段寄存器，SS（Stack Segment）称为堆栈段寄存器，DS（Data Segment）称为数据段寄存器，ES（Extra Segment）称为附加段寄存器，段寄存器用于存放段基值。

（1）设置段寄存器的原因

由于在 8086 系统中需要用 20 位的物理地址访问 1MB 的存储空间，但是 8086 CPU 内部数据的直接处理能力和寄存器都只有 16 位，只能直接提供 16 位地址，寻址存储空间最大为 64KB。如何用 16 位数据处理能力实现 20 位地址寻址呢？这里用 16 位的段寄存器和 16 位的偏移地址巧妙地解决了这一问题。为实现寻址 1MB 的存储空间，8086/8088 CPU 中引入了存储器分段概念。

存储器分段就是将 1MB 存储空间划分成若干独立的逻辑段，每个逻辑段最多由 64KB 连续单元组成。要求每个逻辑段的起始地址都必须是被 16 整除的地址，即 20 位段起始地址的低 4 位二进制代码必须是 0，而把段起始地址剩下的高 16 位称为该段的段基值，存放在段寄存器中。显然 1MB 的存储器空间最多可以有 64KB 段基值。

存储器空间被划分成若干个逻辑段后，每个存储单元的逻辑地址由两部分组成：段基值和偏移地址（也称偏移量或有效地址）。偏移地址是指一个存储单元与它所在段的基址之间的距离。在 8086/8088 CPU 中，偏移地址用一个 16 位的无符号二进制数表示，所以一个逻辑段最大为 64KB 的存储空间，一个存储单元的逻辑地址可以表示如下：

段基值：偏移地址

【例 2.1】根据逻辑地址 1800H：1234H 计算物理地址。

物理地址的计算公式如图 2-4 所示。计算结果如图 2-5 所示。

图 2-4　物理地址的计算公式

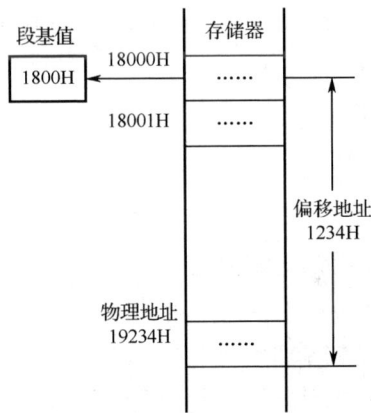

图 2-5　计算结果

在 8086/8088 系列微机中，每个存储单元都有两种地址：物理地址（Physical Address）和逻辑地址（Logical Address）。在 1MB 的存储空间中，每个存储单元都有唯一的 20 位物理地址，而程序设计中使用的地址则称为逻辑地址。

在程序设计中，使用的是逻辑地址而不是物理地址，这样做不仅有利于程序的开始，而且对存储器的动态管理非常有利。由逻辑地址计算物理地址的方法为：把段基值乘 16（左移 4 位，低位补 0），再加上偏移地址，就形成了物理地址。公式如下。

$$物理地址=段基值×10H+偏移地址$$

段的起始地址

8086/8088 CPU 访问存储器时，对物理地址的计算是在 BIU 中由地址加法器来完成的。

（2）段寄存器的功能

8086/8088 CPU 共有 4 个 16 位的段寄存器，它们用于存放 CPU 当前可以访问的 4 个逻辑段的段基值。程序可以在 4 个段寄存器给出的逻辑段中存取代码和数据。若要在别的段而不是当前段中存取信息，程序必须首先改变对应的段寄存器的内容，将其设置成所要存取的段的段基值。

（3）信息与段寄存器的关系

段寄存器的利用不仅使存储空间扩大到 1MB，而且为信息按特征分段存储带来了方便。存储器中的信息可分为程序、数据和计算机状态等。为了操作方便，存储器可相应地划分为程序区（用来存储程序的指令代码）、数据区（用来存储原始数据、中间结果和最终结果）和堆栈区（用来存储需要压入堆栈的数据或状态信息）。

段寄存器的分工：CS 划定并控制程序区，DS 和 ES 控制数据区，SS 控制堆栈区。

3. 控制寄存器

1）指令指针（IP）

IP 用于控制程序中指令的执行顺序，正常运行时，IP 中含有 BIU 要取的下一条指令的偏移地址。一般情况下，每取一次指令代码，IP 就会自动加 1，从而保证指令的顺序执行。IP 实际上是指令机器码存储单元的地址指针，IP 的内容可以被转移类指令强迫改写。当需要改变指令的执行顺序时，只要改写 IP 的内容就可以了。应当注意，用户程序不能直接访问 IP。

2）标志寄存器（FLAGS）

标志寄存器是一个 16 位寄存器，8086/8088 CPU 只用了其中的 9 位，这 9 位包括 6 个状态标志和 3 个控制标志。

状态标志记录了指令执行结果的特征，如结果是否为 "0"，是否有进位、错位，结果是否有溢出等，这些标志常常作为条件转移指令的测试条件控制着程序的运行。标志寄存器结构示意图如图 2-6 所示。

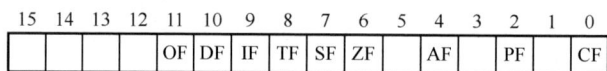

15	14	13	12	11	10	9	8	7	6	5	4	3	2	1	0
				OF	DF	IF	TF	SF	ZF		AF		PF		CF

图 2-6 标志寄存器结构示意图

其中 6 位为状态标志，用来反映 EU 执行算术或逻辑运算后结果的特征。这 6 位都是逻辑值，判断结果为逻辑真时，其值为 1；判断结果为逻辑假时，其值为 0。

（1）进位标志（Carry Flag, CF）。CF=1 表示运算结果在最高位上产生一个进位或借位；CF=0 表示无进位或借位产生。

（2）奇偶标志（Parity Flag, PF）。PF=1 表示结果的低 8 位中有偶数个 1；PF=0 表示结果的低 8 位中有奇数个 1。

（3）辅助进位标志（Auxiliary Flag, AF）。AF=1 表示结果的低 4 位产生一个进位或借位；AF=0 表示结果的低 4 位无进位或借位产生。

（4）零标志（Zero Flag, ZF）。ZF=1 表示运算结果为 0；ZF=0 表示运算结果不为 0。

（5）符号标志（Sign Flag, SF）。有符号数运算时，SF=1 表示运算结果为负数，即结果的最高位为 1；SF=0 表示运算结果为正数，即结果的最高位为 0。

（6）溢出标志（Overflow Flag, OF）。OF=1 表示运算结果产生溢出；OF=0 表示运算结果无溢出。运算结果超出计算机所能表示的数的范围会得出错误的结果，这种情况称为溢出，如字节运算的结果超出了 –128～+127 的范围。产生错误结果的原因是溢出时数值的有效位占据了符号位。溢出产生的条件为，最高位与次高位不同时产生进位或借位。

控制标志是一种用于控制 CPU 工作方式或工作状态的标志，控制标志设置后便对其后的操作产生控制作用。控制标志有 3 个，分别是跟踪标志、中断允许标志、方向标志。

（1）跟踪标志（Trap Flag, TF）。TF=1 表示 CPU 按跟踪方式执行指令。

（2）中断允许标志（Interrupt Flag, IF）。IF=1 表示打开可屏蔽中断，此时 CPU 可以响应可屏蔽中断请求；IF=0 表示关闭可屏蔽中断，此时 CPU 不响应可屏蔽中断请求。

（3）方向标志（Direction Flag，DF）。DF=1 表示串操作过程中地址会递减；DF=0 表示串操作过程中地址会递增。

2.1.3　8086/8088 CPU 的引脚功能

8086/8088 CPU 有 40 个引脚，采用双列直插式封装形式。为了减少芯片引脚的数目，8086/8088 CPU 采用了分时复用的地址/数据总线。正是由于使用这种分时复用的方法，8086/8088 CPU 才可用 40 个引脚实现 20 位地址、16 位数据及许多控制信号和状态信号的传输。8086/8088 CPU 引脚如图 2-7 所示。

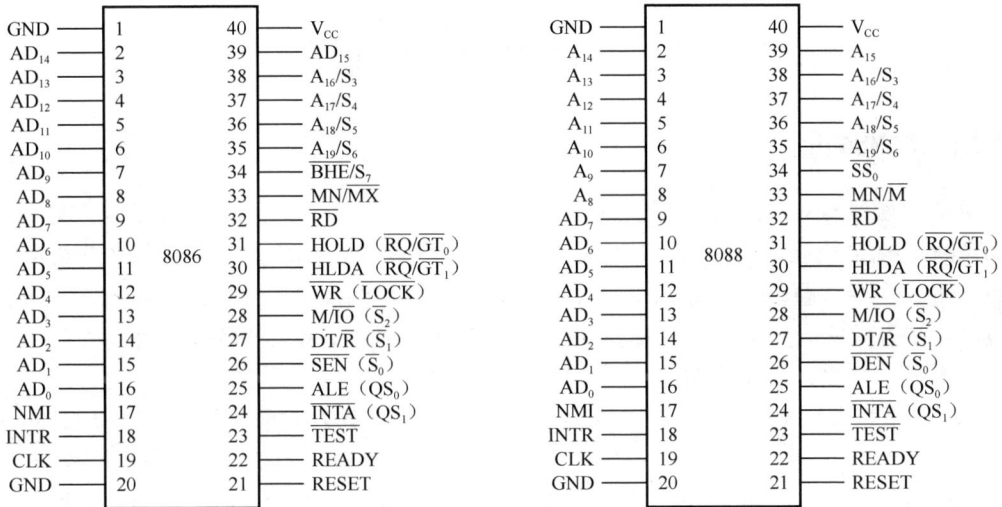

图 2-7　8086/8088 CPU 引脚

8086/8088 CPU 的引脚定义大致可分为如下 5 类。

（1）引脚只传输一种信息，如 32 号引脚 $\overline{RD}$ 传输读信号，低电平有效，表示正在对 I/O 端口或存储器进行读操作，需要配合 28 号引脚使用。

（2）引脚电平的高低代表不同的信号，如 28 号引脚高电平访问的是 I/O 端口，低电平访问的是存储器。

（3）引脚在 8086/8088 CPU 的两种不同工作方式下有不同的名称和定义，如 29 号引脚 $\overline{WR}$（$\overline{LOCK}$），当 8086/8088 CPU 工作于最小方式时，该引脚传输 CPU 发出的写信号 $\overline{WR}$，而当工作于最大方式时，该引脚传输总线锁定信号。

（4）引脚可以传输两种信息。这两种信息在时间上是可以分开的，因此可用一个引脚在不同时刻传输不同信息，通常这类引脚称为分时复用线。如引脚 $AD_0 \sim AD_{15}$，当 ALE=1 时，这些引脚上传输的是地址信息；当 $\overline{DEN}$ =0 时，这些引脚上传输的是数据信息。又如 35～38 号引脚（$A_{19}/S_6 \sim A_{16}/S_3$），这些引脚采用多路开关分时输出，在存储器操作的总线周期中，第一个时钟周期输出 20 位地址的最高 4 位（$A_{16} \sim A_{19}$），其他时钟周期输出状态信号。

（5）引脚输入/输出分别输送不同的信息。如 CPU 在最大方式下工作，31 号引脚 $\overline{RQ}/\overline{GT_0}$ 输入时传输总线请求信息，输出时传输总线请求允许信息。

2.1.4　8086/8088 CPU 的工作方式

为了适应各种场合，8086/8088 CPU 有两种工作方式：最小方式和最大方式。

最小方式指系统中只有 8086/8088 一个微处理器。在这种系统中，8086/8088 CPU 直接产生所有的总线控制信号，系统所需的外加总线控制逻辑部件最少。

最大方式指系统中含有两个或多个微处理器，其中一个为主处理器 8086/8088 CPU，其他的称为协处理器，它们是协同主处理器来工作的。和 8086/8088 CPU 相配的协处理器有两个：一个是专用于数值运算的协处理器 8087，系统中有了此协处理器后会大幅度提高系统数值的运算速度；另一个是专用于输入/输出操作的协处理器 8089，系统中加入 8089 后会提高主处理器的效率，大大减少输入/输出操作占用主处理器的时间。在最大方式下工作时，控制信号是通过 8288 总线控制器提供的。

在不同的工作方式下，部分引脚（24～31 号引脚）会有不同的功能。

2.2 80386 微处理器

2.2.1 80386 的内部结构

如果说微处理器从 8 位到 16 位主要是总线的加宽，那么从 16 位到 32 位则是在体系结构设计上的革新。32 位微处理器的问世是微处理器发展史上的又一里程碑。32 位微处理器普遍采用流水线技术、指令重叠技术、虚拟存储技术、片内存储管理技术、存储器分段技术、分页保护技术等。这些技术的应用使 32 位微机可以更有效地处理数据、文字、图像、图形、语音等各种信息，为实现多用户、多任务操作系统提供了有力的支持。

80386 采用流水线工作方式，其内部结构按功能可划分为六大部件：总线接口部件（BIU）、指令预取部件（IPU）、指令译码部件（IDU）、执行部件（EU）、分段部件（SU）和分页部件（PU）。80386 的逻辑结构如图 2-8 所示。其中，分段部件和分页部件统称为存储管理部件（Memory Management Unit，MMU）。

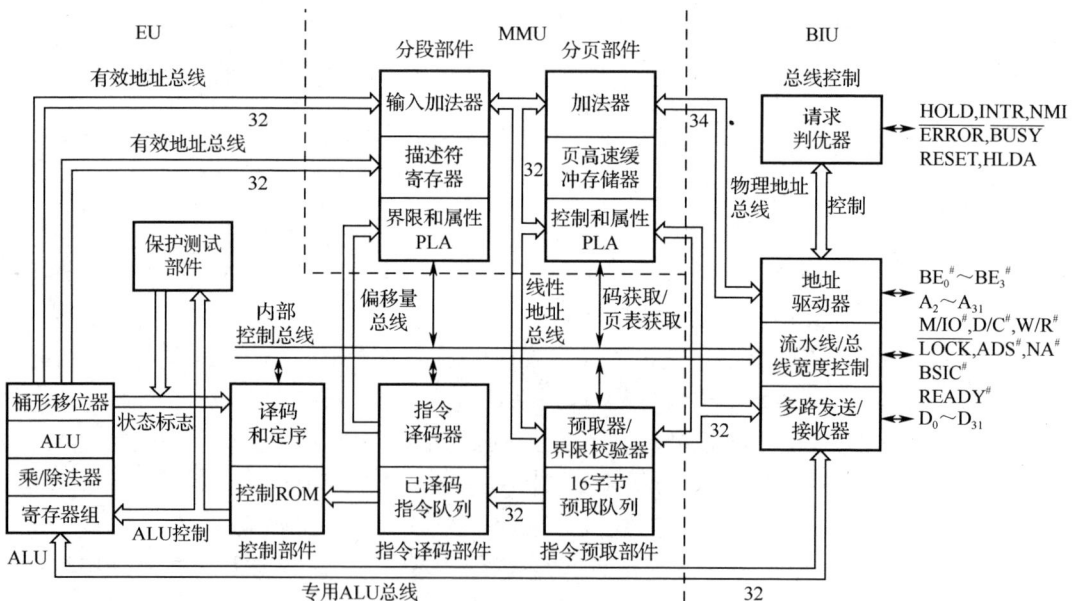

图 2-8　80386 的逻辑结构

总线接口部件是微处理器与系统的接口。其功能是：在取指令、取数据、分段部件请求和分页部件请求时有效地满足微处理器对外部总线的传输请求。BIU 能接收多个内部总线请求，并能按优先级加以选择，最大限度地利用总线宽度为这些请求服务。

指令预取部件的职责是从存储器中预先取出指令。它是一个能容纳 16 条指令的队列。指令译码部件的职责是从 IPU 的指令队列中取出指令字节,对它们进行译码后存入自身的已译码指令队列中,并做好执行部件处理的准备工作,如果在预译码时发现是转移指令,可提前通知 BIU 去取目标地址中的指令,取代原预取队列中的顺序指令。

执行部件(EU)由控制部件、数据处理部件和保护测试部件组成。控制部件中包含控制 ROM、译码电路等微程序驱动机构。数据处理部件中有 8 个 32 位通用寄存器、1 个 ALU、1 个 64 位桶形移位器、1 个乘/除法器和专用的控制逻辑电路,它负责执行控制部件所选择的数据操作。保护测试部件用于在微程序控制下执行所有静态的与段有关的违章检验。EU 中还有一条附加的 32 位内部总线及专门的总线控制逻辑电路,以确保指令的正确完成。

在由 80386 组成的系统中,存储器采用段、页式结构。页是按机械划分的,每 4KB 为 1 页,程序或数据均以页为单位进入实存。存储器按段来组织,每段包含若干页,段的最大容量可达 4GB。在 80386 中,分段部件根据 EU 的要求完成有效地址的计算,以实现逻辑地址到线性地址的转换。分页部件将分段部件产生的线性地址转换成物理地址,提供对物理地址空间的管理。一个任务最多可包含 16KB 段,所以 80386 可为每个任务提供 64TB 的虚拟存储空间。为了加快访问速度,系统中还设置有高速缓存(Cache),构成完整的高速缓存-主存-辅存三级存储体系。

80386 的存储管理部件(MMU)和其他各部件集成于同一芯片中,可以把从形成有效地址到产生线性地址和物理地址的各个步骤都重叠起来,充分利用流水线与并行执行的优点,且简化了电路设计,降低了系统的复杂性和价格,提高了可靠性和速度。

2.2.2 80386 的寄存器

80386 共有 34 个寄存器,按功能可分为 7 类:通用寄存器、段寄存器、系统地址寄存器、指令指针和标志寄存器、控制寄存器、调试寄存器、测试寄存器。

1. 通用寄存器

80386 中有 8 个通用寄存器,都是对 8086 中通用寄存器的 32 位扩展,其用法与 8086 中相似,支持 8 位、16 位、32 位操作,进行 32 位操作时,寄存器名称前面要冠"E"。8 个通用寄存器的名称为:EAX(累加器)、EBX(基址)、ECX(计数)、EDX(数据)、ESP(堆栈指针)、EBP(基址指针)、ESI(源变址)、EDI(目标变址)。

2. 段寄存器

80386 中设置了 6 个 16 位段寄存器,其中 CS、SS、DS 和 ES 与 8086 中的完全相同,新增加的 FS、GS 是两个支持当前数据段的段寄存器。

在保护虚拟地址方式(简称保护方式)下,段寄存器称为段选择器,用来存放虚拟地址指示器中的段选择子,它与段描述符寄存器配合实现段寻址。为了实现存储器分段管理,80386 把每个逻辑段的 32 位基地址、长度限值、属性等信息定义成一个 8 字节、64 位长的数据结构,称为段描述符,把所有的段描述符设置成系统的描述符表。

80386 有 6 个段描述符寄存器,它们与 6 个段寄存器一一对应。段描述符寄存器和段寄存器的结构完全一样。程序员是不可对 64 位的段描述符寄存器进行操作的。当一个段选择子被装入段寄存器时,系统根据段选择子找到对应的描述符项,装入对应的段描述符寄存器。这样,只要段选择子不变,就不需要到内存中查询描述符表,从而加快了段寻址的速度。

3. 系统地址寄存器

80386 中设置了 4 个专用的系统地址寄存器 GDTR、LDTR、IDTR 和 TR,用于保存保护方式下所需要的有关信息。

80386 设置了 3 种描述符表，即全局描述符表 GDT、局部描述符表 LDT 和中断描述符表 IDT。前两种定义了系统中使用的所有段描述符（最多有 8K 个），IDT 则包含了 256 个中断程序入口的中断向量描述符。实际上，这些描述符表是长度为 8～64KB 的数组，段寄存器中段选择子的高 13 位就是对应的描述符在表中的索引地址。

GDTR 和 IDTR 均为 48 位寄存器，GDTR 用来存放 GDT 的 32 位基地址和 16 位段长限值，IDTR 存放 IDT 的 32 位基地址和 16 位段长限值。LDTR 和 TR 均为 16 位寄存器，LDTR 用来存放 LDT 的段选择子，而 TR 用来存放任务状态段表的段选择子。

4．指令指针和标志寄存器

80386 中设置了一个 32 位的指令指针 EIP 和一个 32 位的标志寄存器 EFLAGS。EIP 是 IP 的扩展，它包含待执行指令的 32 位偏移地址，该值总是相对 CS 所代表的段基址而言的，它可直接寻址 4GB 的实存空间。

EFLAGS 的低 12 位与 8086 的标志寄存器 FLAGS 一样，高 20 位中增加了 4 个控制标志。IOPL（I/O Privilege Level，$D_{13}D_{12}$）占两位，表示 I/O 特权级标志，取值为 0～3 共 4 级，仅用于保护方式，用于为 I/O 设备选择特权级。NT（Nested Task，D_{14}）为任务嵌套标志，用于指出当前所执行的任务是否与另一个任务嵌套。RF（Resume Flag，D_{16}）为恢复标志，调试失败后，通过将此位置 1 来强迫程序继续执行，当指令顺利执行时，RF 自动清零。VM（Virtual-8086 Mode，D_{17}）为虚拟 8086 方式标志，VM 被置 1 且 80386 已处于保护方式下时，则 CPU 切换到虚拟 8086 方式，此时对段的任何操作又回到了实地址方式，如同在 8086 下运行一样。

5．控制寄存器

80386 中设置了 4 个 32 位控制寄存器 CR_0～CR_3。它们和系统地址寄存器一起保存着全局性的机器状态，主要供操作系统使用。

6．调试寄存器

80386 中有 8 个 32 位调试寄存器 DR_0～DR_7。DR_0～DR_3 用于设置 4 个断点；DR_6 用于指示断点的当前状态；DR_7 用于设置允许或禁止断点调试；DR_5、DR_4 保留。

7．测试寄存器

80386 中有 2 个 32 位测试寄存器 TR_7 和 TR_6。TR_7 用于保留存储器测试所得的数据；TR_6 为测试控制寄存器，存放测试控制命令。

80386 共有 152 条指令，分为 9 类：数据传送指令、算术逻辑运算指令、循环移位指令、串处理指令、位处理指令、控制转移指令、高级语言支持指令、操作系统支持指令和处理器控制指令。指令有 16 位和 32 位寻址方式，其中 16 位寻址方式与 8086 的寻址方式完全相同。32 位寻址方式有一个重要的特点：通用寄存器都可作为基址寄存器使用，通用寄存器（除 ESP 外）也可作为变址寄存器使用，并可乘上一个比例因子（1、2、4 或 8），对数组的处理特别方便。

2.2.3 80386 的工作方式

80386 高性能的存储管理部件，有力地支持了 3 种工作方式：实地址方式、保护虚拟地址方式和虚拟 8086 方式。

1．实地址方式

80386 在加电或复位初始化时进入实地址方式，这是一种为建立保护虚拟地址方式做准备的方式。它与 8086 相同，由 16 位段选择子左移 4 位与 16 位偏移地址相加得到 20 位物理地址，可寻址 1MB 的存储空间。这时逻辑段的段基值在 4GB 物理存储空间的第一个 1MB 内。

2．保护虚拟地址方式

保护虚拟地址方式是 80386 最常用的工作方式，一般开机或复位后，先进入实地址方式完成初始化，然后立即转入保护虚拟地址方式，也只有在保护虚拟地址方式下，80386 才能充分发挥其强大的功能。

在保护虚拟地址方式下，存储器用虚拟地址空间、线性地址空间和物理地址空间 3 种方式来描述，可提供 4GB 实地址空间，而虚拟地址空间可以高达 64TB。在保护虚拟地址方式下，80386 支持存储器的段页式结构，提供两级存储管理。

80386 支持两种类型的特权保护：通过给每个任务分配不同的虚拟地址空间可实现任务之间的完全隔离；在同一个任务内，定义 4 种执行特权级别，高特权级别的代码可以访问低特权级别的代码，由此实现了程序与程序之间、用户程序与操作系统之间的隔离与保护，为多任务操作系统提供了优化支持。

3．虚拟 8086 方式

虚拟 8086 方式又称为 V86 方式。把标志寄存器中的 VM 标志位置 1，即进入 V86 方式，执行一个 8086 程序把 VM 复位，即退出 V86 方式而进入保护方式，执行保护方式的 80386 程序。

一般情况下，80386 的实地址方式主要是为初始化而使用的，它还可为运行保护方式所需的数据结构做好配置和分配。真正运行 8086 程序时往往用 V86 方式，80386 把它称为 VM86 任务。在 V86 方式中，实现虚拟化的方法是把相关存储器、输入/输出指令进行陷阱处理，并且使用一种称为虚拟机的监控程序对它们进行仿真。V86 方式下允许使用分页方式，将 1MB 分为 256 个页面，每页面 4KB。

V86 方式是 80386 设计的一个重要特点，它可以使大量的 8086 程序有效地与 80386 保护方式的程序并行运行，从而达到 8086 和 80386 的多任务并行操作。

2.2.4 80386 的存储器管理

80386 在保护虚拟地址方式下，采用分段、分页综合的两级存储管理，用分段管理组织其逻辑地址空间的结构，用分页管理来管理其物理存储。80386 的分段部件把程序的逻辑地址转换为线性地址，进而由分页部件转换为物理地址。这种段管理基础上的分页管理是 80386 所支持的最全面、功能最强的一种存储管理方式。微处理器内还设置了高速缓存和其他功能部件，使得这种两级地址转换的速度很快。

1．分段管理

80386 的段描述符为 8 字节，基地址扩大到 32 位，长度限值扩大到 1MB，增添了 4 位语义控制字段。80386 的段描述符格式如图 2-9 所示。

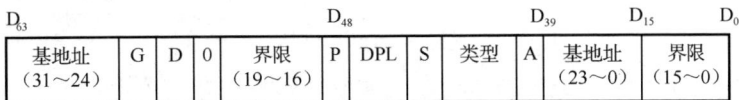

基地址 （31～24）	G	D	0	界限 （19～16）	P	DPL	S	类型	A	基地址 （23～0）	界限 （15～0）
D_{63}				D_{48}				D_{39}		D_{15}	D_0

图 2-9 80386 的段描述符格式

80386 有两种主要的段类型，即系统段和非系统段（代码段和数据段）。段描述符中的 S 位（段位）用于判别某一给定段是系统段还是代码段或数据段。若 S 为 1，则该段为代码段或数据段；若 S 为 0，则为系统段。段描述符各字段的意义如下。

（1）基地址（32 位）指出段基址。

（2）界限（20 位）指出段的长度限值，表明段最大可为 1MB。

（3）P（1 位）为存在位。P 为 1 表示在内存中，P 为 0 表示不在内存中。

（4）DPL（2 位）为描述符特权级，其取值范围为 0～3。

（5）S（1 位）表示段类型。S 为 0 表示系统段描述符；S 为 1 表示代码段或数据段描述符。

（6）类型（3 位）指出段类型。

（7）A（1 位）为已访问位。A 为 1 表示已访问过。

（8）G（1 位）为组织位。G 为 1 表示段长度以页面为单位，G 为 0 表示段长度以字节为单位。

（9）D（1 位）为代码段默认操作长度。D 为 1 表示 32 位代码段，D 为 0 表示 16 位代码段。

（10）0（1 位）为备用位。考虑与将来的处理机兼容，该位必须为 0。

80386 的虚拟地址指示器提供 48 位地址指针：16 位段选择子和 32 位偏移地址。16 位段选择子由 3 个字段组成：最低的两位为 RPL，表示请求者的特权级别，共有 4 级；接着的 1 位为 TI，是描述符表的指示符，若 TI 为 1 则表示选中局部描述符表（LDT），若 TI 为 0 则表示选中全局描述符表（GDT）；其余 13 位为描述符表的偏移地址，它和 TI 组合用于找到相应的段描述符。

16 位段选择子中用 14 位作段描述符的寻址，加上偏移地址的 32 位寻址，80386 可为每个任务提供 14+32=46 位，即 64TB 逻辑地址的寻址能力。逻辑地址通过分段部件转换为 32 位线性地址，可用来寻址 4GB 物理空间。

分段管理就是根据逻辑地址提供的段选择子和偏移地址，通过段选择子从描述符表中找到相应的段描述符，从段描述符中取得段的 32 位基地址，加上逻辑地址提供的 32 位偏移地址，形成 32 位线性地址。分段管理的地址转换过程如图 2-10 所示。

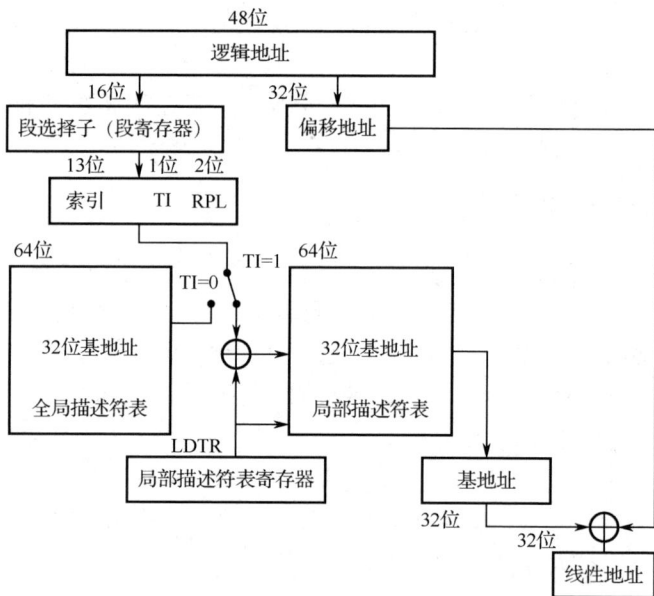

图 2-10　逻辑地址到线性地址的转换

分段部件使用保存在段描述符中的信息实现保护校验，如果出现保护冲突，分段部件将进行一次事故跟踪。

2．分页管理

分页管理是将 80386 的物理存储器组织成若干个页面，一般每个页面为 4KB。

80386 分页管理采用了页目录表、页表两级页变换机制，低一级的页表是页的映像，由若干页描述符组成，每个页描述符指示一个物理页面；高一级的页目录表是页表的映像，由若干页目录描述符组成，每个页目录描述符指示着不同的页表，由 80386 的页目录基地址寄存器 CR3 指示页目录表在存储器中的位置。80386 的页表和页目录表中最多可分别包含 2^{10} 个页描述符和页目录描述符，每个描述符均为 4 字节（32 位），其格式也基本相同。具体如下。

P（D_0）为存在位。页面或页表转入存储器时 P 为 1，否则为 0。

R/W（D_1）为读/写控制位。R/W 为 1 表示写，为 0 表示读。

U/S（D_2）为用户/监控位。U/S 为 1 表示用户操作，为 0 表示监控操作。

A（D_5）为访问位。对该页面或页表进行过读/写访问时 A 为 1，否则为 0。

D（D_6）为出错位。D 为 1 表示出错，为 0 表示未出错。

SYSTEM（$D_{11} \sim D_9$）为系统位，留给系统使用。

页面地址指针或页表地址指针（$D_{31} \sim D_{12}$）分别对应页面或页表的基地址。

80386 的页面和页表均起始于存储空间的 4KB 界上，因此页面地址和页表地址的低 12 位全为 0。在 80386 分页系统中，由 CR3 给出页目录表的基地址，利用 32 位线性地址的高 10 位在页目录表的 1024 个页目录描述符中选定 1 个，从而获得对应页表的基地址；利用线性地址的中间 10 位，在对应页表的 1024 个页描述符中选定 1 个，得到页面地址；利用线性地址的低 12 位可在指定页面中选中 1 个物理存储单元，实现从线性地址到物理地址的转换，如图 2-11 所示。这种地址转换是标准的二级查表机制。

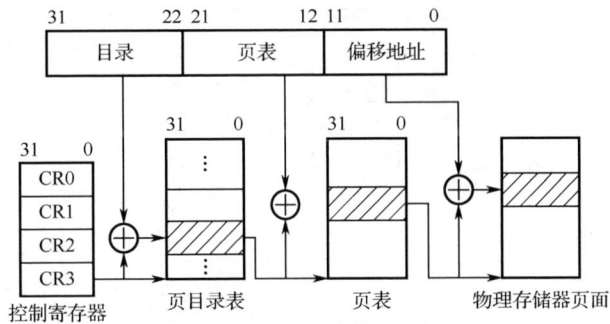

图 2-11　线性地址到物理地址的转换

在这个分页系统中，通过页目录表可寻址多达 1K 个页表，每个页表可寻址多达 1K 个页面，因此可寻址 1M 个页面，而一个页面有 4KB，即可寻址 80386 的整个 4GB 物理存储空间。

3．高速缓冲存储管理

为了加快段内地址的转换速度，80386 芯片上设置了高速缓存（Cache），可把当前段描述符存入 Cache 中，在之后进行的地址转换中就不用再查询描述符表，而只需访问 Cache，大大提高了地址转换的速度。

分页系统也支持 Cache，把最新、最常用的页表信息自动保存在转换后备高速缓存（TLB）中。TLB 共可保存 32 个页表信息，32 个页表与对应的 4KB 页面相联系，从而覆盖了 128KB 的存储器空间。对一般的多任务系统来说，TLB 具有大约 98%的命中率，也就是说在处理器访问存储器的过程中，只有约 2%的情况下必须访问两级分页系统，所以加快了地址转换的速度。

2.3　高性能微处理器

2.3.1　Pentium 处理器

1993 年 3 月，Intel 公司推出了名为 Pentium（奔腾，也称为 P5）的新一代微处理器。它拥有 32 位寄存器、64 位数据总线、32 位地址总线、高性能浮点处理部件和多媒体扩展（MMX）部件。采用 0.80μm 制造工艺，支持 60MHz 和 66MHz 前端总线（FSB）速度，安全工作电压为

5V。Pentium 处理器采用全新的设计，与 80486 相比，内部结构也做了很大改进，但是依然保持了和 80x86 系列的二进制兼容性，在相同的工作方式下可以执行所有 80x86 程序。片内存储管理部件也与 80386 和 80486 兼容，可以在实地址方式引导下转入保护方式和 V86 方式，其指令集包括 80486 的所有指令，并增加了新的指令。

其下一代产品是一年后推出的 P54，它支持 3.3V 的内核电压，使用了 0.50μm 甚至 0.35μm 的制造工艺，处理器的时钟频率达到 75～200MHz，总线频率为 50～66MHz。P5 带有 16KB 的 L1 Cache。要特别提到的是，在 Pentium 处理器中，Intel 首次采用了两个独立 L1 Cache 的设计，8KB 用于数据，另外的 8KB 用于指令。Pentium 处理器采用 Socket 5 和 IA-32 架构。

Intel 下一个最重要的转变就是 P55 处理器的推出，这是第一款 MMX 指令集增加了 57 条（主要用于多媒体和网络通信）的 CPU。随着 CPU 制造工艺的继续发展，处理器已转向 0.35μm 制造工艺，运行电压变成 2.8V，这就要求主板进行结构上的相应改变以支持此 CPU 的电压，也就是说要对主板增加一个电压调整器。新 CPU 的 L1 Cache 也增加到了 32KB。

Pentium MMX 处理器采用 Socket 7 架构，时钟频率为 166～233MHz，总线频率为 66MHz。Pentium 处理器的逻辑结构如图 2-12 所示。

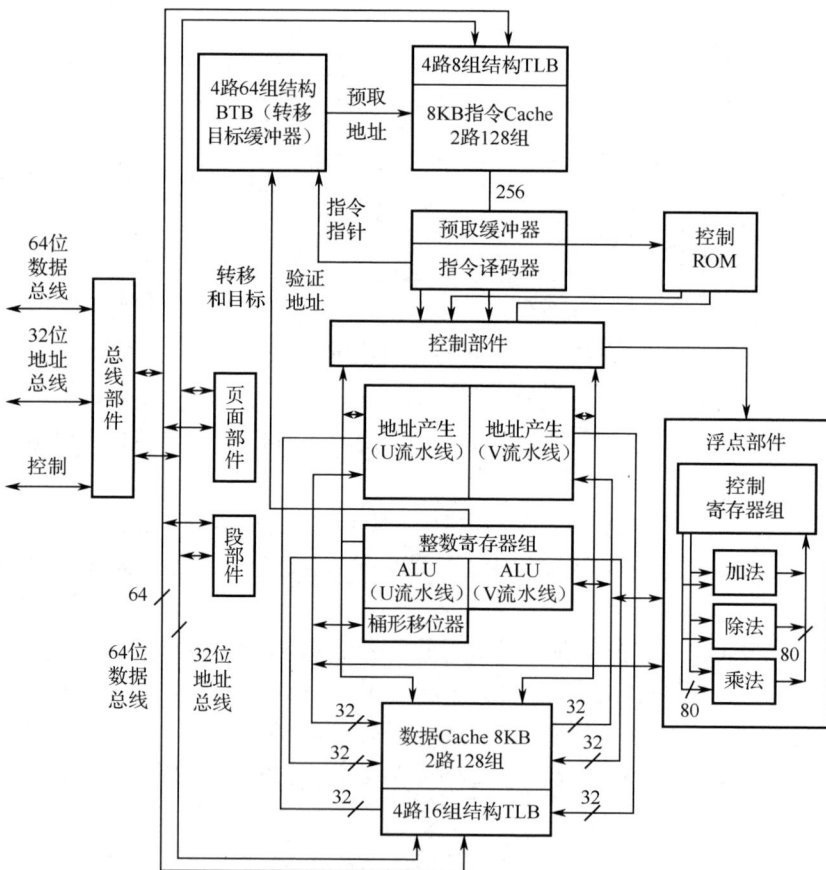

图 2-12 Pentium 处理器的逻辑结构

2.3.2 Pentium 处理器的技术特点

除了具有与 80x86 系列微处理器完全兼容的特点，在 CPU 的结构体系上，Pentium 处理器还有如下一些新的特点。

（1）片内 Cache 采用了分离式结构。Cache 分为两个成组相连的 8KB 指令 Cache 和 8KB 数据 Cache，这种将 Cache 分开的做法使 Cache 能够加快速度，减少等待时间及搬移数据的次数和时间，从而提高整体性能。

（2）采用 RISC 技术。Pentium 处理器虽然属于 CISC 处理器，但在执行单元的设计中较多地采用了 RISC 技术。例如，Pentium 处理器具有超标量指令流水线功能，超标量指令流水线的基本思想是 RISC 技术的重要内容之一。一个处理器中有多个执行部件时，Intel 公司称之为超标量结构。Pentium 处理器有两个执行部件，这些执行部件也称为流水线，用于执行微机程序指令。每个执行部件都有自己的 ALU、地址生成电路及数据高速缓存接口。

（3）具有高性能的浮点运算部件。Pentium 处理器中的浮点运算部件完全重新设计，根据测试，Pentium 处理器中 FPU 的速度是 80486 中 FPU 的两倍，Pentium 处理器中的浮点操作已高度流水线化，并与整数流水线相结合。

（4）具有分支指令预测功能。在指令流水线的处理过程中，分支指令（转移指令）有相当大的破坏作用，因此 Pentium 处理器中设立了能预测分支指令的分支目标缓冲器（Branch Target Buffer，BTB）。如预测无分支指令，则预取将继续按顺序执行，如预测到有分支指令，则可在分支指令进入指令流水线之前根据预测的预取指令记住分支目标地址，并允许分支发生前预取新指令，从而不致使指令流水线陷入混乱或停滞。

（5）数据总线位宽增加。Pentium 处理器的内部数据总线为 32 位，但处理器与内存进行数据交换的外部数据总线为 64 位，在一个总线周期内将数据传输量增加了一倍。另外，Pentium 处理器还支持多种类型的总线周期，在突发方式下，可以在一个总线周期内传输 4 个 64 位数。

（6）常用指令固化。在 Pentium 处理器中，把一些常用指令（如 MOV、INC、DEC、PUSH 等）改为硬件实现，不再使用微代码进行操作，使指令的运行速度进一步加快。

（7）系统管理模式（System Management Mode，SMM）。SMM 最显著的应用就是电源管理，它可以使处理器和系统外围部件在暂不工作时休眠一定的时间，通过按键可以唤醒它们，使之继续工作。通过使用引脚信号，SMM 甚至能完全控制整个系统，包括输入/输出和 RAM。

2.3.3 Pentium 处理器的发展

1. Pentium Pro

Pentium Pro（高能奔腾，686 级的 CPU）是第一个第六代 CPU 产品。

Pentium Pro 是 P6 级的微处理器，1995 年由 Intel 公司推出。此核心架构代号为 P6，它也是未来 Pentium Ⅱ、Pentium Ⅲ 所使用的核心架构。Pentium Pro 有 36 条地址线，可寻址 64GB 的地址空间。Pentium Pro 具有 16KB 的 L1 Cache，时钟频率为 150～200MHz，其系统总线速度为 60MHz 或 66MHz，采用的是 Socket 8 架构。

Pentium Pro 最引人注目的地方是它具有一项称为"动态执行"的创新技术，这是继 Pentium 处理器在超标量体系结构上实现突破之后的又一次飞跃。由于当时缓存技术还不够成熟，加上当时缓存芯片还非常昂贵，因此尽管 Pentium Pro 性能不错，但远没有达到抛离对手的程度，加上价格十分昂贵，Pentium Pro 实际上出售的数目非常少，市场生命也非常短，可以说是 Intel 第一个失败的产品。Pentium Pro 主要用于工作站和服务器。

2. Pentium Ⅱ

Pentium Ⅱ（奔腾Ⅱ）为 Intel 于 1997 年 5 月 7 日推出的微处理器。它基于 Pentium Pro 使用的 P6 微处理架构，另一方面，它的 16 位元处理能力获得优化，并加入了 MMX 指令集。与 Pentium 及 Pentium Pro 处理器不同，Pentium Ⅱ 使用一种插槽式设计。处理器芯片与其他相关芯片皆在一块类似子卡的电路板上，而电路板上有一块塑胶盖，有时也有一个风扇。Pentium Ⅱ 把

L2 放到该电路板上，但只运行处理器时钟频率一半的速度。此举增加了处理器的良率，从而降低了制作成本。Pentium Ⅱ 于 1999 年被 Pentium Ⅲ 取代。

3．Pentium Ⅲ

Pentium Ⅲ 仍是 32 位 Intel 结构（IA-32）CPU，于 1999 年 2 月 26 日推出。刚推出时的版本与早期的 Pentium Ⅱ 非常相似，最值得注意的不同是 SSE 指令集的扩充，以及在每个芯片的制造过程中加入了有争议的序号。与 Pentium Ⅱ 相同，也有低阶的 Celeron 版本和高阶的 Xeon 版本。Pentium Ⅲ 最后被 Pentium 4 取代，Pentium Ⅲ 的改进设计就是现在的 Pentium M。

4．Pentium 4

Pentium 4（奔腾 4）是 Intel 生产的第 7 代 x86 微处理器，并且是继 1995 年出品的 Pentium Pro 之后的第一款重新设计的处理器，这一新架构称作 NetBurst。不同于 Pentium Ⅱ、Pentium Ⅲ 和各种 Celeron 处理器，因为是全新设计的产品，所以与 Pentium Pro 的关联很小。值得注意的是，Pentium 4 前端总线的速度提升到了 400MHz，它其实是速度为 100MHz 的 4 条并列总线，因此理论上它可以传输比一般总线多 4 倍的容量，所以号称有 400MHz 的速度。

2.3.4　多核微处理器

1．多核微处理器简介

多核微处理器是指在一枚微处理器中集成两个或多个完整的计算引擎（内核）。多核技术的开发源于工程师们认识到仅仅提高单核芯片的速度会产生过多热量且无法带来相应的性能改善，先前的处理器产品就是如此。即便没有热量问题，其性价比也令人难以接受，速度稍快的处理器价格要高很多。

多核微处理器就是在基板上集成多个单核 CPU，早期 PD 双核需要北桥来控制分配任务，核心之间存在抢 L2 Cache 的情况，后期酷睿集成了任务分配系统，再搭配操作系统就能真正同时处理两份任务，如果其中一个核心死机，另一个核心还可以继续处理关机、关闭软件等任务。

多核微处理器的出现似乎给人们带来了新的希望。早在 20 世纪 90 年代末，就有众多业界人士呼吁用 CMP（单芯片多处理器）技术来替代复杂性较高的单线程 CPU。IBM、惠普、Sun（已被 Oracle 收购）等高端服务器厂商，更是相继推出了多核服务器 CPU。不过由于服务器价格高、应用面窄，并未引起大众的广泛注意。直到 AMD 抢先推出 64 位处理器后，Intel 才想起利用"多核"这一武器进行"帝国反击战"。2005 年 4 月，Intel 仓促推出简单封装双核的 Pentium D 和 Pentium 4 至尊版 840。AMD 在之后也发布了双核处理器。但真正的"双核元年"被认为是 2006 年。这一年的 7 月 23 日，Intel 基于酷睿架构的处理器正式发布。2006 年 11 月，又推出面向服务器、工作站和高端个人计算机的至强（Xeon）5300 和酷睿双核、四核至尊版系列处理器。与上一代台式机处理器相比，酷睿双核处理器在性能方面提高 40%，功耗反而降低 40%。作为回应，同年 7 月 24 日，AMD 也宣布对旗下的双核 Athlon64 X2 处理器进行大降价。由于功耗已成为用户在性能之外所考虑的首要因素，两大处理器巨头都在宣传多核处理器时，强调其"节能"效果。Intel 发布了功耗仅为 50W 的低电压版四核至强处理器，而 AMD "Barcelona" 四核处理器的功耗也没有超过 95W。

Core i7（酷睿 i7，内核代号为 Bloomfield）处理器是 Intel 于 2008 年推出的 64 位四内核 CPU，沿用 x86-64 指令集，并以 Intel Nehalem 微架构为基础。Core i7 用于取代 Intel Core 2 系列处理器。

2．IA-32 与 IA-64 架构

IA-32 架构（Intel Architecture，32 位）常被称为 i386、x86-32 或 x86，是由 Intel 公司推出

的指令集架构，至今 Intel 最受欢迎的处理器仍然采用此架构。它是 x86 架构的 32 位元延伸版本，首次应用是在 Intel 80386 芯片中。x86-64 兼容 x86-32 架构，可在同一时间处理 64 位的整数运算，支持 64 位逻辑定址，同时提供转换为 32 位定址的选项，但数据操作指令默认为 32 位和 8 位，提供转换成 64 位和 16 位的选项，支持常规用途的寄存器，如果是 32 位运算操作，就要将结果扩展成完整的 64 位。指令有"直接执行"和"转换执行"的区别，指令字段为 8 位或 32 位，可避免字段过长。x86-32 架构处理器的寻址空间限制在 4GB。

IA-64 架构是 Intel 公司推出的 64 位指令集架构，在 Intel 采用了 x86 指令集后，它又转而寻求更先进的 64 位微处理器，Intel 这样做的原因是，想摆脱容量巨大的 x86 架构，从而引入精力充沛且功能强大的指令集，于是采用 EPIC（并行指令处理）技术的 IA-64 架构诞生了。Intel 公司 1999 年推出的 Itanium（安腾）处理器是 IA-64 系列中的第一款，安腾一般用在高端应用上，运行的系统一般是 Unix 系统。IA-64 架构处理器最大的缺陷是它们缺乏与 x86 的兼容，AMD 考虑用户需求，加强了 x86 指令集的功能，使这套指令集可同时支持 64 位的运算模式，因此 AMD 把该架构称为 x86-64。

微处理器发展至此，并不是极致，更新的处理器会将前所未有的功能展现在我们面前。

2.4　80x86 微型计算机系统

标准的微型计算机硬件由主机（CPU、系统主板、内存、显卡、网卡、声卡及其他接口卡）和外设组成。如果把计算机比作一个人，那么 CPU 就是人的大脑，系统主板就是人的躯体和脉络，而其他功能部件便是人的相应器官。

2.4.1　微型计算机系统主板

系统主板（System Board，也叫 Main Board 或 Mother Board，简称主板）是微型计算机的重要组成部分。主板完成微型计算机系统的管理和协调，支持 CPU、内存、总线及接口卡的正常运行。主板上所用的芯片组、BIOS（Basic Input/Output System，基本输入/输出系统）和电源器件以及布线水平决定了它的级别。主板多为矩形印制电路板（Printed Circuit Board，PCB），集成有芯片组、各种 I/O 控制芯片、键盘和面板控制开关接口、指示灯接插件、扩展槽、主板和电源接口等元器件。

1．CPU 与 CPU 插座或插槽

CPU 是微型计算机的核心部件，它需要安装在主板上以发挥其作用。CPU 芯片的引脚较多，需要使用专用插座或插槽将 CPU 连接到主板上。CPU 插槽主要分为 Socket 和 Slot 两种。Pentium CPU 使用 296 引脚的 PGA（Pin Grid Array，插针阵列封装），采用 ZIF（Zero Insertion Force，零插拔力）插座 Socket 7。

2．芯片组

随着 VLSI（Very Large Scale Integrated Circuit，超大规模集成电路）技术的发展，目前已能将微型计算机的总线控制（CPU、PCI、AGP 总线等）和图形显示、声卡、I/O 接口功能集成在 2～3 片芯片中，这些芯片组在系统中起到神经中枢的作用。有了芯片组，主板结构就变得非常简洁，就一般应用而言，不需要再插入其他 I/O 接口卡就能使计算机工作。

3．内存和内存条插槽

最早的微型计算机直接使用存储器芯片构成内存，即将存储器芯片插入主板上的芯片插座。后来改为使用内存条，每个内存条上可装入多片存储器芯片，组成较大容量的存储器。按内存

条划分，内存插槽主要分为 EDO、SDRAM、DDR 等，目前主板上常见的为 DDR 内存插槽。

4．扩展插槽

主板上设有若干扩展插槽，也称为总线插槽。各种板卡（接口电路）能够通过插入系统主板扩展插槽与系统总线相连，以实现系统的扩展。扩展插槽应遵循一定的标准，以使板卡具有通用性。目前微型计算机系统主板上一般包括 4～6 个 PCI 插槽和 1～2 个 ISA 插槽。PCI 插槽的工作频率为 33MHz，在系统主板上为白色；ISA 插槽的工作频率为 8MHz，在系统主板上为黑色。

5．BIOS 芯片

主板上有一个 BIOS 芯片。该芯片内存储了一组管理程序，包括上电自检程序、DOS 引导程序、日时钟管理程序、基本 I/O 驱动程序等，固化在 ROM 芯片中，计算机上电后先执行这些程序。

6．硬盘和光盘驱动器接口

硬盘、光盘驱动器（简称光驱）使用 IDE 接口或串行接口。芯片组包含 IDE 接口控制，一般可连接 4 个 IDE 接口设备,如 Intel 440 芯片组中的 82371 可连接 4 个 IDE 接口的硬盘或光驱。目前系统主板上通常有 1 个 IDE 接口，4 个高速串行接口。

7．主板供电电路

主板由主机电源提供 4 组电源，分别是+5V、–5V、+12V 和–12V。另外，主板上还有电源转换电路，以适应现在 CPU 使用低电源电压的要求。

2.4.2　80x86 典型芯片组 440BX

芯片组不仅对 CPU、主板起着极其重要的协调、支持和控制作用，而且在很大程度上也决定了计算机的结构和性能，不同 Pentium 处理器必须有相应的芯片组配合才能正常工作，因此芯片组的发展也是十分迅速的。

Intel 440BX 作为一代经典芯片组，曾经畅销 28 个月之久。440BX 芯片组由两片芯片组成，一片是 492 引脚的北桥芯片 82443BX，另一片是 324 引脚的南桥芯片 82731EB（PIIXE），而Pentium III 中使用的是南桥芯片 82731AB。采用 440BX 芯片组的典型主板结构如图 2-13 所示。

图2-13 所示的芯片组由北桥芯片和南桥芯片组成。北桥芯片是 CPU 与外部设备之间的纽带，AGP、SDRAM、PCI 插槽和南桥芯片等设备通过不同的总线与它相连。南桥芯片与北桥芯片共同组成了芯片组，主要连接 ISA 设备和 I/O 设备。南桥芯片负责管理中断及 DMA 通道，其作用是使所有信息都能够有效传输。

北桥芯片 82443BX 的主要功能如下：

（1）支持单、双 Pentium II 处理器，总线频率可达 100MHz。

（2）集成了内存控制器，支持 100/66MHz 的 SDRAM，最大支持 512MB 内存。

（3）PCI 总线接口遵循 PCI 2.1 版规范，支持工作电压为+3.3/5V 及工作频率为 33MHz 的设备，支持除南桥芯片以外的 6 个 PCI 总线主设备。

（4）集成了 AGP（Accelerated Graphics Port）接口，支持工作电压为+3.3V 及工作频率为 66/133MHz 的设备，以 133MHz 工作时带宽为 533Mbit/s。

南桥芯片 82731EB（PIIXE）的主要功能如下：

（1）PCI/ISA 桥连器，支持 ISA 总线。

（2）集成了 IDE 控制器，可连接 4 个 IDE 设备，支持 16Mbit/s 的 PIO 模式传输，支持 Ultra DMA33 模式传输，数据传输率可达 33Mbit/s。

（3）集成了 USB 控制器，支持两个 USB 端口。

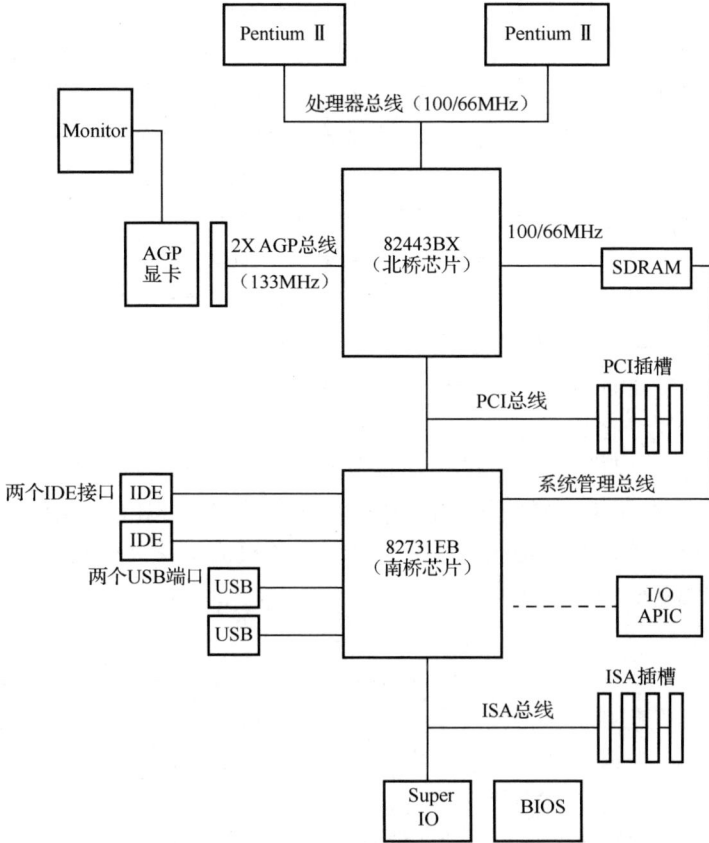

图 2-13　采用 440BX 芯片组的典型主板结构

（4）集成了 7 个通道的 DMA 控制器、两个 82C59A 中断控制器、82C54 定时/计数器和实时时钟。

（5）遵循 ACPI（Advanced Configuration and Power Interface，高级配置和电源接口）电源管理，支持系统挂起/再启动（挂起到 RAM 及磁盘）等功能。

（6）支持 I/O APIC（Advanced Programmable Interrupt Controller，高级可编程中断控制器）模块。

无论何种系统主板，除主存外，其上还有 ROM 与 RAM 两种不同类型的存储器芯片，其中 BIOS 是一片 ROM，而 COMS RAM 则需要电池供电，这两个芯片中存放着指令代码和有关数据，相互之间有紧密的依存关系。

2.4.3　BIOS 功能与设置

1．BIOS 功能

系统主板上的 BIOS 芯片内存储了一组管理程序，包括上电自检程序、DOS 引导程序、日时钟管理程序、基本 I/O 驱动程序等，这些程序固化在 ROM 芯片中。计算机上电后先执行 BIOS 中的程序。

BIOS 是微型计算机系统的一个底层的管理程序，包括 4 个功能模块。

（1）上电自检（Power On Self Test，POST）程序。机器接通电源后，系统有一个对各部件和设备进行检查的过程，这是由 BIOS 中的上电自检程序来完成的。它包括对主板上的 CPU、芯片组、主存、COMS 存储器、主板 I/O 接口、显卡、软盘/硬盘子系统和键盘/鼠标等部件和设备的测试。自检中若发现问题，系统将会给出屏幕提示信息并鸣笛报警。

（2）系统启动自检程序。在完成上电自检后，BIOS 将按照系统 CMOS RAM 中设置的启动顺序搜寻操作系统启动程序，如先看软盘驱动器 A 是否可启动，若不行再看硬盘驱动器 C 是否可启动，仍不行则检查 CD-ROM 及网络服务器等有效的启动驱动设备。这一过程读入操作系统的引导记录，然后将系统控制权移交给引导记录，由引导记录控制完成操作系统的启动。

（3）BIOS 功能调用程序。这是系统软硬件之间的一个接口子程序库，操作系统对软盘、硬盘、光驱、鼠标、键盘和显示器等外设的输入/输出管理即建立在这一功能调用上。用户程序也可以方便地调用这些功能子程序，从而方便与简化了应用程序的设计。

（4）系统参数设置程序。即使是使用同一型号主板转配的微型计算机，各个部件的配置也可以差别很大，如都是 Pentium 4 或 Pentium Ⅲ，但其内部主频的差异也可以很大，因此应首先对每台机器的具体配置进行登记，才能达到识别、诊断与管理的目的。系统参数设置程序就是收集这些配置参数的，并将它们存放在一片可读/写的 CMOS RAM 芯片中。其中，除保存着系统的 CPU 识别、存储器容量、软盘/硬盘驱动器容量规格及键盘和鼠标等部件的各类信息外，还有日期、时间、用户上机口令与密码等信息。为了在关机后不丢失这些数据，系统主板通过一块后备电池向 CMOS RAM 供电。

2. BIOS 设置

BIOS 芯片中有一个 "BIOS SETUP" 人机交互界面程序，专门用来设置 CMOS RAM 中的上述参数，有些计算机在开机时根据提示按下 "DEL" 键即可进入。机器装配成功后都要首先完成 BIOS 设置，以后根据需要可重新设置。Pentium 系统主板的 BIOS ROM 多采用 Flash 型 EEPROM 芯片，可以对其进行主板改写，方便用户对 BIOS 进行版本升级。

顺便指出，在其他许多设备中也可以见到 BIOS 芯片，只是功能不同且有局限性而已。例如，显卡中有视频管理 BIOS，硬盘控制器中也有自身的 BIOS，有些网卡中的启动 ROM 也可称为 BIOS。

3. CMOS RAM

CMOS RAM 本身没有存储程序，而对其中各项参数的设置要通过执行固化在 BIOS 芯片中的 "BIOS SETUP" 程序进行。这说明了 ROM 型 BIOS 与 RAM 型 CMOS 的参数之间的主从关系。换言之，CMOS 中的数据是通过 BIOS 中的设置程序存储的，而 BIOS 中的上电自检等程序又必须调用 CMOS 中存储的参数才能有效地识别、诊断各类部件及基本 I/O 设备。

早期的 CMOS 是一块单独的芯片，如 146818A、82C6818，共有 64 字节存储系统信息。80386 以后的微机一般使用 82C206、85C206 等集成芯片。Pentium 系统主板中后来使用了将 CMOS RAM、系统实时时钟和后备电池集成到一块芯片上的新产品，如 DALLAS 的 DS1287、12B887 等。

随着微型计算机技术的不断发展，需要设置的系统参数也在逐步增加，使得现在的 CMOS RAM 空间容量一般都有 128 字节或 256 字节。为了保持同先前产品的兼容性，各 BIOS 厂商都将前 64 字节的基本设置保持同 MC146818A 的格式一致，而在扩展出来的后面一部分空间定义自己的特殊设置。

思考与练习

2-1 简述 8086 CPU 中 EU 和 BIU 的功能。

2-2 简述地址加法器的工作原理。

2-3 简述 8086 CPU 存储器的组织结构特点。

2-4 为什么 8086 CPU 存储器组织采用分段结构?

2-5 简述 80386 微处理器的技术特点。

2-6 什么是实地址方式?

2-7 简述 80386 分页管理的工作原理。

2-8 简述 Pentium 微处理器的技术特点。

2-9 简述系统主板的功能和组成。

2-10 BIOS 设置和平常所说的 CMOS 设置有什么异同?

第3章　8086/8088 指令系统

同系列计算机的指令系统相同，指令系统功能的强弱决定了计算机硬件系统性能的高低。本章以 8086/8088 微型计算机的指令系统为基础，介绍指令系统中涉及的基本概念、指令的寻址方式及各种指令的功能和使用方法。

本章学习的重点是掌握指令对操作数的各种寻址方式和 8086/8088 指令系统全部六大类指令的功能和使用方法，包括指令操作码的含义、指令对操作数的要求和指令的执行结果等。

3.1　概述

指令是能够被计算机所识别，并且控制计算机完成指定操作的命令。计算机所能识别的所有指令的集合称作指令系统，不同系列计算机（或者说不同的微处理器）有着不同的指令系统。指令系统定义了计算机硬件所能完成的基本操作，其功能的强弱在一定程度上决定了硬件系统性能的高低。

8086/8088 指令系统是 Intel 80x86 系列 CPU 的基本指令系统。8086/8088 指令系统是在其上一代 8 位 8080/8085 CPU 的指令系统基础上设计的，同时又能在其后续的 80x86 系列 CPU 上正确运行。与上一代 CPU 的指令系统相比，8086/8088 指令系统的功能有了很大的扩充，主要表现在：

① 有 8 个通用寄存器，均可作累加器使用；

② 可进行字节或字的处理；

③ 有重复指令和乘除运算指令；

④ 扩充了条件转移，移位/循环指令；

⑤ 可进行有符号数的运算；

⑥ 有软中断和协调多处理器工作的指令。

8086/8088 指令系统共包含 92 种基本指令，按照功能可将它们划分为六大类：数据传送类指令、算术运算类指令、逻辑运算和移位指令、串操作指令、控制转移类指令和处理器控制指令，如表 3-1 所示。前四大类指令属于数据操作类指令，用于数据传送和数据处理；后两大类指令属于控制类指令，用于改变程序流向与控制 CPU 的工作状态。

表 3-1　8086/8088 指令系统基本指令分类

指令类型		助 记 符
数据传送类指令	一般数据传送指令	MOV、PUSH、POP、XCHG、XLAT
	输入/输出指令	IN、OUT
	地址传送指令	LEA、LDS、LES
	标志传送指令	LAHF、SAHF、PUSHF、POPF
算术运算类指令	加法指令	ADD、ADC、INC
	减法指令	SUB、SBB、DEC、NEG、CMP
	乘法指令	MUL、IMUL
	除法指令	DIV、IDIV
	十进制调整指令	DAA、AAA、DAS、AAS、AAM、AAD
	字位扩展指令	CBW、CWD

指令类型	助 记 符
逻辑运算和 移位指令	AND、OR、NOT、XOR、TEST SHL、SAL、SHR、SAR、ROL、ROR、RCL、RCR
串操作指令	MOVS、CMPS、SCAS、LODS、STOS、REP、REPE/REPZ
控制转移类指令	JMP、CALL、RET、LOOP、LOOPE、LOOPNE、INT、 INTO、IRET、JXX（各种条件转移指令）
处理器控制指令	CLC、STC、CMC、CLD、STD、CLI、STI、HLT WAIT、ESC、LOCK、NOP

3.1.1 指令的基本构成

1. 指令的一般格式

一条指令通常由两部分组成，如图 3-1 所示。第一部分为操作码（也称指令码、指令助记符），用便于记忆的助记符（一般是英文单词的缩写）表示指令要进行什么样的操作，这一部分是指令中必须包含的部分。必要时，可在操作码的前面加上前缀，从而实现某些附加操作。第二部分是操作数，即指令操作的对象。有些指令不需要操作数，此时指令只由操作码组成；有些指令只需要一个操作数；有些指令则需要两个操作数，这时必须用逗号将两个操作数隔开。

图 3-1 指令的一般格式

指令长度（所占的字节数）会影响指令的执行时间。8086 指令的长度在 1～6 字节之间。操作码占用一字节或两字节。指令的长度主要取决于操作数的个数及所采用的寻址方式。在微处理器指令中，可以没有操作数，也可以有一个或两个操作数。相应地，根据操作数的个数，指令在格式上具有以下 3 种形式。

（1）零操作数指令。指令只有一个操作码。这类指令操作的对象通常是处理器本身，如指令"HLT"。

（2）单操作数指令。指令只有一个操作数，如指令"INC CX"。

（3）双操作数指令。指令有两个操作数，这两个操作数必须用逗号隔开，分别表示目标操作数（也称目的操作数）和源操作数，格式如图 3-1 所示。如指令"MOV AX, 2000H"，其中 AX 表示目标操作数，2000H 表示源操作数。

2. 指令中的操作数类型

8086/8088 指令中的操作数有 3 种类型：立即操作数（简称立即数）、寄存器操作数和存储器操作数。

（1）立即数

立即数是指具有固定数值的操作数，即常数，在程序执行过程中不会发生变化。在 8086/8088 系统中，立即数可以是有符号数，也可以是无符号数；可以是 8 位的，也可以是 16 位的。立即数的长度决定了立即数的取值范围，如果立即数的值超过了规定的取值范围，就会发生错误。

需要注意的是，立即数在指令中只能用作源操作数，原因是立即数只是一个常数，无法表示地址，因此不能用作目标操作数。

（2）寄存器操作数

8086/8088 CPU 的 8 个通用寄存器和 4 个段寄存器可以作为指令中的寄存器操作数，它们都可以作为源操作数。除了代码段寄存器 CS，其他寄存器都可以作为目标操作数。寄存器操作数可以是 8 位的，也可以是 16 位的。

通用寄存器通常用来存放参加运算的数据或数据所在存储单元的偏移地址。段寄存器用来存放当前操作数的段地址。

仅个别指令将标志寄存器 FLAGS 作为操作数。

（3）存储器操作数

存储器操作数是指存放参加运算的操作数的存储单元。在实际应用中，由于大多数操作数都存放在存储单元中，因此存储器操作数是用得最多的操作数类型。存储器操作数的字长可以是字节、字，也可以是双字。存储器操作数既可作为源操作数，也可作为目标操作数，但不允许源操作数和目标操作数同时为存储器操作数。

前面介绍过，能够唯一标识一个存储器单元的是物理地址，而物理地址是由段地址和偏移地址组合而成的 20 位地址。所以，要寻找一个存储器操作数，首先要确定操作数所在段的段地址。如果指令中没有指明所涉及的段寄存器，系统就采用默认的段寄存器来确定操作数所在的段。存储器操作数的偏移地址，也称为有效地址（Efficient Address，EA），可以通过不同的寻址方式由指令给出。操作数的寻址方式将在 3.2 节介绍。

3. 段重设

当操作数在内存单元时，系统采用默认的段寄存器来确定操作数所在的段。当操作数段地址不在默认的段寄存器时，可以使用段重设前缀取代其默认约定。段重设的方法是在有关操作数的前面写上寄存器的名字，再加上冒号，例如：

```
MOV AX, [SI]              ;段地址默认情况下在DS中
MOV AX, ES, [SI]          ;段地址默认情况下在DS中，经过段重设后段在ES中
```

8086/8088 对段寄存器使用的约定见表 3-2。

表 3-2　8086/8088 对段寄存器使用的约定

存储器存取方式	默 认 段	可重设的段寄存器	段内偏移地址的来源
取指令	CS	无	IP
堆栈操作	SS	无	SP
源串	DS	ES、SS	SI
目标串	ES	无	DI
BP 作基址	SS	DS、ES	有效地址 EA
通用数据读/写	DS	ES、SS	有效地址 EA

3.1.2　指令的执行时间

了解指令的执行时间在有些时候是非常重要的。例如用软件产生定时或延时时，需要估算出一段程序的运行时间。由于 8086 系统的指令种类很多，详细讨论比较烦琐也没必要，这里只作一般讨论。

一条指令的执行时间包括：取指令、取操作数、执行指令及传送结果等几个部分，单位为时钟周期。不同指令的执行时间有较大的差别。寄存器操作数占用的时间最短，而存储器操作数占用的时间长一些，因为还需要考虑计算偏移地址（EA）所花费的时间。不同的寻址方式，计算偏移地址所需要的时间也不尽相同，可能会使指令的执行时间相差比较大。

在之前讨论的 3 种类型的操作数中，寄存器操作数指令的执行速度最快，其次是立即数指

令，存储器操作数指令的执行速度最慢。这是由于寄存器在 CPU 内部，执行寄存器操作数指令时，CPU 的执行部件可以直接从 CPU 内部的寄存器中获取操作数，不需要访问内存，因此执行速度很快；对于立即数，由于立即数是指令的一部分，因此它位于总线接口部件的指令队列缓冲器中，执行指令时也不需要访问内存，因此执行速度也比较快；而存储器操作数位于内存单元中，为了获取操作数，首先要由总线接口部件计算出该操作数所在存储单元的 20 位物理地址，由于对内存进行了访问，因此相较于前两类操作数指令，存储器操作数指令的执行速度最慢。

以通用数据传送指令（MOV）为例，若 CPU 的时钟频率为 5MHz，即一个时钟周期为 0.2μs，则从寄存器传送到寄存器的指令执行时间为

$$t = 2 \times 0.2 = 0.4 （\mu s）$$

立即数传送到寄存器的指令执行时间为

$$t = 4 \times 0.2 = 0.8 （\mu s）$$

而从存储器到寄存器的字节传送，设存储器采用基址–变址寻址方式，则指令执行时间为：

$$t = （8 + EA） \times 0.2 = （8 + 8） \times 0.2 = 3.2 （\mu s）$$

3.2　寻址方式

寻址，顾名思义，就是寻找地址。寻址方式则是指获取地址的途径和方法。在 8086/8088 系统中，主要的寻址对象是操作数的地址和程序的地址（即要执行的下一条指令的地址）。对于后者，主要在程序转移或过程调用时用来寻找目标地址或入口地址。这一部分将在调用指令 CALL 和程序转移指令 JMP 中详细介绍。通常一条指令的操作数包括源操作数和目标操作数。这些操作数主要存放在微机系统的 3 个部件中，即 CPU 的寄存器、存储器和 I/O 端口中。因此，操作数地址又分为寄存器地址、存储器地址和 I/O 端口地址。对 I/O 端口地址的寻址将在输入/输出指令（I/O 指令）中介绍。在本节中，只讨论针对寄存器地址和存储器地址的寻址方式。

在 8086/8088 指令系统中，针对寄存器地址和存储器地址的寻址方式有 8 种，这 8 种寻址方式是我们学习指令和汇编语言的基础，掌握寻址方式对理解和正确使用指令是极其重要的。

3.2.1　立即寻址

立即寻址（Immediate Addressing）方式只针对源操作数。此时源操作数是立即数，立即数作为指令的一部分，紧跟在操作码后面，与操作码一起放在指令代码段中。在程序运行时，程序直接调用该操作数，而不需要到其他地址取相应的操作数。立即寻址的作用是对寄存器或内存单元赋初值。

立即寻址需要注意以下几点。

（1）立即寻址只针对源操作数，因为目标操作数不能是立即数。该规定与高级语言中"赋值语句的左边不能是常量"的规定一致。例如，指令"MOV　1234H, AX"是一条错误的指令。

（2）8086/8088 系统中，立即数可以是 8 位或 16 位的整数。16 位的立即数严格按照"高高低低"的原则进行存储，即低 8 位在低地址单元中存放，高 8 位在高地址单元中存放。

【例 3.1】指令"MOV　AX, 1234H"表示将 16 位立即数 1234H 送入累加寄存器 AX 中，指令执行后，AH=12H，AL=34H。指令执行过程如图 3-2 所示。

（3）立即数可以使用二进制、八进制、十进制、十六进制等表示方法，并在数后加上 B、O、D、H 作为区分，如 00001111B、02H 等。

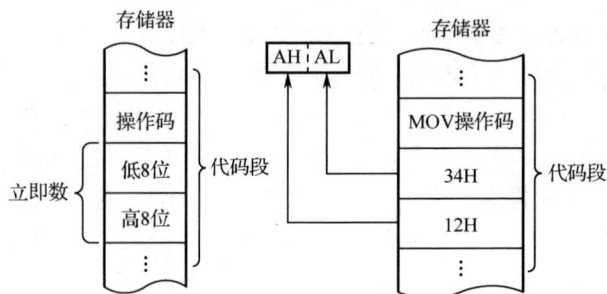

图 3-2 立即寻址指令执行过程示意图

采用立即寻址方式时，操作数（立即数）作为指令的一部分跟随在指令的操作码之后，存放在内存的代码段。由于指令执行过程中，立即数直接作为指令的一部分从 BIU 的指令队列中取出，不需占用总线周期，因此这种寻址方式执行速度较快。

3.2.2 寄存器寻址

在寄存器寻址（Register Addressing）方式下，指令的操作数位于 CPU 的内部寄存器中。这些寄存器可以是 8 位的通用寄存器 AL、AH、BL、BH、CL、CH、DL 或 DH，也可以是 16 位的通用寄存器 AX、BX、CX、DX，还可以是地址指针、变址寄存器和段寄存器。寄存器寻址指令的操作数既可以是源操作数，也可以是目标操作数，指令中直接给出寄存器名称。

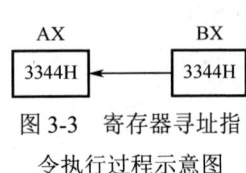

图 3-3 寄存器寻址指令执行过程示意图

【例 3.2】指令"MOV AX, BX"表示将 BX 中的内容放入 AX 中。若指令执行前 AX=1122H，BX=3344H，则指令执行后，BX 的内容保持不变，AX=3344H，指令执行过程如图 3-3 所示。

寄存器寻址指令也可以是字节操作，如指令"MOV CL, AH"是将 AH 中的 8 位数放入 CL 中。

由于指令所需的操作数已存储在寄存器中，因此在指令执行过程中，会减少读/写存储器单元的次数，所以使用寄存器寻址方式的指令具有较快的执行速度。通常情况下，我们提倡在编写汇编语言程序时，尽可能地使用寄存器寻址方式。

3.2.3 直接寻址

直接寻址（Direct Addressing）方式下，指令的操作数存放在存储单元中，存放的地址由指令直接给出，即指令中的操作数为存储器操作数。如指令"MOV AX, [1200H]"的源操作数存放在存储单元中，"[ ]"内用 16 位二进制常数（4 位十六进制常数）表示存储单元的偏移地址。由于操作数的地址由指令直接给出而不需要经过某种变换，所以称这种寻址方式为直接寻址方式。通常情况下，操作数存放在数据段中，所以，其物理地址将由数据段寄存器 DS 和指令中给出的偏移地址直接形成，也可以允许使用段重设。直接寻址的操作数可以是字或字节。

直接寻址需要注意以下几点。

（1）在程序中，直接寻址的地址要写在方括号"[ ]"内，即表示偏移地址的 16 位二进制数必须加上方括号。

（2）在直接寻址方式下，指令操作数字段中存放的是操作数的 16 位偏移地址，即操作数的偏移地址和操作码一起存放在代码段中，而操作数可以存放在数据段，也可以存放在其他段中，操作数的物理地址由其所在段的寄存器内容左移 4 位后，与指令中给出的偏移地址相加形成。如果用数值表示偏移地址，必须用括号括起来。在汇编语言中，有时也可以用一个符号代替数值来表示操作数的偏移地址，通常把这个符号称为符号地址，如指令"MOV AX, [1234H]"，如果用符号地址 BUFFER 代替偏移地址 1234H，则该指令可以写成"MOV AX, [BUFFER]"。但是需要注意，符号地址 BUFFER 必须在程序的开始处予以定义。

（3）如果没有特殊说明，直接寻址的操作数一般在内存的数据段中，即隐含的段寄存器是DS。但是 8086/8088 也允许段重设，即允许使用 SS、ES 作为段寄存器，此时需要在指令中用段重设符号加以声明。方法是在存储器操作数的前面加上寄存器名和冒号。

【例 3.3】指令"MOV   AL, ES:[1234H]"表示将附加段 ES 中偏移地址为 1234H 的存储单元的内容送到 AL 寄存器中。该指令是字节操作。

【例 3.4】指令"MOV   AX, [1234H]"表示将数据段中偏移地址为 1234H、1235H 的两个存储单元中的内容送到累加器 AX 中。该指令是字操作，高地址单元的内容送到累加器的高 8 位AH，低地址单元的内容送到累加器的低 8 位 AL。

假设 DS = 3000H，则所寻找的操作数的物理地址为：

$$DS \times 10H + 1234H = 31234H$$

指令执行过程如图 3-4 所示。

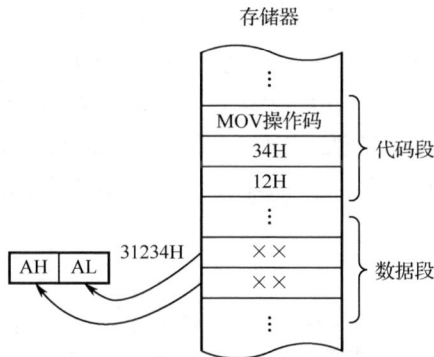

图 3-4　直接寻址指令执行过程示意图

要注意区分直接寻址和立即寻址的不同。直接寻址指令中的数值表示的是操作数的 16 位偏移地址，而非数据本身。为了区分二者，指令系统规定偏移地址必须加方括号。如在例 3.4 中，指令的执行不是将立即数 1234H 送到累加器 AX，而是将偏移地址为 1234H 的存储单元中的内容送到 AX。

3.2.4　寄存器间接寻址

寄存器间接寻址（Register Indirect Addressing）与寄存器寻址的根本不同在于寄存器中内容的不同。寄存器间接寻址方式下，寄存器的内容为操作数的偏移地址；而寄存器寻址方式下，寄存器的内容为操作数本身。换句话说，在寄存器间接寻址中，操作数属于存储器操作数，操作数的偏移地址保存在寄存器中。

寄存器间接寻址指令中的操作数存放在存储单元中，用于存放操作数偏移地址的寄存器只能是 BX、BP、SI 和 DI 四个寄存器之一，因此它们也简称间址寄存器或地址寄存器。默认情况下，选择 SI、DI、BX 作为间址寄存器时，操作数在数据段，段地址由 DS 决定；选择 BP 作为间址寄存器时，操作数在堆栈段，段地址由 SS 决定。但无论选择哪一个间址寄存器，都可以段重设，可在指令中用段重设符指明操作数在哪一个段。例如指令"MOV   ES:[SI], BX"和指令"MOV   AX, DS:[BP]"。

书写汇编语言指令时，间址寄存器名称必须加上方括号，以免与一般的寄存器寻址指令混淆。

【例3.5】选择 SI、DI、BX 作间址寄存器，则操作数的物理地址为：

$$DS×10H+EA=DS×10H+（SI、DI、BX 之一）$$

如果 DS=1000H，SI=2000H，执行指令"MOV AX, [SI]"，计算得到存储单元物理地址=DS×10H+EA=DS×10H+SI=12000H。具体执行过程如图 3-5 所示。

执行结果：AX = 2211H。

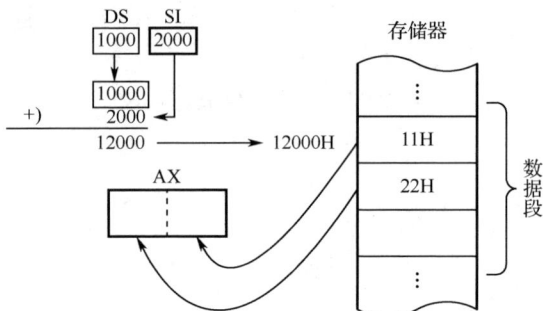

图 3-5 寄存器间接寻址指令执行过程示意图（1）

【例3.6】选择 BP 作间址寄存器，则操作数的物理地址为：

$$SS × 10H + EA = SS × 10H + BP$$

若 SS=1000H，BP=3000H，AX=2211H，执行指令"MOV [BP], AX"，计算得到存储单元物理地址=SS×10H+EA=SS×10H+BP=13000H。具体执行过程如图 3-6 所示。

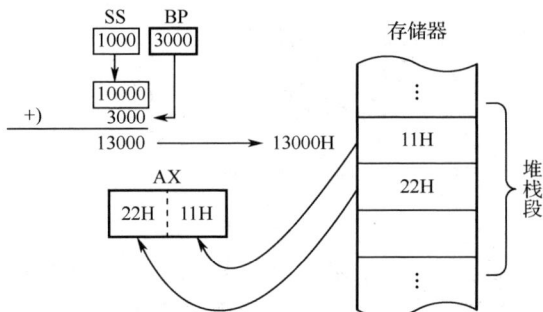

图 3-6 寄存器间接寻址指令执行过程示意图（2）

3.2.5 寄存器相对寻址

在寄存器相对寻址（Register Relative Addressing）中，操作数在内存中的偏移地址由间址寄存器的内容加上指令中给出的位移量组成。这个位移量可以是 8 位的，也可以是 16 位的。计算偏移地址的方法如下：

$$EA = \begin{pmatrix} BX \\ BP \\ SI \\ DI \end{pmatrix} + \begin{pmatrix} 8位位移量 \\ 16位位移量 \end{pmatrix}$$

因为位移量可以看作一个相对值，所以把这种带有位移量的寄存器间接寻址称为寄存器相对寻址。与寄存器间接寻址一样，若指令中指定的寄存器是 BX、SI、DI，则段寄存器默认为 DS，若指令中指定的寄存器是 BP，则段寄存器默认为 SS。同样，可以用段重设来指定其他段寄存器，例如指令"MOV AX, DS:[BP+1024H]"。

【例3.7】指令"MOV AX, DATA[BX]"的寻址过程实例。

设 DS=1000H，BX=2000H，DATA=0005H，则操作数所在存储单元的物理地址=DS×

10H+BX+DATA=10000H+2000H+0005H=12005H。

执行结果：AX=3344H。

指令执行过程如图 3-7 所示。

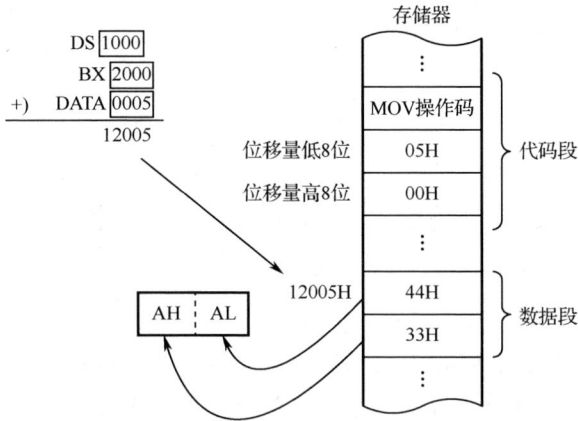

图 3-7　寄存器相对寻址指令执行过程示意图

寄存器相对寻址常用于存取表格或一维数组中的元素，具体操作是把表格的首地址放到间址寄存器中，元素的相对位置作为位移量（反过来存放也可以），这样，就可以方便地存取表格中的任意一个元素。

【例 3.8】某数据表的首地址（偏移地址）为 TABLE，要取出该表中的第 10 个数据并存放到 AL 中，可用如下指令实现：

```
MOV  SI, 9              ;位移量是从0开始的，第10个数据的位移量是9
MOV  AL, [TABLE+SI]     ;第10个数据的偏移地址为TABLE+9
```

在汇编语言中，寄存器相对寻址指令的书写格式可以有几种不同的形式。例如，以下几种写法实质上是完全等价的。

```
MOV  AL, DATA[SI]
MOV  AL, [SI]DATA
MOV  AL, DATA+[SI]
MOV  AL, [SI]+DATA
MOV  AL, [DATA+SI]
MOV  AL, [SI+DATA]
```

3.2.6　基址–变址寻址

基址–变址寻址（Based Indexed Addressing）方式是由一个基址寄存器的内容和一个变址寄存器的内容相加而形成操作数的偏移地址。在基址–变址寻址方式中，通常把 BX 和 BP 看作基址寄存器，把 SI 和 DI 看作变址寄存器。而段寄存器则根据所使用的基址寄存器而定：若用 BX 作为基址寄存器，则操作数在数据段区域，段地址由 DS 决定；若用 BP 作为基址寄存器，则操作数在堆栈段区域，段地址由 SS 决定，但允许段重设。

【例 3.9】指令"MOV　AX,[BX] [SI]"的寻址过程如图 3-8 所示。

设 DS=1000H，BX=2000H，SI=1000H，则操作数的物理地址=DS×10H+BX+SI=10000H+2000H+1000H=13000H。

指令执行后：AL=（13000H），AH=（13001H），即 AX=8877H。

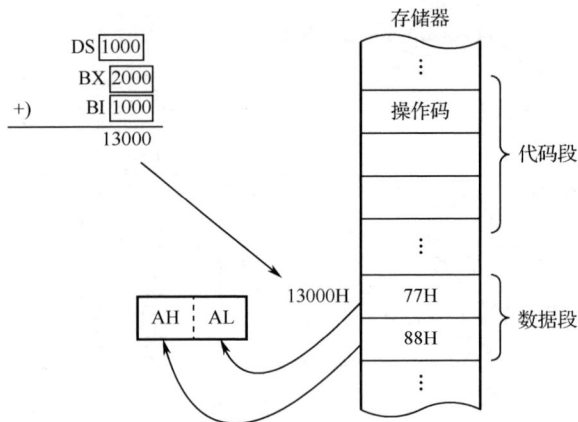

图 3-8　基址-变址寻址指令执行过程示意图

注意：使用基址-变址寻址方式时，不允许将两个基址寄存器或两个变址寄存器组合在一起使用，即指令中不允许同时出现两个基址寄存器或两个变址寄存器，也不允许出现其他寄存器。例如，以下指令的写法是错误的。

```
MOV  AX, [BX][BP]        ;错误的原因是同时出现两个基址寄存器
MOV  AX, [SI][DI]        ;错误的原因是同时出现两个变址寄存器
MOV  AX, [DX][DI]        ;错误的原因是出现DX寄存器
```

3.2.7　基址-变址相对寻址

基址-变址相对寻址（Relative Indexed Addressing）方式实际上是基址-变址寻址方式的扩充。指令中规定了一个基址寄存器（BX 和 BP 两者之一）和一个变址寄存器（SI 和 DI 两者之一），同时还给出一个 8 位或 16 位的位移量，三者的内容相加即为操作数的偏移地址。默认的段寄存器与基址-变址寻址方式一样，由所使用的基址寄存器决定，允许段重设。

【例 3.10】指令"MOV AX, DATA[DI][BX]"的寻址过程示例。

假设 DS=8000H，BX=2000H，DI=1000H，DATA=200H。

由于使用的基址寄存器是 BX，且没有进行段重设，所以该指令操作数的物理地址=DS×10H+BX+DI+DATA= 80000H+2000H+1000H+200H=83200H。由于是字操作，所以该指令把地址为 83200H 的两个连续的存储单元内容送到 AX。

执行结果：AX=6655H。

指令执行过程如图 3-9 所示。

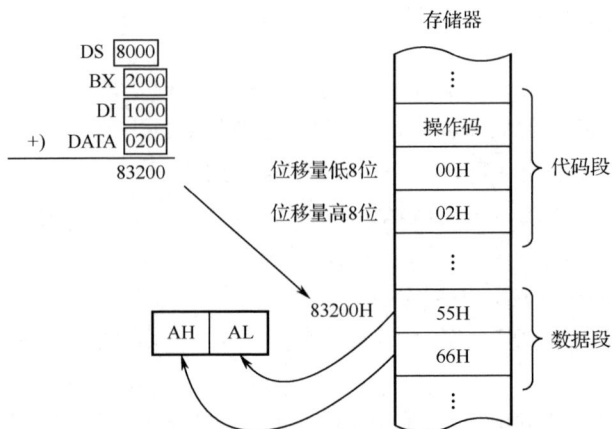

图 3-9　基址-变址相对寻址指令执行过程示意图

利用基址-变址相对寻址方式访问二维数组非常方便。例如，可用基址寄存器存放数组的首地址（偏移地址），变址寄存器和位移量分别存放要访问的数组元素所在行和列的值，则基址-变址相对寻址指令可直接访问二维数组中指定行和列的元素。

与基址-变址寻址方式类似，基址-变址相对寻址指令同样也具有多种形式，例如：

```
MOV  AL, DATA[SI][BX]
MOV  AL, [SI][BX+DATA]
MOV  AL, [BX+DATA][SI]
MOV  AL, [BX+SI+DATA]
MOV  AL, [SI]DATA[BX]
MOV  AL, [BX+SI]DATA
```

同样地，基址-变址相对寻址指令中不允许同时出现两个基址寄存器或两个变址寄存器，也不允许出现其他寄存器。例如，以下指令是错误的：

```
MOV  AX, DATA[BX][BP]
MOV  AX, DATA[SI][DI]
MOV  AX, DATA[SI][CX]
```

3.2.8 隐含寻址

有些指令的操作码中，不仅包含操作码的性质，还隐含了部分操作数的地址，这种将一个操作数隐含在操作码中的寻址方式称为隐含寻址。例如，指令"MUL BL"的功能是把 AL 中的内容与 BL 中的内容相乘，乘积送到 AX 寄存器，这条指令隐含了被乘数 AL 及乘积 AX。

由于隐含寻址指令的操作数实质上也位于 CPU 的内部寄存器中，所以有时也把这种寻址方式归结为寄存器寻址。

3.3 8086/8088 指令系统

8086/8088 指令系统包含 133 条基本指令，这些基本指令与寻址方式组合，加上不同的数据形式（字/字节），可构成上千种指令。这些指令按功能可分为六大类：数据传送类、算术运算类、逻辑运算和移位类、串操作类、控制转移类和处理器控制类。本节将详细介绍这六大类指令。

3.3.1 数据传送类指令

数据传送（Data Transfer）类指令是指令系统中应用最多的一类指令，主要用于数据的保存及交换等场合。数据传送类指令的功能是控制数据信息在计算机各组成部件之间的传送操作。具体来说，可以实现寄存器与寄存器、寄存器与存储器、寄存器与 I/O 端口之间的数据传送操作。数据传送类指令按功能不同可分为 4 类：通用数据传送指令、输入/输出指令、目标地址传送指令和标志位传送指令。

由于数据在传送过程中不发生变化，没有新的结果，因此这类指令执行时，不影响标志寄存器 FLAGS（SAHF、POPF 除外）。

1．通用数据传送指令

通用数据传送（General Purpose Transfer）指令包括 MOV（一般传送）指令、PUSH 和 POP（堆栈操作）指令、XCHG（交换）指令和 XLAT（查表转换）指令。

1）一般传送指令 MOV

指令格式：

```
MOV  DST, SRC  ;(DST)←(SRC)
```

MOV 指令是双操作数指令，DST 表示目标操作数，SRC 表示源操作数（后文中的 DST 均表示目标操作数，SRC 均表示源操作数）。指令的功能是将 SRC 的内容传送到 DST 中。指令执行后，目标操作数发生了改变，而源操作数保持不变。注释中，圆括号"（）"表示取操作数的内容，如果为寄存器寻址方式，则不用加圆括号；如果为寄存器间接寻址方式或其他存储器寻址方式，圆括号"（）"表示操作数为圆括号内的偏移地址所指向的存储单元的内容。

在汇编语言中，规定具有双操作数的指令必须将目标操作数写在前面，源操作数写在后面，两者之间用逗号隔开。

（1）指令特点。MOV 指令是最普通、最常用的数据传送类指令，其特点如下：

① 既可以传送字节操作数（8 位），也可以传送字操作数（16 位）。传送的操作数到底是字节还是字，取决于指令中的寄存器为 8 位还是 16 位。例如：

```
MOV  AL, 12H        ;字节操作，将立即数12H送到寄存器AL
MOV  AX, 1234H      ;字操作，将立即数1234H送到寄存器AX
```

② 可以使用 3.2 节介绍的各种寻址方式。

（2）指令实现的操作。MOV 指令可以实现以下各种数据传送操作。

① 寄存器与寄存器、寄存器与段寄存器之间，如：

```
MOV  BX, SI
MOV  DS, AX
MOV  AX, CS
MOV  AL, BL
```

② 寄存器与存储器之间。

MOV 指令可以实现寄存器与存储器之间的数据传送。若传送的是字操作数，那么将对连续的两个存储单元进行存取，且寄存器的高 8 位对应存储器的高地址单元，寄存器的低 8 位对应存储器的低地址单元。如：

```
MOV  [1000H], DX    ;将DX的内容送到DS段的1000H和1001H两个存储单元，其中DH的内容送到
                      1001H单元中，DL的内容送到1000H单元中
MOV  AX, [1200H]    ;将DS段的1200H和1201H两个单元的内容送到寄存器AX，其中1201H单元
                      的内容送到AH，1200H单元的内容送到AL
MOV  AH, [1200H]    ;将DS段的1200H单元的内容送到寄存器AH
```

③ 立即数到寄存器、立即数到存储单元，如：

```
MOV  [1000H], 10H
MOV  AX, 1020H
MOV  [BX], 1234H
```

④ 存储器与段寄存器之间，如：

```
MOV  DS, [1020H]
MOV  [BX], ES
```

（3）指令对操作数的要求。

① MOV 指令中两个操作数的字长必须相同，可同为字节或字操作数，这取决于寄存器为 8 位还是 16 位，也取决于立即数的形式。例如，下面的指令是错误的：

```
MOV  BX, AL                    ;错误，寄存器字长不同
MOV  AL, 1234H                 ;错误，两个操作数字长不同
```

② 两个操作数不能同时为存储器操作数或段寄存器操作数。例如：

```
MOV  [SI], [DI]                ;错误，两个操作数不能同时为存储器操作数
MOV  DS, ES                    ;错误，两个操作数不能同时为段寄存器操作数
```

要想实现两个段寄存器之间的数据传送，需要两条 MOV 指令。例如，错误的指令"MOV　DS, ES"可以改成以下两条指令：

```
MOV  AX, ES
MOV  DS, AX
```

③ 立即数不能直接传送到段寄存器中。例如：

```
MOV  DS, 1234H                 ;错误，立即数不能传送到段寄存器中
```

同样，要想实现上述功能，也需要两条 MOV 指令，如：

```
MOV  AX, 1234H
MOV  DS, AX
```

④ 一般情况下，段寄存器 CS 和指令指针寄存器 IP 不能用作目标操作数，只能作为源操作数。例如：

```
MOV  CS, AX                    ;错误，CS不能作为目标操作数
```

⑤ 虽然许多指令的执行都对状态寄存器 FLAGS 的标志位产生影响，但通常情况下，FLAGS 整体不作为操作数。

【例 3.11】把内存中首地址为 MEM1 的 200 字节数据送到首地址为 MEM2 的区域中。

题目分析：

两个内存单元间的数据传送需要用两条 MOV 指令实现，同时，由于是多字节的数据传送，因此这里较好的实现方法是通过循环过程来实现这个数据块的传送。程序段如下所示：

```
      MOV  SI, OFFSET MEM1     ;源数据块首地址（偏移地址）送SI
      MOV  DI, OFFSET MEM2     ;目标数据块首地址（偏移地址）送DI
      MOV  CX, 200             ;数据块长度即循环次数，送CX
NEXT: MOV  AL, [SI]            ;源数据块的当前字节送AL
      MOV  [DI], AL            ;AL内容送目标地址，完成一字节数据的传送
      INC  SI                  ;SI加1，修改源地址指针
      INC  DI                  ;DI加1，修改目标地址指针
      DEC  CX                  ;CX减1，修改循环次数
      JNZ  NEXT                ;若循环次数（CX）不为零，则转移到NEXT标号处
      HLT                      ;停止
```

2）堆栈操作指令

（1）堆栈的概念。

在子程序调用和中断处理过程中，分别要保存返回地址和断点地址，在进入子程序和中断

程序后，还需要保存通用寄存器的值；子程序返回和中断处理返回时，则要恢复通用寄存器的值，并分别将返回地址和断点地址恢复到指令指针寄存器中，这些功能都需要通过堆栈来实现，即寄存器值的保存和恢复需要由堆栈操作指令完成。

那么什么是堆栈呢？堆栈实际上是内存中的一个特定区域，在这个特定区域里有其规定的操作原则，即先进后出。8086/8088 指令系统提供了专用的堆栈操作指令，即压入堆栈指令（压栈指令）PUSH（Push Word onto Stack）和弹出堆栈指令（出栈指令）POP（POP Word off Stack）。

堆栈在内存中所处的段称为堆栈段，其段地址存放在堆栈段寄存器 SS 中。可以将堆栈看作一个小存储器，但不能任意存取，必须遵循以下原则：

① 堆栈操作必须是字操作，即堆栈的存取每次都必须是一个字，堆栈操作指令中的操作数必须是字操作数。而且堆栈操作指令中的操作数只能是寄存器操作数或存储器操作数，不能是立即数。

② 堆栈段在内存的位置由堆栈段寄存器 SS 决定，SP 寄存器作为堆栈的指针，其始终指向栈顶所在的存储单元；由于对堆栈的操作是按"先进后出"原则进行的，因此堆栈只有一个出入口，这个出入口就是栈顶，即 SP 所指的位置，而栈底是固定不变的。堆栈区示意图如图 3-10 所示。

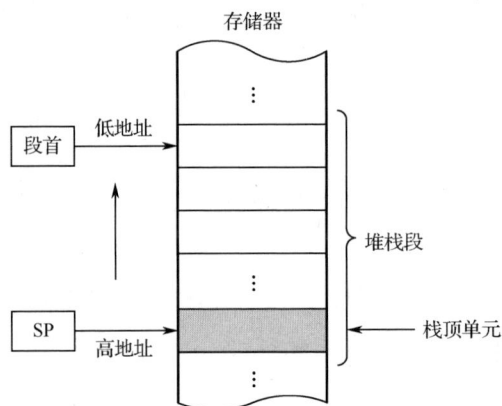

图 3-10　堆栈区示意图

③ 向堆栈中存放数据（压栈操作）时，总是从高地址向低地址方向进行，此时，SP 变小；从堆栈中取数据（出栈操作）时，总是从低地址向高地址方向进行，SP 变大。由于只能是字操作，SP 的变化量是 2 的倍数。例如，压入一个操作数后，SP 减少 2，弹出一个操作数后，SP 增加 2。

（2）堆栈操作指令。

堆栈操作指令共有两条，分别是压栈指令 PUSH 和出栈指令 POP。其格式为：

```
PUSH   SRC
POP    DST
```

指令中的操作数 SRC 和 DST 必须为 16 位的字操作数，它们可以是：①16 位的通用寄存器或段寄存器（CS 除外，PUSH CS 指令是合法的，而 POP CS 指令是非法的）；②存储器单元（地址连续的两个存储单元）。例如：

以下指令是正确的：

```
PUSH AX                    ;将通用寄存器内容压栈
PUSH WORD PTR[SI]          ;将数据段中两个连续存储单元的内容压栈
POP  AX                    ;从栈顶弹出一个字到通用寄存器
```

POP WORD PTR[BX]	;从栈顶弹出一个字到数据段两个连续的存储单元

以下指令是错误的：

PUSH AL	;堆栈操作指令的操作数必须是16位的
POP BTYE PTR[BX]	;堆栈操作指令的操作数必须是16位的
PUSH 1234H	;堆栈操作指令的操作数不能是立即数

（3）堆栈操作指令的执行过程。

① 压栈指令执行过程

压栈指令"PUSH   OPRD"是将指令中指定的字操作数压入堆栈，指令的执行过程为：

OPRD的高字节 → （SP-1）	;将OPRD的高字节写入SP-1所指向的存储单元
OPRD的低字节 → （SP-2）	;将OPRD的低字节写入SP-2所指向的存储单元
SP-2→SP	

图 3-11 为执行"PUSH   AX"指令前后堆栈区的变化情况。这里假设 AX=1234H。由图 3-11 可知，PUSH 指令是将 16 位源操作数 AX 的内容送到堆栈的顶部。栈顶位置向低地址方向变化，SP 自动减 2。

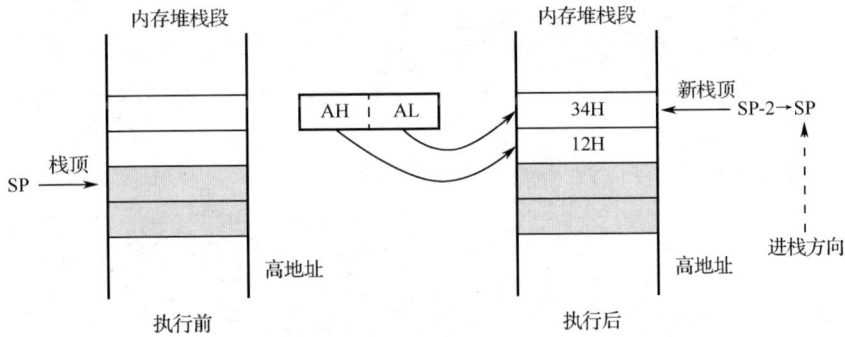

图 3-11　"PUSH   AX"指令执行过程

② 出栈指令执行过程

出栈指令"POP   OPRD"是将当前栈顶的一个字送到指令指定的目标地址，指令的执行过程为：

（SP） → OPRD的低字节	;读取SP所指向的存储单元内容并写入OPRD的低字节
（SP+1） → OPRD的高字节	;读取SP+1所指向的存储单元内容并写入OPRD的高字节
SP+2 →SP	

图 3-12 为执行"POP   AX"指令前后堆栈区的变化情况。可以看出，出栈指令将堆栈段栈顶位置处的一个字弹出到 AX 中。假设栈顶位置的字的内容是 1122H，则指令执行后，AX=1122H，栈顶位置向高地址方向变化，SP 自动加 2。

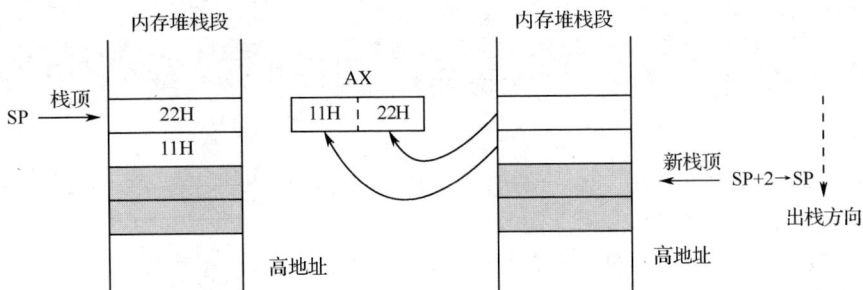

图 3-12　"POP AX"指令执行过程

（4）堆栈操作注意事项

① 堆栈的栈顶隐含寻址，操作数就是 SP 指示的栈顶存储单元。堆栈操作指令的操作数可以是通用寄存器、段寄存器和存储器单元，但操作数不能是立即数。对于操作数是段寄存器的情况，需要注意代码段寄存器 CS，CS 的数据可进栈，但不能随意弹出一个数据到 CS。

② 堆栈操作总是以字为单位进行的，不允许对字节或双字进行操作。每执行一条压栈指令，SP 自动减 2，压栈时，高字节先进栈；执行出栈指令时，正好相反，弹出一个字，SP 自动加 2。

③ 在使用堆栈操作保存多个寄存器内容和恢复多个寄存器内容时，要按"先进后出"原则来组织进栈和出栈的顺序。保存数据进栈顺序和恢复数据出栈顺序相反。

若进栈顺序如下：

```
PUSH  AX
PUSH  BX
PUSH  DI
```

则出栈顺序应为：

```
POP  DI
POP  BX
POP  AX
```

④ 堆栈的容量有限，一般而言，压栈和出栈指令要成对出现，否则将有数据残留在堆栈中，时间一长，堆栈会被占满。

【例 3.12】将寄存器 AX 与 BX 中的内容进行互换。

```
PUSH  AX
PUSH  BX
   ......
POP  AX
POP  BX
```

例 3.12 中 PUSH 和 POP 指令的执行顺序没有遵循"先进后出"原则，结果出栈后 AX 和 BX 的内容没有保持压栈前的状态，而是进行了互换，有时也可以利用堆栈的这一特点实现两操作数内容的互换。

3）交换指令 XCHG

指令格式：

```
XCHG  DST, SRC          ;交换DST与SRC的内容
```

指令功能：交换指令 XCHG 使源操作数和目标操作数的内容进行了交换。如：

```
XCHG  AL, BL                    ;寄存器AL和BL的内容互换
XCHG  BX, CX                    ;寄存器BX和CX的内容互换
XCHG  AX, BUFFER                ;BUFFER是符号地址，即寄存器AX的内容和地址为BUFFER和
                                 BUFFER+1的两个存储单元的内容互换
```

注意事项：

① 源操作数和目标操作数可以是寄存器操作数和存储器操作数，但不能同时为存储器操作数。

② 段寄存器和立即数不能作为操作数。

③ 源操作数和目标操作数的字长必须一致，可以是字交换，也可以是字节交换。

④ CS 和 IP 不能作为操作数。

例如，以下的指令是错误的：

```
XCHG    AL, BX              ;字长不同，不能互换
XCHG    BX, 1234H           ;操作数不能是立即数
XCHG    [DI], [SI]          ;操作数不能同时为存储器操作数
XCHG    BX, CS              ;操作数不能是寄存器CS
```

【例3.13】XCHG   BL, [BP+SI]

设指令执行前 BL=60H，BP=0200H，SI=0040H，SS=2000H，[20240H]=40H，则源操作数的物理地址=SS×10H + BP+ SI= 20000H + 0200H + 0040H = 20240H。

则指令执行后 BL=40H，(20240H)= 60H。即 BL 的内容和物理地址为 20240H 的存储单元的内容进行交换。

4）查表指令 XLAT

XLAT 是一条字节的查表转换指令，该指令可以根据表中元素的序号查出表中相应元素的内容。

该指令有默认的寄存器，因此，在执行该指令之前，需要进行相应的设置，即表设置。首先，将表的首地址（偏移地址）送到寄存器 BX；然后，将要查找的元素的序号送至寄存器 AL（注意，表的第一个元素的序号是 0，之后依次是 1、2、3、…）。由于要查找的元素的序号存放在 AL 中，所以表格的最大长度不能超过 256 字节。执行 XLAT 指令后，表中指定序号的元素送至 AL。由于要查找的内容存放在 AL 中，所以该指令必须是字节操作。

指令格式为：

```
XLAT                    ;将偏移地址为BX+AL的存储单元的内容送到AL中
```

或

```
XLAT  SRC_TABLE         ;SRC_TABLE表示要查找的表的首地址
```

利用该指令实现查表转换的操作十分方便。

【例 3.14】在内存的数据段中存放着一张数值 0～9 的 ASCII 码转换表，表的首地址为 Hex_table，如图 3-13 所示。现要把数值 8 转换为对应的 ASCII 码，可用以下几条指令实现。

```
LEA  BX, Hex_table      ;进行表设置，LEA表示将存储单元偏移地址送到指定寄存器，
                         即：BX←表的首地址
MOV  AL, 8              ;AL←8
XLAT                    ;查表转换
```

指令执行的结果是：AL=38H，38H 为字符 8 所对应的 ASCII 码。

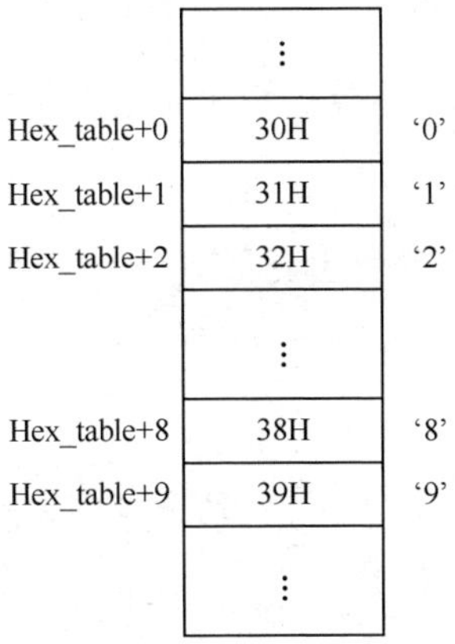

	⋮	
Hex_table+0	30H	'0'
Hex_table+1	31H	'1'
Hex_table+2	32H	'2'
	⋮	
Hex_table+8	38H	'8'
Hex_table+9	39H	'9'
	⋮	

图 3-13　数值 0～9 的 ASCII 码转换表

2. 输入/输出指令

输入/输出（Input and Output，I/O）指令是专门面向 I/O 端口进行读/写的指令，用来完成累加器（AX 或 AL）与 I/O 端口之间的数据传送。输入/输出指令共有两条，分别是输入指令 IN 和输出指令 OUT。

执行输入指令 IN 时，CPU 从 I/O 端口读数据到累加器，如果读的是一字节数据，则把该数据送至 AL，如果读的是一个字，则把该数据送至 AX。

执行输出指令 OUT 时，CPU 将累加器中的数据写到 I/O 端口，如果输出的是一字节数据，则将 AL 中的内容写到 I/O 端口，如果输出的是一个字，则将 AX 中的内容写到 I/O 端口。

输入/输出指令中，只有累加器才能与 I/O 端口进行数据传送，因此，输入/输出指令也称累加器专用传送指令。

在输入/输出指令中，有两种寻址方式：

（1）直接寻址方式。I/O 端口地址为 8 位，地址范围为 0~FFH，允许寻址 256 个端口。I/O 端口地址以 8 位立即数的方式在指令中直接给出。

（2）寄存器间接寻址方式。I/O 端口地址为 16 位，地址范围为 0~FFFFH，可以寻址 64K 个端口。在寄存器间接寻址方式下，I/O 端口地址放到 DX 中，即 I/O 端口地址用寄存器 DX 来指定。

1）输入指令 IN

指令格式：

IN 累加器, PORT	;直接寻址，PORT为8位立即数，用于表示I/O端口地址

或

IN 累加器, DX	;寄存器间接寻址，16位I/O端口地址由DX给出

指令功能：将指定 I/O 端口中的内容送到累加器 AX/AL 中。

【例 3.15】

IN AL, 35H	;从地址为35H的I/O端口输入一字节到AL
IN AX, 30H	;从地址为30H的I/O端口输入一个字到AX
MOV DX, 1234H	;将16位地址送至DX
IN AL, DX	;从地址为1234H的I/O端口输入一字节到AL
IN AX, DX	;从地址为1234H的I/O端口输入一个字到AX

2）输出指令 OUT

指令格式：

OUT PORT, 累加器	;直接寻址，PORT为8位立即数，用于表示I/O端口地址

或

OUT DX, 累加器	;寄存器间接寻址，16位I/O端口地址由DX给出

指令功能：把 AL 或 AX 中的内容输出到指定 I/O 端口。

【例 3.16】

OUT 35H, AL	;将AL的内容输出到地址为35H的I/O端口
OUT 30H, AX	;将AX的内容输出到地址为30H的I/O端口
MOV DX, 1234H	;将16位地址送至DX
OUT DX, AL	;将AL的内容输出到地址为1234H的I/O端口

```
OUT  DX, AX                          ;将AX的内容输出到地址为1234H的I/O端口
```

直接寻址方式也可以改为寄存器间接寻址方式，例如直接寻址指令：

```
OUT  35H, AL
```

这条指令可以由以下两条指令代替，实现寄存器间接寻址：

```
MOV  DX, 35H
OUT  DX, AL
```

因此，寄存器间接寻址方式适用范围较大，在编制程序时要尽量采用这种方式。

注意事项：

① 输入/输出指令只能用累加器 AL/AX 与 I/O 端口进行数据传送，不能使用其他寄存器，即使是累加器的高 8 位寄存器 AH 也不能使用。

② 如果 I/O 端口地址大于 255（FFH），应先将地址赋给 DX，而且只能用 DX 作为输入/输出指令的间址寄存器。

3. 目标地址传送指令

8086/8088 指令系统提供了 LEA、LDS 和 LES 这 3 条指令用于传送目标地址，可传送操作数的段地址或偏移地址。

1）偏移地址传送指令 LEA

指令格式：

```
LEA  reg16, mem              ;reg16表示16位的寄存器，mem表示存储器操作数
```

指令功能：把源操作数 mem 的 16 位偏移地址送到指定的寄存器中。

使用该指令需要注意以下两点：

① 源操作数必须是存储器操作数；

② 目标操作数必须是一个 16 位的通用寄存器。由于寄存器常用作地址指针，因此最好选用 4 个间址寄存器。

【例 3.17】

```
LEA  BX, BUFFER          ;将内存单元BUFFER的偏移地址送至BX
LEA  BX, [SI]            ;将DS段偏移地址为SI的操作数的偏移地址送至BX，执行指令后，BX=SI
LEA  BX, [BP+SI]         ;将SS段偏移地址为BP+SI的操作数的偏移地址送至BX，执行指令后，
                          BX=BP+SI
LEA  SP, [2000H]         ;执行指令后，堆栈指针SP=2000H
```

要注意 LEA 指令与 MOV 指令的区别。例如：

```
LEA  BX, BUFFER          ;指令 I
MOV  BX, BUFFER          ;指令 II
```

指令 I 是将存储器单元 BUFFER 的偏移地址送到 BX 中，指令 II 是将存储器单元 BUFFER 的内容送到 BX 中。

当然也可用 MOV 指令来传送存储器操作数的偏移地址。例如以下两条指令的效果相同：

```
LEA  BX, BUFFER
MOV  BX, OFFSET  BUFFER
```

其中，OFFSET 是一个取值运算符，利用 OFFSET 运算符可以获得一个标号或变量的偏移地址。

【例 3.18】

```
LEA  BX, BUFFER          ;将内存单元BUFFER的偏移地址送至BX
MOV  AL, [BX]            ;取出BUFFER中的第一个数据送至AL
MOV  AH, [BX+1]          ;取出BUFFER中的第二个数据送至AH
```

【例 3.19】设 BX=2000H，DS=6000H，[62050H]=12H，[62051H]=34H。比较下面两条指令的执行结果。

```
LEA  BX, [BX + 50H]
MOV  BX, [BX + 50H]
```

指令执行过程如图 3-14 所示。第一条指令传送偏移地址，指令执行结果是 BX=2050H；第二条指令是一般传送指令，指令执行结果是 BX=3412H。

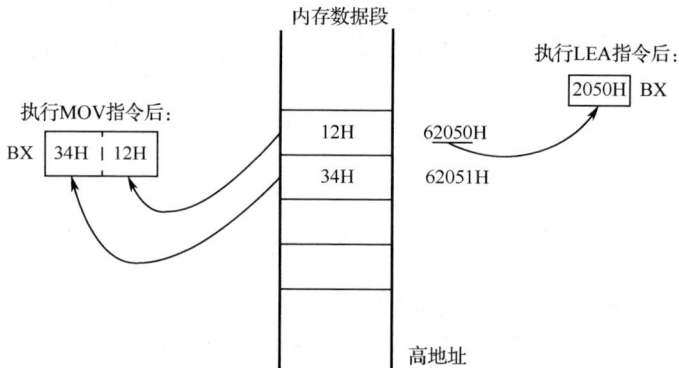

图 3-14 LEA 指令和 MOV 指令执行过程

2）远地址传送指令 LDS

指令格式：

```
LDS  reg16, mem32
```

指令功能：完成一个地址指针的传送。地址指针有 4 字节，其中，前两字节作为偏移地址送入一个指定的 16 位基址寄存器或变址寄存器，后两字节作为段地址送入段寄存器 DS 中。

要求：源操作数必须是存储器操作数，mem32 表示存储器中 4 个连续单元（32 位）的首地址；目标操作数必须是寄存器，可以是基址寄存器或变址寄存器（BX，BP，SI，DI）。

【例 3.20】假设从偏移地址 1000H 起始的 4 个存储单元的内容分别是：11H、22H、33H、44H，则执行完指令"LDS SI, [1000H]"后，SI=2211H，DS=4433H。

LDS 与 LEA 的区别如下。

（1）LEA 取的是存储单元的偏移地址，而 LDS 取的是存储单元的内容。

（2）LEA 传送 16 位偏移地址，而 LDS 传送 32 位地址（既有偏移地址，也有段地址）。

【例 3.21】设 DS=3000H，DI=2000H，写出执行以下指令的结果。

```
LDS  SI, [DI+1000H]
```

指令中存储器操作数的物理地址为：

```
DS × 10H + DI +1000H = 30000H + 2000H + 1000H = 33000H
```

该指令执行后，将从物理地址 33000H 开始的 4 字节中的前两字节内容（偏移地址）送到寄存器 SI 中，即（33000H）和（33001H）两个存储单元的内容送至 SI，后两字节内容（段地址）

送到段寄存器 DS 中，即（33002H）和（33003H）两个存储单元的内容送至 DS。取代它的原值 3000H。执行结果是 SI = 4000H，DS = 5000H。执行过程如图 3-15 所示。

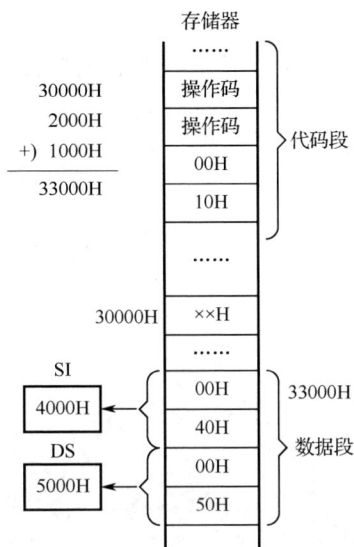

图 3-15　LDS 指令执行过程

3）远地址传送指令 LES

LES 与 LDS 功能类似，不同的是，两个高地址单元中给出的段地址是送至寄存器 ES。

4. 标志位传送指令

标志寄存器存取操作的指令共有 4 条，指令的操作数均采用隐含寻址方式。

1）读取标志指令 LAHF

指令格式：

```
LAHF
```

指令功能：将标志寄存器中的 SF（D7）、ZF（D6）、AF（D4）、PF（D2）和 CF（D0）（即标志寄存器的低 8 位）传送至寄存器 AH 的指定位，空位没有定义。该指令对标志位没有影响。

【例 3.22】假设 SF=1，ZF=0，AF=0，PF=0，CF=1，则执行指令 "LAHF" 后，AH 中各位的值为 10×0×0×1。其中×表示任意值。

2）设置标志指令 SAHF

指令格式：

```
SAHF
```

指令功能：将寄存器 AH 的指定位，送至标志寄存器的 SF、ZF、AF、PF 和 CF 位（即标志寄存器的低 8 位）。根据 AH 的内容，影响上述标志位，对 OF、DF 和 IF 无影响。

3）标志寄存器压栈指令 PUSHF

指令格式：

```
PUSHF
```

指令功能：将 16 位标志寄存器 FLAGS 的内容压入堆栈，同时修改堆栈栈顶指针。不影响标志位。

FLAGS 高字节 → （SP-1）

FLAGS 低字节 → （SP-2）

SP-2→SP

4）标志寄存器出栈指令 POPF

指令格式：

```
POPF
```

指令功能：将栈顶 16 位的字数据弹出，送回标志寄存器 FLAGS 中，同时修改堆栈栈顶指针。影响标志位。

(SP) → FLAGS 低字节

(SP+1) → FLAGS 高字节

SP+2→SP

PUSHF 和 POPF 往往成对使用，用于保护调用过程之前标志寄存器的值，以便过程返回后再恢复这些标志状态，如以下程序段：

```
PUSH  AX        ;保护AX
PUSH  CX        ;保护CX
PUSHF           ;保护FLAGS
CALL  YYY        ;调用过程YYY
POPF            ;恢复FLAGS
POP  CX         ;恢复CX
POP  AX         ;恢复AX
```

3.3.2　算术运算指令

8086/8088 CPU 能够对字节或字、有符号数或无符号数进行加、减、乘、除等算术运算。算术运算指令包括加法运算指令、减法运算指令、乘法运算指令、除法运算指令、十进制调整指令和字位扩展指令。

算术运算指令对操作数的要求类似数据传送类指令，即：

① 双操作数算术运算指令中，源操作数和目标操作数可以是寄存器操作数和存储器操作数，但不能同时为存储器操作数；

② 双操作数算术运算指令中，立即数不能作为目标操作数，只能用作源操作数；

③ 双操作数算术运算指令中，源操作数和目标操作数的字长必须一致；

④ 单操作数算术运算指令中，操作数不允许是立即数。

算术运算指令大都对标志位有影响，不同的指令影响不同，加法和减法运算指令将根据运算结果修改大部分标志位（SF、ZF、AF、PF、CF 和 OF），但加 1 和减 1 指令不影响进位标志（CF）。乘法运算指令将改变 CF 和 OF 标志位，除法运算指令使大部分标志位状态不确定，字位扩展指令（CBW、CWD）对标志位没有影响。

1．加法运算指令

加法运算指令有 3 条：普通加法指令 ADD、带进位加法指令 ADC 和加 1 指令 INC。普通加法指令 ADD 和带进位加法指令 ADC 是双操作数指令，段寄存器不能作为其操作数，除此之外，这两条指令对操作数的要求和 MOV 指令基本相同。

1）普通加法指令 ADD

指令格式：

```
ADD  OPRD1, OPRD2
```

指令功能：将源操作数和目标操作数相加，结果保存在目标操作数地址中，而源操作数的原有内容不变，即 OPRD1＋OPRD2→OPRD1。加法指令影响标志寄存器的标志位。源操作数和目标操作数均可以是 8 位的，也可以是 16 位的；可以是有符号数，也可以是无符号数；可以是寄存器操作数或存储器操作数。源操作数可以是立即数。但需要注意以下两点：

① 目标操作数和源操作数不能同时为存储器操作数。

② 不能对段寄存器进行算术运算。

例如，以下指令是错误的：

```
ADD  [BX], [DI]          ;目标操作数和源操作数不能同时为存储器操作数
ADD  BX, DL              ;两个操作数字长不同
ADD  DS, AX              ;不允许把段寄存器作为操作数
```

以下指令是正确的。

```
ADD  AL, 30              ;累加器与立即数相加
ADD  BX, [3000H]         ;通用寄存器与存储单元内容相加
ADD  DI, CX              ;通用寄存器内容相加
ADD  DX, DATA[BX+SI]     ;通用寄存器与存储单元内容相加
```

无符号数和有符号数的表示方法、可表示范围及溢出标志都不一样。有符号数的溢出是一种出错，而无符号数的溢出不能简单地看作出错，也可以看作向更高位的进位。对于有符号数，若 8 位数相加结果超出范围（−128～+127），或 16 位数相加结果超出范围（−32768～+32767），则发生溢出，OF 标志位置 1；对于无符号数，若 8 位数相加结果超过 255，或 16 位数相加结果超过 65535，则最高位产生进位，CF 标志位置 1。

【例 3.23】

```
MOV  AL, 7EH                   ;AL←7EH
ADD  AL, 5BH                   ;AL←7EH+5BH
```

这两条指令执行后，状态标志位的状态分别为：

```
AF=1      表示D3向D4有进位
CF=0      表示最高位向前无进位
OF=1      表示若为有符号数加法，其运算结果产生溢出
PF=0      表示8位的运算结果中，"1"的个数为奇数
SF=1      表示运算结果的最高位为"1"
ZF=0      表示运算结果不为"0"
```

事实上，指令执行后，AL=0D9H > 7FH（8 位有符号数的最大值），0D9H < 0FFH（8 位无符号数的最大值），所以 CF=0，OF=1。

无符号数和有符号数产生溢出的条件因各自可表示数的范围不同而不同。无符号数的溢出判断仅看最高位向上是否有进（借）位；而有符号数有无溢出产生，需要看次高位与最高位两位的进（借）位情况。两位都产生进（借）位或都没有产生进（借）位，则结果无异常；否则结果产生溢出。

2）带进位加法指令 ADC

指令格式：

```
ADC  OPRD1, OPRD2
```

指令功能：带进位加法指令的操作过程与 ADD 指令基本相同，唯一不同的是，进位标志 CF 的原状态一起参与加法运算，待运算结束后，CF 将重新根据结果置成新的状态，即 OPRD1＋

OPRD2+CF→OPRD1。这条指令对标志位的影响与 ADD 指令相同，即对全部 6 个状态标志位都会产生影响。

应用场合：带进位加法指令主要用于多字节数据的加法运算。如果低字节相加时产生进位，则在高字节相加时将这个进位加进去。

【例 3.24】有两个 4 字节无符号数相加，两数分别存放在从地址 2000H 和 3000H 开始的单元中（低位在前），和存放在从地址 2000H 开始的单元中。

```
CLC                   ;清除CF标志位
MOV  SI, 2000H        ;SI作为一个加数的地址指针
MOV  DI, 3000H        ;DI作为另一个加数的地址指针
MOV  BX, 2000H        ;BX为结果地址指针
MOV  AX, [SI]         ;取低16位送入AX中
ADD  AX, [DI]         ;两个数的低16位相加
MOV  [BX], AX         ;保存结果
MOV  AX, [SI+2]       ;取高16位送入AX中
ADC  AX, [DI+2]       ;两个数的高16位相加，考虑CF
MOV  [BX+2], AX       ;保存结果
MOV  AL, 00H          ;进位处理
ADC  AL, 00H
MOV  [BX+4], AL
```

3）加 1 指令 INC

指令格式：

```
INC  OPRD             ;OPRD←OPRD+1
```

指令功能：对指定的操作数 OPRD 加 1，然后返回此操作数。此指令主要用于在循环程序中修改地址指针和循环次数等。

该操作数可以是 8 位或 16 位的通用寄存器和存储器，但不能是段寄存器和立即数。指令将影响大多数标志位，如 SF、ZF、AF、DF、OF，但对进位标志 CF 没有影响。例如：

```
INC  AL                          ;AL←AL+1
INC  SI                          ;SI←SI+1
INC  BYTE PTR[BX][SI]            ;存储器操作数加1，字节操作
INC  WORD PTR[BX]               ;存储器操作数加1，字操作
```

2. 减法运算指令

8086/8088 指令系统共有 5 条减法运算指令，它们分别是普通减法指令（即不考虑借位的减法指令）SUB、考虑借位减法指令 SBB、减 1 指令 DEC、求补指令 NEG 和比较指令 CMP。

1）不考虑借位的减法指令 SUB

指令格式：

```
SUB  OPRD1, OPRD2         ;OPRD1←OPRD1-OPRD2。OPRD1是被减数，OPRD2是减数
```

指令功能：完成两个操作数相减的操作，用目标操作数减去源操作数，并将结果存放到目标操作数所在的地址中。

该指令对操作数的要求与 ADD 指令相同。

该指令对标志位 CF、DF、PF、SF、ZF 和 AF 都有影响。

减法指令举例：

```
SUB  CL, 20H                        ;CL←CL-20H
SUB  CX, BX                         ;CX←CX-BX
```

2）考虑借位的减法指令 SBB

指令格式：

```
SBB  OPRD1, OPRD2                   ;OPRD1←OPRD1-OPRD2-CF
```

指令功能：这条指令与 SUB 指令类似，只是在两个操作数相减时，还要减去借位标志 CF 的值，并将结果送至目标操作数所在地址。

本指令对操作数的要求和对状态标志位的影响与 SUB 指令完全相同。

同 ADC 指令类似，本指令主要用于多字节的减法运算。

3）减 1 指令 DEC

指令格式：

```
DEC  OPRD                           ;OPRD←OPRD-1
```

指令功能：将目标操作数减 1，送回目标操作数所在地址。

DEC 指令对操作数的要求和对状态标志位的影响与 INC 指令完全相同，操作数可以是字节或字类型的寄存器（段寄存器除外），也可以是存储器；指令将影响大多数标志位，如 SF、ZF、AF、DF、OF，但对借位标志 CF 没有影响。

循环程序中常常利用 DEC 指令来修改循环次数，如以下程序段：

```
      MOV  CX, 50H
NEXT: DEC  CX
...
      JNZ  NEXT
      HLT
```

4）求补指令 NEG

指令格式：

```
NEG  OPRD          ;OPRD←0-OPRD
```

指令功能：用 "0" 减去目标操作数 OPRD，结果送回目标操作数所在地址。由于 0-OPRD= 0FFFFH(或 0FFH)-OPRD+1，相当于把目标操作数按位求反后末位加 1，因此该指令称为求补操作。该指令的操作数可以是 8 位或 16 位的通用寄存器或存储器操作数。

NEG 指令对标志寄存器中的 6 个状态标志均有影响。

需要注意 NEG 指令对 CF 和 OF 两个标志位的影响。求补操作是把操作数按位求反后末位加 1，也就是说，对一个操作数求补，相当用 0 减去此操作数。参加求补运算的操作数当然是有符号数。对于 CF 而言，只有对 0 求补时，CF=0，其余情况都会使 CF=1（有借位）。0 减去负数应是正数，但当操作数的值是 80H(-128)或 8000H(-32768)时，求补后其值保持不变，仍为负数，故产生溢出，OF=1。其余情况下 OF=0。

NEG 指令的操作数是有符号数，如果目标操作数是正数，则 NEG 指令执行后将其变成绝对值相等的负数；如果目标操作数是负数，则 NEG 指令执行后可以得到其的绝对值。

【例 3.25】执行 NEG 指令后，AL 的值如何？

设 AL=10100000B，执行 NEG AL，AL=01100000B。

设 AL=01010100B，执行 NEG AL，AL=10101100B。

5）比较指令 CMP

指令格式：

```
CMP  OPRD1, OPRD2
```

指令功能：将目标操作数与源操作数相减，运算结果不送回目标操作数所在地址，只影响 SF、ZF、AF、DF、CF 及 OF 标志位，两个操作数的内容均不发生变化。

CMP 指令的源操作数可以是立即数、寄存器或存储器，目标操作数只能是寄存器或存储器。例如：

```
CMP  AX, 1000H              ;将AX的内容和2000H进行比较，结果影响标志位
CMP  DX, DI                 ;将DX和DI的内容进行比较，结果影响标志位
CMP  AX, [BX+DI+100]        ;将累加器AX和两个存储单元的内容相比较，结果影响标志位
```

比较指令主要用于比较两个数之间的关系。在比较指令之后，根据标志位即可判断两者的关系。

（1）相等的比较：如果 ZF=1，则两个操作数相等，否则两个操作数不相等。

（2）大小的比较：

① 两个无符号数（如 CMP AX, BX）的比较。

可以根据 CF 标志位的状态判断两数大小。若结果没有产生借位（CF=0），显然 AX>BX，即被减数大于减数；若产生了借位（CF=1），则 AX<BX，即被减数小于减数。

② 两个有符号数的比较。

当两个正数或两个负数相比较时，由于有符号数用最高位表示符号，可以用 SF 标志位来判断谁大谁小。若 SF=0，则被减数大；若 SF=1，则减数大。

当一个正数和一个负数相比较时，有可能出现溢出的情况，因此需要用 SF 和 OF 来一起作为判断依据。当 OF=0 时，则有：如果被减数大于减数，则 SF=0；如果被减数小于减数，则 SF=1；如果被减数等于减数，则 SF=0，同时 ZF=1。当 OF=1 时，则有：如果被减数大于减数，则 SF=1；如果被减数小于减数，则 SF=0。

归纳以上结果，可以得出判断两个有符号数大小关系的规律：当 OF ⊕ SF=0 时，被减数大于减数；当 OF ⊕ SF=1 时，被减数小于减数。

在实际编程时，通常在比较指令之后紧跟一条条件转移指令，以根据比较结果决定程序的走向。

【例 3.26】在内存数据段从 DATA 开始的单元中存放了两个 8 位无符号数，试比较它们的大小，并将大的数送 MAX 单元。

```
LEA  BX, DATA               ;DATA偏移地址送BX
MOV  AL, [BX]               ;第一个无符号数送AL
INC  BX                     ;BX加1，指向第二个数
CMP  AL, [BX]               ;两个无符号数进行比较
JNC  DONE                   ;若CF=0（无借位，表示第一个数大），转向DONE
MOV  AL, [BX]               ;否则，第二个无符号数送AL
DONE: MOV  MAX, AL          ;将较大的无符号数送MAX
HLT                         ;停止
```

3. 乘法运算指令

乘法运算指令包括无符号乘法指令 MUL 和有符号乘法指令 IMUL。乘法运算指令采用隐含寻址方式，隐含的操作数是目标操作数，目标操作数实际存在于 AX 与 DX 中，而源操作数由

指令直接给出。

乘法运算指令可以完成字节与字节的相乘或字与字的相乘。如果是字节与字节相乘，则乘积为字，结果存放在 AX 中；如果是字与字相乘，则乘积为双字，结果存放在 DX 和 AX 中，其中 DX 用于存放乘积的高位字，AX 用于存放乘积的低位字。

1）无符号乘法指令 MUL

指令格式：

```
MUL  OPRD                    ;OPRD为源操作数
```

无符号乘法指令 MUL 的操作数是无符号数，可以完成字节与字节相乘、字与字相乘的操作，且默认的目标操作数放在 AL 或 AX 中，而源操作数由指令给出。指令操作过程如下：

字节乘法：$AX \leftarrow OPRD \times AL$

字乘法：　$DX:AX \leftarrow OPRD \times AX$

8 位数相乘，结果为 16 位数，放在 AX 中；16 位数相乘，结果为 32 位数，高 16 位放在 DX 中，低 16 位放在 AX 中。

源操作数可以是 8 位或 16 位的寄存器或存储器操作数，不能为立即数；源操作数应满足无符号数的表示范围。例如：

```
MUL  BL                      ;AX←AL×BL
MUL  BX                      ;DX:AX←AX×BX
MUL  BYTE PTR[SI]            ;AX←AL×[SI]
```

该指令对标志位有影响。当乘积的高位（在字节相乘时为 AH，在字相乘时为 DX）不为零时，则 CF=OF=1，代表 AH 或 DX 中包含乘积的有效数字；否则 CF=OF=0。该指令对其他标志位均无定义。

【例 3.27】设 AL=0FFH，CL=11H，两数均为无符号数，求 AL 与 CL 的乘积。

```
MUL  CL
```

指令执行后，AX=10DEH，因 AH 中的结果不为零，故 CF=OF=1。

2）有符号乘法指令 IMUL

指令格式：

```
IMUL  OPRD              ;OPRD为源操作数
```

这是一条有符号数的乘法指令，同 MUL 指令一样可以进行字节与字节、字与字的乘法运算。结果放在 AX 或 DX 与 AX 中。与 MUL 指令的不同之处有：

① 要求两个相乘的数必须为有符号数；

② 当乘积的高位是低位的符号位的扩展时，则 CF=OF=0；否则 CF=OF=1；

③ 源操作数应满足有符号数的表示范围。

乘法指令使有些运算程序变得简单、方便。但是乘法指令执行速度慢，因而常用移位指令来实现。这点将在移位指令部分介绍。

【例 3.28】设 AL=0FFH，CL=11H，两个数均为有符号数，求 AL 与 CL 的乘积。

```
IMUL  CL
```

指令执行后，AX=0FFDEH，因 AH 的内容为 AL 中符号位的扩展，故 CF=OF=0。

4．除法运算指令

除法运算指令包括无符号除法指令 DIV 和有符号除法指令 IDIV。采用隐含寻址方式，隐含的是被除数，而除数由指令给出，要求除数不能是立即数。

除法运算指令要求：除数的位数为被除数位数的一半，指令中给出的是除数，要根据除数的位数来决定被除数的位数。

当被除数为 16 位时，除数为 8 位，得到的商为 8 位，放在 AL 中，8 位的余数放在 AH 中；当被除数为 32 位时，除数为 16 位，得到的商放在 AX 中，余数放在 DX 中。

1）无符号除法指令 DIV

指令格式：

```
DIV  OPRD
```

源操作数可以是 8 位或 16 位的寄存器或存储器，但不能是立即数。

例如：

```
DIV  CL                ;AX除以CL，商存在AL中，余数存在AH中
DIV  WORD PTR[SI]      ;DX:AX除以SI和SI+1所指向存储单元的内容，商存在AX中，余数存在DX中
```

该指令对标志寄存器的 6 个状态标志位没有影响。

【例 3.29】用除法指令计算 7FA2H ÷ 03DDH。

```
MOV  AX, 7FA2H         ;AX=7FA2H
MOV  BX, 03DDH         ;BX=03DDH
CWD                    ;DX:AX=00007FA2H
DIV  BX                ;商AX=0021H，余数DX=0025H
```

2）有符号除法 IDIV

指令格式：

```
IDIV OPRD
```

该指令执行过程同 DIV 指令，但 IDIV 指令中操作数的最高位为符号位，商的最高位也为符号位。

注意：

① 该指令对 6 个标志位均无影响；

② 一个双字除以字，则商的范围为 –32768～32767；一个字除以字节，则商的范围为 –128～127；如果运算结果超出了上述范围，会作为除数为 0 的情况来处理，即产生 0 号中断，而不是使 OF 置 1；

③ 当被除数的长度不够除数长度的两倍时，必须对被除数进行扩展（扩展指令将在后面介绍）。

5. BCD 码运算调整指令

调整指令均采用隐含寻址方式，隐含的操作数是 AL 或 AH，一般不单独使用，而是与加、减、乘、除指令配合使用，实现 BCD 码的算术运算。

BCD 码有两类：压缩 BCD 码，就是 1 字节表示 2 位 BCD 码；非压缩 BCD 码，就是 1 字节表示 1 位 BCD 码，此时只用低 4 位来表示，高 4 位为 0。

BCD 码运算采用的方法是，利用对普通二进制数的运算指令算出结果，再用专门的指令对结果进行调整。

1）加法调整指令

（1）压缩 BCD 码加法调整指令 DAA

指令格式：

指令功能：对两个压缩 BCD 码相加后的和进行调整，调整前，运算结果必须保存到 AL 中。

调整方法：

① 若 AL 中的低 4 位>9 或 AF=1，则 AL+06H→AL，并使 AF=1；

② 若 AL 中的高 4 位>9 或 CF=1，则 AL+60H→AL，并使 CF=1。

DAA 指令会影响 AF、CF、PF、SF、ZF 标志位，不影响 OF。

例如：

```
MOV  AL, 38H        ;将压缩BCD码38H送AL
ADD  AL, 25H        ;两个压缩BCD码38H和25H相加，此时AL=5DH
DAA                 ;对两个压缩BCD码相加后的和进行调整，调整后AL=63H
```

【例 3.30】计算 7+8，要求使用 DAA 指令。

```
MOV  AX, 0007H      ;AL=07H，AH=00H
MOV  BL, 08H        ;BL=08H
ADD  AL, BL         ;AL=0FH
DAA                 ;AL=15H，AH=00H，AF=1，CF=0
```

7+8=15 的运算结果以压缩 BCD 码的形式存放在寄存器 AL 中，AH 的内容不发生变化。

（2）非压缩 BCD 码加法调整指令 AAA

指令格式：

指令功能：对两个非压缩 BCD 码相加后的和进行调整，调整前，运算结果必须保存到 AL 中。与 DAA 的不同之处是，调整后的结果，其低位在 AL 中，高位在 AH 中。

调整方法：

① 若 AL 中的低 4 位>9 或 AF=1，则 AL+06H→AL，AH+1→AH，且 AF=1；

② 屏蔽 AL 的高 4 位，且 AF→CF。

AAA 指令会影响 AF 和 CF 标志位。

例如：

```
MOV  AL, 09H        ;将非压缩BCD码09H送AL
ADD  AL, 04H        ;两个非压缩BCD码09H和04H相加，此时AL=0DH
AAA                 ;对两个非压缩BCD码相加后的和进行调整，调整后AL=03H，AH=1，CF=1
```

【例 3.31】计算 7+8，要求使用 AAA 指令。

```
MOV  AX, 0007H      ;AL=07H，AH=00H
MOV  BL, 08H        ;BL=08H
ADD  AL, BL         ;AL=0FH
AAA                 ;AL=05H，AH=01H，CF=AF=1
```

注意：加法调整指令必须紧跟在加法指令后，且加法执行结果必须存放在 AL 中。

2）减法调整指令

（1）压缩 BCD 码减法调整指令 DAS

指令格式：

指令功能：对两个压缩 BCD 码相减后的结果进行调整，调整前，运算结果必须保存到 AL 中。
调整方法：

① 若 AL 中的低 4 位>9 或 AF=1，则 AL–06H→AL，并使 AF=1；
② 若 AL 中的高 4 位>9 或 CF=1，则 AL–60H→AL，并使 CF=1。

DAS 指令会影响 AF、CF、PF、SF、ZF 标志位，不影响 OF。

【例 3.32】利用 SUB 指令计算 85–39，要求使用 DAS 指令。

```
MOV  AL, 85H              ;AL=85H
MOV  BL, 39H              ;BL=39H
SUB  AL, BL              ;AL=4CH
DAS                      ;AL=46H
```

（2）非压缩 BCD 码减法调整指令 AAS
指令格式：

```
AAS
```

指令功能：对两个非压缩 BCD 码相减后的和进行调整，调整前，运算结果必须保存到 AL 中。
与 DAS 的不同之处是，调整后的结果，其低位在 AL 中，高位在 AH 中。调整方法：

① 若(AL)的低 4 位>9 或 AF=1，则(AL)–06H→(AL)，(AH)–1→(AH)，且 AF=1；
② 屏蔽 AL 的高 4 位，且 AF→CF。

AAS 指令会影响 AF 和 CF 标志位。

【例 3.33】利用 SUB 指令计算 15–8，要求使用 AAS 指令。

```
MOV  AX, 0105H            ;AH=01H, AL=05H
MOV  CL, 08H              ;CL=08H
SUB  AL, CL              ;AL=05H-08H=0FDH
AAS                      ;AL=07H, AH=00H
```

注意：减法调整指令必须紧跟在减法指令后，且减法执行结果必须存放在 AL 中。
3）乘法调整指令 AAM
指令格式：

```
AAM
```

指令功能：对两个非压缩 BCD 码相乘的结果进行调整，调整前，运算结果必须保存到 AX 中。
操作方法：用寄存器 AL 的内容除以 0AH，商放到 AH 中，余数放到 AL 中。
说明：

① 对 BCD 码进行乘法运算时，要求两个乘数都必须是非压缩 BCD 码，否则结果将无法调整；
② BCD 码是作为无符号数来看待的，所以相乘时用 MUL 指令，而不用 IMUL 指令；
③ AAM 指令必须紧跟在乘法指令之后；
④ AAM 指令会影响标志位 SF、ZF、PF。

例如：

```
MOV  AL, 07H              ;将非压缩BCD码07H送入AL
MOV  BL, 09H              ;将非压缩BCD码09H送入AL
MUL  BL,                  ;将两个非压缩BCD码相乘，AX=0037H
AAM                      ;对两个非压缩BCD码相乘后的积进行调整，调整后AX=0603H
```

【例 3.34】计算 6×5，要求使用 AAM 指令。

```
MOV  AL, 06H              ;AL=06H
MOV  BL, 05H              ;BL=05H
MUL  BL                   ;AX=001EH
AAM                       ;AH=03H, AL=00H, SF=0, ZF=0, PF=1
```

4）除法调整指令 AAD

指令格式：

```
AAD
```

指令功能：对两个非压缩 BCD 码相除的结果进行调整。AAD 指令与其他调整指令不同，它是在除法运算前进行相应的调整操作。

具体操作：将 AH 中的高位十进制数乘以 10，与 AL 中的低位十进制数相加，并使 AH 中的内容清零，结果保存在 AL 中，即

$$AH×10+AL→AL，0→AH$$

说明：

① 对 BCD 码进行除法运算时，要求除数和被除数都用非压缩 BCD 码来表示；

② AAD 指令是在除法指令 DIV 之前对除数和被除数进行调整的；

③ AAD 指令会影响标志位 SF、ZF、PF。

【例 3.35】计算 23÷4，要求使用 AAD 指令。

```
MOV  AX, 0203H           ;AH=02H, AL=03H
MOV  BL, 04H             ;BL=04H
AAD                      ;AX=0017H
DIV  BL                  ;AL=05H, AH=03H
```

6．字位扩展指令

在算术运算指令中，两个操作数的字长应符合规定的关系。例如，加法、减法、乘法运算指令中，要求两个操作数字长必须相等。除法运算指令中，被除数字长必须是除数的双倍。因此，有时需要将一个 8 位二进制数扩展为一个 16 位二进制数，或将一个 16 位二进制数扩展成 32 位二进制数。这时候，就需要用到字位扩展指令。字位扩展指令包括字节扩展指令 CBW 和字扩展指令 CWD。

1）字节扩展指令 CBW

指令格式：

```
CBW
```

指令功能：将 AL 中的字节扩展为字，并存放到 AX 中

2）字扩展指令 CWD

指令格式：

```
CBD
```

指令功能：将 AX 中的一个字扩展为双字，结果存放到 DX:AX 中，其中 DX 用来存放扩展的高 16 位。

字位扩展指令的扩展原则：

① 对于无符号数，只需将扩展的高位补零；

② 对于有符号数，将符号位扩展到整个高位。

例如：无符号数 24H 扩展为一个字时，结果为 0024H；有符号数 8200H 扩展为一个字时，结果为 0FFFF8200H。

【例 3.36】 已知两个无符号数 AL=55H，CX=1234H，如何实现 AL+CX？

```
MOV  AL, 55H              ;AL=55H
CBW                       ;AX=0055H
MOV  CX, 1234H            ;CX=1234H
ADD  AX, CX
```

3.3.3　逻辑运算和移位指令

逻辑运算和移位指令对 8 位或 16 位寄存器、存储器中的内容按位进行逻辑运算或移位操作，包括逻辑运算指令和移位指令，移位指令又分为非循环移位指令和循环移位指令。

1. 逻辑运算指令

8086/8088 CPU 的逻辑运算指令有 AND（逻辑"与"）、TEST（测试）、OR（逻辑"或"）、XOR（逻辑"异或"）和 NOT（逻辑"非"）。在以上 5 条逻辑运算指令中，唯有 NOT 指令对所有标志位均不产生影响，其余 4 条指令对标志位的影响相同。这些指令将根据各自的逻辑运算结果影响标志位 SF、ZF 和 PF，同时将标志位 CF、OF 置"0"，使 AF 的值不确定。

1）逻辑"与"指令 AND

指令格式：

```
AND  DST, SRC            ;DST←DST∧SRC
```

指令功能：将目标操作数与源操作数按位进行"与"运算，结果送回目标操作数所在地址。对操作数的要求如下。

① 源操作数可以是 8 位或 16 位的通用寄存器、存储器操作数或立即数。

② 目标操作数只允许是寄存器或存储器操作数。

③ 源操作数和目标操作数不能同时为存储器操作数。

例如：

```
AND  AL, 11011111B       ;寄存器操作数与立即数按位相与
AND  AX, BX              ;寄存器操作数与寄存器操作数按位相与
AND  [BX], 1234H         ;存储器操作数与立即数按位相与
```

AND 指令在程序中主要有以下 3 个方面的应用：

① 实现两个操作数按位相与。例如：

```
AND  AX, [BX]            ;AX与[BX]所指字单元的内容按位相与，结果送回AX
```

② AND 指令可使目标操作数中的某些位清零，而其他位保持不变。例如：

```
AND  AL, 0F0H           ;将AL的低4位清零，其他位保持不变
AND  AX, 0              ;将AX清零
```

利用这一点，可以指定一个屏蔽字，用 AND 指令屏蔽某些不关心的位而保留感兴趣的位，具体操作是将欲屏蔽的位和"0"进行逻辑"与"，将要保留的位和"1"进行逻辑"与"。例如指令"AND AL, 0F0H"中，0F0H 是一个屏蔽字，其高 4 位为 1，低 4 位为 0，表示将 AL 中的低 4 位清零，保留高 4 位。

③ 利用 AND 指令可使操作数不变，只影响标志位，且使 CF 与 OF 清零。例如：

```
AND  AX, AX                      ;AX自身按位相与，不改变AX的内容，只影响标志位
```

2）逻辑"或"指令 OR

指令格式：

```
OR  DST, SRC                     ;DST←DST∨SRC
```

指令功能：将目标操作数与源操作数进行逻辑"或"运算，并将结果送回目标操作数所在地址。对操作数的要求与 AND 指令相同。

OR 指令在程序中主要有以下 3 个方面的应用：

① 实现两个操作数按位相或。例如：

```
OR  AX, [BX]                     ;AX与[BX]所指字单元的内容按位相或，结果送回AX
```

② 将操作数中的某些特定位置 1，具体操作是将需置 1 的位和"1"进行逻辑"或"，而保持不变的位与"0"进行逻辑"或"。例如：

```
OR  AL, 10H                      ;将AL的第4位置1，其余位保持不变
```

【例 3.37】将 1～9 中的某个数字转换为其对应的 ASCII 码，如将数字 5 转换为其对应 ASCII 码的代码段如下：

```
MOV  AH, 5                       ;数字5送至AH
OR   AH, 30H                     ;AH=35H，即数字5对应的ASCII码
```

③ 利用 OR 指令可使操作数不变，只影响标志位，且使 CF 与 OF 清零。例如：

```
OR  AX, AX                       ;OR自身按位相与，不改变AX的内容，只影响标志位
```

【例 3.38】数据段中某一 16 位数据的偏移地址为 SI，试判断该数据是否为零，如果为零，则执行 ZERO 标号处的指令。

```
        ...
        MOV  AX, [SI]
        OR   AX, AX
        JZ   ZERO
        ...
ZERO:   ...
        HLT
```

3）逻辑"非"指令 NOT

指令格式：

```
NOT DST
```

指令功能：将源操作数按位取反。NOT 指令对标志位没有影响。

操作数可以是 8 位或 16 位的寄存器操作数或存储器操作数。例如：

```
NOT  AL
NOT  BX
NOT  WORD PTR[1000H]             ;将1000H、1001H两单元的内容求反，再送回这两单元中
```

【例 3.39】已知 AX 中存放着一个 16 位的二进制负数，试求 AX 的绝对值，并存放到寄存

器 BX 中。

```
...
NOT  AX
ADD  AX, 01H
MOV  BX, AX
...
```

4）逻辑"异或"指令 XOR

指令格式：

```
XOR  DST, SRC          ;DST←DST⊕SRC
```

指令功能：将目标操作数与源操作数进行"异或"运算，运算结果送回目标操作数所在地址。对操作数的要求与"AND"相同。"异或"操作的原则是，两操作数相同则结果为 0，不同则结果为 1。例如：

```
XOR  AL, 11000011B                ;AL的内容与立即数按位相异或，结果送回AL
```

XOR 指令主要应用如下。

① 实现两个操作数按位相异或。

② 将操作数中的某些位求反，为此可将欲求反的位和"1"进行异或，将要求保持不变的位和"0"进行异或。

【例 3.40】将指定的数求反。如 AL=3AH，将 AL 中的数求反的指令如下：

```
XOR  AL, 0FFH
```

③ XOR 指令的另一个用途是将寄存器清零。

【例 3.41】写出将累加器 AX 清零的指令。

```
方法1: MOV  AX, 0000H
方法2: XOR  AX, AX
方法3: SUB  AX, AX
方法4: AND  AX, 0000H
```

5）测试指令 TEST

指令格式：

```
TEST  DST, SRC
```

指令功能：与 AND 指令执行过程类似，但指令执行后，目标操作数保持不变，只影响标志位。故这条指令常用在不破坏操作内容的情况下，检测操作数中某些位是"1"还是"0"。例如：

```
TEST  AL, 02H        ;AL内容不变，判断AL中第1位是否为"1"，如果该位是"1"，则ZF=0，
                      否则ZF=1
```

【例 3.42】从 3000H 开始的单元中放有 100 个有符号数，要求统计出其中负数的个数，并将统计结果存入 BUFFER 单元。程序段如下：

```
       XOR  DX, DX                ;清除DX的内容，DX用于存放中间结果
       MOV  SI, 3000H            ;SI←起始地址
       MOV  CX, 100              ;CX←统计次数
AGAIN:MOV  AL, [SI]             ;AL←第一个数
       INC  SI                    ;地址指针加1
```

```
          TEST  AL, 80H              ;测试所取的数是否为负数
          JZ  NEXT                   ;不为负数, 则转NEXT
          INC  DX                    ;若为负数, 则DX←DX+1
NEXT:  DEC  CX                       ;CX←CX-1
          JNZ  AGAIN                 ;若CX≠0, 则继续检测下一个
          MOV  BUFFER, DX            ;统计结果送BUFFER单元
```

2. 移位指令

移位指令包括非循环移位指令和循环移位指令。移位指令用于对寄存器操作数或存储器操作数进行一定次数的移位。当移位 1 次时, 移位次数由指令直接给出; 当移位次数大于 1 时, 移位次数要放到寄存器 CL 中, 即指令中规定的移位次数不允许是 1 以外的常数或 CL 以外的其他寄存器。指令操作数由源操作数和目标操作数构成, 源操作数表示移位次数, 目标操作数表示被移位的对象, 可以是 8 位或 16 位的寄存器操作数或存储器操作数。移位指令大都影响 6 个状态标志位。

1) 非循环移位指令

非循环移位指令包括逻辑左移指令 SHL、算术左移指令 SAL、逻辑右移指令 SHR 和算术右移指令 SAR 等 4 条。逻辑移位指令针对的是无符号数, 算术移位指令针对的是有符号数。

(1) 逻辑左移指令 SHL 和算术左移指令 SAL

SHL 指令和 SAL 指令的格式完全相同, 如下:

```
SHL  OPRD, 1
SHL  OPRD, CL
SAL  OPRD, 1
SAL  OPRD, CL
```

指令功能: 将目标操作数顺序左移 1 位或指定位数。

具体操作: 每次左移 1 位, 左边的最高位移入标志位 CF, 而在右边的最低位补 0。指令操作过程如图 3-16 所示。

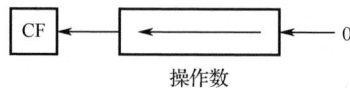

图 3-16 SHL 和 SAL 指令操作过程示意图

SHL 和 SAL 指令将影响 CF 和 OF 两个标志位, 如果移位次数为 1, 且移位后目标操作数的最高位与标志位 CF 不等, 则溢出标志 OF=1, 否则 OF=0。根据这一点, 可以判断移位前后的符号位是否一致。

另外, 指令还影响标志位 PF、SF 和 ZF。

对于逻辑移位指令, 将一个无符号数左移一位相当于该数乘 2, 因而可用逻辑左移指令完成某些常数的乘法。

【例 3.43】判断以下指令执行的结果。

```
MOV  AL, 41H
SHL  AL, 1
```

执行结果为 AL=82H, CF=0, OF=1。如果 82H 是无符号数, 则它没有产生溢出(82H<0FFH); 如果 82H 是有符号数, 则它产生溢出 (82H>7FH), 移位后正数变成了负数。

将一个二进制无符号数左移 1 位, 相当于将该数乘 2。所以可利用左移指令实现一个数乘 2^i 的运算。由于左移指令比乘法指令执行速度快很多, 因此在程序中常用左移指令来代替乘法

指令，以加快程序的运行。

【例 3.44】把以 DATA 为首地址的两个连续单元中的 16 位无符号数乘以 10。

因为 $10x=8x+2x=2^3x+2^1x$，所以可用左移指令实现该乘法运算。程序如下：

```
LEA  SI, DATA              ;DATA单元的偏移地址送SI
MOV  AX, [SI]              ;AX←被乘数
SHL  AX, 1                 ;AX=DATA×2
MOV  BX, AX                ;暂存BX
MOV  CL, 2                 ;CL←移位次序
SHL  AX, CL                ;AX=DATA×8
ADD  AX, BX                ;AX=DATA×10
HLT
```

（2）逻辑右移指令 SHR

指令格式：

```
SHR  OPRD, 1
SHR  OPRD, CL
```

指令功能：将无符号数右移 1 位或指定位数。

具体操作：当逻辑右移 1 位时，操作数的最低位移到进位标志 CF，最高位补 "0"。指令操作过程如图 3-17 所示。

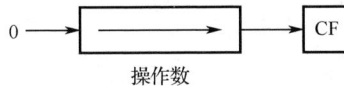

图 3-17　SHR 指令操作过程示意图

SHR 指令也将影响 CF 和 OF 两个标志位，如果移位次数为 1，且移位后目标操作数的最高位和次高位不相等，则标志位 OF=1，否则 OF=0。如果移动次数不为 1，则 OF 状态不定。

逻辑右移 1 位相当于将寄存器或存储器中的无符号数除以 2，因此同样可利用 SHR 指令完成将操作数除以某些常数的运算。同样，SHR 指令的执行速度比除法指令快。

【例 3.45】已知 AL=06H，执行下列指令后 AL 如何？

```
SHL  AL, 1                 指令执行后AL=0CH
SHR  AL, 1                 指令执行后AL=03H
```

（3）算术右移指令 SAR

指令格式：

```
SAR  OPRD, 1
SAR  OPRD, CL
```

指令功能：将有符号数向右移 1 位或指定位数。

具体操作：当算术右移 1 位时，操作数的最低位移到进位标志 CF，而最高位保持不变。指令操作过程如图 3-18 所示。

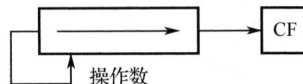

图 3-18　SAR 指令操作过程示意图

SAR 指令对标志位 CF、PF、SF 和 ZF 有影响，但不影响 OF 和 AF。

同样，每算术右移 1 位，相当于有符号数除以 2。

2）循环移位指令

所谓循环移位，是指将目标操作数一端移出的位，移至目标操作数的另一端。它是一种将目标操作数首尾相连的移位，从目标操作数移出的位不会丢失。

8086/8088 指令系统中有 4 条循环移位指令，分别是：不带 CF 的循环左移指令 ROL，不带 CF 的循环右移指令 ROR，带 CF 的循环左移指令 RCL，带 CF 的循环右移指令 RCR。

（1）不带 CF 的循环左移指令 ROL

指令格式：

```
ROL  OPRD, 1
ROL  OPRD, CL
```

指令功能：将目标操作数向左循环移动 1 位或指定位数。目标操作数每向左移动一位，最高位移入最低位构成循环，同时把最高位移入 CF，而 CF 原来的值丢失。标志位 CF 不在循环之内。指令操作过程如图 3-19 所示。

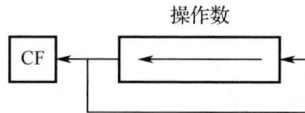

图 3-19　ROL 指令操作过程示意图

ROL 指令将影响 CF 和 OF 两个标志位，如果循环移位次数为 1，且移位后目标操作数的最高位和 CF 值不相等，则标志位 OF=1，否则 OF=0。如果移动次数不为 1，则 OF 状态不定。

（2）不带 CF 的循环右移指令 ROR

指令格式：

```
ROR  OPRD, 1
ROR  OPRD, CL
```

指令功能：将目标操作数的每一位向右移动一位，最低位移入最高位，同时把最低位移入 CF，而 CF 原来的值丢失。同样，标志位 CF 不在循环之内。指令操作过程如图 3-20 所示。

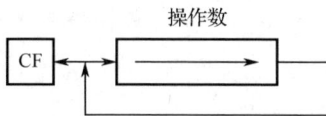

图 3-20　ROR 指令操作过程示意图

ROR 指令也将影响 CF 和 OF 两个标志位，如果循环移位次数为 1，且移位后的最高位和次高位不相等，则标志位 OF=1，否则 OF=0。如果移动次数不为 1，则 OF 状态不定。

【例 3.46】已知 AL=24H，执行下列指令后 AL 如何？

```
ROL  AL, 1        指令执行后(AL)=48H, CF=0
ROR  AL, 1        指令执行后(AL)=12H, CF=0
```

（3）带 CF 的循环左移指令 RCL

指令格式：

```
RCL  OPRD, 1
RCL  OPRD, CL
```

指令功能：将目标操作数连同进位标志位 CF 一起循环左移，CF 的值移入目标操作数最低位，而目标操作数最高位移入 CF。标志位 CF 在循环之内。指令操作过程如图 3-21 所示。

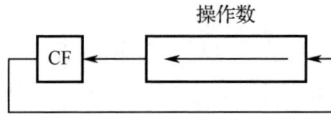

图 3-21 RCL 指令操作过程示意图

RCL 指令对标志位的影响与 ROL 指令相同。

【例 3.47】指令"RCL BYTE PTR[100AH], 1"，设 DS=6000H，且执行指令前(6100AH)=8EH，CF=0。

执行上述指令后，(6100AH)=1CH，CF=1，操作过程如图 3-32 所示。

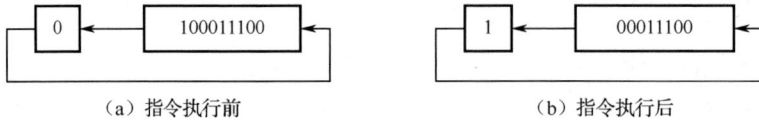

（a）指令执行前　　　　　　　　　　　（b）指令执行后

图 3-22 RCL 指令举例

（4）带 CF 的循环右移指令 RCR

指令格式：

```
RCR  OPRD, 1
RCR  OPRD, CL
```

指令功能：将目标操作数连同进位标志位 CF 一起循环右移，CF 的值移入目标操作数最高位，而目标操作数最低位移入 CF。标志位 CF 在循环之内。指令操作过程如图 3-23 所示。

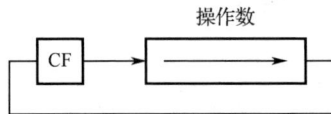

图 3-23 RCR 指令操作过程示意图

RCR 指令对标志位的影响与 ROR 指令相同。

利用循环移位指令可以测试操作数某一位的状态。

【例 3.48】测试寄存器 BL 中第 4 位的状态，并保持原内容不变，程序如下：

```
          MOV  CL, 4            ;CL←移位次数
          ROL  BL, CL          ;CF←BL中第4位
          JNC  ZERO            ;如果CF=0，则转到ZERO
          ROR  BL, CL          ;恢复原BL内容
          …
ZERO:     ROR  BL, CL          ;恢复原BL内容
          …
```

3.3.4 串操作指令

1．串操作指令的特点

将存储器中地址连续的若干单元的字符和数据称为字符串或数据串。串操作指令就是用来对串中的每一个字符或数据作同样的操作。串既可以是字串，也可以是字节串。在完成一次操作后，自动修改指针，执行下一次操作。串操作命令可以处理的最大串长度为 64K 字节或字。

串操作指令共有 5 条：串传送指令、串比较指令、串扫描指令、串装入指令、串存储指令。所有的串操作指令（除了与累加器相关的串操作指令）都具有以下特点。

① 总是用寄存器 SI 寻址源串（源操作数），用寄存器 DI 寻址目标串（目标操作数）。源串默认为数据段，即段地址在 DS 中，因此默认的源串指针为 DS:SI，但允许段重设。目标串默认在附加段，即段地址在 ES 中，因此目标串指针为 ES:DI，不允许进行段重设。

② 串的长度存放在寄存器 CX 中。

③ 可以在串操作指令前加重复前缀。若使用重复前缀，CX 的内容也会每次自动减 1。

④ 指针和计数器自动修改，且修改方向与标志位 DF 有关，若 DF=0，则每次操作后，SI 和 DI 按地址增量方向修改（字节操作加 1，字操作加 2）；否则，SI 和 DI 按地址减量方向修改。

因此，在使用串操作指令前，需要进行必要的设置，即设置源串指针（DS、SI）、目标串指针（ES、DI），串长度（CX）及操作方向（DF）。

2．重复操作前缀

可在串操作指令前加一个适当的重复操作前缀，使该指令能重复执行。指令在执行时不仅能按照 DF 所决定的方向自动修改地址指针 SI 和 DI 的内容，还能在每完成一次操作后自动修改 CX 的值，重复执行串操作指令，直到 CX=0 或满足指定的条件为止。

用于串操作指令的重复操作前缀共有 5 种，这 5 种重复操作前缀分为两类，分别是无条件重复前缀（1 种），有条件重复前缀（4 种）。即：

REP：无条件重复前缀——重复执行指令规定的操作，直到 CX=0；

REPE：相等时重复——ZF=1，且 CX≠0 时重复；

REPZ：结果为 0 时重复——ZF=1，且 CX≠0 时重复；

REPNE：不相等时重复——ZF=0，且 CX≠0 时重复；

REPNZ：结果不为 0 时重复——ZF=0，且 CX≠0 时重复。

加重复操作前缀可以简化程序，并加快串操作指令的执行速度。加重复操作前缀之后的串操作指令的执行包括以下几个步骤：

① 执行串操作指令规定的相应操作；

② SI 和 DI 自动增减。如果是字节操作，增减 1；如果是字操作，则增减 2。是增还是减由 DF 决定；

③ CX 的内容自动减 1；

④ 根据 ZF 的状态决定是否重复进行。

3．串操作指令用法

串操作指令是 8086/8088 指令系统中唯一一组能直接处理源操作数和目标操作数均为存储器操作数情况的指令。

1）串传送指令

串传送指令有 3 种格式：

```
MOVS  OPRD1, OPRD2
MOVSB
MOVSW
```

指令功能：将源串的内容传送到目标串所在地址。

说明：

① 第 1 种格式中，OPRD1、OPRD2 分别为目标串和源串的地址。源串和目标串的段地址可以使用默认值，也可使用段前缀来指定源串在其他段中，偏移地址必须用 SI 和 DI 来指定。第 1 种格式多用于需要段重设的情况。

② 第 2 种和第 3 种格式隐含两个操作数的地址，此时，源串和目标串的段地址必须使用默

认值，即源串在数据段、偏移地址在 SI 中，目标串在附加段、偏移地址在 DI 中。第 2 种格式 MOVSB 表示一次完成一字节的传送，第 3 种格式 MOVSW 表示一次完成一个字的传送。

③ MOVS 指令常与重复操作前缀联合使用，这样不仅可以简化程序，而且提高了运行速度。

④ 串传送指令的执行结果不影响标志位。

【例 3.49】将从地址 2000H:1200H 开始的 100 字节传送到从地址 6000H:0000H 开始的内存单元中。程序如下：

```
MOV   AX, 2000H
MOV   DS, AX                    ;设定源串段地址
MOV   AX, 6000H
MOV   ES, AX                    ;设定目标串段地址
MOV   SI, 1200H                 ;设定源串偏移地址
MOV   DI, 0                     ;设定目标串偏移地址
MOV   CX, 100                   ;串长度送至CX
CLD                            ;DF=0，使地址指针按增量方向修改
REP   MOVSB                     ;每传送一字节，自动修改地址指针及CX，直至CX=0
HLT                            ;暂停执行
```

2）串比较指令

串比较指令有 3 种格式：

```
CMPS   OPRD1, OPRD2
CMPSB
CMPSW
```

指令功能：逐个比较两个字符串中的相应元素（即相减）。

串比较指令 CMPS 与前面讲过的比较指令 CMP 类似，CMP 指令比较的是两个数据，比较结果只影响标志位，而 CMPS 指令比较的是两个字符串，同样，指令执行结果也只影响标志位。CMPS 指令具体执行过程为：将源串地址和目标串地址中的字符串按照字节或字进行比较，比较结果不送回目标串所在地址中，而是只影响标志位。每进行一次比较后，自动修改地址指针，指向串中的下一个元素。

说明：

① 第 1 种格式中，OPRD1、OPRD2 分别为目标串和源串的地址。源串和目标串的段地址可以使用默认值，也可使用段前缀来指定源串在其他段中，偏移地址必须用 SI 和 DI 来指定。第 1 种格式多用于需要段重设的情况。

② 第 2 种和第 3 种格式隐含两个操作数的地址，此时，源串和目标串的段地址必须使用默认值，即源串在数据段、偏移地址在 SI 中，目标串在附加段、偏移地址在 DI 中。第 2 种格式 CMPSB 表示按字节进行比较，第 3 种格式 CMPSW 表示按字进行比较。

③ CMPS 指令常与重复操作前缀联合使用。若带有前缀 REPE 或 REPZ，则表示串未结束（CX≠0）且两个串相等（ZF=1）时继续比较，每比较一次，CX 减 1。该程序用于寻找两个不相等的字符，应将 SI 和 DI 进行修正，指向所要寻找的不相等的字符。若带有前缀 REPNE 或 REPNZ，则表示串未结束（CX≠0）且串不相等时（ZF=0）继续比较，每比较一次，CX 减 1。如果想寻找两个串中第一个相等的字符，也需将 SI 和 DI 进行修正。

④ 串传送指令的执行结果影响标志位。

【例 3.50】比较两个字符串是否相同，并找出其中第一个不相等的字符，将其地址送至 BX，不相等的字符送至 AL。两个字符串的长度均为 200 字节，M1 为源串首地址，M2 为目标串首

地址。程序如下:

```
    LEA  SI, M1                    ;SI←源串首地址
    LEA  DI, M2                    ;DI←目标串首地址
    MOV  CX, 200                   ;CX←串长度
    CLD                            ;DF=0,使地址指针按增量方向修改
    REPE CMPSB                     ;若相等则继续比较
    JZ   STOP                      ;若ZF=1,表示两字符串完全相等,转STOP
    DEC  SI                        ;否则SI-1,指向不相等字符
    MOV  BX, SI                    ;BX←不相等字符的地址
    MOV  AL, [SI]                  ;AL←不相等字符的内容
    STOP: HLT                      ;停止
```

找到第一个不相等字符后,地址指针自动加 1,所以将地址指针再减 1,即可得到不相等字符的地址。

3)串扫描指令

串扫描指令有 3 种格式:

```
SCAS  OPRD                    ;OPRD是目标串
SCASB
SCASW
```

指令功能:将累加器 AL/AX 中的内容与字符串中的元素逐个进行比较,比较结果不改变目标串内容,只反映在标志位上。

说明:

① 第 1 种格式中只有一个操作数,为目标串的符号地址。第 2 种格式 SCASB 表示按字节方式进行扫描,第 3 种格式 SCASW 表示按字方式进行扫描。该指令在执行前必须设置 ES:DI来指向目标串。

② 该指令主要用于在一个字符串中查找某个特定的关键字。执行该指令前,须将要找的关键字放到 AL(或 AX)中,再用该指令与字符串中的各个元素进行逐一比较。

③ SCAS 指令常与重复操作前缀联合使用。

④ 该指令的执行结果影响标志位。

【例3.51】在 ES 段中,从 2000H 单元开始存放了 10 个字符,寻找其中有无字符"A"。若有则记下搜索次数(次数存放至 DATA1 单元),并记下存放"A"的地址(地址存放至 DATA2单元)。程序段如下:

```
        MOV  DI, 2000H                ;目标字符串首地址送至DI
        MOV  BX, DI                   ;首地址暂存在BX中
        MOV  CX, 0AH                  ;串长度送至CX
        MOV  AL, 'A'                  ;关键字"A"的ASCII码送至AL
        CLD                           ;清空DF,每次扫描后指针按增量方向修改
        REPNZ  SCASB                  ;扫描字符串,直到找到"A"或CX=0
        JZ   FOUND                    ;若找到则转移
        MOV  DI,0                     ;若没找到要搜索的关键字,使DI=0
        JMP  DONE
FOUND:  DEC  DI                       ;DI-1,指向找到的关键字所在地址
        MOV  DATA2, DI                ;将关键字地址送至DATA2单元
        INC  DI
        SUB  DI, BX                   ;用找到的关键字地址减去首地址得到搜索次数
```

```
DONE:MOV  DATA1, DI                              ;将搜索次数送至DATA1单元
      ...
```

以上程序中，SCAS 指令加上前缀 REPNZ 表示串中的元素不等于关键字（ZF=0）且串未结束（CX≠0）时继续搜索。若此例改为找到第一个不是"A"的字符，则 SCAS 指令前应加上前缀 REPZ，表示串中的元素等于关键字且串未结束时继续搜索。

例 3.51 中，退出 REPNZ SCASB 串循环有两种可能：①已找到关键字，从而退出，此时 ZF=1；②未搜索到关键字，但串已检索完毕，从而退出，此时 ZF=0，CX=0。因而退出之后，可根据对 ZF 标志的检测来判断属于哪种情况。

执行 REPNZ SCASB 操作时，每比较一次，目标串指针自动加 1（因为 DF=0），所以找到关键字后，需将 DI 的内容减 1 才能得到关键字所在地址。

4）串装入指令

串装入指令有 3 种格式：

```
LODS  OPRD                ;OPRD是源串
LODSB
LODSW
```

指令功能：将一个字符串的字节或字逐个装入累加器 AL/AX 中。

指令执行过程：指令执行前必须设置 DS:SI 来指向源串，执行指令时，取 DS:SI 指向的源串中的字节或字放到累加器 AL 或 AX 中，之后根据 DF 的值自动修改指针 SI，以指向下一个元素。

由指令执行过程可以看出：

LODSB 指令等同以下 2 条指令：

```
MOV AL, [SI]
INC SI
```

LODSW 指令等同以下 3 条指令：

```
MOV AX, [SI]
INC SI
INC SI
```

说明：

① 第 1 种格式中只有一个操作数，用来表示源串的符号地址。第 2 种格式 LODSB 表示按字节装入，第 3 种格式 LODSW 表示按字装入。

② 该指令一般不加前缀，因为每重复一次，AL 或 AX 中的内容将被后一次所装入的内容取代。

③ 指令的执行结果不影响标志位。

【例 3.52】以 MEN 为首地址的内存区域中有 10 个以非压缩 BCD 码形式存放的十进制数，它们的值可能是 0～9 中的任意一个，现编写程序将这 10 个数顺序显示在屏幕上。程序段如下：

```
      LEA  SI, MEN               ;SI←源串偏移地址
      MOV  CX, 10                ;设置串长度
      CLD                        ;DF←0
      MOV  AH, 02H               ;AH←功能号（表示单字符显示输出）
NEXT:LODSB                       ;取一个BCD码到AL
      ADD  AL, 30H               ;BCD码转换为对应的ASCII码
```

```
        MOV   DL, AL                      ;DL←字符的ASCII码
        INT   21H                         ;输出显示
        DEC   CX                          ;CX←CX-1
        JNZ   NEXT                        ;ZF=0则转移到NEXT标号处
        HLT
```

5）串存储指令

串存储指令有 3 种格式：

```
STOS  OPRD               ;OPRD是目标串
STOSB
STOSW
```

指令功能：将 AL 或 AX 中的内容存放到 ES:DI 所指向的存储单元中，并自动修改地址指针DI。

说明：

① 第 1 种格式中只有一个目标操作数，为目标串的符号地址。第 2 种格式 STOSB 按字节进行存储，第 3 种格式 STOSW 按字进行存储。

② 指令执行前，必须设置 ES:DI 指向目标串。

③ 可以利用重复操作前缀对连续的存储单元存入相同的内容。

④ 指令的执行结果不影响标志位。

【例 3.53】把从 6000H:1200H 单元开始的 100 个字的存储单元内容清除，可用串存储指令实现。程序如下：

```
MOV   AX, 6000H
MOV   ES, AX                       ;ES←目标串段地址
MOV   DI, 1200H                    ;DI←目标串的偏移地址
MOV   CX, 100                      ;CX←串长度
CLD                                ;DF←0，按从低地址到高地址的方向进行存储
MOV   AX, 0                        ;AX←0，即要存入目标串的内容
REP   STOSW                        ;将100个字的存储单元清除
HLT
```

3.3.5　程序控制指令

以上介绍的数据传送指令、算术运算指令、逻辑运算和移位指令、串操作指令都用于数据的传送、加工和处理方面，它们对数据的操作有非常重要的意义。在 8086/8088 指令系统中，还有一类指令，它们主要用于控制程序的流向，称为程序控制类指令。

在 8086/8088 程序中，指令执行的位置是由代码段寄存器（CS）和指令指针寄存器（IP）的内容决定的。一般情况下，指令是顺序执行的，如果要改变程序的正常执行顺序，必须改变IP 或 IP 和 CS 的内容，使程序发生转移。程序控制指令通过修改 IP 和 CS 的内容以控制程序的执行顺序。当程序发生转移时，存放在指令队列缓冲器中的指令被清除。BIU 将根据转移指令给出的 CS 和 IP 的值从存储器中取出一条新指令，经指令队列缓冲器直接送到 EU 执行。

8086/8088 指令系统中的程序控制指令用于控制程序的转移，这些指令有的只修改 IP 的内容，有的则同时修改 IP 和 CS 的内容。程序控制指令分为四小类：转移指令、循环控制指令、过程调用与返回指令、中断指令。除中断指令外，其他指令均不影响标志位。

1．转移指令

转移指令包括无条件转移指令和条件转移指令。

1）无条件转移指令 JMP

指令格式：

```
JMP  OPRD                          ;OPRD是转移的目标地址
```

指令功能：无条件地使程序转移到指定的目标地址，并从目标地址处开始执行新的指令。

对目标地址的寻址方法有两种，分别是直接寻址和间接寻址。考虑到 8086/8088 的分段管理，新的目标地址可能处于当前段中，也可能处于不同的段中。如果目标地址在当前代码段内，称为段内转移，此时，CS 的内容保持不变，只修改 IP 的内容；如果目标地址在其他代码段中，称为段间转移，这时指令同时修改 IP 和 CS 的内容。因此可将无条件转移指令分为 4 种形式，即段内直接转移、段内间接转移、段间直接转移、段间间接转移。

（1）段内直接转移

指令格式：

```
JMP  LABEL
```

LABEL 是一个标号，或称为符号地址，用来表示要转移的目标地址，该标号在程序所在的代码段内。

指令汇编时，汇编程序可以计算得到 JMP 指令的下一条指令与 LABEL 所指示的地址之间的偏移量（也就是相距多少个字节单元），指令的操作是将 IP 的当前值加上地址的偏移量，形成新的 IP。该偏移量可以是正的，也可以是负的；可以为 8 位，也可以为 16 位。

偏移量为 8 位时，称为段内直接短转移，转移范围为–128～127，指令格式为 JMP SHORT LABEL；偏移量为 16 位时，称为段内直接近转移，转移范围为–32768～32767，指令格式为 JMP NEAR LABEL；缺省时为近转移，NEAR 可不写。

指令的操作是将 IP 的当前值加上计算出的地址偏移量，形成新的 IP，并使 CS 保持不变，从而使程序按新地址继续运行，从而实现程序的转移。

【例 3.54】

```
        ...
        MOV  AX, BX
        JMP  NEXT                       ;无条件段内直接转移，转向符号地址NEXT处
        AND  CL, 0FH
        ...
NEXT:OR  CL, 7FH
```

这里，NEXT 是一个段内标号，汇编程序计算出 JMP 指令的下一条指令（即指令"AND CL, 0FH"）的地址到 NEXT 标号指示的地址之间的距离（也就是偏移量）。执行 JMP 指令时，将 IP 的当前值加上这个偏移量，于是在执行完 JMP 指令后不再执行"AND CL, 0FH"指令（因为 IP 已经改变），而转去执行"OR CL, 7FH"指令（因为此时 IP 指向这条指令）。

（2）段内间接转移

指令格式：

```
JMP  OPRD
```

指令中的操作数 OPRD 是 16 位的寄存器或存储单元，目标操作数可以采用各种寻址方式。指令执行时，用指定的寄存器或指定的两个存储单元的内容作为目标的偏移地址，取代 IP 原来

的内容，从而实现程序的转移。

【例 3.55】JMP　AX

设当前 CS=1200H，IP=5800H，AX=1100H，在执行该指令时，IP←AX=1100H，执行 JMP 指令后，CPU 转移到物理地址为 13100H 的单元执行新的指令。

【例 3.56】JMP　WORD PTR [BX+DI]

设当前 DS=3000H，BX=1300H，DI=1200H，(32500H)=2350H，则指令执行后，IP=2350H。指令执行过程如图 3-24 所示。

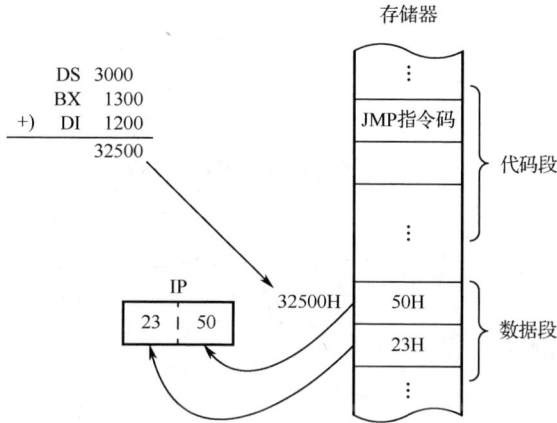

图 3-24　段内间接转移指令执行过程示意图

（3）段间直接转移

指令格式：

```
JMP  FAR LABEL
```

FAR 表示其后的标号 LABEL 是一个远标号，即它在另外一个代码段内，因此这是段间转移。段间直接转移的意思是指令中直接提供了要转向的 16 位段地址和 16 位偏移地址。汇编程序根据远标号 LABEL 的位置确定其所在段的段地址和偏移地址，然后将该段地址和偏移地址分别送入 CS 和 IP，使程序转移到另一代码段内的指定位置（即 CS:IP）执行。例如：

```
JMP  FAR NEXT       ;IP←NEXT的偏移地址，CS←NEXT所在段的段地址
JMP  2000H:1000H    ;IP←1000H，CS←2000H
```

（4）段间间接转移

指令格式：

```
JMP  OPRD
```

指令的操作数 OPRD 是一个 32 位的存储器。指令的执行是将指定的 4 个连续存储单元的内容分别送入 IP 和 CS（高地址字内容送 CS，低地址字内容送 IP），从而实现从当前程序到新程序的转移。

【例 3.57】JMP　DWORD PTR [BX]

设执行指令前 DS=3000H，BX=3000H，(33000H)=0BH，(33001H)=20H，(33002H)=10H，(33003H)=80H。

则执行指令后，IP=200BH，CS=8010H。

转移的目标地址=8210BH。其执行过程如 3-25 所示。

存储器

DS 3000
+) BX 3000
_____
33000

IP 20 0B   33000H

CS 80 10

JMP指令码 } 代码段1

0BH
20H   } 数据段
10H
80H

转移的目标地址→8210BH   指令码 } 代码段2

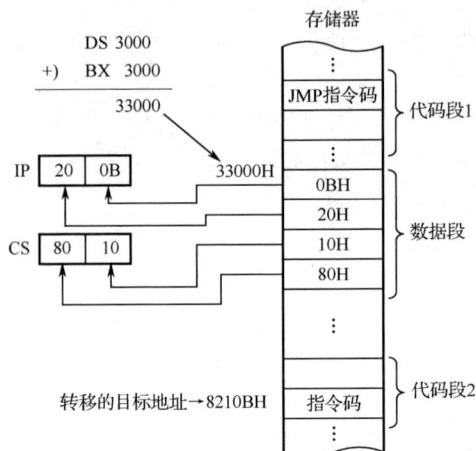

图 3-25 段间间接转移指令执行过程示意图

由于段间转移是控制程序转移到另一个代码段中，不仅 IP 的内容要改变，CS 的内容也要改变，即转移地址一定是 32 位字长。因此，在操作数前要加上 DWORD PTR，表示其后的操作数为双字。

JMP 指令对标志位无影响。

2）条件转移指令

指令格式：

JXX 目标标号	;XX是测试条件

指令功能：条件转移指令以执行指令时 CPU 标志寄存器中标志位的状态为测试条件，决定是否控制程序转移。

条件转移指令的执行过程如下。

第一步：测试规定的条件。

第二步：如果条件满足，则转移到目标地址，否则继续顺序执行。

8086/8088 指令系统中的条件转移指令比较多。条件转移指令以其前一条指令执行后某一个标志位的状态或某个比较结果为判断依据，如果满足条件，则进行转移，否则顺序执行下一条指令。所有条件转移都是直接寻址方式的短转移。

说明：

① 条件转移指令的目标地址必须在当前代码段（CS）内，并且以当前指针寄存器 IP 的内容为基准，其位移必须在−128～+127 的范围之内；

② 当需要往一个较远的地址进行条件转移时，可以先转移到附近的一个单元，然后在此单元中加一条无条件转移指令，通过无条件转移指令转到较远的目标地址；

③ 用"高于"和"低于"进行无符号数的比较结果判断，用"大于"和"小于"进行有符号数的比较结果判断；

④ 除 JCXZ 指令外，其他条件转移指令都将标志位的状态作为测试条件，因此首先应执行影响有关标志位状态的指令，然后才能用条件转移指令测试这些标志位的状态，以确定程序是否转移。CMP、TEST 是常用的两条指令，它们常与条件转移指令配合使用。

在 8086/8088 指令系统中，条件转移指令共有 19 条，根据测试条件的不同可分为如下几种。

（1）与标志位无关的转移指令

与标志位无关的转移指令只有 1 条，即：

JCXZ	;转移条件CX=0

（2）与标志位有关的转移指令

与标志位有关的转移指令共有 18 条。根据测试条件中标志位和目的不同可分为两组。

① 单测试条件的转移指令。

单测试条件的转移指令，是指根据单个标志位的状态判断程序是否转移的条件转移指令，共有 10 条，如表 3-3 所示。

表 3-3　单测试条件的转移指令

指令助记符	指令功能	转移条件
JE/JZ	等于/零转移	ZF=1
JNE/JNZ	不等于/非零转移	ZF=0
JC	进位转移	CF=1
JNC	无进位转移	CF=0
JS	负转移	SF=1
JNS	正转移	SF=0
JP/JPE	偶转移	PF=1
JNP/JPO	奇转移	PF=0
JO	溢出转移	OF=1
JNO	无溢出转移	OF=0

② 复测试条件的转移指令。

复测试条件的转移指令，是指根据两个或两个以上标志位的状态判断程序是否转移的条件转移指令，共有 8 条。根据所测试操作数类型的不同，分为无符号数条件转移指令和有符号数条件转移指令两种（见表 3-4）。

表 3-4　复测试条件的转移指令

指令助记符	指令功能	转移条件	备注
JA/JNBE	高于/不低于且不等于转移	CF=0　AND　ZF=0	无符号数
JAE/JNB	高于或等于/不低于转移	CF=0　OR　ZF=1	无符号数
JB/JNAE	低于/不高于且不等于转移	CF=1　AND　ZF=0	无符号数
JBE/JNA	低于或等于/不高于转移	CF=1　OR　ZF=1	无符号数
JG/JNLE	大于/不小于且不等于转移	SF=OF　AND　ZF=0	有符号数
JGE/JNL	大于或等于/不小于转移	SF=OF　OR　ZF=1	有符号数
JL/JNGE	小于/不大于且不等于转移	SF≠OF　AND　ZF=0	有符号数
JLE/JNG	小于或等于/不大于转移	SF≠OF　OR　ZF=1	有符号数

【例 3.58】在内存的数据段中存放了 100 个 8 位有符号数，其首地址为 TABLE，试统计其中正元素、负元素和零元素的个数，并分别将个数存入 PLUS、MINUS 和 ZERO 这 3 个单元中。

题目分析：为实现上述功能，可先将 PLUS、MINUS 和 ZERO 这 3 个单元清零，之后将数据表中的有符号数逐个放入 AL 中，再利用条件转移指令测试该数是正数、负数还是零，最后分别在对应的单元中计数。程序如下：

```
START:  XOR AL, AL                        ;AL清零
        MOV PLUS, AL                      ;PLUS单元清零
```

```
        MOV  MINUS, AL              ;MINUS单元清零
        MOV  ZERO, AL               ;ZERO单元清零
        LEA  SI, TABLE              ;数据表首地址送SI
        MOV  CL, 100                ;表长度送CL
        CLD                         ;使DF=0
CHECK:  LODSB                       ;取一个数到AL
        OR   AL, AL                 ;操作数自身相"或"，仅影响标志位
        JS   X1                     ;若为负，转X1
        JZ   X2                     ;若为零，转X2
        INC  PLUS                   ;否则为正，PLUS单元加1
        JMP  NEXT
X1:     INC  MINUS                  ;MINUS单元加1
        JMP  NEXT
X2:     INC  ZERO                   ;ZERO单元加1
NEXT:   DEC  CL                     ;CL减1
        JNZ  CHECK                  ;若ZF=0，转CHECK
        HLT                         ;停止
```

2. 循环控制指令

循环控制指令实际上是一组增强型的条件转移指令，它也是根据测试状态、标志位来判断是否控制程序转移的。

8086/8088 指令系统中，提供了 LOOP、LOOPE/LOOPZ 和 LOOPNE/LOOPNZ 等 3 种形式的循环指令，指令的目标地址都在以当前 IP 内容为中心的–128～+127 字节范围内。在执行指令前，循环次数必须先送入寄存器 CX 中，一般情况下，循环控制指令在循环程序的开始或结尾，每循环一次，CX 内容减 1，若 CX≠0，则继续循环，否则退出循环。

3 种形式的循环指令均不影响标志位。

1）LOOP 指令

指令格式：

```
LOOP  LABEL
```

LABEL 相当于一个近地址标号。指令的执行过程为：先将 CX 内容减 1，再判断 CX 的值是否为 0，若 CX≠0，则转移到标号所给定的地址继续循环；否则结束循环，执行下一条指令。

因此，"LOOP LABEL"指令相当于两条指令的组合：

```
DEC  CX
JNZ  LABEL
```

由于 LOOP 指令同时完成减 1 与转移的测试操作，因此简化了循环程序的循环控制部分，即用一条指令可完成两条以上指令的功能。

【例 3.59】在内存 BUFFER 的数据区中存放着 100 个字节类型的有符号数，编程统计正元素、负元素及零元素的个数，并分别将统计结果存入 PLUS、MINUS 和 ZERO 三个存储单元中。

```
        ...
        XOR  BL, BL                 ;BL清零
        MOV  PLUS, BL               ;PLUS单元清零
        MOV  MINUS, BL              ;MINUS单元清零
        MOV  ZERO, BL               ;ZERO单元清零
        LEA  SI, BUFFER             ;SI←BUFFER偏移地址
```

```
                MOV  CX, 100               ;CX←100
WW:             MOV  AL, [SI]              ;AL←第一个数
                AND  AL, AL
                JS   K1                    ;SF=1，即为负数时转K1处
                JZ   K2                    ;ZF=1，即等于0时转K2处
                INC  PLUS
                JMP  TT
K1:             INC  MINUS
                JMP  TT
K2:             INC  ZERO
TT:             INC  SI
                LOOP WW
                ...
```

【例 3.60】有一首地址为 ARRAY 的 M 个字的数组，试编写一段程序，求出该数组的元素之和（不考虑溢出），并把结果存入 TOTAL 中，程序段如下：

```
                MOV  CX, M                 ;设置计数器初值
                MOV  AX, 0                 ;累加器初值为0
                MOV  SI, AX                ;地址指针初值为0
START:          ADD  AX, ARRAY[SI]
                ADD  SI, 2                 ;修改指针值（字操作，因此加2）
                LOOP  START                ;重复
                MOV  TOTAL, AX             ;保存结果
```

2）LOOPE/LOOPZ 指令

指令格式：

```
LOOPE/LOOPZ  LABEL
```

指令执行过程：先将 CX 内容减 1 送至 CX，若 CX≠0 且 ZF=1，则循环，否则执行下一条指令。

说明：这是一条复合条件的循环指令，既要满足 CX≠0，还要满足"相等"或"等于零"的条件，才能循环。即继续执行循环的条件是 CX≠0 且 ZF=1；若 CX=0 或 ZF=0，则不再循环。

【例 3.61】比较两组输入端口的数据是否一致。主端口的首地址为 MAIN_PORT，冗余端口的首地址为 REDUNDANT_PORT，端口数目均为 NUMBER。

```
                MOV  DX, MAIN_PORT             ;DX←主端口地址指针
                MOV  BX, REDUNDANT_PORT        ;BX←冗余端口地址指针
                MOV  CX, NUMBER                ;CX←端口数目
TOP:            IN   AX, DX                    ;AX←从主端口输入一个数据
                XCHG AX, BP                    ;主端口输入的数据暂存于BP
                INC  DX                        ;主端口地址指针加1
                XCHG BX, DX                    ;DX←冗余端口地址指针
                IN   AX, DX                    ;AX←从冗余端口输入一个数据
                INC  DX                        ;冗余端口地址指针加1
                XCHG BX, DX                    ;两端口地址指针恢复到原寄存器中
                CMP  AX, BP                    ;比较两端口的数据
                LOOPE TOP                      ;若两端口数据相等且CX-1≠0，则转TOP处
                JNZ  PORT_ERROR                ;若两端口数据不相等，则转PORT_ERROR处
                ...
PORT_ERROR: ...
                ...
```

3）LOOPNE/LOOPNZ 指令

指令格式：

```
LOOPNE/LOOPNZ   LABEL
```

指令执行过程：先将 CX 内容减 1，然后判断 CX 和 ZF 的值，若 CX≠0 且 ZF=0，则转移至目标地址处继续循环，否则退出循环。这是一条复合条件的循环指令，既要满足 CX≠0，还要满足"不相等"或"不等于零"的条件，才能循环。

【例 3.62】有一字符串，存放在 ASCIISTR 内存区域中，字符串的长度为 L。要求在字符串中查找空格（ASCII 码为 20H），找到则继续运行，否则转到 NOTFOUND 标号处执行。实现上述功能的程序段如下：

```
            MOV   CX, L                ;设置计数器初值
            MOV   SI, 0                ;设置地址指针初值
            MOV   AL, 20H              ;空格的ASCII码送至AL
NEXT:       CMP   AL, ASCIISTR[SI]     ;判断是否为空格
            INC   SI
            LOOPNZ NEXT
            JNZ   NOTFOUND
            ...
NOTFOUND:   ...
            ...
```

3．过程调用与返回指令

在某一程序中，如果有一些程序段需要在不同的地方多次反复出现，则可以将这些程序段设计成过程（相当于子程序），每次需要时进行调用。过程结束后，再返回原来调用的地方。在需要时，还可以进行多次调用。采用这种方法可以使程序的总长度大大缩短，有利于实现模块化的程序设计，使程序的编制、阅读和修改都比较方便。8086/8088 指令系统为实现对过程（子程序）的调用，提供了过程调用指令 CALL 和过程返回指令 RET。

1）过程调用指令 CALL

指令格式：

```
CALL   过程名
```

指令功能：指令执行时，首先把主程序的断点地址（过程调用指令下一条指令的地址）压入堆栈保存，然后将目标地址（过程的首地址）装入 IP（或 IP 和 CS）以控制 CPU 转移到目标过程去执行被调用的过程。执行过程调用指令对标志位无影响。

由于过程有可能与主程序在同一个段内，也有可能不在同一个段内，所以与无条件转移指令一样，过程调用指令也有 4 种形式，即段内直接调用、段内间接调用、段间直接调用和段间间接调用。

（1）段内直接调用。

指令格式：

```
CALL   NEAR PROC
```

PROC 是一个近过程的符号地址，表示调用的过程在当前代码段内，NEAR 可省略。指令在汇编后会得到CALL 指令的下一条指令与被调用过程入口地址之间的16 位相对位移量。CALL 指令执行时，首先将下一条指令的偏移地址压入堆栈，然后将 16 位的相对偏移量与当前 IP 的

内容相加，新的 IP 内容就是所调用过程的入口地址（被调用过程第一条指令的地址）。指令具体执行过程可以表示如下：

```
SP-2→SP
IP_H→(SP+1)                      ;IP值压入堆栈
IP_L→(SP)
IP+16位偏移量→IP
```

（2）段内间接调用。

指令格式：

```
CALL  OPRD
```

OPRD 为 16 位寄存器或两个存储单元的内容，该内容为一个近过程的入口地址。指令执行时，将 CALL 指令的下一条指令的偏移地址压入堆栈，若指令中的操作数是一个 16 位通用寄存器，则将寄存器的内容送至 IP；若操作数是存储单元，则将连续的两个存储单元的内容送至 IP。指令具体执行过程可以表示如下：

```
SP-2→SP
IP_H→(SP+1)
IP_L→(SP)
寄存器或存储单元的内容→IP
```

例如：

```
CALL  AX                ;AX→IP，被调用过程的入口地址由AX给出
CALL  WORD PTR [BX] ;(BX+1, BX)→IP，被调用过程的入口地址由数据段的两个存储单元给出
```

（3）段间直接调用。

指令格式：

```
CALL  FAR PROC
```

PROC 是一个远过程的符号地址，表示调用的过程不在当前代码段内，FAR 不可省略。

指令执行时，先将下一条指令的地址（包括段地址 CS 和偏移地址 IP）压入堆栈，然后用指令中给出的远过程符号地址的段地址取代 CS 的内容，偏移地址取代 IP 的内容。指令具体执行过程可以表示如下：

```
SP-2→SP; CS→(SP+1, SP)      ;被调用过程入口的段地址→CS
SP-2→SP; IP→(SP+1, SP)      ;被调用过程入口的偏移地址→IP
```

例如指令"CALL 2000H:3000H"，直接给出所调用过程的段地址和偏移地址。此时，被调用过程入口的段地址和偏移地址分别是 2000H 和 3000H，即到物理地址 23000H 执行新的指令。

（4）段间间接调用

指令格式：

```
CALL  PROC
```

这里 PROC 为 32 位的存储单元地址。指令执行时，先将下一条指令的地址（包括段地址 CS 和偏移地址 IP）压入堆栈，然后把指令中给出的 4 个存储单元的内容分别送至 IP 和 CS，低地址的两个单元的内容为偏移地址，送入 IP；高地址的两个单元的内容为段地址，送入 CS。指令具体执行过程可以表示如下：

```
SP-2→SP; CS→(SP+1, SP)
SP-2→SP; IP→(SP+1, SP)
存储单元的前两字节→IP
存储单元的后两字节→CS
```

例如：

```
CALL  DWORD PTR[SI]
```

【例3.63】设DS=6000H，SI=0560H，执行指令CALL DWORD PTR[SI]。

该指令表示所调用过程的入口地址存放在当前数据段中以 SI 的内容为首地址的 4 个单元中。指令执行过程如图3-26所示。执行指令后，CS=4000H，IP=2000H，即到物理地址为42000H处执行新的指令。

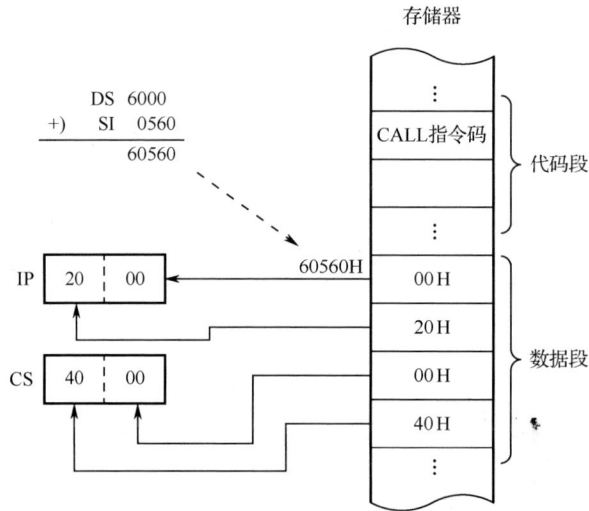

图 3-26　段间间接调用指令执行过程示意图

2）过程返回指令RET

指令格式：

```
RET
```

过程返回指令与过程调用指令的操作正好相反。从堆栈中弹出由 CALL 指令压入堆栈的断点地址，送回 IP 或 IP 和 CS 中，使 CPU 返回到主程序的断点继续执行。对于段内调用，用 RET 指令返回主程序时，只需从堆栈顶部弹出一个字的内容送至 IP 作为返回的偏移地址，使 CPU 返回到主程序的断点继续执行；对于段间调用，用 RET 指令返回主程序时，则需从堆栈顶部弹出两个字的内容作为返回地址，先弹出一个字的内容送至 IP 作为返回的偏移地址，再弹出一个字的内容送至 CS 作为返回的段地址，使 CPU 返回到主程序的断点继续执行。无论是段间返回还是段内返回，RET 指令在形式上都是一样的。

返回指令对标志位无影响。

过程调用指令CALL 与过程返回指令 RET 成对使用。RET 指令一般作为过程的最后一条指令。

4．中断指令

中断是指在程序运行期间因某种随机或异常事件，要求 CPU 暂时中止正在运行的程序，转去执行一组专门的中断服务程序来处理这些事件，处理完毕后又返回到被中止处继续执行原程序的过程。

引起中断的事件叫中断源，中断源又可以分为内部中断源和外部中断源。内部中断源引起的中断称为内部中断,外部中断源引起的中断称为外部中断。外部中断主要用来处理外设与 CPU 间的通信,内部中断则包括运算异常及中断指令引起的中断。

8086/8088 CPU 可在程序中安排一条中断指令来引起一个中断过程,这种中断称为软件中断。8086/8088 指令系统提供了 3 条与软件中断相关的指令。

1）INT 指令

指令格式:

```
INT  n
```

指令功能:执行中断类型号为 n 的中断服务程序。

n 称为中断类型号（也称中断向量码）,是一个常数,由于 8086/8088 CPU 可以处理 256 种中断类型,因此 n 的取值范围是 0～255。

指令执行时,CPU 根据中断类型号计算出中断向量的地址,然后从该地址中取出中断服务程序的入口地址（即中断服务程序第一条指令的地址）,并转到该入口地址处执行中断服务程序。

根据中断类型号计算中断向量地址的方法是将中断类型号 n 乘 4。INT 指令的具体执行过程如下:

（1）将标志寄存器的内容压入堆栈。

（2）清零 IF 和 TF。清零 IF 和 TF 的目的是保证不会中断正在执行的中断服务程序,同时不响应单步中断。

（3）把断点地址（INT 指令的下一条指令的地址）压入堆栈。

（4）将中断类型号 n 乘 4 得到中断向量地址,中断向量的第二个字内容送至 CS,第一个字内容送入 IP,程序转移到 CS:IP 处执行相应的中断服务程序。

INT 指令除了复位 IF 和 TF,对其他标志位无影响。

从 CPU 执行中断指令的过程中可以看出,INT 指令的基本操作与存储器寻址的段间间接调用指令相似,但有以下 3 点不同:

（1）INT 指令需要将标志寄存器的内容压栈保存,而 CALL 指令则不需要保存该内容。

（2）INT 指令影响 IF 和 TF 标志位,而 CALL 指令不影响。

（3）中断服务程序入口地址存放在内存的固定位置,以便通过中断向量码获取,而 CALL 指令可以任意指定被调用过程入口地址的存放位置。

2）溢出中断指令 INTO

指令格式:

```
INTO
```

INTO 指令称为溢出中断指令,指令中无操作数,用于执行溢出中断的中断服务程序,相当于指令"INT 4"。

若 OF=1,则启动一个中断类型号为 4 的中断服务程序；如果 OF=0,不做任何操作。

INTO 指令通常安排在有符号数加减运算指令之后。

3）中断返回指令 IRET

指令格式:

```
IRET
```

IREF 指令称为中断返回指令,用于从中断服务程序返回到被中断的程序继续执行。该指令通常是中断服务程序的最后一条指令,执行过程与 INT 指令相反。IRET 指令将压入堆栈的段地址和偏移地址分别弹出到 CS 和 IP，接着将 INT 指令执行时压入堆栈的标志寄存器内容弹出到标志寄存器，以恢复中断前的标志位状态。

IRET 指令影响所有的状态标志位。

3.3.6　处理器控制指令

8086/8088 处理器控制指令共有 12 条，可以完成修改标志位和使 CPU 暂停、等待等功能。

1. 标志位操作指令

标志位操作指令共 7 条，用来设置或改变标志位的状态。

1）CLC 指令

清进位标志位。该指令的操作是将 CF 清零。

2）STC 指令

置进位标志位。该指令的操作是将 CF 置 1。

3）CMC 指令

对进位标志位求反。

4）CLD 指令

清方向标志位。该指令的操作是将 DF 清零。

5）STD 指令

置方向标志位。该指令的操作是将 DF 置 1。

6）CLI 指令

清中断允许标志位。该指令的操作是将 IF 清零。

7）STI 指令

置中断允许标志位。该指令的操作是将 IF 置 1。

2. 同步控制指令

8086/8088 处理器在最大方式下工作时可与别的处理器一起构成多处理器系统。当 CPU 需要协处理器帮助它完成某个任务时，可用同步控制指令向协处理器发出请求，待它们接受这一请求后，CPU 才能继续执行程序。8086/8088 指令系统中有 5 条同步控制指令。

1）ESC 指令

指令格式：

```
ESC   外部操作码，源操作数
```

指令功能：实现 8086 对 8087 协处理器的控制。

由于 8086 和 8087 的系统总线是互连的，所以两个处理器一直共同监视着从存储器中取出的每一条指令。8087 只处理与自己有关的 ESC 指令，而不理睬 8086 的其他指令，8086 也只处理属于它自己的指令。一旦取到一条 ESC 指令，8087 的忙（BUSY）引脚就转换成高电平，并将它送到与之相连的 8086 $\overline{\text{TEST}}$ 引脚上，8087 协处理器便开始工作。

2）WAIT 指令

指令格式：

```
WAIT
```

指令功能：完成 CPU 与协处理器或外部硬件的同步。

WAIT 指令通常在 CPU 执行完 ESC 指令后，用来等待外部事件，即等待 $\overline{\text{TEST}}$ 引脚上的有效信号。如果 8086/8088 的 $\overline{\text{TEST}}$ 引脚信号无效（高电平），则 WAIT 指令使 CPU 处于等待状态，重复执行 WAIT 指令。如果 $\overline{\text{TEST}}$ 引脚信号有效（低电平），则 CPU 不再执行 WAIT 指令，继续执行后续指令。

WAIT 指令同 ESC 指令成对使用，它们之间可以插入一个程序段，也可以相连。

3）LOCK 指令

指令格式：

```
LOCK
```

指令功能：8086/8088 CPU 工作在最大方式下时，使 CPU 在执行 LOCK 后面的指令时保持总线封锁信号 $\overline{\text{LOCK}}$ 。该信号禁止其他处理器对总线进行访问。

LOCK 用作指令前缀而不是一条单独的指令，不能单独使用，可位于任何指令前。

4）NOP 指令

指令格式：

```
NOP
```

指令功能：空操作指令。CPU 执行 NOP 指令时，不执行任何操作，但占用 3 个时钟周期，并使指令指针寄存器 IP 加 1；执行完 NOP 指令后，接着执行后续指令。

NOP 指令对标志位没有影响。

5）HLT 指令

指令格式：

```
HLT
```

指令功能：使 CPU 进入暂时停机状态。

CPU 执行 HLT 指令时，实际上是用软件的方法使 CPU 暂停工作。在 RESET 信号线上加复位信号、NMI 信号端有非屏蔽中断请求产生，或者当 IF=1 且 INTR 输入端有可屏蔽中断请求产生时，CPU 会退出暂停状态。

HLT 指令对标志位没有影响。

思考与练习

3-1 什么叫寻址方式？8086/8088 CPU 有哪几种寻址方式？

3-2 判断下列指令的书写是否正确。

（1）MOV　AL, BX　　　　　　　（2）MOV　20H, AL

（3）MOV　AX, [SI][DI]　　　　　（4）MOV　[SI], [BX]

（5）MUL　30H　　　　　　　　　（6）PUSH　2000H

（7）ADD　AL, 256　　　　　　　（8）POP　CS

（9）JMP　BYTE PTR[BX]　　　　（10）MOV　DATA[SI], ES:AX

（11）OUT　300H, AX　　　　　　（12）IN　BX, DX

3-3 什么是堆栈操作？它有什么特点？假设堆栈指针 SP=2000H，AX=3000H，BX=5000H，试问：（1）执行指令 PUSH　AX 后 SP 为何值？（2）再执行指令 PUSH　BX 及 POP　AX 后 SP、AX、BX 各为何值？

3-4 设 DS=6000H，ES=2000H，SS=1500H，SI=0A0H，BX=0800H，BP=1200H，字符常数 VAR=50H。分别指出下列各条指令源操作数的寻址方式，并计算除立即数寻址外的其他寻址方式下源操作数的物理地址。

（1）MOV　AX, BX　　　　　　　（2）MOV　DL, 80H

（3）MOV　AX, VAR　　　　　　（4）MOV　AX, VAR[BX][SI]

（5）MOV　AL, 'B'　　　　　　　（6）MOV　DI, ES:[BX]

（7）MOV　DX, [BP]　　　　　　（8）MOV　BX, 20H[BX]

3-5　假设 DS=212AH，CS=0200H，IP=1200H，BX=0500H，位移量 DATA=40H，[217A0H]=2300H，[217E0H]=0400H，[217E2H]=9000H。确定下列转移指令的转移地址。

（1）JMP　BX

（2）JMP　WORD PTR [BX]

（3）JMP　DWORD PRT [BX+DATA]

3-6　已知 AX=8060H，DX=03F8H，端口 PORT1 的地址是 48H，内容为 40H；端口 PORT2 的地址是 84H，内容为 85H。指出下列指令执行后的结果。

（1）OUT　DX, AL　　　　　　（2）IN　AL, PORT1

（3）OUT　DX, AX　　　　　　（4）IN　AX, 48H

（5）OUT　PORT2, AX

3-7　已知 AL=0C4H，DATA 单元的内容为 5AH，试写出下列指令执行后的结果。

（1）AND　AL, DATA　　　　　（2）NOT　DATA

（3）OR　　AL, DATA　　　　　（4）AND　AL, 0FH

（5）XOR　AL, DATA　　　　　（6）XOR　AL, 0FFH

3-8　若 AX=0ABCDH，BX=7F8FH，CF=1，求分别执行下列指令后 AX 中的内容，并指出标志寄存器中 SF、ZF、AF、PF、CF 及 OF 的状态。

（1）ADD　AX, BX　　　　　　（2）ADC　AX, BX

（3）AND　AX, BX　　　　　　（4）XOR　AX, BX

3-9　设 ARRAY 是字数组的首地址，写出将第 5 个字元素取出并送入 AX 的指令，要求分别使用以下几种寻址方式。

（1）直接寻址　　　　　　　　（2）寄存器间接寻址

（3）寄存器相对寻址　　　　　（4）基址变址寻址

3-10　若 AL=96H，BL=12H，分别执行指令 MUL 和 IMUL 后的结果是什么？

3-11　试述下列指令的区别：

（1）MOV　AX, 2010H 和 MOV　AX, DS:[2010H]

（2）MOV　BX, 200H[BX]和 LEA　BX, 200H[BX]

（3）CMP　DX, CX 和 SUB　DX, CX

3-12　试比较无条件转移指令、条件转移指令、调用指令和中断指令的异同。

3-13　写出完成下述功能的程序段。

（1）从地址 DS:0010H 中传送一个数据 50H 到寄存器 AL。

（2）AL 的内容与字节单元 DS:0010H 中的内容相乘。

（3）乘积存入字单元 DS:0020H 中。

（4）屏蔽寄存器 CX 中的 D_{11}、D_7 和 D_3 位。

第4章 汇编语言程序设计

前面章节介绍了微处理器的内部结构、工作原理及指令系统，本章是前述知识的综合应用。汇编语言是面向机器的语言，程序设计有其特殊性。本章主要介绍汇编语言的语法规则、汇编语句的组成、伪指令的使用方法和汇编程序的基本设计方法，是后续微机系统应用的基础。

本章需要重点掌握汇编程序的段式结构、伪指令的使用方法、汇编程序的调试及汇编语言程序设计思路，难点是灵活运用系统功能调用。

4.1 汇编语言概述

计算机语言是实现人机信息交互的基本工具，可分为机器语言（Machine Language）、汇编（Assembly Language）语言和高级语言（High Level Language）。任何一段计算机程序都是用某种计算机语言来编写的。根据计算机语言更接近人类还是更接近计算机，又可将其分成两大类：高级语言和低级语言。低级语言包括机器语言和汇编语言。这3种语言的特点如下。

（1）机器语言用二进制数表示指令和数据。它的优点是执行速度快，占用内存少。缺点是不直观，不易理解和记忆。因此编写、阅读和修改机器语言程序比较烦琐。

（2）汇编语言弥补了机器语言的不足，它用助记符来书写指令、地址数据，也可用符号进行表示。与机器语言相比，编写、阅读和修改程序都比较方便，不易出错，且其程序的执行速度和机器语言差不多，但需要用汇编程序对其进行汇编。

用汇编语言编写的程序称为汇编语言源程序。由于计算机只能辨认和执行机器语言，因此，必须将汇编语言源程序"翻译"成能够在计算机上执行的机器语言，这个翻译的过程称为汇编（Assemble），完成汇编过程的系统程序叫作汇编程序（Assembler）。目前使用较多的汇编程序为宏汇编（MASM）程序。它除了能将源程序翻译成目标代码，还提供了很多增强功能：允许使用宏定义简化编程；能检查出源程序编写中的语法错误；可根据用户要求自动分配各类存储区（程序区、数据区等）；能自动将非二进制数转换为二进制数；自动进行字符到 ASCII 码的转换和计算指令中表达式的值；等等。

汇编语言同机器语言一样，都是面向具体机器的语言，不同的 CPU 具有不同的汇编语言。因此，使用汇编语言编写程序需要对它所适用的计算机系统的结构及工作原理有一定了解。

（3）高级语言不针对具体的计算机，通用性强。用高级语言编程不需要了解计算机内部的结构和原理，对于非计算机专业的人员来说比较容易掌握。高级语言程序易读、易编，相对比较简短，被大量用于科学计算和事务处理，如 C、BASIC、FORTRAN。其缺点是程序必须"翻译"成机器语言后计算机才能执行。所需的系统软件称为编译程序或解释程序。这些编译程序和解释程序比汇编程序复杂得多，需占用较多的内存空间，影响执行速度。

对程序执行速度要求较高而内存容量又有限的场合适用汇编语言，而其他场合可用高级语言编程。

4.2 汇编语言源程序的结构及组成

4.2.1 汇编语言源程序的基本结构

一个汇编语言源程序是由若干个程序段组成的，这些程序段只能是数据段、堆栈段、附加段和代码段中的一个、若干个或全部。在这些段中，代码段是必不可少的。每个段均以 SEGMENT 语句开始，以 ENDS 语句结束。整个源程序的结束用 END 语句。

每个段都有自己专门的段寄存器来存储数据。源程序的基本模式如下。

```
DATA    SEGMENT                    ;定义数据段
NUM    DB   'Hello World!$ '       ;字符串定义
DATA  ENDS
SSEG   SEGMENT  STACK              ;定义堆栈段
       DB   100 DUP ( ? )          ;开辟堆栈空间
SSEG   ENDS
ESEG   SEGMENT                     ;定义附加段
ARRAY  DB   0, 1, 2, 3, 4, 5, 6    ;变量定义
ESEG   ENDS
CODE    SEGMENT                    ;定义代码段
    ASSUME  CS:CODE, DS:DATA, SS:SSEG, ES:ESEG
START: MOV  AX, DATA               ;初始化数据段
       MOV  DS, AX
       MOV  AX, SSEG               ;初始化堆栈段
       MOV  SS, AX
       MOV  AX, ESEG               ;初始化附加段
       MOV  ES, AX
       LEA  DX, NUM
       MOV  AH, 9
       INT  21H                    ;DOS功能调用，显示字符串
       MOV  AH, 4CH                ;返回操作系统
       INT  21H
CODE   ENDS
END    START
```

说明：汇编语言源程序中的段与前面讨论的 CPU 管理的存储器的段既有联系又在概念上有所区别。由前述可知，微处理器对存储器的管理是分段进行的，因而在汇编语言源程序中也要求分段组织指令、数据和堆栈等，以便将源程序汇编成目标程序后可以分别装入存储器的相应段中。以 8086/8088 微处理器为例，它有 4 个段寄存器（DS、ES、SS 和 CS），因此 CPU 对存储器按照 4 个物理段进行管理，即数据段、附加段、堆栈段和代码段。任何时候 CPU 都只能访问这 4 个物理段，而在汇编语言中设置段的自由度比较大，例如一个源程序中可以有多个数据段或多个代码段等。一般来说，汇编语言源程序中段的数目可根据实际而定。为了与 CPU 管理的存储器物理段相区别，将汇编语言源程序中的段称为逻辑段。

【例 4.1】实现两个十进制数求和的源程序。

```
DATA   SEGMENT                     ;数据段开始
  X     DB    17                   ;定义字节变量
  Y     DB    126
```

```
    SUM     DB      ?                        ;定义字节存储空间
DATA    ENDS                                 ;数据段结束
CODE    SEGMENT                              ;代码段开始
    ASSUME  CS:CODE, DS:DATA                 ;指示段与段寄存器的关系
START: MOV  AX,  DATA                        ;给AX赋值
       MOV  DS,  AX                          ;设置DS
       MOV  AL,  X
       ADD  AL,  Y                           ;实现X+Y
       MOV  SUM,  AL                         ;结果存入SUM中
       MOV  AH,  4CH                         ;设置DOS功能调用功能号
       INT  21H                              ;执行DOS功能调用，返回DOS
CODE    ENDS                                 ;代码段结束
END     START                                ;程序结束，表明源程序从START语句处开始执行
```

从上述程序中可以明显地看出段式结构。DATA、CODE 分别为数据段和代码段的名字。每个段有明显的起始语句与结束语句，这些语句称为"段定义"语句。源程序由语句组成，语句可以分为指令语句、伪指令语句和宏指令语句。

4.2.2　汇编语言语句的类型和组成

总的来说，一个汇编语言源程序是由一行一行的语句组成的。汇编语言源程序中的语句主要有两种类型：指令性语句、指示性语句。汇编语言语句一般由以下 1～4 部分组成，方括号内为可选项。

[名字]　　操作码/伪指令　　[操作数] [;注释]

指令性语句简称指令语句，是能产生目标代码的语句，这些目标代码可供 CPU 执行并完成特定操作，主要由指令组成。

例：START:MOV AX, DATA　　　　;给AX赋值

指示性语句又称伪操作语句，是一种不产生目标代码的语句，它仅用在汇编过程中告诉汇编程序应如何汇编，主要由伪指令组成。

例：X DB 9　　　　　　　　;定义字节变量

指令和伪指令的区别如下：

（1）执行的对象不同。

① 指令是给 CPU 的命令，在程序运行时由 CPU 执行。每条指令对应 CPU 的一种特定操作，如前面所学的数据传送指令、加法运算指令等。

② 伪指令是给汇编程序的命令，在汇编过程中由汇编程序进行处理，如定义数据类型、分配存储区、定义段及过程等。

（2）执行的效果不同。

① 汇编以后，每条指令均产生一一对应的目标代码。

② 伪指令汇编后不产生相应的目标代码。

1. 名字

汇编语言语句的第一个组成部分是名字（Name）。变量名、常量名、段名、宏名和过程名等统称为名字。名字的命名规则如下：

（1）组成名字的合法字符有字母（不区分大小写）、数字和特殊符号（"？""："""@""_"

"$"），如 SUM、Sum 和 sum 表示同一名字；

（2）名字的有效长度小于 31 个西文字符；

（3）名字以字母开头；

（4）不能把保留字用作名字，如 MOV、ADD、DB 和 END 等均为保留字。

1）指令性语句的名字

指令性语句的名字写在指令语句之前，其名字之后有冒号 "："，常称为标号。标号在代码段中定义，它实质上是指令的符号地址，但并非每条指令性语句都必须有标号。如果一条指令前面有一个标号，则程序的其他地方就可以引用这个标号。

标号有 3 种属性：段、偏移量和类型。

标号的段属性定义标号程序段的段地址，当程序中引用一个标号时，该标号对应程序段应在寄存器 CS 中。

标号的偏移量是标号所在段的起始地址到定义该标号的地址之间的字节数。偏移量是一个 16 位的无符号数。

标号的类型有两种：NEAR 和 FAR。前一种可以在段内引用，地址指针为 2 字节，后一种可以在段间引用，地址指针为 4 字节。

2）指示性语句的名字

与指令性语句中的标号不同，指示性语句的名字并不都是任选的。有些指示性语句规定前面必须有名字，有些指示性语句不允许有名字，也有一些指示性语句的名字是任选的，即不同的指示性语句对于是否有名字有不同的规定。

指示性语句的名字后面通常没有冒号，这是它和标号的一个明显区别。

很多情况下，指示性语句的名字是变量名，变量代表存储器中的一个数据区。

变量也有 3 种属性：段、偏移量和类型。

变量的段属性是变量代表的数据区所在段的段地址，由于数据区一般在存储器的数据段中，所以变量的段属性常常存放在寄存器 DS 和 ES 中。

变量的偏移量是变量所在段的起始地址与变量地址之间的字节数。

变量的类型有 Byte（字节）、Word（字）、Dword（双字）、Qword（四字）、Tbyte（五字等），表示数据区中存取操作对象的大小。

2．助记符和伪操作

汇编语言语句的第二个组成部分是助记符（操作码）或伪操作（伪指令）。

指令性语句的第二个组成部分是 8086/8088 CPU 指令的助记符，共 90 余种。

指示性语句的第二个组成部分是伪指令，伪指令在程序中的作用是定义变量类型、定义段及命令汇编程序结束汇编等。这些都是由汇编程序来完成的。

3．操作数

汇编语言语句的第三个组成部分是操作数（Operand）。对于指令，可以有单操作数或双操作数，也可以没有操作数；而伪指令则可能有多个操作数，当操作数不止一个时用逗号隔开。

可以作为操作数的有常量、寄存器、标号、变量和表达式等。

1）常量

常量（Constant）是具有一定值的量，并且其值不能改变。汇编语言语句中的常量有数字常量、字符常量和符号常量。

（1）数字常量。数字常量的表现形式有十进制数、八进制数、十六进制数和二进制数等，如 53D、87Q、0F9H 和 01101010B 均为数字常量。

（2）字符常量。字符常量要用单引号括起来，如'8'、'A'和'a'等。字符常量在操作中体现出的值是其 ASCII 码。

（3）符号常量。用名字来标识的常量称为符号常量。以符号代替常量，可增加程序的可读性及通用性，如 Count = 12，之后的程序中出现 Count 时，其值都为 12。

2）寄存器

8086/8088 CPU 中的寄存器可作为操作数。其中，8 位的有 8 个，16 位的有 12 个。

3）标号

由于标号（Label）代表一条指令的符号地址，因此可作为转移指令、过程调用指令和循环控制指令等的操作数。

4）变量

变量（Variable）通过数据定义伪指令进行定义，代表存储器中某个数据区的名字，因此在指令中可作为存储器操作数。

5）表达式

汇编语言语句中的表达式（Expression）按性质可分为两种：数值表达式和地址表达式。

数值表达式产生一个数值结果，只有大小，没有属性。地址表达式不只是一个单纯的数值，而是一个表示存储器地址的变量或标号，它有 3 种属性，分别是段、偏移量和类型。

表达式中常用的运算符有以下几种。

（1）算术运算符。算术运算符可用于数值表达式，运算结果是一个数值。算术运算符有 5 种：+、−、*、/和 MOD（求余）。MOD 操作是将两个整数相除后取余数。地址表达式中只能使用+和−两种运算符。

```
例：NUMBER  DB  12H, 33H, 56H, 77H
    MOV  AX,  NUMBER+1       ;NUMBER+1为地址表达式
```

（2）逻辑运算符。逻辑运算符只用于数值表达式中对数值进行按位逻辑运算，并得到一个数值结果。逻辑运算符包括 AND（与）、OR（或）、NOT（非）和 XOR（异或）。表达式中的逻辑运算是在汇编过程中完成的，注意逻辑运算符与逻辑指令的区别。对地址进行逻辑运算无意义。

```
例：CONST  EQU  0FH
AND  AL, CONST AND 78H
;助记符中的AND在目标程序中执行，表达式中的AND在汇编过程中执行
```

（3）关系运算符。关系运算符用于数的比较，包括 EQ（等于）、NE（不等于）、LT（小于）、GT（大于）、LE（小于或等于）等。

参与关系运算的必须是两个数值，或同一个段中的两个存储单元地址，但运算结果只可能是两个特定的数值之一：当关系成立时，结果为 0FFFFH；当关系不成立时，结果为 0。

（4）分析运算符。分析运算符用于分析一个标号或存储器操作数的属性，如段地址、偏移地址或类型等。

① OFFSET。利用 OFFSET 可得到一个标号或变量的偏移地址。

② SEG。利用 SEG 可得到一个标号或变量的段地址。

③ TYPE。运算符 TYPE 的运算结果是一个数值，这个数值与存储器操作数的类型属性对应。如果是变量，则汇编程序将回送该变量以字节数表示的类型：DB 为 1，DW 为 2、DD 为 4、DQ 为 8，DT 为 10。如果是标号，则汇编程序将回送代表该标号类型的数值：NEAR 为−1，FAR 为−2。

④ LENGTH。如果一个变量已用重复操作符 DUP 说明其元素的个数，则利用 LENGTH 运算符可得到元素的个数。非 DUP 定义的数据，返回 1。

⑤ SIZE。如果一个变量已用 DUP 说明，则利用 SIZE 运算符可得到分配给该变量的字节数。显然，SIZE = TYPE * LENGTH。

（5）属性运算符。属性运算符用来建立或改变已定义变量、存储器操作数或标号的类型属性。属性运算符有 PTR、THIS 和 SHORT。

① PTR。格式：类型　PTR　变量/标号。返回值为具有规定类型属性的变量或标号。
PTR 在重新指定变量类型时使用。

```
例：DATAW  DW  1122H, 3344H, 5566H
    MOV  AX, DATAW
    MOV  AL, BYTE  PTR  DATAW        ;临时改变变量DATAW的字属性为字节属性
```

PTR 在指定存储器操作数的类型时使用。

```
例：MOV  AL, BYTE  PTR  [BX]         ;存储器操作数为字节属性
    MOV  AX, WORD  PTR  [BX]         ;存储器操作数为字属性
```

PTR 在与 EQU 一起定义一个新变量时使用。

```
例：DATAW  DW  1122H, 3344H, 5566H
    DATAB  EQU  BYTE  PTR  DATAW     ;变量DATAW和DATAB的起始地址相同
    MOV  AX, DATAW                   ;进行字存取时可用变量DATAW
    MOV  AL, DATAB                   ;进行字节存取时可用变量DATAB
```

② THIS。THIS 可以像 PTR 一样建立一个指定类型的操作数，该操作数的段地址和偏移地址与紧靠它的下一个存储单元地址相同。

```
例：DATAB  EQU  THIS  BYTE           ;变量DATAB为字节类型
    DATAW  DW  1122H, 3344H, 5566H   ;变量DATAB和DATAW的起始地址相同
```

③ SHORT。SHORT 用于 JMP 指令中，指明是短转移。

（6）其他运算符。

① 方括号[ ]。

```
例：MOV  AX, [1000H]                 ;方括号中的数据为有效地址，默认为数据段中
```

② 段重设。

```
例：MOV  AX, ES:[1000H]             ;读取的数据在附加段中
```

③ 字节分离运算符 HIGH、LOW。

使用 HIGH、LOW 将分别得到一个数值或地址表达式的高位和低位字节。

4．注释项

注释项用来说明一段程序、一条或几条指令的功能，此项为可选项，不会影响程序的执行。对编程者而言，注释项是一种"备忘录"。好的注释，使程序容易读懂，便于维护。注释前面应加";"。

4.3　伪操作指令

汇编语言源程序中共有两大类语句。一类是指令性语句，这类语句经汇编和连接之后将生

成目标代码，指挥 CPU 去执行某一操作，它的核心是 CPU 的指令；还有一类语句，它们本身并不产生目标代码，但它们可以指示汇编程序、连接程序等软件如何进行汇编和连接，通常称之为伪指令语句，它的核心是伪操作指令，简称伪指令。伪指令是一种说明（指示）性语句，仅用在汇编过程中告诉汇编程序如何汇编，例如，告诉汇编程序已写出的汇编语言源程序有几个段、段的名称是什么、是否采用过程、汇编到某处是否需要留出存储空间、应留多大、是否要用到外部变量等。所以通俗地讲，伪指令是一种汇编程序在汇编时用来控制汇编过程及向汇编程序提供汇编相关信息的指示性语句。与指令性语句不同的是，伪指令本身并不直接产生可供计算机执行的目标代码。

宏汇编程序提供了几十种伪指令，它们可以分为如下几类：

（1）处理器方式伪指令；

（2）数据定义伪指令；

（3）符号定义伪指令；

（4）段定义伪指令；

（5）过程定义伪指令；

（6）模块定义与结束伪指令；

（7）宏处理伪指令；

（8）模块连接伪指令。

4.3.1　处理器方式伪指令

处理器方式伪指令用于设置 CPU 的方式。

处理器方式伪指令的格式是在处理器名称前加一个点，如.8086，.8086 伪指令将通知汇编程序只汇编 8086/8088 CPU 的指令。此时若在源程序中出现 80286 或 80386 的指令，将提示错误。如果不写任何处理器方式伪指令，则汇编程序默认为.8086 方式。

一般情况下，各种处理器方式伪指令均置于整个汇编语言源程序的开端，用于设定源程序的指令系统。

4.3.2　数据定义伪指令

数据定义伪指令的用途是定义一个变量的类型，给存储器赋初值，或者仅给变量分配存储单元，不赋予特定的值。

数据定义伪指令有 DB、DW、DD、DQ 和 DT，分别用来定义类型属性为字节（DB）、字（DW）、双字（DD）、四字（DQ）和五字（DT）。

格式: [变量名]　伪指令　[操作数 1, 操作数 2, …]

功能: 为数据分配存储单元，建立变量与存储单元之间的联系。

说明: ① 变量名为可选项，可以有也可以没有；

② 变量名后面没有冒号；

③ 操作数可以不止一个，如有多个操作数，用逗号隔开。

注意: DW 伪指令后面的操作数每个占两字节。在内存中存放时，采用小端模式，即低位字节占用低地址，高位字节占用高地址，汇编时为每个操作数分配两个存储单元。

大端模式将较高的有效字节存放在较低的存储器地址中，较低的有效字节存放在较高的存储器地址中。采用大/小端模式对数据进行存放的主要区别在于存放的字节顺序，大端模式将高位字节存放在低地址，小端模式将高位字节存放在高地址。采用大端模式进行数据存放符合人类的正常思维，而采用小端模式进行数据存放有利于计算机处理。

有的处理器系统采用大端模式进行数据存放，80x86 微处理器都采用小端模式进行数据存放。大端与小端模式的差别体现在处理器的寄存器、指令集和系统总线等各个层次中。

数据定义伪指令操作数的说明：

（1）数据定义伪指令的操作数可以是常数、表达式或字符串。

（2）每个操作数的值都不能超过由伪指令定义的数据类型限定的范围。例如，DB 伪指令定义数据类型为字节，则如果是无符号数，其范围为 0～255，有符号数范围为 –128～+127。字符串必须放在单引号中，另外，超过两个字符的字符串只能用于 DB 伪指令。

（3）除常数表达式和字符串外，问号 "？" 也可以作为数据定义伪指令的操作数，此时仅给变量分配相应的存储单元，并不赋予变量某个确定的值。

（4）当同样的操作数重复多次时，可用重复操作符 DUP 来表示，其形式为：n　DUP(初值, [初值])。

圆括号中为重复的内容，n 为重复次数。如果用 "n　DUP(?)" 作为数据定义伪指令的唯一操作数，则汇编程序产生一个相应的数据区，但不赋予任何初值。

【例 4.2】

```
DATAB  DB  67, 12H, 'A', ?
DATAW  DW  1122H, 5678H, ?
DATAS  DB  'Hello', '1122', 8 DUP (0), 6 DUP(1,2 DUP(3))
```

4.3.3　符号定义伪指令

在编写源程序时，程序设计人员常把某些常数、表达式等用一特定符号来表示，这样为编写程序带来了许多方便。

符号定义伪指令的功能是给一个符号重新命名或定义新的类型属性等。其中，符号是指汇编语言中的变量名、标号名、过程名、寄存器名及指令助记符等。

常用的符号定义伪指令有 EQU、=（等号）和 LABEL。

（1）EQU

格式：名字　EQU　表达式

功能：用名字代替表达式的值。

说明：表达式可以是一个常数、符号、数值表达式或地址表达式。

利用 EQU 伪指令，可以用一个名字代表一个数值或用一个较短的名字代表一个较长的名字。

如果源程序中需要多次引用一个表达式，则可以利用 EQU 伪指令给其赋予一个名字，以代替表达式，从而使程序更加简洁，易于阅读。如果要修改此表达式，则只需修改一次。

注意：EQU 伪指令不允许对同一个名字重复定义。

（2）=（等号）

格式：名字　=　表达式

功能：用名字代替表达式的值。

说明：= 伪指令的功能与 EQU 伪指令基本相同，主要区别在于它可以对同一个名字重复定义。

（3）LABEL

格式：变量/标号　LABEL　类型

功能：定义变量或标号的类型，而变量或标号的段属性和偏移量属性由该语句所处的位置确定。

说明：若是变量，其类型可以定义为 BYTE、WORD、DWORD 等；若是标号，则其定义类型只能是 NEAR 或 FAR。

利用 LABEL 伪指令可以使一数据区兼有 BYTE 和 WORD 两种属性。这样在之后的程序中就可以根据不同需要分别以字节或以字为单位存取其中的数据。

LABEL 伪指令也可以将一个属性已定义的 NEAR 类型标号或后面有冒号（隐含属性为NEAR）的标号再定义为 FAR 类型。

【例 4.3】

```
DATAW   LABEL   WORD
DATAB   DB  10H, 20H, 30H        ;DATAW与DATAB指向相同的数据区
```

4.3.4 段定义伪指令

8086/8088 微处理器对存储器的管理是分段进行的，因而汇编语言源程序中也要求分段组织指令、数据和堆栈等，以便将源程序汇编成目标代码后可分别装入存储器的相应段中。

段定义伪指令的功能就是把源程序划分为逻辑段，便于汇编程序在相应段名下生成目标代码，同时也便于连接程序和组合、定位、生成可执行的目标程序。常用的段定义伪指令有SEGMENT/ENDS 和 ASSUME 等。

（1）SEGMENT/ENDS（程序段定义伪指令）

格式：段名　SEGMENT　　[定位类型][组合类型][类别]

　　　　　　……

　　　段名　ENDS

功能：定义程序中的一个段，指明当前数据或指令在哪一个程序段中。

说明：① SEGMENT 伪指令位于一个逻辑段的开始部分，而 ENDS 伪指令则表示一个逻辑段的结束。在汇编语言源程序中，这两个伪指令总成对出现，且两者前面的段名必须一致。SEGMENT 后面括号中的内容为可选项。

② 定位类型用来指定段的地址边界。定位类型可以是 BYTE（段可从任何地址开始）、WORD（段的起始地址应为偶地址）、PARA（段的起始地址应为 16 的倍数）和 PAGE（段的起始地址应为 256 的倍数）。

③ 组合类型指示汇编程序当装入存储器时各逻辑段应如何组合。组合类型可以是 PRIVATE（默认值，连接时不与其他模块中的同类别名段合并）、PUBLIC（连接时与其他模块中的同类别名段合并）、STACK（同 PUBLIC，只用于堆栈段，汇编及连接后系统自动为 SS 及 SP 分配值）、COMMON（为各模块相同类别名的段指派同一基地址）、MEMORY（同 PUBLIC 同义，将该段合并在所有同类别名段的最后）和 AT exp（段地址为表达式 exp 的值）。

④ 类别主要用于控制段的存放次序，必须用单引号括起。

3 个可选项的顺序必须符合格式中的规定，这些可选项是给汇编程序和连接程序的命令。

汇编程序（MASM 或 ASM）可将源程序汇编成二进制目标程序（.OBJ）。但是由于目标程序中的地址是浮动的，因此必须通过连接程序进行连接，将地址最终确定下来，才可得到可执行程序（.EXE）。所谓"浮动"地址，是指对源程序进行汇编时，每个逻辑段的开始地址均先设置为零，因而汇编后一个逻辑段中所有指令、数据等的偏移地址实际上只是相对本段起始处的偏移量。将来装入内存时，每个段将被安排从某一实际的存储器物理地址开始，该段内所有指令或数据等的地址也将据此浮动。因此，源程序汇编以后得到的未经连接的目标程序中，地址是浮动的。

（2）ASSUME（指定段寄存器伪指令）

代码段中的可执行指令前必须要有指定段寄存器的伪指令 ASSUME，它主要用来指定程序中各逻辑段应通过哪个段寄存器寻址。在一个源程序中，至少应有一个 ASSUME 伪指令指出段寄存器 CS 所对应的程序代码段。

格式：ASSUME　段寄存器名:段名[, 段寄存器名:段名…]

功能：指示源程序中所定义的段由哪个段寄存器寻址。段寄存器可以是 CS、DS、ES、SS，段名是程序中由 SEGMENT 伪指令定义的段的名字。

说明：① ASSUME 伪指令明确指出了程序中逻辑段与物理段之间的关系。当汇编一个逻辑段时，即可利用相应的段寄存器寻址该逻辑段中的指令或数据。

② ASSUME 伪指令只是为汇编程序指示段与段寄存器之间的关系，并没有给段寄存器赋初值的功能，必须在程序中用指令给段寄存器赋初值。DS、ES 的值必须在程序段中用指令语句进行赋值，而 CS、SS 由系统负责设置。

4.3.5　过程定义伪指令

在程序设计中，常把具有一定功能的程序段设计成一个子程序。汇编程序用过程来构造子程序。过程定义是由 PROC 和 ENDP 这两个伪指令来完成的。其中 PROC 伪指令用来表示过程的开始，而 ENDP 伪指令用来表示过程的结束。

格式：过程名　PROC　[类型]
　　　　　　……
　　　　　　RET
　　　过程名　ENDP

功能：用来定义一个过程。

说明：① 一段程序被定义为过程后，程序中其他地方就可以用 CALL 指令来调用这个过程。

② 过程名实际上是过程入口的符号地址，它和标号一样，有 3 种属性——段、偏移量和类型。过程名由用户定义。

③ 过程名的类型取值为 NEAR 或 FAR，表示该过程是段内调用或段间调用，默认为 NEAR。当用 CALL 指令对该过程进行调用时，由类型属性决定是段内调用还是段间调用。

④ RET 为过程返回主程序的出口语句，该语句不可默认。

⑤ 伪指令 PROC 和 ENDP 必须成对出现，它们组成一个完整的过程定义。

⑥ 若过程的属性为 NEAR，则只能被它所在代码段中的 CALL 指令调用。

4.3.6　模块定义与结束伪指令

（1）NAME

格式：NAME　模块名

功能：为源程序的目标程序指定一个模块名。

说明：如果程序中没有 NAME 伪指令，则汇编程序将 TITLE 伪指令所定义标题名的前 6 个字符作为模块名；如果程序中既没有 NAME 伪指令，也没有 TITLE 伪指令，则汇编程序将源程序的文件名作为目标程序的模块名。

（2）END

格式：END　[起始地址]

功能：END 伪指令表示源程序的结束。

说明：该指令中的起始地址为可选项，表示第一条要执行指令的地址，可以是标号。如果多个程序模块相连接，则只有主程序要使用标号，其他子模块只用 END 而不必指定标号。

4.3.7　宏处理伪指令

1. 宏处理伪指令的特点

如果程序中需要多次使用同一个程序段，则可以将这个程序段定义为一个宏指令，然后每次需要时，即可简单地用宏指令名来代替（称为宏调用），从而避免了重复书写，使源程序更加简洁、易读。

显然，利用子程序（过程）也能将某些需要多次调用的指令编写成一个程序段。然后在需要的地方调用这个过程，从而使程序易于实现模块化，增强源程序的可读性。

从某种意义上讲，"宏指令"与"过程"有相似之处，也可以将构成一个宏指令的程序段定义为一个过程，但两者间有明显的区别：

① 宏调用语句由宏汇编程序中的宏处理程序来识别，并完成相应的处理；而过程的调用使用 CALL 指令，由 CPU 来执行。

② 汇编过程中要将宏指令所代替的程序段汇编成相应的机器代码，并插入源程序的目标代码中，每次调用均要插入，因此使用宏调用并不能缩短目标代码的长度。但被定义的过程经汇编后的代码是与主程序分开而独立存在的，其目标代码在存储器中只保留一段，因此采用过程调用能有效缩短目标代码的长度，节省内存空间，而宏指令没有这个优点。

③ 过程调用时需要保留程序的断点和现场，待执行完毕还要恢复断点和现场，这些操作需要耗费 CPU 的时间，而宏调用则不需要这些操作。因此，过程调用可以节省程序占用的存储空间，但降低了程序的执行速度；而宏调用不能节省存储空间，却有较快的执行速度。

④ 在每次宏调用时，允许修改有关参数，使同一条宏指令在各次调用中可完成不同的操作；而过程一旦被定义，一般不允许修改。因此，任何一个过程在各次调用中都完成相同的功能。

从上述特点可以看出，在需要多次执行的程序段比较长，对速度要求不高，并且不要求修改参数的情况下，宜采用过程调用方式；若需要多次执行的程序段比较短，或希望在各次调用中能修改某些参数时，宜采用宏调用方式。

2. MACRO/ENDM

格式：宏名　MACRO　[形式参数 1, 形式参数 2, …]

　　　　　　⋮ } 宏体（指令序列）

　　　ENDM

功能：定义宏指令和宏名。宏定义伪指令定义的宏名可以像指令一样在程序中被调用。

说明：① MACRO 伪指令是宏定义符，它将一个宏名定义为宏定义伪指令中包含的程序段，ENDM 表示宏定义结束，前面不要加宏名；

② 进行一次宏定义，可以多次利用宏名进行宏调用，但必须先定义后调用；

③ 宏定义伪指令允许带参数，此时可定义的宏指令具有较强的通用性，宏定义伪指令中的参数称为形式参数（Dummy Parameter）或哑元，当形式参数不止一个时，它们之间用","隔开；

④ 宏调用时，应在宏名后面写上相应的实际参数（Actual Parameter），称为实元。

4.3.8　模块连接伪指令

当一个程序较大时，可把整个程序划分为几个相对独立又相互联系的源程序模块，分别单独汇编后用连接程序将这些目标模块连接在一起，形成一个统一的可执行代码文件。这种程序称为多模块程序。每个独立汇编的源程序称为一个模块。由于每个模块都和其他模块相关联，允许相互访问，可能 A 模块的变量或标号会被 B 模块使用，这样就必须在编程时加以说明，否则在汇编时就会产生错误。当某个模块被单独汇编时，必须用伪指令告知汇编程序该模块使用了哪些外部符号名及其类型属性；同时也要告知汇编程序，本模块中定义的标号和变量中，哪些可以作为一个符号名被其他模块使用，这就需要用 PUBLIC 和 EXTRN 伪指令加以说明。

（1）EXTRN

格式：EXTRN　符号名 1:类型 [符号名 2:类型, …]

功能：指明本模块中引用了哪些外部的符号名及其类型。

说明：必须符号名对应的类型。类型可以是 BYTE、WORD、DWORD、NEAR 和 FAR 等，必须与其他模块定义该符号名时的类型保持一致。

（2）PUBLIC

格式：PUBLIC　符号名 1 [符号名 2, …]

功能：指明本模块中定义的变量、标号和符号常量中，哪些可以被其他模块调用。

说明：符号名是本模块中定义的变量、标号和符号常量。

4.4　汇编程序的功能及汇编过程

4.4.1　汇编程序的功能

汇编程序的主要功能是将用汇编语言（助记符）编写的程序翻译成用机器语言（二进制代码）编写的目标程序。汇编程序的功能如图 4-1 所示。

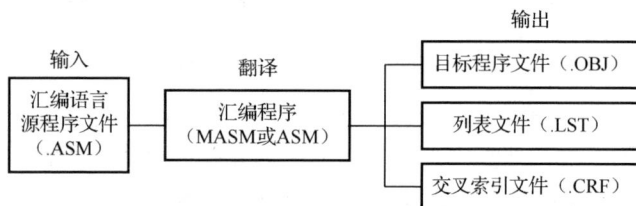

图 4-1　汇编程序的功能

从图中可以看出，汇编语言源程序是汇编程序（MASM 或 ASM）这个"翻译器"的输入，而这个"翻译"的输出是 3 个文件。其中，目标程序文件就是机器码文件，其中的地址数据还是浮动的（相对的），因此它不能直接运行；列表文件包含程序的逻辑地址、代码程序与源程序对照清单；交叉索引文件包含符号定义行号和调用行号。

4.4.2　程序的编辑、汇编及连接过程

汇编语言源程序的实现一般要经过编辑、汇编（MASM 或 ASM）、连接（Link）和调试（Debug）等步骤。汇编语言程序实现的流程如图 4-2 所示。

从具体问题到编程解决问题，一般需要经过如下几个步骤：

（1）分析问题，抽象出描述问题的数学模型；

（2）确定解决问题的算法或算法思想；

（3）绘制流程图或结构图；

（4）分配存储空间及相应的寄存器；

（5）编写程序，排除语法错误；

（6）上机调试。

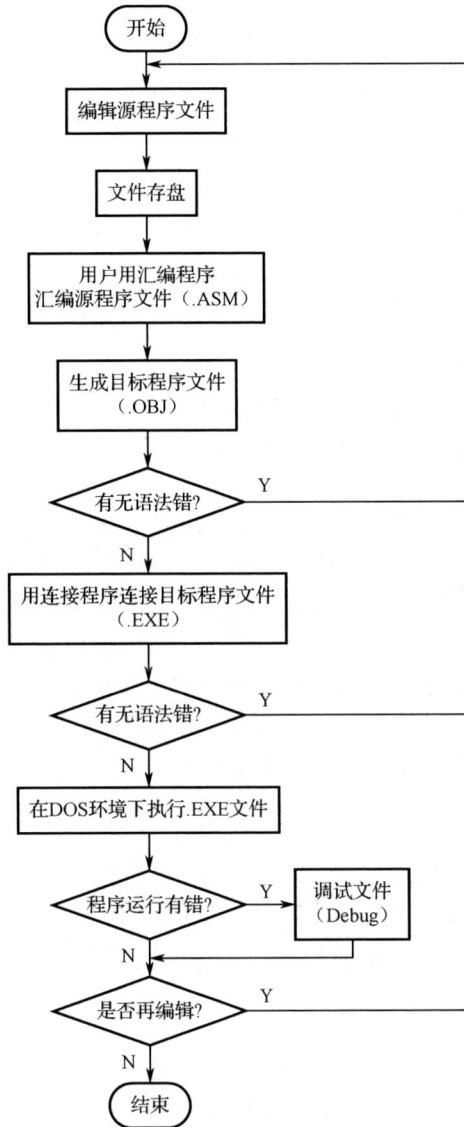

图 4-2　汇编语言源程序实现的流程

　　绘制流程图十分必要，它使解题思路清晰，有助于理解和编写程序，还有利于修改程序和减少错误等。流程图是程序算法的图形描述，它用图形的方式把解决问题的先后次序和程序的逻辑结构直观、形象地描述出来。流程图以时间为线索，把程序中具有一定功能的各部分有机地联系起来，形成一个完整的体系。

　　流程图中的矩形框为工作框，用来说明一个程序的功能；菱形框为逻辑框图，用来进行判断，以决定程序的转向，所以它总是引出两个箭头，表示在不同条件下的不同去向；椭圆框用来表示程序的开始或结束。

1．建立源文件

　　建立源文件用编辑工具软件来完成，常用的编辑工具有 Edit.com、Quickbasic、C 语言、记事本、WORD 等。无论采用何种编辑工具，生成的文件必须是纯文本文件，所有字符为半角格式，且文件扩展名为 ASM。

2．汇编

用汇编程序对源程序文件（.ASM）进行汇编产生目标程序文件（.OBJ）等。汇编程序的主要功能是检查源程序的语法，并给出错误信息；产生目标程序文件；展开宏指令。

3．程序连接

汇编产生的目标程序文件（.OBJ）并不是可执行文件，还要用连接程序把它转换为可执行文件（.EXE）。

4．执行程序

建立了可执行文件（.EXE）后，只需在命令提示符中输入文件名即可运行程序。若程序能够运行但不能得到预期结果，则需要静态或动态查错。静态查错是通过阅读分析源程序来发现错误，动态查错则需要使用调试工具来完成。

5．程序调试

有时静态查错不容易发现问题，尤其是碰到复杂程序时更是如此，这时就需要使用调试工具动态查错，即通过运行程序发现错误。当程序结果不能在屏幕上显示时，也需要使用调试工具查看结果。

Debug 调试工具是专为宏汇编语言设计的一种调试手段，是必须掌握的一种调试工具。Debug 调试工具提供了 18 条子命令，利用它们可以对程序进行汇编和反汇编，可以观察和修改内存及存储器的内容，可以执行跟踪程序并观察每一步的执行结果。

【例 4.4】程序调试过程如下：

（1）单击"开始"菜单（针对 Windows 操作系统），单击"Windows 系统"→"运行"。

（2）在运行对话框中输入 cmd，按回车键进入命令提示符。

（3）在命令提示符中编译汇编源程序并连接.OBJ 文件。

C:\>D:↓ （↓表示回车）

D:\ >CD   MASM↓

D:\MASM>MASM   SY1.ASM↓

D:\MASM>LINK   SY1.OBJ↓

（4）在命令提示符中运行并调试程序。

D:\MASM>SY1.EXE↓

D:\MASM>DEBUG   SY1.EXE↓

早期的开发都是依靠单一功能的各个独立工具软件来一步一步完成的，初学者掌握此过程十分必要。熟练掌握汇编语言程序开发的基本步骤后可以采用集成开发环境来提高程序的开发效率。集成开发环境是将编辑、汇编、连接和调试工具集成在一个功能强大的软件包中，给程序设计人员提供了一个较理想的开发平台。进入该环境后开发者就能方便自如地在编辑、汇编、连接和调试之间实现切换，从而大大提高了应用程序的开发效率。如果使用的 64 位 Windows 系统不支持 16 位 MS-DOS 应用程序的运行，可以使用虚拟机虚拟出一个 MS-DOS 操作系统来调试 16 位汇编语言源程序，或安装 DOS 模拟器（如 DosBox）进行 Debug 调试。

适应目前 Windows 环境的汇编语言集成开发环境有多种产品，由于其应用目标是一致的，所以在使用方法上大同小异。常用的集成开发环境有 EMU 8086、FASM（未来汇编）、MASMPlus、RadASM、"Masm for Windows 集成实验环境"等。集成开发环境安装后一般都提供详细的使用说明，较易掌握。

4.4.3　常用的汇编调试方法

掌握几种常用的汇编调试平台的搭建方法对于深入学习"微机原理与接口技术"课程大有裨益，也能为课程设计的开展打好基础。常用的几种汇编语言集成开发环境各有优缺点，设计较为复杂的程序时配合使用效果较好。

1. 安装 DOS 模拟器进行 Debug 调试

首先在 D 盘下建立 masm 文件夹，把下载好的 masm5.0 汇编工具包中的文件 debug.exe、LINK.EXE、MASM.EXE 及准备调试的汇编语言源程序放在该目录下，然后下载并安装 DOSBox 0.74 应用程序。DOSBox 是基于 x86 架构的 DOS 模拟器程序，0.74 版使用较多。安装完成 DOSBox 后，双击桌面的 "DOSBox 0.74" 图标会打开两个窗口，在 "z:\>" 所在窗口（同时按下 "Alt" 和 "Enter" 键可全屏）中输入：z:\>mount c d:\↓。

Z 盘是 DOSBox 虚拟盘，使用 "mount" 命令将电脑的 "D 盘" 映射到虚拟 DOS 环境下的 "C 盘"，并进入 C 盘：z:\>c:↓。

在输入框 "c:\>" 状态下输入：c:\>cd masm↓。

进入 masm 文件夹后，即可按照例 4.4 进行汇编语言源程序的汇编、连接、调试等操作，如图 4-3 所示。

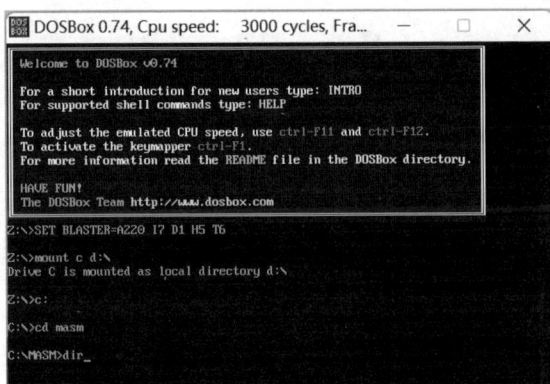

图 4-3　DOSBox 汇编调试界面

2. 安装 emu8086 调试环境

下载 emu8086 V4.08 版本后，双击安装文件即可安装。emu8086 是初学汇编语言的有效工具，它结合了先进的原始编辑器、组译器、反组译器、具有除错功能的软件模拟工具（虚拟计算机），还有一个循序渐进的指导工具。该软件包含了学习汇编语言的全部内容。emu8086 汇编调试界面如图 4-4 所示。

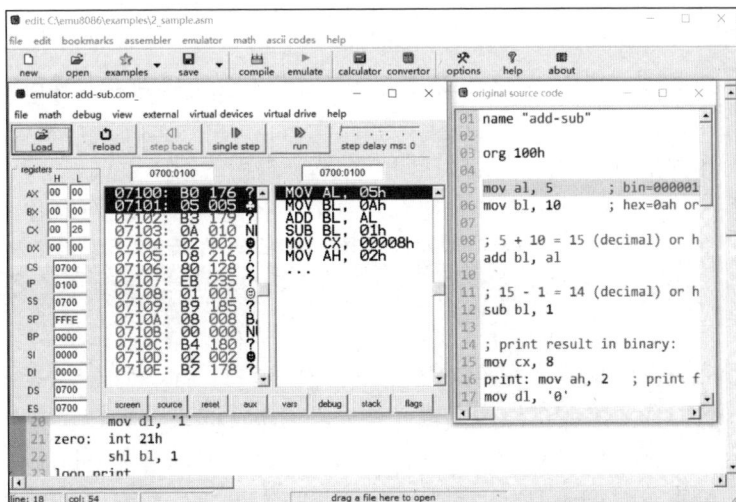

图 4-4　emu8086 汇编调试界面

但要注意在 emu8086 调试环境下与 DOS 环境下，汇编语言源程序不完全兼容的问题。例如在 emu8086 调试环境下定义变量"sum   db   ？"时会报错，把"？"改成"0"即可。

由于 emu8086 是在一台"虚拟"的计算机上运行程序的，它拥有自己独立的"硬件"，编写操作接口电路的程序时，往往达不到理想的效果。如操作"8253 定时/计数器"无法控制计算机的扬声器发出声音等问题。

3．安装 Masm for Windows 集成实验环境

Masm for Windows 集成实验环境是根据"程序设计不是学会的，而是练会的"理念，针对汇编语言初学者的特点开发的汇编语言学习与实验软件，继承了原 MASM 软件简单易用的特点，为方便用户练习网络上、书本上的汇编语言程序设计而全新设计开发。该环境支持 32 位与 64 位的操作系统 Windows7/8/10，支持 DOS 环境下的 16/32 位汇编程序和 Windows 下的 32 位汇编程序。Masm for Windows 集成实验环境界面如图 4-5 所示。

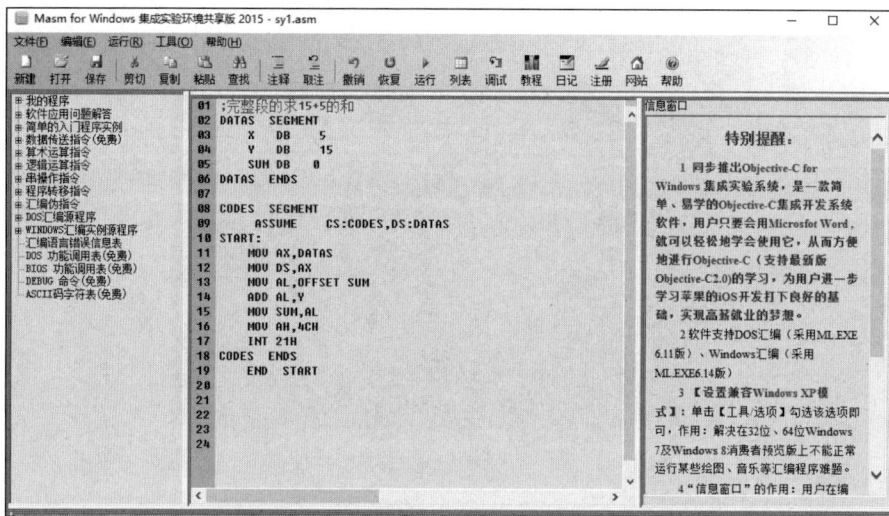

图 4-5　Masm for Windows 集成实验环境界面

4.5　汇编语言程序设计方法及应用

4.5.1　概述

程序（Program）是为实现特定目标或解决特定问题而用计算机语言编写的命令序列集合。为了使程序结构良好、易于阅读和便于维护，应当在设计中严格遵守结构化程序设计的要求。

结构化程序设计的主要观点：采用自顶向下、逐步求精的程序设计方法；使用 3 种基本控制结构构造程序，任何程序都可由顺序、分支、循环 3 种基本控制结构构造。结构化程序设计理论认为，随着计算机运算速度的提高和内存价格的下降，软件的设计和维护成本在系统中所占的比重越来越大。因此，过分追求节省时间和空间而采用若干小技巧，以致破坏程序易读性和易维护性的方法是不可取的。保持良好的程序结构应当作为程序设计的首要考虑。

程序设计时，应先考虑总体，后考虑细节；先考虑全局目标，后考虑局部目标。对复杂问题，应设计一些子目标作为过渡，逐步细化，并采用模块化的设计思想。模块化是把程序要解决的总目标分解为子目标，再进一步分解为具体的小目标，把每一个小目标作为一个模块。汇编语言程序设计中可将子程序视为一个模块。汇编语言本身并不是结构化的程序设计语言，但在进行程序设计时应坚持运用结构化程序设计的方法。

4.5.2 顺序结构程序设计

顺序结构程序又称简单程序。这种结构的程序中无程序跳转指令、循环指令，所有指令按其书写顺序逐条顺序执行，程序的执行路径从上到下只有一条。因此顺序结构程序的设计只要依照步骤写出相应的指令即可。

【例 4.5】将存储单元 A 中的 2 位压缩 BCD 码转换成相应的 ASCII 码，存入存储单元 B 和 C 中。

说明：得到低位 BCD 码的方法是屏蔽操作数高 4 位，保留低 4 位；得到高位 BCD 码的方法是操作数右移 4 位后再屏蔽高 4 位，保留低 4 位。

```
DSEG    SEGMENT
  A    DB  56H                      ;2位压缩BCD码
  B    DB  ?
  C    DB  ?
DSEG  ENDS
CSEG  SEGMENT
  ASSUME  CS:CSEG, DS:DSEG
START: MOV  AX,  DSEG               ;给AX赋值
       MOV  DS,  AX                 ;设置DS
       MOV  AL,  A
       AND  AL,  0FH                ;屏蔽高4位，取低位BCD码
       OR   AL,  30H                ;将低位BCD码转换成ASCII码
       MOV  B,   AL                 ;存入存储单元B中
       MOV  AL,  A
       MOV  CL,  4
       SHR  AL,  CL                 ;高位BCD码移入AL的低4位
       AND  AL,  0FH
       OR   AL,  30H
       MOV  C ,  AL
       MOV  AH,  4CH
       INT  21H                     ;执行DOS功能调用，返回DOS
CSEG  ENDS
END   START
```

4.5.3 分支结构程序设计

分支结构程序是指运行过程中要求计算机进行一些判断，并根据判断选择不同的处理的程序。在 8086/8088 指令系统中，判断的依据主要是运算结果及标志寄存器中的标志位状态。

分支结构程序分为双分支和多分支两种结构。

双分支结构程序一般由以下 3 部分组成。

（1）条件产生语句。在进行判断以前必须要有条件产生语句，如算术运算指令、比较指令等，通过它们影响标志寄存器的标志位 SF、CF、OF、ZF 等，为条件测试做准备。

（2）条件测试语句。利用条件转移指令进行测试。满足条件，跳转到标号处；不满足条件，顺序执行条件测试语句之后的指令。执行分支程序段后，必须保证程序顺序执行下去。

（3）标号。在分支程序段前设置标号以便于跳转。

【例 4.6】比较两个无符号数的大小，把较大的数存入 MAX 单元中。

说明：绘制流程图，并根据流程图编写程序。流程图如图 4-6 所示。

```
DATA   SEGMENT
  NUM  DB  56H, 78H
  MAX  DB  ?
DATA   ENDS
CODE   SEGMENT
    ASSUME  CS:CODE, DS:DATA
START:  MOV  AX, DATA
        MOV  DS, AX
        MOV  AL, NUM          ;取第一个数
        CMP  AL, NUM+1        ;两数相减比较大小
        JNC  BIG             ;第一个数大，跳转BIG处
        MOV  AL, NUM+1
BIG:    MOV  MAX,AL          ;保存较大数
        MOV  AH, 4CH
        INT  21H
CODE   ENDS
        END  START
```

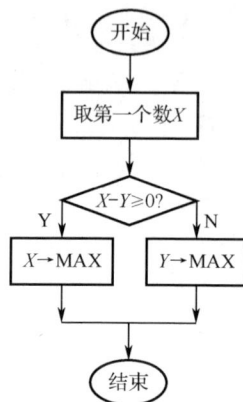

图 4-6 找出较大数并
存入指定单元流程图

多分支结构程序中条件有多个。这些条件之间存在两种情况：一是所有条件中只可能有一个条件成立，称为"相异性条件"；二是所有条件中可能有两个及以上成立，甚至所有条件都成立，称为"相容性条件"。

对于相异性条件，要保证各个条件所对应的分支程序段互斥执行，即对特定的输入只能选择分支程序段中的一个运行。对于相容性条件，注意条件判定的次序，一旦找到成立的条件，就执行相应的程序段，其后的条件是否成立就不进行判断了。设计多分支结构程序的关键是如何按条件对多分支进行判断，从而根据不同的条件转移到不同的入口执行相应程序。常用方法有 3 种：转移表法、地址表法和逻辑分解法。

4.5.4 循环结构程序设计

循环指程序段在一定条件下重复执行。循环结构程序一般由以下 3 部分组成。

（1）设置循环初值。为程序操作、地址指针、循环计数、结束条件等设置初始值。

（2）循环主体。完成程序的基本操作，使用循环结构的目的就是重复执行这段程序。

（3）循环控制。循环控制包括修改循环计数值和检测循环结束条件等，保证循环条件满足时进入循环，循环条件不满足时退出循环，执行循环结构外的后续语句。

【例 4.7】编程实现在 10 个无符号字节整数的数组中找出最大数。

说明：首先建立一个数据指针指向数据区的首地址，将第一个数取到某个寄存器中（如 AL），与下一个数比较，若下一个数大，就将它存入 AL 中，替换原来的数；然后调整数据指针，将 AL 中的数与此指针指向的数进行比较，重复上述步骤，两两比较下去，直到比较完毕，AL 中留下最大数为止。流程图如图 4-7 所示。

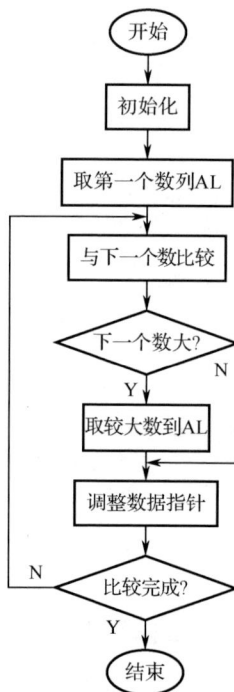

图 4-7 找出数组中的
最大数流程图

```
DATA  SEGMENT
  ARRAY  DB  25, 56, 78, 8, 76
         DB  90, 96, 33, 21, 06
  COUNT  DW  $ - ARRAY                      ;$为当前地址计数器
DATA  ENDS
CODE  SEGMENT
  ASSUME  CS, CODE, DS:DATA
START:  MOV  AX, DATA
        MOV  DS, AX
        MOV  BX, OFFSET  ARRAY            ;设置数据指针首地址
        MOV  CX, COUNT                    ;设置计数器初始值
        DEC  CX                           ;设置比较次数
        MOV  AL, [BX]                     ;取数到AL中
AGAIN:  INC  BX                           ;指向数据区下一个数据
        CMP  AL, [BX]                     ;两数相比较
        JNB  NEXT                         ;AL≥[BX]，转NEXT处
        MOV  AL, [BX]                     ;否则，把较大数送入AL中
NEXT:   DEC  CX                           ;全部数据比较完毕否
        JNZ  AGAIN                        ;否，转AGAIN处
        MOV  AH, 4CH
        INT  21H
CODE  ENDS
        END  START
```

【例 4.8】设在内存数据区从地址 TABLE 开始存放一列表，表长保存在 LEN 单元，表中数据为有符号字节数据，用冒泡排序法编程将表中数据从小到大排序。

说明：排序的目的是为检索提供方便，一组数据按照从小到大的顺序排列称为升序，反之称为降序。排序的方法很多，如交换排序、选择排序、快速排序等。下面介绍交换排序中冒泡排序法的基本思想。

（1）共有 N 个数，对第 1 个数进行相邻两数比较，若两数为正序，保持原位序；若两数为逆序，交换位置。共进行 $N–1$ 次，使最小数（升序）冒到顶部或最大数沉到底部，成为有序序列。

（2）对下一个数进行与第一步类似的第二轮两两比较，比较次数为 $N–2$。

（3）依次类推，每完成一轮，有序序列中数的个数增 1，无序序列中数的个数减 1，共做 $N–1$ 轮，所有数均归于有序序列中，排序结束。

源程序中引入的交换标志 DX，初值为 0，在每一轮比较过程中，只要发生过数据交换，则 DX 置为 1。每一轮比较后检查该交换标志，若 DX 等于初值，说明未发生过交换，即有序表已形成，无须继续循环，排序结束；否则，还要进一步排序比较。流程图如图 4-8 所示。

```
DSEG  SEGMENT
  ARRAY  DB  23, 54, 62, -12, 83, -53, 0, 36
  LEN    EQU  $- ARRAY
DSEG  ENDS
CSEG  SEGMENT
  ASSUME  CS:CSEG, DS:DSEG
START:  MOV  AX, DSEG
        MOV  DS, AX
        MOV  BX, LEN-1                    ;比较轮数送入BX
LP:     MOV  SI, LEN-1                    ;比较起始位置送入SI
```

```
            MOV  CX,  BX                    ;比较次数计数送入CX
            MOV  DX,  0                     ;交换标志清零
  LP1:      MOV  AL,  ARRAY [SI]            ;相邻两数比较
            CMP  AL,  ARRAY [SI-1]
            JGE  NEXT                       ;大于或等于时跳转NEXT处
            MOV  AH,  ARRAY [SI-1]          ;否则，相邻两数交换
            MOV  ARRAY [SI-1],  AL
            MOV  ARRAY [SI],  AH
            MOV  DX,  1                     ;交换标志置1
  NEXT:     DEC  SI                         ;调整地址指针，指向数组中低地址元素
            LOOP LP1                        ;判断内循环是否结束
            CMP  DX,  0                     ;判断是否需要下一轮
            JZ   OVER                       ;数组已排序好，转到程序结束处
            DEC  BX                         ;判断外循环是否结束
            JNZ  LP                         ;未完继续
  OVER:     MOV  AH,  4CH
            INT  21H                        ;返回DOS
  CSEG      ENDS
            END  START
```

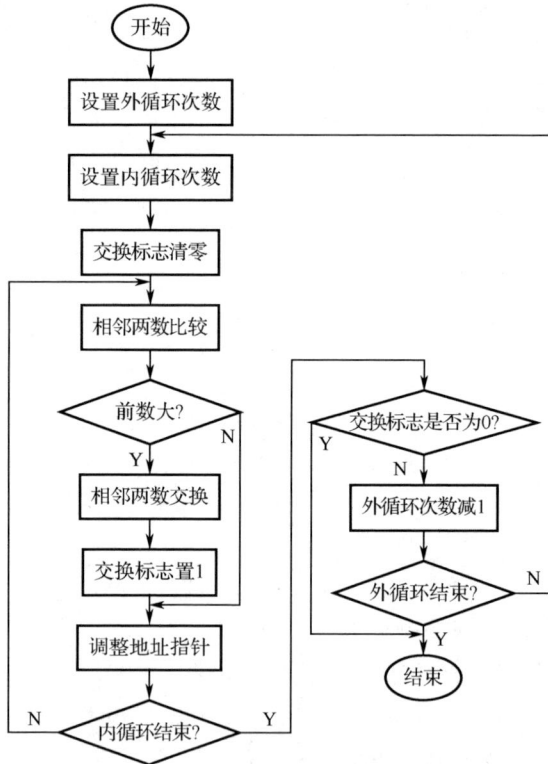

图 4-8　列表元素按升序排序流程图

4.5.5　子程序设计

如果在一个程序中的多个地方或在多个程序中都要用到同一段程序，可以把该程序段独立出来，以供其他程序调用，这段程序称为"子程序"或"过程"。子程序是供其他程序调用的相对固定的程序段，调用子程序的程序体称为"主程序"或"调用程序"。

采用子程序结构具有以下优点。

（1）简化程序设计过程，大量节省程序设计时间。

（2）缩短程序长度，节省计算机汇编源程序的时间和程序所占的存储空间。

（3）增加程序的可读性，便于修改程序。

在程序设计中，一个程序可以调用某个子程序，该子程序可以调用其他子程序，这就形成了子程序嵌套。子程序嵌套的层次不受限制，其嵌套层数称为"嵌套深度"。

子程序中使用堆栈来保护断点，堆栈操作的特性（先进后出）能自动保证各个层次子程序断点的正确入栈和返回，因此在子程序中使用 PUSH、POP 指令时要格外小心，以免造成子程序无法正确返回。

【例4.9】利用堆栈，采用递归子程序的方法，编程实现求 $N!$。

说明：由于用 AX 作为出口参数存放阶乘值，所以 $N \leqslant 9$，即 $(N-1)! \leqslant 0FFFFH$。子程序中 BX 有两个作用：保存并恢复原始数据；保存并恢复求连乘积时所需的乘数 N、$N-1$、…、3、2。堆栈区也不应设置过小，否则会限制递归调用的次数。用递归子程序求阶乘示意图如图 4-9 所示。当程序执行到 EXIT 时，堆栈空间示意图如图 4-10 所示。

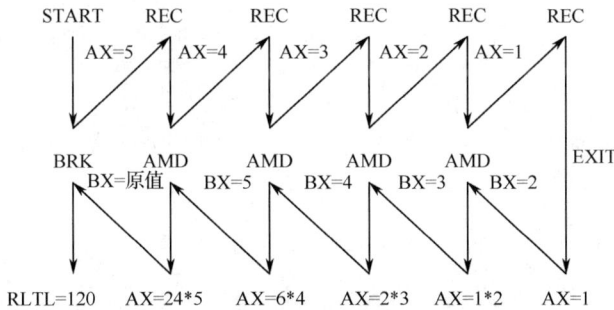

图 4-9　用递归子程序求阶乘示意图

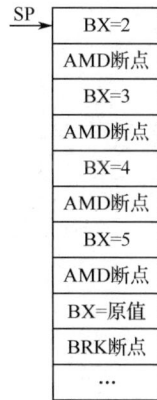

图 4-10　堆栈空间示意图

```
DSEG    SEGMENT
    N       DW  5               ;此变量要送入AX中，应定义为字类型
    RLTL    DW  ?               ;存放运算结果低16位
    RLTH    DW  ?               ;存放运算结果高16位
DSEG    ENDS
SSEG    SEGMENT STACK 'STACK'    ;声明组合类型后系统自动为SS及SP分配值
        DW  100 DUP (?)
SSEG    ENDS
CSEG    SEGMENT
        ASSUME  CS:CSEG, DS:DSEG, SS:SSEG
START:  MOV     AX, DSEG
        MOV     DS, AX
        MOV     AX, N
        CALL    REC             ;调用求阶乘递归子程序
BRK:    MOV     RLTL, AX         ;运算结果低16位送入RLTL中
        MOV     RLTH, DX         ;运算结果高16位送入RLTH中
        MOV     AH, 4CH
        INT     21H
REC     PROC    NEAR
        PUSH    BX              ;递归调用时BX（5、4、3、2）依次压入堆栈
        MOV     BX, AX
```

```
            CMP   AX, 1
            JZ    EXIT
            DEC   AX
            CALL  REC                   ;递归调用
AMD:        MUL   BX                    ;AX*BX→DX AX
EXIT:       POP   BX
            RET
REC   ENDP
CSEG  ENDS
            END   START
```

【例 4.10】实现两个无符号数相加，并将结果显示在屏幕上。

说明：源程序包括模块 a 和模块 b，分别汇编模块 a 和模块 b，并把生成的两个.OBJ 文件连接成一个可执行文件。各模块内的 PUBLIC 语句与 EXTRN 语句应相互照应。在 EXTRN 语句中出现的符号应在其他模块的 PUBLIC 语句中能找到，并且类型一致，否则在连接时会出错。多目标文件（.OBJ）连接格式为：D:\MASM>LINK   A.OBJ+B.OBJ。

```
;模块a: 源文件名A.ASM
PUBLIC  SUM                             ;模块b中引用的变量
EXTRN   PROC2:NEAR                      ;本模块引用的模块b中定义的子程序
DATA   SEGMENT   PUBLIC 'DATA'
    ARRAY DW    166H, 288H              ;定义两个无符号数
    SUM   DW    ?                       ;定义字类型变量，用于保存运算后的结果
DATA ENDS
SSEG   SEGMENT  STACK
        DW  100 DUP ( ? )               ;声明200字节的堆栈空间
    TOS LABEL  WORD
SSEG ENDS
CODE   SEGMENT PUBLIC 'CODE'
        ASSUME   CS:CODE, DS:DATA, SS:SSEG
START:  MOV   AX, DATA
        MOV   DS, AX
        MOV   AX, SSEG
        MOV   SS, AX
        MOV   SP, OFFSET  TOS           ;SP指向栈顶
        MOV   SI, OFFSET  ARRAY         ;无符号数首地址送入SI
        CALL  PROC1                     ;调用本模块的求和子程序
        MOV   AH, 4CH                   ;返回DOS
        INT   21H
PROC1   PROC  NEAR                      ;实现两个无符号数相加
        PUSH  DX
        PUSH  BX
        PUSH  AX
        PUSH  SI
        PUSH  CX
        MOV   AX, [SI]                  ;首个无符号数送入AX
        ADD   AX, [SI+2]                ;两个无符号数相加
        MOV   SUM, AX                   ;和送入SUM
        CALL  PROC2                     ;调用模块b中的显示子程序
        POP   CX
```

```
                 POP     SI
                 POP     AX
                 POP     BX
                 POP     DX
                 RET
        PROC1  ENDP
        CODE   ENDS
                 END     START
    ;模块b：源文件名B.ASM
    PUBLIC  PROC2                               ;模块a中引用的子程序
    EXTRN   SUM:WORD                            ;本模块引用的模块a中定义的变量
    CODE  SEGMENT  PUBLIC 'CODE'
          ASSUME   CS:CODE
    PROC2 , PROC  NEAR
            MOV    BX,  SUM                     ;和送入BX中待用
            MOV    CH,  4                       ;循环执行4次
    AGAIN:  MOV    CL,  4
            ROL    BX,  CL                      ;高4位循环移入低4位
            MOV    AL,  BL
            AND    AL,  0FH                     ;移入的低4位保留，其他位清零
            ADD    AL,  30H                     ;低4位转换成ASCII码
            CMP    AL,  3AH                     ;判断是否为0～9的ASCII码
            JL     NEXT                         ;如果是0～9的ASCII码，则跳转NEXT处
            ADD    AL,  07H                     ;转换成A～F的ASCII码
    NEXT:   MOV    DL,  AL                      ;入口参数DL = 输出字符
            MOV    AH,  2                       ;2号功能为显示输出
            INT    21H                          ;DOS功能调用
            DEC    CH                           ;循环次数减1
            JNZ    AGAIN                        ;循环4次后退出
            RET
    PROC2 ENDP
    CODE  ENDS
            END
```

4.5.6 宏定义与使用

宏是源程序中一段有独立功能的程序代码。它只需在汇编语言源程序中定义一次便可以多次反复调用。调用时只需要一条宏调用指令即可。

【例4.11】实现无符号数组的求和。

说明：当源程序被汇编时，汇编程序对每个宏调用进行宏扩展。宏调用中的实际参数之间用逗号隔开。实际参数是形式参数的实际代替。实际参数和形式参数的顺序一致。原则上，实际参数的个数应和形式参数的个数相等。若实际参数的个数大于形式参数的个数，则在替换时多余的实际参数不予考虑。若实际参数的个数小于形式参数的个数，则多余的形式参数作为空（字符）或零（数字）处理。

```
    SUM_W MACRO  OP1, OP2                       ;数组元素连续相加宏指令
       NEXT:   ADD    OP1, [OP2]
               ADD    OP2, 2
               LOOP  NEXT
```

```
            ENDM
EXIT        MACRO                                        ;返回DOS宏指令
            MOV     AH, 4CH
            INT     21H
            ENDM
DSEG        SEGMENT
  ARRAY     DW      1, 2, 3, 4, 5, 6, 7, 8, 9, 10
  COUNT     DW      ($-ARRAY)/2
    SUM     DW      ?
DSEG        ENDS
CSEG        SEGMENT
            ASSUME  CS:CSEG, DS:DSEG
START:      MOV     AX, DSEG
            MOV     DS, AX
            LEA     SI, ARRAY                            ;取数组的首地址
            MOV     CX, COUNT                            ;取数组中元素的个数
            XOR     AX, AX                               ;AX清零
            SUM_W   AX, SI                               ;数组求和宏调用
            MOV     SUM, AX
            EXIT                                         ;返回DOS宏调用
CSEG        ENDS
            END     START
```

4.5.7　系统功能调用

1. 概述

DOS（Disk Operating System，磁盘操作系统）和 BIOS（Basic Input/Output System，基本输入/输出系统）为用户提供了两组系统服务程序。用户程序可以调用这些系统服务程序。在调用时有如下特点。

（1）与过程调用不同，不用 CALL 指令。

（2）与宏调用不同，不用这些系统服务程序的名称，而采用软件中断指令 INT　n。

（3）用户程序不必与这些系统服务程序的代码相连接。

使用 DOS 和 BIOS 调用所编写的程序简单、清晰，可读性好，而且代码紧凑，调试方便。

BIOS 是 IBM PC 与 PC/XT 的基本输入/输出（I/O）系统，包括系统测试程序、初始化引导程序、部分向量装入程序及外部设备的服务程序，由于这些程序固化在 ROM 中，只要机器通电就可以调用它们。

DOS 是 IBM PC 及 PC/XT 的磁盘操作系统，负责管理系统的所有资源，协调微机各组成部分的操作，其中包括大量可供用户调用的系统服务程序，完成设备及磁盘文件的管理。DOS 含有 3 个模块，即 Command.com、Msdos.sys、IO.sys。3 个模块间可单项调用。用户可通过两种途径使用 DOS 功能。第一种途径是普通用户从键盘输入命令，DOS 的 Command.com 模块接收、识别、处理输入的命令。第二种途径是高级用户通过用户程序调用 DOS 和 BIOS 中的服务程序。当然，高级用户需要对操作系统有较深入的了解。

一般来说，用户程序通过以下 4 种方式控制微机的硬件。

（1）使用高级语言提供的功能控制。

高级语言一般提供一些 I/O 语句及使用方法，但高级语言的 I/O 语句较少，执行速度慢。

（2）使用 DOS 提供的程序控制硬件。

DOS 提供的 I/O 程序有近百种，而且是在较高层次上提供的，不需要用户对硬件有太多的了解。使用 DOS 调用的程序可移植性好，I/O 功能多，编程简单，调试方便，但执行效率较低。

（3）使用 BIOS 提供的程序控制硬件。

BIOS 在较低层次上为用户提供了一组 I/O 程序，要求用户对硬件有相当的了解。BIOS 驻留在 ROM 中，独立于任何操作系统，使应用 BIOS 调用的汇编语言、C 语言和 PASAL 语言程序可移植性较差。当 DOS 和 BIOS 提供的功能相当时，用户应当首选 DOS 调用，但 BIOS 调用效率高，并且 BIOS 调用中的一部分功能是 DOS 没有的。

（4）直接访问硬件。

直接访问硬件要求用户对微机的硬件和外设非常熟悉。此种方式只用于两种情况：为获得较高的效率和为获得 DOS、BIOS 中不支持的功能。显然，直接访问硬件的程序可移植性差，在一个厂商生产的机器上可以运行的程序在另一个厂商生产的兼容机上可能无法运行。

2．DOS 系统功能调用

8086/8088 指令系统中有一种软中断指令 INT n。每执行一条软中断指令就调用一个相应的中断服务程序。

当 n=5～1FH 时，调用 BIOS 中的服务程序。当 n=20H～3FH 时，调用 DOS 中的服务程序。

其中，INT 21H 是一个具有多种功能的服务程序，一般称为 DOS 系统功能调用。

DOS 系统功能调用是一个具有近 90 个子功能的中断服务程序，这些子功能的编号称为功能号。DOS 系统功能调用的子功能大致可分为 4 个方面，即设备管理、目录管理、文件管理和其他功能。

设备管理主要包括键盘输入、显示输出、打印机输出、串行设备输入/输出、初始化磁盘、取剩余磁盘空间等。

目录管理主要包括查找目录项、查找文件、置/取文件属性等。

文件管理主要包括打开、关闭、读/写、删除文件等。

其他功能包括终止程序、置/取中断向量、分配内存、置/取日期及时间等。

DOS 系统功能调用的方法如下。

（1）根据需要的功能调用设置入口参数。

（2）把功能调用号送入寄存器 AH。

（3）发软中断指令"INT 21H"。

（4）可根据有关功能调用的说明取得出口参数。

下面介绍 INT 21H 的主要功能。

（1）键盘输入。

有关键盘的功能调用号有 1、7、8、A、B、C。功能包括键盘状态检验、单字符输入、字符串输入等。

① 键盘状态检验。

DOS 系统功能调用的 0BH 号功能可以检验是否有字符输入。如果有键按下，AL=0FFH，否则 AL=00H。

② 单字符输入。

功能调用号 1、7、8 都可以直接接收输入的字符。程序中常利用这些功能回答程序中的提示信息，或选择菜单中的可选项来执行不同的程序段。其中 7、8 号功能有不回显的特性，可输入需要保密的信息。

没有入口参数，出口参数为 AL=输入字符的 ASCII 码。

③ 字符串输入。

用户程序经常需要从键盘上接收一串字符。0AH 号功能可以接收输入的字符串并将其存入内存中用户定义的缓冲区。缓冲区的第一字节为用户定义的最大输入字符数，若用户输入的字符数（包括回车符）大于此数，则机器响铃，且光标不再右移，直到输入回车符为止。缓冲区的第二字节为实际输入字符数（不包括回车符），由 DOS 自动填入；从第三字节开始存放输入的字符。显然，缓冲区的大小等于最大字符数加 2。

（2）显示器（CRT）输入。

功能调用号 2、6、9 是关于显示器的系统功能调用。

使用 9 号功能时，需要注意两点：第一，被显示的字符串必须以"$"为结束符；第二，当显示由 0A 号功能输入的字符串时，DS:DX 应指向缓冲区的第三字节内容，即输入的第一个字符的存储单元。

（3）返回操作系统。

这是 4CH 号功能，其格式如下：

```
MOV    AH, 4CH
INT    21H
```

它没有入口参数，执行结果是结束当前正在执行的程序。

【例 4.12】接收键盘输入并在屏幕上显示。如果键盘输入为"Esc"键，则退出程序。

```
CSEG    SEGMENT
        ASSUME  CS:CSEG
START:  MOV  AH,  01H              ;功能调用号为01H的功能是键盘输入并回显
INPUT:  INT  21H
        CMP  AL,  1BH              ;"Esc"键的ASCII码是1BH
        JZ   OVER                 ;键盘输入为"Esc"键时，返回DOS
        JMP  INPUT
OVER:   MOV  AH,  4CH
        INT  21H
CSEG    ENDS
END     START
```

【例 4.13】输出 MESS 中的字符串。按"Esc"键退出程序。

```
DSEG  SEGMENT
   MESS  DB        'HuaBei ShuiDian DaXue!$'            ;显示信息
DSEG  ENDS
CSEG  SEGMENT
      ASSUME  CS:CSEG,  DS:DSEG
START:  MOV  AX,  DSEG
        MOV  DS,  AX
        LEA  DX,  MESS
        MOV  AH,  9
        INT  21H
        MOV  AH,  07H             ;功能调用号为07H的功能是键盘输入无回显
INPUT:  INT  21H
        CMP  AL,  1BH             ;"Esc"键的ASCII码是1BH
        JZ   EXIT                 ;按"Esc"键退出程序
```

```
        JMP    INPUT
EXIT:   MOV    AH,  4CH
        INT    21H
CSEG    ENDS
END     START
```

3．BIOS 功能调用

BIOS 常驻 ROM，独立于 DOS，可与任何操作系统一起工作。它的主要功能是驱动系统所配置的外部设备，如磁盘驱动器、显示器、打印机及异步通信接口等。BIOS 功能调用通过 INT 10H～INT 1AH 向用户提供服务程序入口，使用户无须对硬件有深入了解就可完成对 I/O 设备的控制与操作。BIOS 功能调用与 DOS 功能调用类似。作为 BIOS 功能调用入门，下面对键盘输入（中断类型 16H）和显示器输出（中断类型 10H）加以介绍。

（1）键盘输入。

当用户按键时，键盘接口会得到一个被按键的扫描码，同时产生一个中断请求。如果键盘中断是允许的，并且 CPU 处于中断状态，那么 CPU 通常就会响应中断请求，转入键盘中断处理程序。

键盘中断处理程序首先从键盘接口取得被按键的扫描码，然后根据扫描码判别用户所按的键并做相应的处理。键盘 I/O 程序以 16H 号中断处理程序的形式存在。它提供若干功能，每个功能都有一个编号。在调用键盘 I/O 程序时，把功能编号置入寄存器 AH 中，然后发出中断指令 INT 16H。调用返回后，从有关寄存器中取得出口参数。

（2）显示器输出。

显示器的显示方式分为图形显示和文本显示。图形显示方式以像素为单位，较为复杂；文本显示方式以字符为单位，较易掌握。文本显示方式下，显示器的屏幕被划分为 80 列 25 行，所以每一屏最多可显示 2000（80×25）个字符。字符通常是指字母、数字、普通符号（如运算符）和一些特殊符号（如菱形块）。文本显示方式用行号和列号组成的坐标来定位屏幕上的每个可显示位置，规定左上角的坐标为（0,0），向右增加列号，向下增加行号，这样右下角的坐标便是（79,24）。显示器的显示属性分为单色显示和彩色显示。屏幕上显示的每个字符在存储空间中都用两字节来表示，一字节保存字符的 ASCII 码，另一字节保存字符的属性。字符的属性确定了每个要显示字符的特性。在单色显示时，属性定义了闪烁、反相和高亮度等显示特性；在彩色显示时，属性还定义了前景和背景。在彩色显示属性字节中，RGB 分别表示红、绿、蓝，I 表示亮度，BL 表示闪烁。位 0 到位 3 组合表示 16 种前景色。亮度和闪烁只能用于前景。当 I 位为 1 时，表示高亮度，为 0 时表示普通亮度。当 BL 为 1 时，表示闪烁，为 0 时表示不闪烁。彩色显示属性字节如图 4-11 所示。

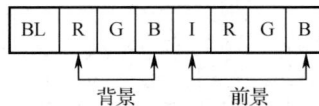

BL	R	G	B	I	R	G	B
	背景			前景			

图 4-11　彩色显示属性字节

彩色显示属性字节的典型值：01H（黑底蓝字）、04H（黑底红字）、07H（黑底白字）、0EH（黑底黄字）、0FH（黑底亮白字）、70H（白底黑字）、74H（白底红字）、87H（黑底灰白闪烁字）、0F4H（白底红闪烁字）。

【例 4.14】采用 BIOS 功能调用在屏幕上用多种属性显示字符串。

说明：先用一种属性在屏幕上显示指定信息，然后按一键后可以换一种属性显示，当按下 "ESC" 键时，返回 DOS。

显示子程序为 ECHO，先调用 BIOS 显示子程序的 2 号功能把光标定到指定位置，然后利用 BIOS 显示子程序的 0EH 号功能逐个显示字符串中的字符。由于该方式显示不含属性，因此先调用 9 号功能把指定属性写到显示字符串的位置处。

```
        ROW=5                                   ;定义常量，显示信息的行号
        COLUM=10                                ;显示信息的列号
        ESCKEY=1BH                              ;ESC键的ASCII码
        DSEG  SEGMENT
            MESS  DB      'HuaBei ShuiDian DaXue!'   ;显示信息
        MESS_LEN =        $ - OFFSET MESS       ;显示信息的长度
            COLORB  DB        07H,01H,0FH,70H,74H   ;颜色属性
            COLORE  LABEL     BYTE
        DSEG  ENDS
        CSEG  SEGMENT
              ASSUME   CS:CSEG, DS:DSEG, ES:DSEG
        START:  MOV     DI, OFFSET COLORB-1     ;颜色指针初值
        NEXTC:  MOV     AX, DSEG
                MOV     DS, AX                  ;设置数据段段值
                MOV     ES, AX                  ;ES指向数据段
                INC     DI                      ;调整颜色指针
                CMP     DI, OFFSET COLORE       ;判断是否超过指定的颜色
                JNZ     NEXTE                   ;没有超过则跳转
                MOV     DI, OFFSET COLORB       ;超过则重新指定为第一种颜色
        NEXTE:  MOV     BL, [DI]                ;取颜色
                MOV     SI, OFFSET MESS         ;取显示信息指针
                MOV     CX, MESS_LEN            ;取显示信息长度
                MOV     DH, ROW                 ;设置显示开始的行号
                MOV     DL, COLUM               ;设置显示开始的列号
                CALL    ECHO                    ;调用显示子程序
                MOV     AH, 0                   ;0号功能为从键盘读字符
                INT     16H                     ;执行INT 16H的0号功能
                CMP     AL, ESCKEY              ;判断输入是否为"ESC"键
                JNZ     NEXTC                   ;若不是，继续循环
                MOV     AH, 4CH                 ;结束程序，返回DOS
                INT     21H
        ;子程序入口参数包括DS:SI = 字符串首地址，
        ;CX = 字符串长度，BL = 属性，DH = 显示开始的行号，DL=显示开始的列号
        ECHO    PROC    NEAR
                JCXZ    ECHO2                   ;如果字符串长度为0，则结束
                MOV     BH, 0
                MOV     AH, 2                   ;设置光标位置
                INT     10H
                MOV     AL, 20H                 ;用指定属性写一空格
                MOV     AH, 9                   ;AL=字符ASCII码，BL=字符属性
                INT     10H                     ;写字符至当前光标处
                MOV     AH, 0EH
        ECHO1:  MOV     AL, [SI]
                INC     SI
                INT     10H                     ;逐个显示字符
```

```
                CALL      DELAY                     ;调用延时子程序
                LOOP      ECHO1
ECHO2:          RET
ECHO            ENDP
DELAY           PROC      NEAR                      ;延时子程序
                PUSH      BX
                PUSH      CX
                MOV       BX, 500
WAIT0:          MOV       CX, 0FFFFH
WAIT1:          LOOP      WAIT1
                DEC       BX
                JNZ       WAIT0
                POP       CX
                POP       BX
                RET
DELAY           ENDP
CSEG            ENDS
                END   START
```

【例 4.15】将用户编写的显示系统时间的中断服务程序驻留在内存中，通过定时器中断（向量号为 1CH）定时调用中断服务程序来显示系统时间，同时可以在命令提示符下运行并调试其他程序，实现多任务操作。

说明：本程序综合运用了 DOS 功能调用和 BIOS 功能调用。程序中将用户编写的中断服务程序的入口地址写入中断向量表中，通过定时器中断定时显示系统时间。IBM PC/AT 中定时器时钟中断是由硬件电路产生的，中断类型号为 08H，只要计算机正常启动，定时器时钟中断就会每秒产生 18.2 次。定时器时钟中断服务程序中要调用一次 INT 1CH 指令，INT 1CH 为定时器定时软中断指令。在 ROM BIOS 中，中断服务程序中只有一条 IRET 中断返回指令，用户可利用它完成周期性任务。注意，当 1CH 中断发生时，执行用户中断服务程序后必须调用一次原中断服务程序才能完成周期性任务。中断概念的理解可参考后续章节。

```
CODE       SEGMENT
           ASSUME    CS:CODE, DS:CODE
START:     JMP   GOSET                        ;程序开始将跳转到标号GOSET处执行
OLDCUR DW         ?
OLD1C  DW         2 DUP(?)
NEWINT1C:  PUSHF                              ;中断服务程序的入口地址，定时显示系统时间
           PUSH  AX
           PUSH  BX
           PUSH  CX
           PUSH  DX
           XOR   BH, BH                       ;BH清零
           MOV   AH, 3                        ;INT   10H的3号功能为读光标位置
           INT   10H                          ;BH=页号，返回参数DH/DL=行/列
           MOV   CS:OLDCUR, DX                ;光标位置保存在OLDCUR单元中
           MOV   AH, 2                        ;INT   10H的2号功能为置光标位置,BH=页号
           XOR   BH, BH                       ;清零，表明为0页
           MOV   DX, 0146H                    ;DH/DL=行/列，设置显示的时间在1行/70列
           INT   10H
           MOV   AH, 2                        ;INT   1AH的2号功能为读电池供电时钟时间
```

```
                    INT     1AH                     ;出口参数：CH:CL:DH=时:分:秒
                    PUSH    DX
                    PUSH    CX
                    POP     BX                      ;CX压入堆栈的值弹出给BX
                    PUSH    BX
                    CALL    SHOWBYTE                ;此处调用为显示小时
                    CALL    SHOWCOLON               ;显示“:”
                    POP     BX
                    XCHG    BH, BL                  ;BL中为分钟值
                    CALL    SHOWBYTE                ;此处调用为显示分钟
                    CALL    SHOWCOLON               ;显示“:”
                    POP     BX                      ;DX压入堆栈的值弹出给BX
                    CALL    SHOWBYTE                ;BL中为秒值
                    MOV     DX, CS:OLDCUR           ;恢复保存在OLDCUR单元中的光标位置
                    MOV     AH, 2
                    XOR     BH, BH
                    INT     10H
                    POP     DX
                    POP     CX
                    POP     BX
                    POP     AX
                    CALL    DWORD PTR CS:OLD1C      ;OLD1C中为1CH的原中断向量，交还控制权
                    IRET                            ;中断返回指令
SHOWBYTE            PROC    NEAR                    ;将BX中的值转换为ASCII码后显示在屏幕上
                    PUSH    BX
                    MOV     CL, 4
                    MOV     AL, BH                  ;BH中的值可以是当前时、分、秒
                    SHR     AL, CL
                    ADD     AL, 30H                 ;计算ASCII码
                    CALL    SHOW                    ;在光标位置显示字符和属性
                    CALL    CURMOVE                 ;子程序的功能为读当前光标并后移
                    POP     BX
                    MOV     AL, BH
                    AND     AL, 0FH
                    ADD     AL, 30H
                    CALL    SHOW
                    CALL    CURMOVE
                    RET
SHOWBYTE            ENDP
SHOWCOLON           PROC    NEAR                    ;显示“:”
                    MOV     AL,':'
                    CALL    SHOW
                    CALL    CURMOVE
                    RET
SHOWCOLON           ENDP
CURMOVE             PROC    NEAR                    ;读当前光标并后移
                    PUSH    AX
                    PUSH    BX
                    PUSH    CX
                    PUSH    DX
```

```
                MOV      AH, 3                    ;INT  10H的3号功能为读光标位置
                MOV      BH, 0
                INT      10H
                INC      DL                       ;列增1，光标后移
                MOV      AH, 2                    ;INT  10H的2号功能为置光标位置
                INT      10H
                POP      DX
                POP      CX
                POP      BX
                POP      AX
                RET
CURMOVE         ENDP
SHOW            PROC     NEAR                     ;子程序的功能为在光标位置显示字符和属性
                PUSH     AX
                PUSH     BX
                PUSH     CX
                MOV      AH, 09H                  ;INT  10H的9号功能为在光标位置显示字符和属性
                MOV      BX, 1FH                  ;1FH为属性值，显示的字符为白底蓝字
                MOV      CX, 1                    ;BH=显示页，AL/BL=字符/属性，CX=字符重复次数
                INT      10H
                POP      CX
                POP      BX
                POP      AX
                RET
SHOW ENDP
GOSET:          PUSH     CS
                POP      DS                       ;DS指向代码段
                MOV      AX, 351CH                ;取中断向量，AH=35H的功能为获取中断向量
                INT      21H                      ;入口：AL=中断类型号。出口：ES:BX=中断向量
                MOV      OLD1C, BX                ;中断向量（CS:IP）保存在OLD1C单元中
                MOV      BX, ES
                MOV      OLD1C+2, BX              ;中断向量的高16位
                MOV      DX, OFFSET NEWINT1C      ;NEWINT1C为中断服务程序的入口地址
                MOV      AX, 251CH                ;AH=25H的功能为设置中断向量
                INT      21H                      ;出口参数DS:DX=中断向量
                MOV      DX, OFFSET GOSET
                SUB      DX, OFFSET START         ;计算代码段偏移量
                MOV      AX, 3100H                ;AH=31H的功能为程序终止并驻留
                INT      21H                      ;AL=返回码，DX=驻留区大小
CODE            ENDS
                END      START
```

4.6　汇编语言与 C/C++语言的接口

汇编语言可以直接管理内存、内部寄存器，直接控制硬件接口，相应的目标程序紧凑，运行速度快，但是程序开发周期长，不具有通用性和可移植性。高级语言 C/C++既具有高级语言的优点，又具有低级语言的优点，功能丰富，表达能力强，使用灵活方便，常用于编写系统软件和应用软件。所以，将高效的汇编语言与可移植的 C/C++语言有机地结合起来，取长补短，

是编写高质量程序的有效方法。

C/C++语言调用汇编语言程序时是通过其工作区中的堆栈区变量表来传递参数的。

汇编语言程序与C/C++语言程序的接口通常有两种方法：内嵌模块方法与外调模块方法。

1. 内嵌模块方法

内嵌模块方法是在C/C++语言程序中嵌入汇编语言程序段。这种方法比较简单，只需要在C/C++语言程序的_asm{}模块中嵌入汇编语言程序段即可。

例如，用汇编语言与C++语言混合编程，实现屏幕上显示字符串。程序如下：

```
#include <stdio.h>
Char  const  *message-'hello world!';
Char  *output;
Void  main (void)
    {
_asm  MOV  EDX, message      //通过EDX传递字符串地址
_asm  MOV  out, EDX
Printf ("message  is %s ", output);
    }
```

2. 外调模块方法

外调模块方法是将汇编语言程序作为一个独立的过程保存，并将过程的标号用PUBLIC伪指令声明为公共标号，提供给C/C++语言程序调用。C/C++语言程序调用时，需要用EDTRN伪指令声明所调用的过程标号为外部标号，并指明该标号的类型。

外调模块方法的编程结构如下：

```
PUBLIC  _SUBPROC
      _SUBPROC  PROC  FAR
            . . .
                  RET
  _SUBPROC  ENDP
            END
```

C/C++语言程序调用的格式为：

```
EXTRN  _SUBPROC:FAR
      . . .
      _SUBPROC ( )            //在C语言中用函数调用汇编语言过程
```

C/C++语言程序与汇编语言程序连接的方法是：C/C++语言程序用C语言编译成.OBJ目标文件，汇编语言程序用汇编程序汇编成.OBJ目标文件，然后用连接程序把目标文件连接在一起。例如A为C/C++语言程序的目标文件A.OBJ，B为汇编语言程序的目标文件B.OBJ，则二者可以通过C:\>link A+B连接成A.EXE。

3. C/C++语言程序调用汇编语言程序的规则

C/C++语言程序调用汇编语言程序的规则如下：

（1）参数通过堆栈的传递顺序与它们出现的顺序相反。

（2）在参数压栈后，将当前CS和IP中的值压栈保护。

（3）在汇编语言程序中，如果用BP作为参数指针，则BP中的值应压栈保护。

（4）汇编语言程序的最后一条指令应是不带参数的RET指令。

（5）与C/C++语言程序共享名称的汇编语言程序都必须在前面加下画线。

（6）C/C++语言程序对普通参数传递的是参数本身，对数组传递的是其指针。

（7）如果 C/C++语言程序是在 SMALL、COMPACT 或 TINY 存储模式下进行编译的，则汇编语言程序应将过程设置为 NEAR，否则为 FAR。

另外，VC++ 6.0 环境只能编写 32 位的应用程序，汇编语言程序中不能使用 DOS 功能调用指令和 BIOS 功能调用指令，因为这些功能调用只适用于 16 位的应用程序。

思考与练习

4-1 什么是标号？它有哪些属性？

4-2 什么是变量？它有哪些属性？

4-3 什么是伪指令？什么是宏指令？伪指令在什么时候被执行？宏指令在程序中如何被调用？

4-4 汇编语言表达式中有哪些运算符？它们所完成的运算是在什么时候进行的？

4-5 下列语句中定义的变量各分配多少字节？

```
VAR0   DW   4 DUP (0), 2
VAR1   DB   100
VAR2   LABEL  WORD
VAR3   DB  50 DUP (?)
CONT   EQU  100
VAR4   DW  COUNT DUP (0)
VAR5   DD  20 DUP (1)
VAR6   DB  'Happy New Year! '
```

4-6 试编程实现统计字符串中空格的个数。

4-7 设从 BLOCK 开始有 20 个单字节的数，找出最大的数，并保存到 SUM 单元中。

4-8 试编写一个汇编语言程序，要求将键盘输入的小写字母用相应大写字母显示出来。

4-9 在 DATA 数据区中有 20 个字符的字符串，试编程实现按 ASCII 码进行升序排序。

4-10 调用 BIOS 显示子程序的 13H 号功能在屏幕上显示多种属性的字符串。

第5章 存 储 器

存储器是计算机系统中的记忆设备，用来存放程序和数据。随着计算机的发展，存储器在系统中的地位越来越重要。本章主要介绍存储器的分类、性能评价指标、工作原理，存储器的扩展技术，以及存储器与微机系统的连接。

5.1 概 述

在计算机的组成结构中，有一个很重要的部分，就是存储器。存储器是一种记忆部件，用来存储计算机的程序指令、要处理的数据、运算结果，以及各种需要计算机保存的信息。对于计算机来说，有了存储器，才有记忆功能，才能保证计算机的正常工作。存储器是计算机中不可缺少的一个重要组成部分。随着计算机的发展，存储器在系统中的地位越来越重要。由于超大规模集成电路技术的产生和发展，CPU 的运行速度变得惊人的高，而存储器的存取速度与它很难适配，这使计算机系统的运行速度在很大程度上受到存储器速度的制约。此外，由于 I/O 设备的不断增多，如果它们与存储器的交互都通过 CPU 来实现，会降低 CPU 的工作效率。为此，出现了 I/O 设备与存储器之间的直接存取方式（DMA），这也使存储器的地位更为突出。尤其在多处理机的系统中，各处理机本身都需与其主存交换信息，而且各处理机在互相通信中，也都需共享存放在存储器中的数据。因此，存储器的地位更为重要。从某种意义上讲，存储器的性能已经成为计算机系统性能评价的核心指标。

存储器由一些能够表示二进制"0"和"1"状态的物理器件组成，这些器件本身具有记忆功能，如电容、双稳态电路等。这些具有记忆功能的物理器件构成一个个存储元（如一个电容就是一个存储元），每个存储元可以保存一位二进制信息。若干个存储元就构成了一个存储单元。通常一个存储单元由 8 个存储元构成，可存放 8 位二进制信息（1 字节）。许多存储单元组织在一起就构成了存储器。

存储器中存储单元的总数称为存储器的存储容量。显然，存储容量越大，能够存放的信息就越多，计算机的信息处理能力也就越强。存储容量的单位为字节（B）、千字节（KB）或兆字节（MB），如 64KB、128MB 等。CPU 芯片 Intel 8088/8086 可以访问的内存容量为 1MB。

存储器有两种基本操作——读和写。读操作是指从存储器中读出信息，不破坏存储单元中原有的内容，所以读操作是非破坏性的操作。写操作是指把信息写入（存入）存储器，新写入的数据将覆盖原有的内容，所以写操作是破坏性的。

5.1.1 存储器的分类

计算机的存储器从体系结构来划分，可根据是设在主机内还是设在主机外分为内部存储器和外部存储器两大类。

内部存储器（简称内存或主存）是计算机主机的组成部分之一，用来存储当前正在使用的或经常使用的程序和所需要的数据，CPU 可以直接访问内存并与其交换信息。而外部存储器（简称外存）刚好相反，外存用于存放相对来说不经常使用的程序和数据。CPU 不能直接访问外存，而必须通过专门的设备和机制对它进行读/写（如磁盘驱动器等），这点是外存与内存之间的一个本质区别。当需要执行某程序时，系统将程序从外存中读出放入内存，然后 CPU 再访问内存以执行该程序。相对外存而言，内存的容量小，存取速度快；而外存的容量一般都很大，但存取速度相对比较慢。

系统的内存要尽量使其访问的速度快，且容量大，以加快程序的执行速度。但是内存空间的大小受制于 CPU 地址总线的位数。例如，8086/8088 系统中，系统的地址总线是 20 位的，所以系统的最大直接寻址空间为 2^{20}，即 1MB。

存储器使用的存储介质有半导体器件、磁性材料、光盘等。以下重点讨论用于构成内存的半导体存储器。半导体存储器按照工作方式的不同可以分为随机存储器（Random Access Memory，RAM）和只读存储器（Read-Only Memory，ROM）。

1. 随机存储器（RAM）

RAM 按其制造工艺可以分为双极型半导体 RAM 和金属-氧化物-半导体（MOS）RAM。

1）双极型半导体 RAM

双极型半导体 RAM 的主要优点是存取时间短，通常为几纳秒到几十纳秒。与下面提到的金属氧化物半导体 RAM 相比，集成度低，功耗大，而且价格也较高。因此，双极型半导体 RAM 主要用于要求存取时间非常短的特殊应用场合。

2）金属-氧化物-半导体（MOS）RAM

用 MOS 器件构成的 RAM 又分为静态 RAM（SRAM）和动态 RAM（DRAM）。

（1）静态 RAM（SRAM）

SRAM 的存储单元由双稳态触发器构成。双稳态触发器有两个稳定的状态，可用来存储一位二进制信息。只要不掉电，其存储的信息可以始终稳定地存在，故称其为"静态 RAM"。SRAM 的主要特点是存取时间短（几十纳秒到几百纳秒），外部电路简单，便于使用。常见的 SRAM 芯片容量为 1～64KB。SRAM 的功耗比双极型半导体 RAM 低，价格也比较便宜。

（2）动态 RAM（DRAM）

DRAM 的存储单元由电容构成，电路简单，但电容总有漏电现象存在，时间长了存放的信息就会丢失或出现错误，因此需要对这些电容定时充电，这个过程称为"刷新"，即定时将存储单元中的内容读出再写入。由于需要刷新，所以这种 RAM 称为"动态 RAM"。

DRAM 的存取速度与 SRAM 的存取速度差不多。其最大的特点是集成度非常高，目前 DRAM 芯片的容量从几百 MB 到若干 GB 不等。另外，还有功耗低、价格比较便宜等优点。

由于用 MOS 工艺制造的 RAM 集成度高，存取速度能满足各种类型微机的要求，而且其价格也比较便宜，因此现在微型计算机中的内存主要由 MOS 型 DRAM 组成。

2. 只读存储器（ROM）

根据制造工艺的不同，ROM 分为 MROM、PROM、EPROM、E^2PROM 等几类。只读存储器在工作时只能读出，不能写入。掉电后不会丢失存储的内容。

1）掩膜 ROM（MROM）

掩膜 ROM 是芯片制造厂根据 ROM 要存储的信息对芯片图形（掩膜）通过二次光刻生产出来的，故称为掩膜 ROM。其存储的内容固化在芯片内，用户可以读出，但不能改变。这种芯片存储的信息稳定，成本最低，适用于存放一些需批量生产的固定不变的程序或数据。

2）可编程 ROM（PROM）

如果用户要根据自己的需要来确定 ROM 中的存储内容，则可使用可编程 ROM（PROM）。PROM 允许用户对其进行一次编程——写入数据或程序。编程之后，信息就永久性地固定下来。用户可以读出其内容，但再也无法改变它的内容。

3）可擦除的 PROM

上述两种芯片存储的信息只能读出而无法修改，这给应用带来了很多不便。因此又出现了两类可擦除的 PROM 芯片。这类芯片允许用户通过一定的方式多次写入数据或程序，也可修改和擦除其中存储的内容，且写入的信息不会因为掉电而丢失。由于这些特性，可擦除的 PROM 芯片在系统开发、科研等领域得到了广泛应用。

可擦除的 PROM 芯片根据其擦除方式不同可分为两类：一类是通过紫外线照射来擦除，这种用紫外线擦除的 PROM 称为 EPROM；另外一类是通过电的方法（通常是加上一定的电压）来擦除，这种 PROM 称为 EEPROM（或 E^2PROM）。擦除芯片内容后仍可以重新对它进行编程，写入新的内容。擦除和重新编程都可以多次进行。但有一点要注意，尽管 EPROM/E^2PROM 既可读出也可对其内容进行写入和擦除，但它们和 RAM 还是有本质区别的。首先它们不能像 RAM 那样随机快速地写入和修改，它们的写入需要一定条件（这一点将在后面详细介绍）；另外，RAM 中内容在掉电之后会丢失，而 EPROM/E^2PROM 则不会，其中的内容一般可保存几十年。

4）快闪存储器（Flash Memory）

快闪存储器也称闪烁存储器，简称闪存，因其可以快速重新编程使其内容频繁变化而得名。闪存的存储信息密度高、存取速度快、成本低、不挥发，可以块擦除、单一供电，因此得到广泛应用。

半导体存储器分类见表 5-1。

表 5-1　半导体存储器分类

RAM/ROM	分类	特点	应用场合
SRAM 静态	SRAM	以双稳态触发器为存储单元，翻转快，存取速度高	Cache
	SB SRAM	同步 SRAM：对它的所有操作均在统一时钟控制下同步进行，一般支持突发操作	L2 Cache
	Multi-SRAM	具有多个数据端口的 SRAM	数据共享
	FIFO	按先进先出方式存储信息的 SRAM	缓冲器
	PSRAM	类 SRAM：在 DRAM 内集成了动态刷新逻辑，对外表现为 SRAM 的不需刷新的特性	特定场合
DRAM 动态	FPMDRAM	快速页模式：快速操作时维持行地址不变，由连续的 CAS 信号对不同的列地址进行操作	计算机的内存
	EDODRAM	扩展数据输出：省略了用于行地址建立和保持的时间及行列地址复合时间，提高了访问速度	
	SDRAM	对存储器访问的所有操作均在统一的时钟控制下同步进行	
	RDRAM	采用 Rambus 信号标准，允许多个设备同时以极高的带宽随机寻址存储器，进行高速数据传输	
ROM 掉电时信息不丢失	MASKROM	掩膜 ROM：厂商根据用户要求制造掩膜，封装后信息不能改写	计算机固化程序/数据的存储器
	OTPROM	一次性可编程 ROM：用户一次性编程写入，写入后不能改写	
	EPROM	可擦可编程 ROM：可多次用紫外线全部擦除，再编程改写	
	E^2PROM	电擦除可编程 ROM：能以字节为单位多次在线用电擦除、改写	
	FLASH	闪存：可以块为单位多次在线用电擦除和改写，集成度高	

5.1.2　存储器芯片的主要技术指标

1. 存储容量

存储器芯片的存储容量用"存储单元个数×每个存储单元的位数"来表示。例如，SRAM 芯片 6264 的容量为 8K×8bit，即它有 8K 个存储单元（1K=1024），每个单元存储 8 位（1 字节）

二进制数据。再如，DRAM 芯片 NMC41257 的容量为 256K×1bit，即它有 256K 个存储单元，每个单元存储 1 位二进制数据。各半导体器件生产厂家为用户提供了许多种不同容量的存储器芯片，用户在构建计算机内存系统时，可以根据需要选用。当然，在计算机的内存确定后，容量大的芯片则可以少用几片，这样不仅使电路连接简单，而且也可以降低功耗。

半导体存储器芯片容量取决于存储单元的个数和每个单元所包含的位数。存储容量可以用下面的式子表示：

$$存储容量（S）=存储单元数（P）×数据位数（i）$$

存储单元数（P）与存储器芯片的地址线条数（k）有密切关系：$P=2^k$。数据位数一般等于芯片数据线的条数。存储器芯片的容量与地址线条数、数据线条数之间的关系可表示为：

$$S=2^k×i$$

例如，6264 芯片是一个 8K×8bit 的 CMOS SRAM 芯片，说明它有 8 条数据线，8192 个存储单元，地址线的条数为 $k=\log_2 8192=13$；如一个存储器芯片有 20 条地址线和 8 条数据线，则它的存储单元数为 $2^{20}=1M$，容量为 1M×8bit（1MB）。

2．存取时间和存取周期

存取时间又称存储器访问时间，即从启动一次存储器操作（读或写）到完成该操作所需要的时间。其上限值称为最大存取时间。CPU 在对存储器进行读/写操作时，其读/写时间必须大于存储器芯片的最大存取时间。如果不能满足这一点，微机则无法正常工作。超高速存储器的最大存取时间小于 20ns，中速存储器在 100～200ns，低速存储器在 300ns 以上。

存取周期是连续启动两次独立的存储器操作所需间隔的最小时间。若令存取时间为 t_A，存取周期为 T_C，则二者的关系为 $T_C \geq t_A$。

3．可靠性

计算机要正确运行，必然要求存储器系统具有很高的可靠性。存储器发生的任何错误都会使计算机不能正常工作，而存储器系统的可靠性直接与构成它的芯片有关。目前所用的半导体存储器芯片的平均故障间隔时间（MTBF）为 $5×10^6 \sim 1×10^8$h。

4．功耗

功耗不仅涉及消耗功率的大小，也关系到芯片的集成度。对于特殊场合下（如野外作业的系统），使用功耗低的存储器芯片构成存储器系统，不仅可以降低对电源容量的要求，而且还可以提高存储器系统的可靠性。存储器的制造工艺有很多种，其中 CMOS 器件能够很好地满足低功耗的要求，但是其容量小且速度慢，会降低系统的运行效率。一般来说，功耗和速度是成正比的。从功耗、速度及存储容量等各方面衡量，HMOS 存储器件是比较适中的存储器。

5.2　随机存储器（RAM）

RAM 的存储单元内容可按需随时读出、写入及修改，且存取的速度与存储单元的位置无关。这种存储器在断电时将丢失其存储内容，因此主要用来存放当前运行的程序、各种输入/输出数据、中间运算结果及堆栈等。RAM 分为静态 RAM（SRAM）和动态 RAM（DRAM）。本节将从应用的角度出发，以几种常用的典型芯片为例，详细介绍 MOS 型 SRAM 和 DRAM 的特点、外部特性及其应用。

5.2.1　存储器系统的结构

一个基本存储单元只能存储 1 位二进制信息，要存储多个数据位的信息就需要将这些单个的存储单元有机地进行排列，再加上一些外围电路。一般情况下，一个存储器系统由以下部分组成，如图 5-1 所示。

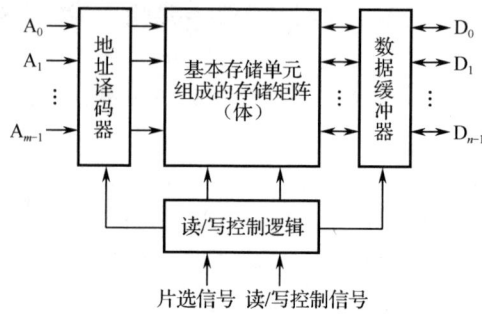

图 5-1　存储器系统的结构

16×1bit 静态 RAM 原理图如图 5-2 所示。

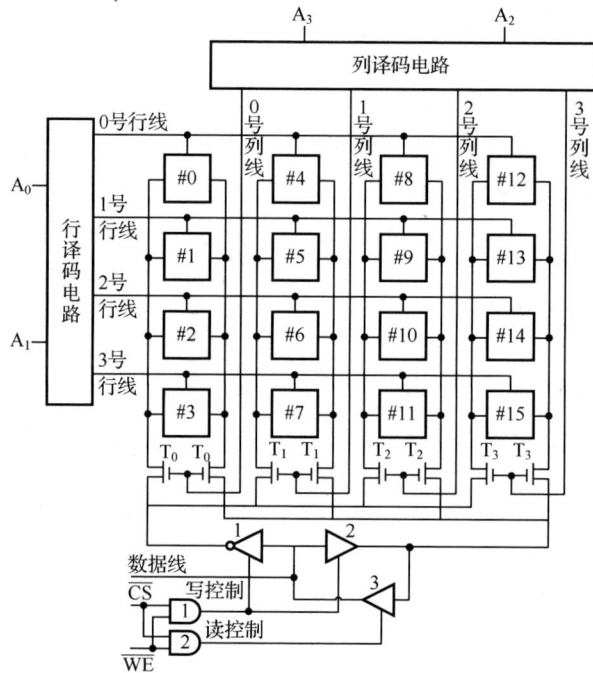

图 5-2　16×1bit 静态 RAM 原理图

1．基本存储单元

一个基本存储单元可以存放一位二进制信息，其内部有两个稳定且相互对立的状态，并能够在外部对其状态进行识别和改变。不同类型的基本存储单元决定了由其所组成的存储器件的类型不同。

2．存储矩阵

若要存放 $M×N$ 个二进制信息，需要用 $M×N$ 个基本存储单元，它们按一定的规则排列起来，所构成的阵列称为存储矩阵或存储体。

3．地址译码器

由于存储器系统是由许多存储单元构成的，每个存储单元一般存放 8 位二进制信息，为了加以区分，必须首先为这些存储单元编号，即给这些存储单元分配不同的地址。地址译码器的作用就是用来接收 CPU 送来的地址信号并对它进行译码，选择与此地址码相对应的存储单元，以便对该单元进行读/写操作。

4．片选与读/写控制电路

片选信号用于实现芯片的选择。对于一个芯片，只有当片选信号有效时才能对其进行读/写操作。片选信号一般由地址译码器的输出及一些控制信号组成。读/写控制电路则用来控制对芯片的读/写操作。

5．I/O 电路

I/O 电路位于系统数据总线与被选中的存储单元之间，用来控制信息的读出与写入，必要时，还可包含对 I/O 信号的驱动及放大处理功能。

6．集电极开路或三态输出缓冲器

为了扩充存储器系统的容量，常常需要将几片 RAM 芯片的数据线并联使用或与双向的数据线相连，这就要用到集电极开路或三态输出缓冲器。

7．其他外围电路

对不同类型的存储器系统，有时还需要一些特殊的外围电路，如 DRAM 中的预充电及刷新操作控制电路等，这也是存储器系统的重要组成部分。

5.2.2　静态 RAM（SRAM）

1．基本存储单元

SRAM 的基本存储单元（简称存储元）一般是由 6 个 MOS 管组成的双稳态电路（T_1 截止、T_2 导通为状态"1"；T_2 截止、T_1 导通为状态"0"），如图 5-3 所示。

图 5-3 中，T_3、T_4 是负载管，T_1、T_2 是工作管，T_5、T_6、T_7、T_8 是控制管，其中 T_7、T_8 为所有存储元所公用。

在写操作时，若要写入"1"，则 I/O=1，$\overline{I/O}$ =0，X 地址选择线为高电平，使 T_5、T_6 导通，同时 Y 地址选择线为高电平，使 T_7、T_8 导通，要写入的内容经 I/O 端和 $\overline{I/O}$ 端进入，通过 T_7、T_8 和 T_5、T_6 分别与 A、B 端相连，使 A="1"，B="0"，这样就迫使 T_2 导通，T_1 截止。输入信号和地址选择信号消失后，T_5、T_6、T_7、T_8 截止，T_1、T_2 保持被写入的状态不变，使得只要不掉电，写入的信息"1"

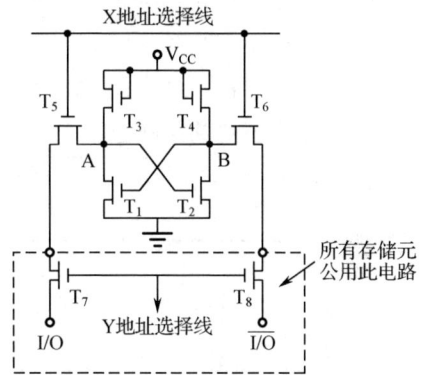

图 5-3　SRAM 的基本存储单元

就能保持不变。写入"0"的原理与此类似。

读操作时，若某个存储元被选中（X、Y 地址选择线均为高电平），则 T_5、T_6、T_7、T_8 都导通，于是存储元的信息被送到 I/O 端和 $\overline{I/O}$ 端上。I/O 端和 $\overline{I/O}$ 端连接到一个差动放大器上，从其电流方向即可判断出所存信息是"1"还是"0"。

SRAM 的使用很方便，在微型计算机领域有极其广泛的应用。常用的典型 SRAM 芯片有 2114、6116、6264、62256、62812 等。下面以 6264 芯片为例说明它的外部特征及工作过程。

2．6264 芯片的引脚及其功能

6264 芯片是一个 8K×8bit 的 CMOS 型 SRAM 芯片，其引脚如图 5-4 所示。它共有 28 个引脚，包括 13 根地址线、8 根数据线及 4 根控制信号线。

（1）$A_0 \sim A_{12}$——13 根地址线。一个存储芯片上地址线的多少

图 5-4　6264 芯片引脚图

决定了该芯片有多少个存储单元。13 根地址线上的地址信号编码最多为 2^{13}，即 8192（8K）个。也就是说，芯片的 13 根地址线上的信号经过芯片的内部译码可以决定选中 8K 个存储单元中的哪一个。在与系统连接时，这 13 根地址线通常连接到系统地址总线的低 13 位上，以便 CPU 寻址芯片上的各个存储单元。

（2）$D_0 \sim D_7$——8 根数据线。对 SRAM 芯片来讲，数据线的根数决定了芯片上每个存储单元的数据位数，8 根数据线说明 6264 芯片的每个存储单元中可存储 8 位二进制数，即每个存储单元有 8 位。使用时，这 8 根数据线与系统的数据总线相连。当 CPU 存取芯片上某个存储单元的数据时，读出和写入的数据都通过这 8 根数据线传送。

（3）$\overline{CS_1}$，CS_2——片选信号线。当 $\overline{CS_1}$ 为低电平、CS_2 为高电平（$\overline{CS_1}$ =0，CS_2 =1）时，该芯片被选中，CPU 才可以对芯片进行读/写。不同类型的芯片，其片选信号的数量不一定相同，但要选中该芯片，必须所有的片选信号同时有效。

事实上，一个微机系统的内存空间是由若干存储器芯片组成的，某块芯片映射到内存空间的哪一个位置（处于哪一个地址范围）是由高位地址信号决定的。系统的高位地址信号和控制信号通过译码产生片选信号，将芯片映射到所需的地址范围上。6264 芯片有 13 根地址线（$A_0 \sim A_{12}$），8086/8088 CPU 有 20 根地址线，所以这里的高位地址信号就是 $A_{13} \sim A_{19}$。地址译码将在后面内容中详细介绍。

（4）$\overline{OE}$——输出允许信号。只有当 $\overline{OE}$ 为低电平时，CPU 才能从芯片中读出数据。

（5）$\overline{WE}$——写允许信号。当 $\overline{WE}$ 为低电平时，允许数据写入芯片；而当 $\overline{WE}$ =1，$\overline{OE}$ =0 时，允许数据从该芯片读出。

（6）其他引脚。V_{CC} 为+5V 电源端，GND 是接地端，NC 表示空端。

3. 6264 芯片的工作过程

6264 芯片的操作方式由 $\overline{WE}$、$\overline{OE}$、$\overline{CS_1}$ 和 CS_2 共同作用决定。其真值表见表 5-2。

表 5-2　6264 芯片真值表

$\overline{WE}$	$\overline{CS_1}$	CS_2	$\overline{OE}$	$D_0 \sim D_7$
0	0	1	×	写入
1	0	1	0	读出
×	0	0	×	三态
×	1	1	×	（高阻）
×	1	0	×	

读出时，地址线 $A_{12} \sim A_0$ 送来的地址信号经地址译码器送到行、列地址译码器中，经译码后选中一个存储单元（其中有 8 位存储位），由 $\overline{WE}$、$\overline{OE}$、$\overline{CS_1}$ 和 CS_2 构成读出逻辑（$\overline{WE}$ =1，$\overline{OE}$ =0，$\overline{CS_1}$ =0，CS_2 =1），打开右边的 8 个三态门，被选中单元的 8 位数据经 I/O 电路和三态门送到 $D_7 \sim D_0$ 输出。6264 芯片读周期时序如图 5-5 所示。

t_A 表示读出时间，即地址有效到数据读出有效之间的时间，MOS 器件的读出时间为 50～500ns。

t_{CO} 表示数据输出稳定时间，即从片选信号有效到数据输出稳定的时间，一般 $t_A > t_{CO}$。

t_{CX} 表示读恢复时间。输出数据有效之后，存储器不能立即输入新的地址来启动下一次读操作，因为存储器在输出数据后需要一定的时间来内部操作，这段时间称为读恢复时间。

t_{RC} 表示存储器的读出周期，是指启动一次读操作到启动下一次内存操作（读或写）之间所需要的时间。

t_{DR} 表示数据有效时间。

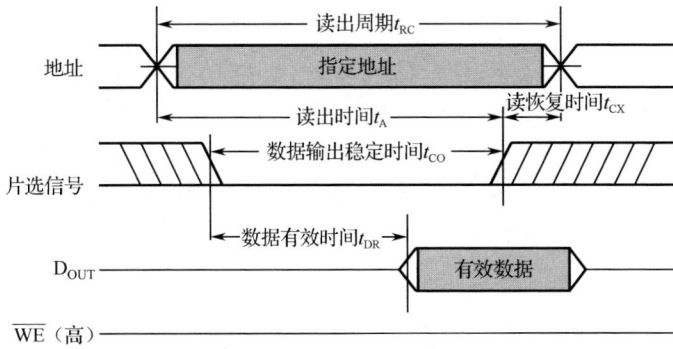

图 5-5　6264 芯片读周期时序

读出周期 t_{RC}=读出时间 t_A+读恢复时间 t_{CX}

写入时，选中某一存储单元的方法和读出时相同，不过这时 $\overline{WE}$=0，$\overline{OE}$ 任意，$\overline{CS_1}$=0，CS_2=1，打开左边的三态门。从 $D_7 \sim D_0$ 端输入的数据经三态门和输入数据控制电路送到 I/O 电路，从而写到存储单元的 8 个存储位中。6264 芯片写周期时序如图 5-6 所示。

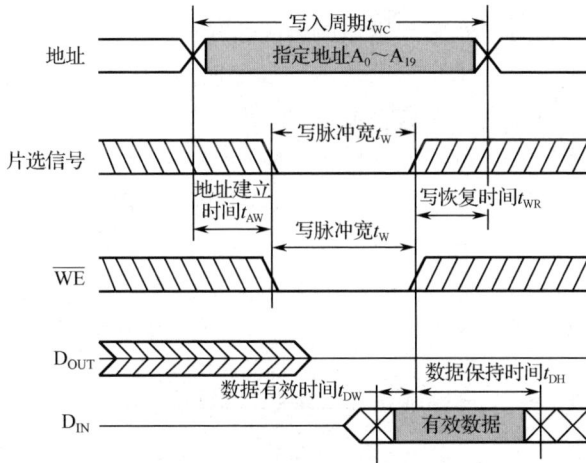

图 5-6　6264 芯片写周期时序

t_{WC} 表示写入周期。

t_{AW} 表示地址建立时间，即地址出现到稳定的时间。

t_W 表示写脉冲宽，即读/写控制信号维持低电平的时间。

t_{DW} 表示数据有效时间。

t_{DH} 表示数据保持时间。

t_{WR} 表示写恢复时间，即存储器完成内部操作所需的时间。

当不执行读/写操作时，$\overline{CS_1}$=1，CS_2 任意，即片选处于无效状态，输入/输出三态门呈高阻状态，从而使存储器芯片与系统总线"脱离"。

4．SRAM 芯片的应用

在对 SRAM 芯片的引脚和工作时序有了一定了解之后，下一步需要掌握的是如何实现它与系统的连接。将一个存储器芯片接到总线上，除控制信号及数据信号线的连接外，主要是如何保证该芯片在整个内存中占据的地址范围能够满足用户的要求。芯片的片选信号是高位地址信号和控制信号的译码产生的，实际上，正是高位地址信号决定了芯片在整个内存中占据的地址范围。

1）地址译码

所谓译码，简单地讲就是将一组输入信号转换为一个确定的输出。在存储器技术中，译码就是将高位地址信号通过一组电路（译码器）转换为一个确定的输出信号，并将其连接到存储器芯片的片选端，使芯片被选中，从而使系统能够对该芯片上的存储单元进行读/写操作。

8086/8088 CPU 能够寻址的内存空间为 1MB，共有 20 根地址线，其中高位地址（$A_{19} \sim A_i$）用于确定芯片的地址范围（即作为译码器的输入），低位地址（$A_{i-1} \sim A_0$）用于片内寻址。由于在微机系统中，CPU 通常都工作在最大方式下，其控制信号需通过总线控制器与系统控制总线连接。因此，对存储器进行读/写操作时，不是要求最小方式下的读/写控制信号 $\overline{RD}$ 和 $\overline{WR}$ 有效，而是要求总线控制信号 $\overline{MEMR}$ 和 $\overline{MEMW}$ 有效。

地址译码的方式多种多样，综合起来主要分为两种：用基本逻辑门电路构成译码器或用专门译码器进行译码。

2）地址译码方式

存储器的地址译码方式可以分为两种：全地址译码和部分地址译码。

（1）全地址译码方式

所谓全地址译码就是构成存储器时要使用全部 20 位地址总线信号，即所有的高位地址信号都用来作为译码器的输入，低位地址信号连接存储器芯片的地址输入线，从而使存储器芯片上的每个存储单元都在整个内存空间中具有唯一的地址。

对 6264 芯片而言，就是用低 13 位地址信号（$A_0 \sim A_{12}$）决定每个存储单元的片内地址，即片内寻址；而用高 7 位地址信号（$A_{13} \sim A_{19}$）决定芯片在内存中占据的地址范围，即作为片选地址译码。

图 5-7 所示是 6264 芯片与 8086/8088 系统的连接图。图中用地址总线的高 7 位信号（$A_{13} \sim A_{19}$）作为地址译码器的输入，地址总线的低 13 位信号（$A_0 \sim A_{12}$）接到芯片的 $A_0 \sim A_{12}$ 端，故这是一个全地址译码方式的连接。可以看出，当 $A_{19} \sim A_{13}$ 为 0011111 时，译码器输出低电平，使 6264 芯片的片选端 $\overline{CS_1}$ 有效（即表示选中该芯片）。所以，该 6264 芯片的地址范围为 3E000H ～ 3FFFFH（低 13 位可以是从全为 0 到全为 1 之间的任何一个值）。

译码电路的构成不是唯一的，可以利用基本逻辑门电路构成，也可以利用专门的译码器构成。图 5-8 就是利用 138 译码器实现同样地址范围的译码电路。

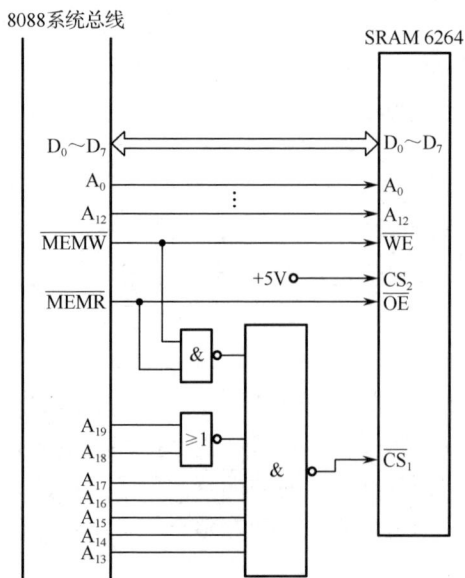

图 5-7　6264 芯片的全地址译码连接图　　　图 5-8　利用 138 译码器实现全地址译码连接图

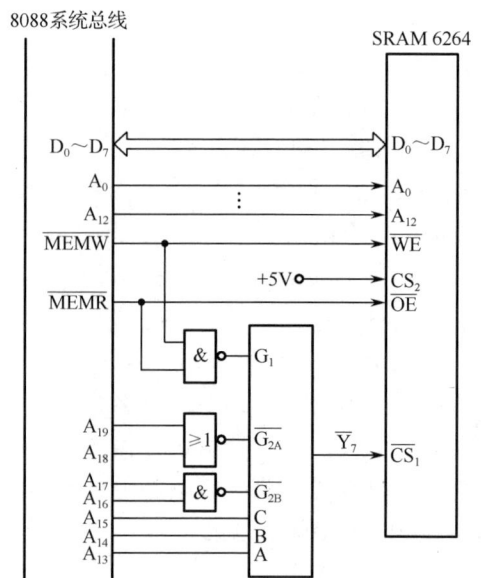

若对图 5-7 中的基本逻辑门电路进行一定的修改，如图 5-9 所示，则 6264 芯片占据的地址范围就变成 C0000H～C1FFFH。由此可见，使用不同的译码电路可将存储器芯片映射到内存空间的任意范围。

（2）部分地址译码方式

部分地址译码就是仅把地址总线的一部分与存储器连接，通常是用高位地址信号的一部分（而不是全部）作为片选译码信号。图 5-10 就是一个部分地址译码的例子。从图中可以看出，该 6264 芯片被映射到了以下 4 个内存空间中：AE000H～AFFFFH、BE000H～BFFFFH、EE000H～EFFFFH、FE000H～FFFFFH。

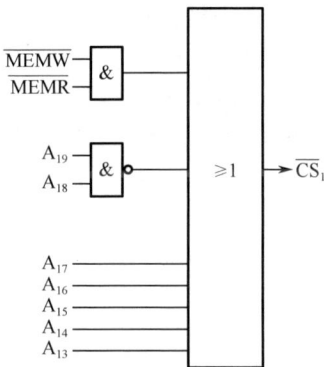

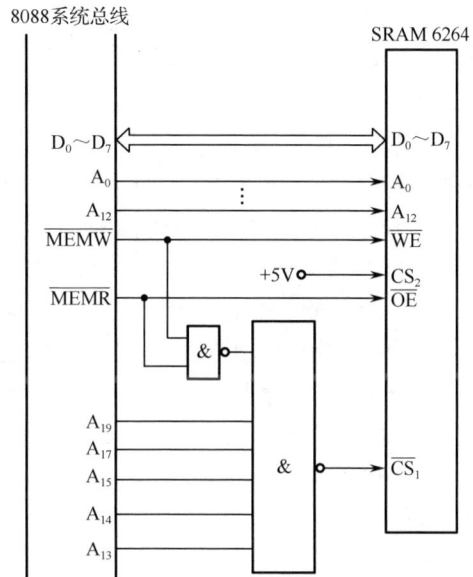

图 5-9　另一种译码电路　　　　图 5-10　6264 芯片的部分地址译码连接图

该 6264 芯片共占据了 4 个 8KB 的内存空间，而 6264 芯片本身只有 8KB 的存储容量。为什么会出现这种情况呢？其原因就在于图中的高位地址译码并没有利用地址总线上的全部地址信号，而是只利用了其中的一部分。在图 5-10 中，A_{18} 和 A_{16} 并没有参加译码，即 A_{18} 和 A_{16} 无论是什么值都不会影响译码器的输出。因此，当 A_{18} 和 A_{16} 分别为 00、01、10、11 这 4 种组合时，对应的 6264 芯片就占据了 4 个 8KB 的内存空间。这种只用部分地址线参加译码从而产生地址重复区的译码方式就是部分地址译码方式。按这种地址译码方式，芯片占用的 4 个 8KB 的内存空间绝不可再分配给其他芯片，否则，会造成总线竞争而使微机无法正常工作。另外，在对这个 6264 芯片进行数据存取时，可以使用以上 4 个地址范围中的任意一个。

部分地址译码方式使地址出现重叠区，而重叠的部分必须留着不准使用，这就破坏了地址空间的连续性，也在实际上减小了总的可用存储地址空间。部分地址译码方式的优点是其译码器的构成比较简单、成本较低。图 5-10 与图 5-7 相比少用了两条译码输入线，但这点是以牺牲可用的内存空间为代价换来的。

可以想象，参加译码的高位地址越少，译码器就越简单，而同时所构成的存储器占用的内存地址空间就越多。若用一条高位地址线作为片选信号，如在图 5-10 中，若只将 A_{19} 接在 $\overline{CS_1}$ 上，则这片 6264 芯片将占据 00000H～7FFFFH 共 512KB 的地址空间。这种只用一条高位地址线进行片选的连接方法称为线性选择，这种地址译码方式一般仅用于系统中只使用 1～2 个存储芯片的情况。

在实际应用中，采用全地址译码还是部分地址译码应根据具体情况来定。如果地址资源很富余，为使电路简单，可考虑采用部分地址译码方式；如果要充分利用地址空间，则应采用全地址译码方式。

3）SRAM 的应用实例

以上讲述了利用 SRAM 芯片构成内存时经常采用的两种地址译码方式，其中最常用的是全地址译码方式。上面已经提到，全地址译码可以使用各种基本逻辑门电路实现，也可以使用现成的译码器芯片，如 74LS138 译码器等。下面通过例子来说明如何使用 SRAM 芯片构成所需的存储器。

【例 5.1】用 SRAM 6116 芯片构成一个 6KB 的存储器。要求其占据的地址范围为 0C1000H～0C27FFH。

图 5-11 是 6116 芯片的引脚图。由芯片的地址线和数据线的根数可以看出，6116 为 2K×8bit 的存储器芯片。6116 芯片的外部引脚包括 11 根地址线（A_0～A_{10}）、8 根数据线（D_0～D_7）、读/写控制信号 R/$\overline{W}$（R/$\overline{W}$ =0 时写入，R/$\overline{W}$ =1 时读出）、输出允许信号 $\overline{OE}$ 及片选信号 $\overline{CS}$。要构成一个 6KB 的存储器，需要 3 片 6116 芯片。由题目所给的地址范围可知，其容量正好为 6KB，即表明 3 片存储器芯片都具有唯一的地址范围。因此，需要采用全地址译码方式。

译码电路的构成不是唯一的，可以利用基本逻辑门电路（如"与""或""非"门等）构成，也可以利用 3-8 译码器 74LS138 构成。本例中采用全地址译码方式使 3 片 6116 芯片具有唯一的地址范围。因需要多个片选信号，选用 74LS138 作为地址译码器可以更方便、高效，且译码电路更简洁。图 5-12 为存储器芯片与工作在最大方式下的 8088 系统总线连接图。图 5-12 中，用 74LS138 和一些门电路构成译码电路，对地址线高 9 位（A_{11}～A_{19}）进行译码。将 $\overline{MEMR}$、$\overline{MEMW}$ 信号组合后接到 74LS138 译码器的使能端，保证了只有对存储器进行读/写操作时，74LS138 译码器才能工作。

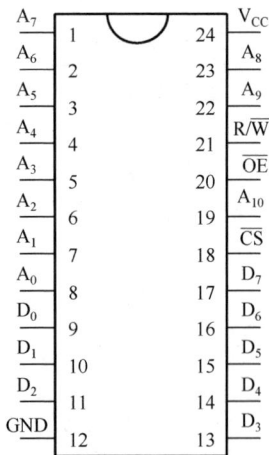

图 5-11　SRAM 6116 芯片的引脚图　　　　图 5-12　6116 芯片应用连接图

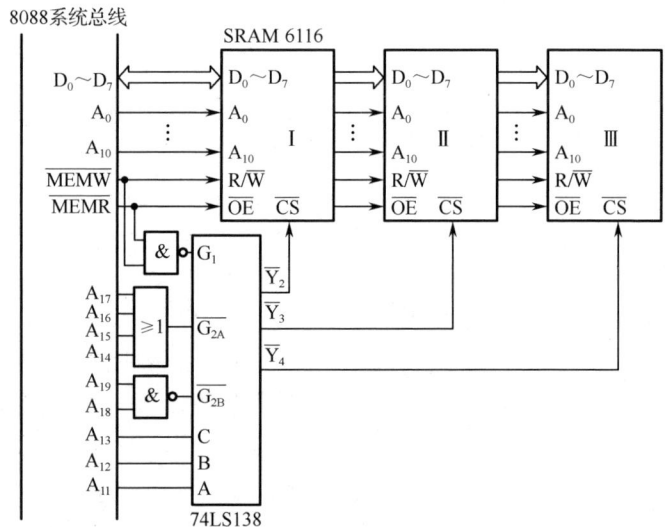

【例 5.2】用 SRAM 8256 芯片构成 1MB 的存储器。

分析：8256 芯片为 256K×8bit 的 SRAM 芯片。其引脚如图 5-13 所示。其中，A_0～A_{17} 为地址线；D_0～D_7 为数据线；$\overline{WE}$ 是写允许信号（低电平有效）；$\overline{OE}$ 为输出允许信号（低电平有效）；$\overline{CS}$ 为片选信号（低电平有效）。所需存储芯片数量为 1024KB/256KB=4 片，4 片 8256 芯片的地址范围分别为：

00000H～3FFFFH

40000H～7FFFFH

80000H～BFFFFH

C0000H～FFFFFH

采用 74LS138 译码器构成译码电路。由于 8256 芯片有 18 根地址线，只有两个高位地址信号 A_{19} 和 A_{18} 可以用于片选译码，因此将 74LS138 的输入端 C 直接接低电平，而使另外两个输入端 A 和 B 分别接到 A_{18} 和 A_{19}，这两个高位地址信号的 4 种不同的组合可以分别选中 4 片 8256 芯片。

8256 芯片与 8088 系统总线的连接图如图 5-14 所示。

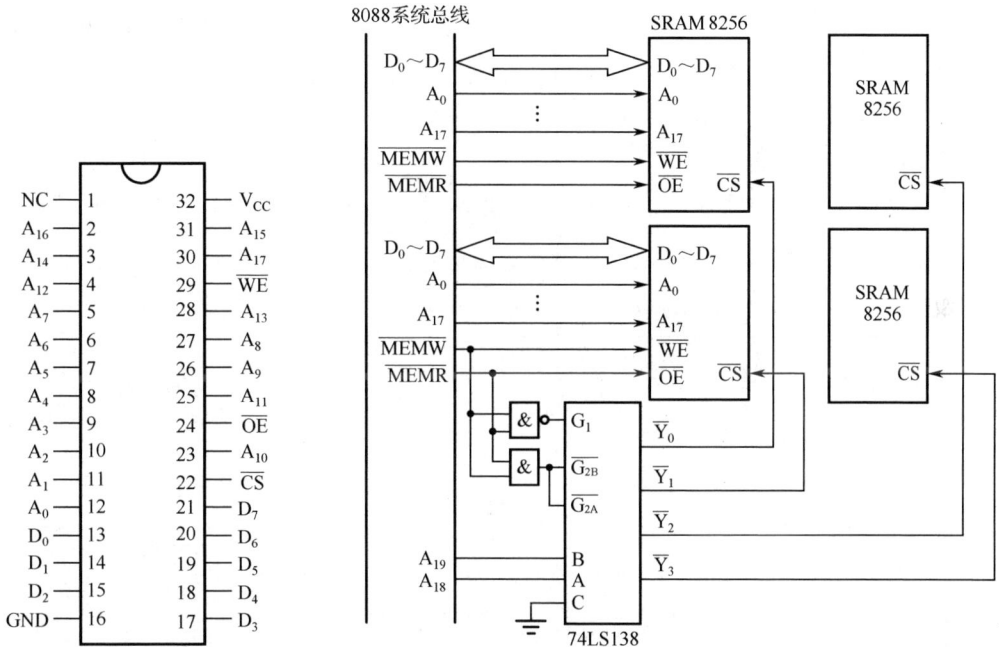

图 5-13　SRAM 8256 芯片的引脚图　　　图 5-14　8256 与 8088 系统总线的连接图

从以上几个例子可以看出，在用 SRAM 芯片构造存储器时可以采用多种连接方式。只要了解了 SRAM 芯片的引脚功能，再根据 CPU 系统总线所能提供的信号，选择适当的器件构成译码电路，便可以很容易地构成任何所需的存储器空间。

5.2.3　动态 RAM（DRAM）

DRAM 和 SRAM 不同，DRAM 的存储元利用电容存储电荷的原理来保存信息，由于电容上的电荷会逐渐泄漏，所以必须定时对 DRAM 进行刷新，使泄漏的电荷得到补充。DRAM 的存储元主要有六管、四管、三管和单管几种形式，这里介绍四管和单管动态存储元。

1.　四管动态存储元

四管动态存储元是将六管静态存储元电路中的负载管 T_3、T_4 去掉而构成的。

六管静态存储元依靠 T_1 和 T_2 管来存储信息，电源 V_{CC} 通过 T_3、T_4 管向 T_1、T_2 管补充电荷，所以 T_1 和 T_2 管上存储的信息可以保持不变。实际上，由于 MOS 管的栅极电阻很高，泄漏电流很小，即使去掉 T_3、T_4 管和电源 V_{CC}，T_1 和 T_2 管栅极上的电荷也能维持一定时间，于是可以由 T_1、T_2、T_5、T_6 构成四管动态存储元，如图 5-15 所示。

电路中，T_5、T_6、T_7、T_8 管仍为控制管，当字选择线 X 和位选择线 Y 都为高电平时，该存储元被选中，T_5、T_6、T_7、T_8 管都导通，则 A、B 点与位线 D、$\overline{D}$ 分别相连，再通过 T_7、T_8 管与外部数据线 I/O、$\overline{\text{I/O}}$ 相通，即可进行读/写操作。同时，在列选择线上还接有两个公共的预充管 T_9 和 T_{10}。

写操作时，如果要写入"1"，则在 I/O 线上加高电平，在 $\overline{\text{I/O}}$ 线上加低电平，并通过导通的 T_5、T_6、T_7、T_8 四个晶体管把高、低电平分别加在 A、B 点，将信息存储在 T_1 和 T_2 管栅极电容上。行、列选通信号消失以后，T_5、T_6 截止，靠 T_1、T_2 管栅极电容的存储作用可在一定时间内保留所写入的信息。

读操作时，先给出预充信号使 T_9、T_{10} 导通，由电源对电容 C_D 和 $\overline{C_D}$ 进行预充电，使它们达到电源电压。行、列选择线上为高电平，使 T_5、T_6、T_7、T_8 导通，存储在 T_1 和 T_2 上的信息经 A、B 点向 I/O、$\overline{\text{I/O}}$ 线输出。若原来的信息为"1"，即电容 C_2 上存有电荷，T_2 导通、T_1 截止，则电容 $\overline{C_D}$ 上的预充电荷通过 T_6 经 T_2 泄漏，于是 I/O 线输出 0，$\overline{\text{I/O}}$ 线输出 1。同时，电容 C_D 上的电荷通过 T_5 向 C_2 补充，所以读出过程也是刷新的过程。

2. 单管动态存储元

单管动态存储元电路只有一个电容和一个 MOS 管，是最简单的存储元结构，如图 5-16 所示。

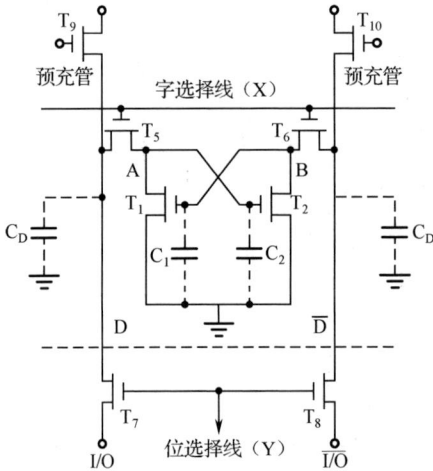

图 5-15 四管动态存储元电路   图 5-16 单管动态存储元电路

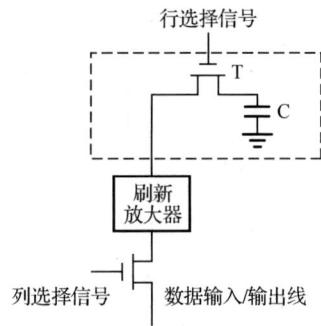

在这样一个存储元电路中，存储的信息到底是"1"还是"0"取决于电容中有没有电荷。在保持状态下，行选择信号为低电平，T 管截止，使电容 C 基本没有放电回路（当然还有一定的泄漏），其上的电荷可暂存数毫秒或维持无电荷的"0"状态。

对由这样的存储元组成的存储矩阵进行读操作时，若某一行选信号为高电平，则位于同一行的所有存储元中的 T 管都导通，于是刷新放大器读取对应电容 C 上的电压值，但只有列选择信号有效的存储元才受到驱动，从而可以输出信息。刷新放大器的灵敏度很高，放大倍数很大，并且能将读得的电容上的电压值转换为逻辑"0"或逻辑"1"。在读出过程中，被选中行上所有存储元中的电容都受到了影响，为了在读出信息之后仍能保持原有的信息，刷新放大器在读取这些电容上的电压值之后又立即进行重写。

在写操作时，行选择信号使 T 管处于导通状态，如果列选择信号也为"1"，则此存储元被选中，于是由数据输入/输出线送来的信息通过刷新放大器和 T 管送到电容 C。

上面介绍的两种动态存储元中，四管动态存储元用的 MOS 管多，因而使芯片的集成度较低，但其外围电路比较简单，读出过程就是刷新过程，不必为刷新另加外部逻辑电路。单管动态存储元将结构简化到了最简形式，因而集成度高，但要求的读/写外围电路比较复杂，适用于大容量存储器。

3. DRAM 的刷新

DRAM 是利用电容 C 上充积的电荷来存储信息的。当电容 C 上有电荷时，为逻辑"1"，没有电荷时，为逻辑"0"。但由于任何电容都存在漏电，因此当电容 C 存有电荷时，过一段时间后由于电容的放电过程而导致电荷流失，信息也就会丢失。因此需要周期性地对电容进行充电，以补充泄漏的电荷，通常把这种补充电荷的过程叫作刷新或再生。随着器件工作温度的升高，放电速度会变快，刷新时间间隔一般要求在 1～100ms，工作温度为 70℃时，典型的刷新时间间隔为 2ms，即 2ms 内必须对存储的信息刷新一遍。尽管在读出或写入时对存储元进行了刷新，但对存储器中各单元的访问具有随机性，无法保证一个存储器中的每个存储单元都能在 2ms 内进行一次刷新，所以需要系统地对存储器进行定时刷新。

对整个存储器系统来说，各存储器芯片可以同时刷新。对每块 DRAM 芯片来说，则是按行刷新，每次刷新一行，所需时间为一个刷新周期。如果某存储器系统中有若干块 DRAM 芯片，其中容量最大的一块芯片的行数为 128，则在 2ms 之内至少应安排 128 个刷新周期。

在存储器刷新周期中，将刷新地址计数器提供的行地址发送给存储器，然后执行一次读操作，便可完成对选中行各存储元的刷新。每刷新一行，计数器加 1，所以它可以顺序提供所有的行地址。因为每一行中各个存储元的刷新是同时进行的，故不需要列地址，此时芯片内各存储元的数据线为高阻状态，与外部数据总线完全隔离，所以尽管刷新进行的是读操作，但读出的数据不会被送到数据总线上。

下面以一种 DRAM 芯片 Intel 2164A 为例，来说明 DRAM 的外部特性及工作过程。

4. 2164A 芯片的引脚及其功能

这里介绍一种 DRAM 芯片——Intel 2164A。2164A 芯片的存储容量为 64K×1bit，采用单管动态存储元，每个存储单元只有一位数据，其内部结构如图 5-17 所示。

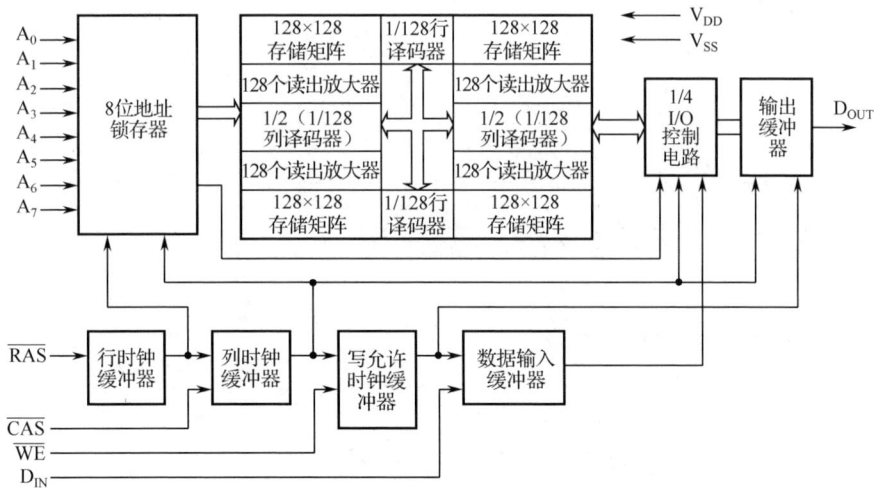

图 5-17　2164A 芯片内部结构示意图

2164A 芯片的存储体本应为一个 256×256 的存储矩阵，为提高工作速度（需减少行/列线上的分布电容），将存储矩阵分为 4 个 128×128 矩阵，每个 128×128 矩阵配有 128 个读出放大器，各有一套 I/O 控制（读/写控制）电路。64KB 容量本需 16 位地址，但芯片只有 8 根地址线，如图 5-18 所示。为了满足容量要求，地址线 A_0～A_7 需要分时复用。在行地址选通信号 $\overline{RAS}$ 的控制下先将 8 位行地址送入行地址锁存器，锁存器提供 8 位行地址 RA_7～RA_0，译码后产生两组行选择信号，每组 128 个。然后在列地址选通信号 $\overline{CAS}$ 的控制下将 8 位列地址送入列地址锁存器，锁存器提供 8 位地址 CA_7～CA_0，译码后产生两组列选择信号，每组 128 个。行地址 RA_7 与

列地址 CA_7 选择 4 个 128×128 矩阵之一。因此 16 位地址是分成两次送入芯片的，对于某一个地址码，只有一个 128×128 矩阵和它的 I/O 控制电路被选中。$A_0 \sim A_7$ 这 8 根地址线还用于在刷新时提供行地址，因为刷新是按行进行的。

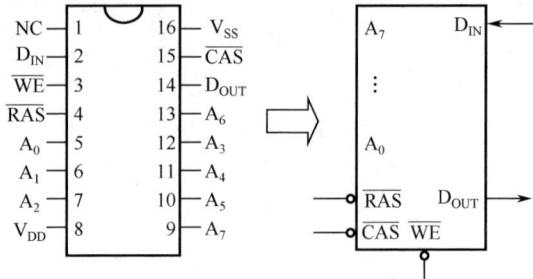

图 5-18　2164A 芯片的引脚与逻辑符号

1）读操作时序

在 2164A 芯片的读操作过程中，它要接收来自 CPU 的地址信号，经译码选中相应的存储单元后把其中保存的一位信息通过数据输出线 D_{OUT} 送至系统数据总线。

2164A 芯片读操作的时序如图 5-19 所示。从时序图中可以看出，读周期是由行地址选通信号 $\overline{RAS}$ 有效开始的，要求行地址要先于 $\overline{RAS}$ 信号有效，并且必须在 $\overline{RAS}$ 有效后再维持一段时间。同样，为了保证列地址的可靠锁存，列地址应先于列地址选通信号 $\overline{CAS}$ 有效，且必须在 $\overline{CAS}$ 有效后再保持一段时间。

要从指定的单元中读取信息，必须在 $\overline{RAS}$ 有效后使 $\overline{CAS}$ 也有效。由于从 $\overline{RAS}$ 有效起到指定单元的信息读出并送到数据总线上需要一定的时间，因此存储单元中信息读出的时间与 $\overline{CAS}$ 开始有效的时刻有关。

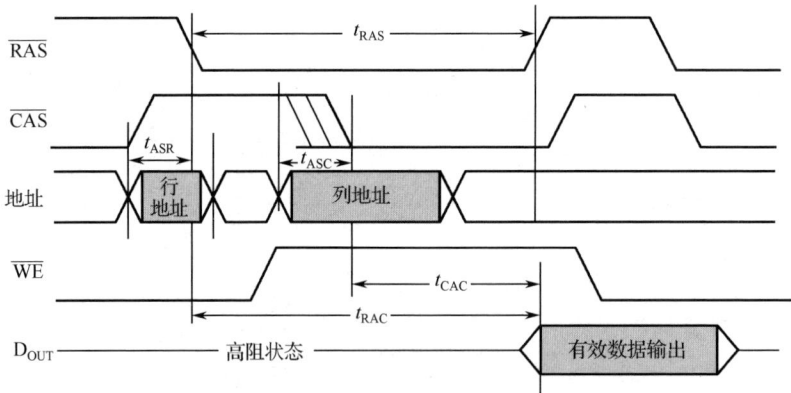

图 5-19　2164A 芯片读操作的时序

存储单元中信息的读/写取决于控制信号 $\overline{WE}$。为实现读出操作，要求 $\overline{WE}$ 信号无效，且必须在 $\overline{CAS}$ 有效前变为高电平。

2）写操作时序

在 2164A 芯片的写操作过程中，它同样通过地址总线接收 CPU 发来的行/列地址信号，选中相应的存储单元后，把 CPU 通过数据总线发来的信息保存到相应的存储单元中。2164A 芯片写操作的时序如图 5-20 所示。

2164A 芯片的读/写操作由 $\overline{WE}$ 信号来控制。读操作时，$\overline{WE}$ 为高电平，选中单元的内容经三态输出缓冲器从 D_{OUT} 输出；写操作时，$\overline{WE}$ 为低电平，D_{IN} 上的信息经数据输入缓冲器写入选中的单元。2164A 芯片没有片选信号，实际上用行地址和列地址选通信号 $\overline{RAS}$ 和 $\overline{CAS}$ 作为片选信号，即片选信号已分解为行选信号与列选信号两部分。

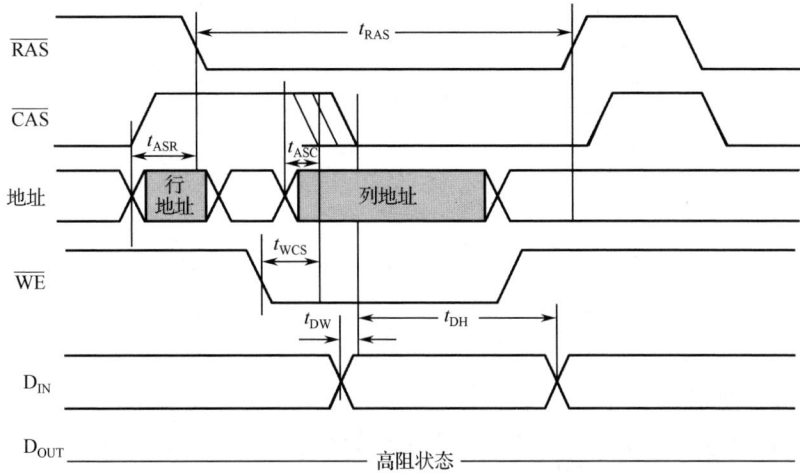

图 5-20   2164A 芯片写操作的时序

3）读-修改-写操作时序

这种操作的性质类似于读操作与写操作的组合，但它并不是简单地由两个单独的读周期与写周期组合起来的，而是在 $\overline{RAS}$ 和 $\overline{CAS}$ 同时有效的情况下由 $\overline{WE}$ 信号控制的，先实现读出，待修改之后再实现写入。其操作时序如图 5-21 所示。

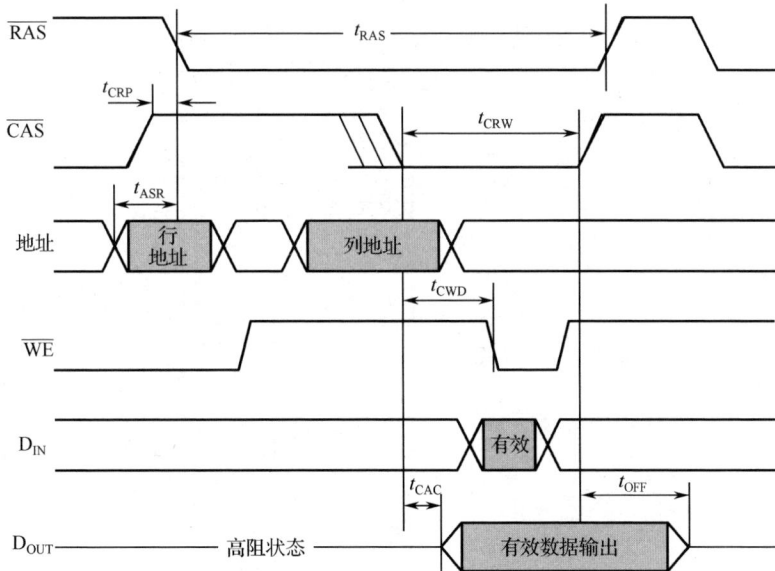

图 5-21   2164A 芯片读-修改-写操作的时序

4）刷新操作时序

2164A 芯片内部有 4×128 个读出放大器，在进行刷新操作时，芯片只接收从地址总线上发来的行地址（其中 RA_7 不起作用），由 $RA_6 \sim RA_0$ 共 7 根行地址线在 4 个存储矩阵中各选中一行，共 4×128 个单元，分别将其中所保存的信息输出到 4×128 个读出放大器中，经放大后再写回原单元，即可实现 512 个单元的刷新操作。这样，经过 128 个刷新周期就可完成整个存储体的刷新。其操作时序如图 5-22 所示。

• 145 •

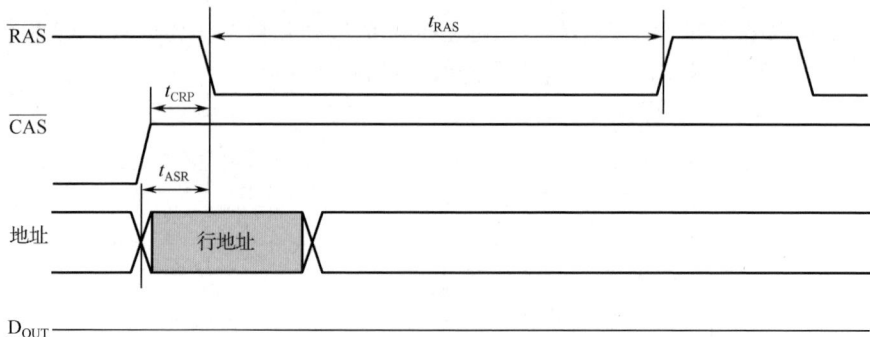

图 5-22　2164A 芯片中 $\overline{RAS}$ 有效刷新操作的时序

5）DRAM 在系统中的连接

现在微机系统中，大多采用 DRAM 芯片构成主存。由于在使用中既要做到能够正确读/写，又要能在规定的时间里对它进行刷新，因此，微机中对 DRAM 的连接和控制电路要比 SRAM 复杂得多。这里仅通过一个简化的电路示意图来说明 DRAM 在系统中的连接。

图 5-23 所示为 IBM PC/XT 机的 DRAM 连接简化电路示意图。图中虚线的长方体表示由 8 片 2164A 芯片组成的 64KB 存储器。74LS158 是二选一的数据选择器，74LS245 为驱动器。当 CPU 读/写存储器的某个单元时，首先由行列锁存信号电路送出行地址选通信号 $\overline{RAS}$，同时 ADDSEL = 0，使 74LS158 的 A 端口导通，CPU 将 8 位行地址信号通过地址总线的低 8 位（$A_0 \sim A_7$）从 74LS158 的 A 端口加到存储器芯片上，并在 $\overline{RAS}$ 作用下锁存于存储器芯片内部的行地址锁存器。60ns 后，ADDSEL = 1，使 74LS158 的 B 端口导通，CPU 将 8 位列地址信号通过地址总线的高 8 位（$A_8 \sim A_{15}$）从 74LS158 的 B 端口加到存储器芯片上，延迟 40ns 后由 $\overline{CAS}$ 将其锁存于存储器芯片内部的列地址锁存器。最后，在读/写控制信号 $\overline{MEMR}$ / $\overline{MEMW}$ 控制下实现数据的读/写。

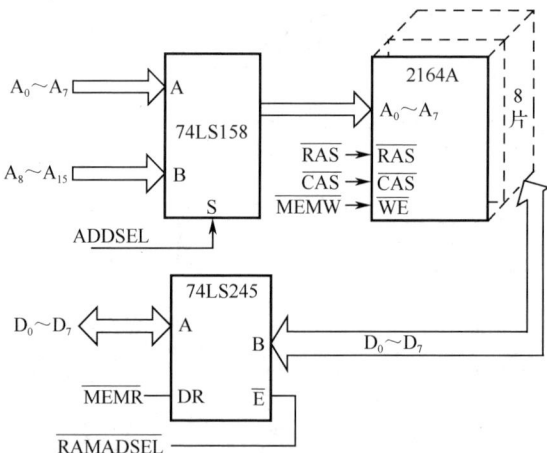

图 5-23　DRAM 连接简化电路示意图

IBM PC/XT 机中 DRAM 的刷新过程是利用 DMA 来实现的。首先由可编程定时器 8253 每隔 15.12μs 产生一个 DMA 请求；之后由 DMA 控制器 8237A 在其 $\overline{DAK_0}$ 端产生一个低电平，使列地址选通信号 $\overline{CAS}$ 为高电平，而行地址选通信号 $\overline{RAS}$ 为低电平；最后，通过 DMA 控制器送出刷新的行地址，实现一次刷新。

下面通过例题来说明如何使用 DRAM 芯片构成所需的存储器系统。

【例 5.3】用 DRAM 芯片 Intel 2116 组成一个 16K×8bit 的存储器系统，其地址范围为 4000H～7FFFH。画出连线图。

分析：单片 2116 芯片的容量为 16K×1bit，共需要 8 片 2116 芯片才能组成 16K×8bit 的存储器系统。8 片 2116 芯片上的 I/O 线（共 8 根）正好与 CPU 的 8 条数据总线 $D_7 \sim D_0$ 相连。每片 2116 芯片上均有 7 条地址输入线，分时传送 14 位地址信号。因此 CPU 在对存储器进行读/写时，由 IO/$\overline{M}$ 信号经过行列选通信号发生器与其他控制信号一起产生相应的行地址选通信号 RAS、$\overline{RAS}$，列地址选通信号 CAS、$\overline{CAS}$ 和读/写控制信号 $\overline{WE}$，分别送到 2116 芯片和地址多路转换器。$A_{15}=0$，$A_{14}=1$ 及 IO/$\overline{M}$ =0 时，利用 $\overline{RAS}$ 信号使 DRAM 芯片被选中。CPU 的地址总线 $A_{13} \sim A_0$ 上的行地址 $A_6 \sim A_0$ 和列地址 $A_{13} \sim A_7$ 分别在 RAS 和 CAS 的控制下，经地址多路转换器被分别送入 2116 芯片内部的行地址锁存器和列地址锁存器，经译码后选中被寻址的存储单元。

2116 芯片与 CPU 的连线图如图 5-24 所示。

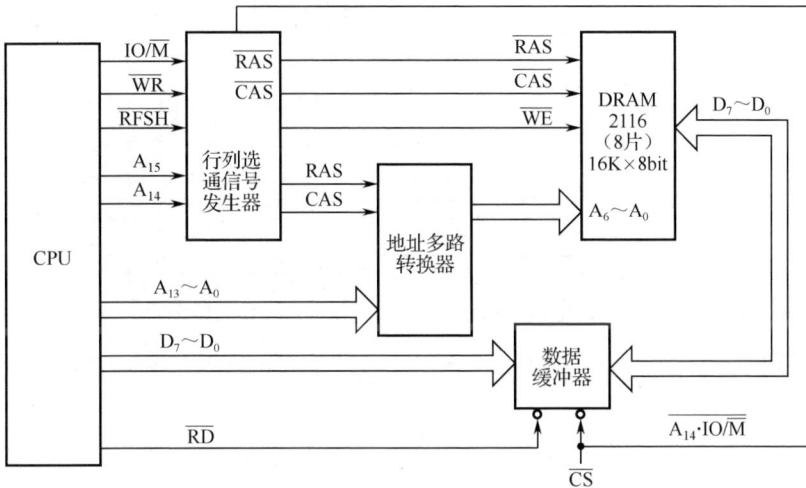

图 5-24　2116 芯片与 CPU 的连线图

5.2.4　存储器扩展技术

一个系统的存储器系统容量取决于地址线的位数，一般都远远大于单片存储器芯片的容量。每一个存储器芯片的容量都是有限的，而且其字长有时也不能正好满足计算机系统对字长的要求。因此，微机系统的存储器总是由多个存储器芯片共同构成的。对存储器芯片进行扩展与连接时要考虑两方面的问题，一个是如何用容量较小、字长较短的芯片组成满足系统容量要求的存储器；另一个是存储器如何与 CPU 连接。

存储器芯片的扩展包括位扩展、字扩展和字位扩展等 3 种情况。

1. 位扩展

位扩展是指存储器芯片的字（单元）数满足要求而位数不够，需对每个存储单元的位数进行扩展。

【例 5.4】用 8K×1bit 的 RAM 芯片通过扩展构成 8KB 的存储器系统。

分析：由于存储器的字数与存储器芯片的字数一致，都是 8K，即 2^{13}，所以需要 13 根地址线（$A_0 \sim A_{12}$）对各芯片内的存储单元进行寻址。而每个芯片只有一条数据线，要组成 8KB 的存储器系统，则需要有 8 片 8K×1bit 的芯片，将每个芯片的数据线分别接到数据总线（$D_0 \sim D_7$）的相应位。

所需的芯片数=总容量/单个芯片容量=(8K×8bit)/(8K×1bit)=8

连线图如图 5-25 所示。

在此连接方式中，每一条地址线有 8 个负载，每一条数据线有一个负载。在位扩展法中，应所有芯片都同时被选中，各芯片$\overline{CS}$端可直接接地，也可并联在一起，根据地址范围的要求，与高位地址线译码产生的片选信号相连。这个例子中，若地址线$A_0 \sim A_{12}$上的信号全为0，即选中了存储器0号单元，该单元的8位信息是由各芯片0号单元的1位信息共同构成的。从该存储器系统中读或写一字节的信息需要访问所有存储器芯片，每片只访问1bit。

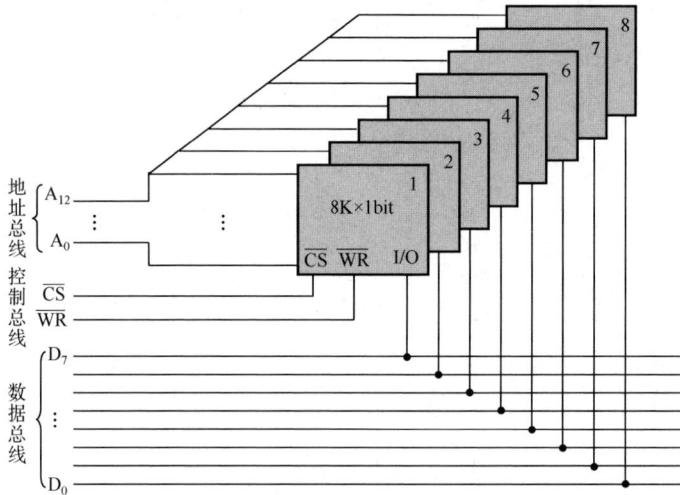

图 5-25　用 8K×1bit 芯片构成 8K×8bit 的存储器系统

可以看出，位扩展的连接方式是将芯片的地址线、片选端$\overline{CS}$、读/写控制线$\overline{WR}$各自并联，而数据线则要分别引出。

例 5.3 便使用了位扩展技术来构成所需的存储器系统。

2．字扩展

字扩展用于存储器芯片的位数满足要求而字数不够的情况，是对存储单元数量的扩展。

【例 5.5】用 16K×8bit 的芯片构成一个 64KB 的存储器系统。

分析：所给芯片与要求构成的存储器系统字长相同，都是 8bit，因此需要进行字扩展。要达到所要求的容量，需要增加芯片的数量来实现字节数的增加，即需要进行字扩展。

所需芯片数=(64K×8bit)/(16K×8bit)=4。

连线图如图 5-26 所示。

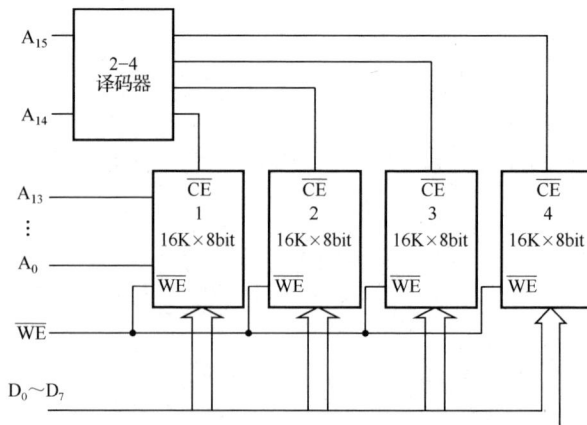

图 5-26　用 16K×8bit 芯片构成 64K×8bit 的存储器系统

图 5-26 中 4 个芯片的数据端与数据总线 $D_0 \sim D_7$ 相连，地址总线低位地址 $A_0 \sim A_{13}$ 与各芯片的 14 位地址线相连，用于进行片内寻址，为了区分 4 个芯片的地址范围，还需要两根高位地址

线 A_{14}、A_{15}，经 2–4 译码器译出 4 根片选信号线，分别和 4 个芯片的片选端相连。各芯片的地址范围见表 5-3。

表 5-3　图 5-26 中各芯片地址空间分配表

片号	地址线		说明
	$A_{15}A_{14}$	$A_{13}A_{12}A_{11}\cdots A_1A_0$	
1	00	000$\cdots$00	最低地址
	00	111$\cdots$11	最高地址
2	01	000$\cdots$00	最低地址
	01	111$\cdots$11	最高地址
3	10	000$\cdots$00	最低地址
	10	111$\cdots$11	最高地址
4	11	000$\cdots$00	最低地址
	11	111$\cdots$11	最高地址

字扩展的连接方式是将芯片的地址线、数据线、读/写控制线分别并联，而由片选信号来区分各片地址。也就是说将低位地址线直接与各芯片地址线相连，以选择片内的某个单元；用高位地址线经译码器产生若干不同片选信号，连接到各芯片的片选端，以确定各芯片在整个存储空间中占据的地址范围。

例 5.1 和例 5.2 便使用了字扩展技术来构成所需的存储器系统。

3. 字位扩展

在实际应用中，往往会遇到字数和位数都需要扩展的情况。若使用 $l \times k$ 位存储器芯片构成一个容量为 $M \times N$ 位（$M > l$，$N > k$）的存储器系统，那么共需要（M/l）×（N/k）个存储器芯片。连接时可将这些芯片分成（M/l）个组，每组有（N/k）个芯片，组内采用位扩展法，组间采用字扩展法。

【例 5.6】用 2114 芯片（1K×4bit）构成 4K×8bit 的存储器系统。

分析：所给 2114 芯片的字长（4bit）达不到系统字长（8bit），因此需要进行位扩展。单片芯片的容量（1K×4bit）也小于要求的存储器系统容量（4K×8bit），因此还需要进行字扩展。

所需芯片数=(4K×8bit)/(1K×4bit)=4×2=8。

连线图如图 5-27 所示。

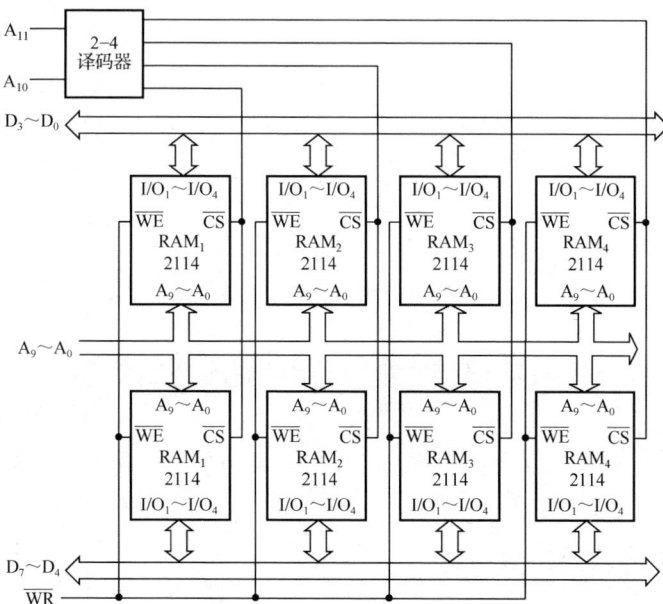

图 5-27　用 1K×4bit 芯片构成 4K×8bit 的存储器系统

图中将 8 片 2114 芯片分成了 4 组（RAM$_1$、RAM$_2$、RAM$_3$ 和 RAM$_4$），每组两片。组内用两片 2114 芯片通过位扩展法构成 1K×8bit 的存储模块，4 个这样的存储模块用字扩展法连接便构成了 4K×8bit 的存储系统。用 A$_0$～A$_9$ 10 根地址线对每组芯片进行片内寻址，同组芯片应同时被选中，故同组芯片的片选端应并联在一起。本例用 2–4 译码器对两根高位地址线 A$_{10}$～A$_{11}$ 进行译码，产生 4 根片选信号线，分别与各组芯片的片选端相连。

5.2.5 存储器与系统的连线

存储器应用到系统中实际上就是将存储器与系统总线连接在一起。CPU 对存储器进行读/写操作，首先要由地址总线给出地址信号，选择要进行读/写操作的存储单元，然后通过控制总线发出相应的读/写控制信号，最后才能在数据总线上进行数据交换。因此存储器与系统的连线主要包括地址线、数据线、控制线。

在实际连线时，需要考虑以下几个问题。

（1）CPU 总线的负载能力。

通常在设计 CPU 芯片时，考虑其输出线的直流负载能力时为仅带一个 TTL 负载的情况。现在的存储器一般都为 MOS 管电路，直流负载很小，主要的负载是电容负载，CPU 可以直接与存储器相连。但是，如果由 RAM 和 ROM 构成的主存直接挂在系统总线上，则 CPU 的负载能力不能满足要求。为此，需要加入总线驱动器来提高 CPU 的总线驱动能力和负载能力。一般使用缓冲器来充当总线驱动器。

（2）CPU 的时序和存储器的存取速度之间的配合问题。

CPU 取指令和存储器的读/写操作是有固定时序的，用户要根据这些来确定对存储器存取速度的要求，或在存储器已经确定的情况下，考虑是否需要增加 T_w（等待状态）周期，以及如何实现的问题。

（3）片选信号和存储器的地址分配问题。

存储器的地址译码分为片选译码和片内译码。在执行读/写操作时，对存储单元的寻址分两步进行。首先通过片选信号选择芯片或芯片组，然后对芯片或芯片组内某个存储单元进行地址选择。通常片选信号是高位地址通过译码电路产生的。芯片内部单元寻址与芯片的结构有关，一般由低位地址提供寻址的行地址和列地址。

（4）控制信号的连接。

CPU 与存储器交换信息时，通常有以下几个控制信号（对 8088/8086 来说）：$\overline{\text{IO}}/\text{M}$（或 IO/$\overline{\text{M}}$）、$\overline{\text{RD}}$、$\overline{\text{WR}}$ 及 WAIT 信号。这些信号线与存储器的控制信号端相连以实现所需的控制功能。

5.3 只读存储器（ROM）

前面介绍了 RAM，由于其断电后信息丢失的特点，所以在某些场合不适用，而 ROM 的结构简单，集成度高，断电后信息不会丢失，是一种非易失性器件，可靠性比较高，因此一般用于存放一些固定的程序，如监控程序、BIOS 程序等。下面将分别讨论几种不同类型 ROM 的结构和工作原理。

5.3.1 掩膜 ROM（MROM）

MROM 的内容是由生产厂家按用户要求在芯片的生产过程中写入的，写入后其存储内容将不能修改。MROM 采用二次光刻掩膜工艺制成，首先要制作一个掩膜板，然后通过掩膜板曝光在硅片上刻出图形。制作掩膜板的工艺较复杂，生产周期长，因此生产第一片 MROM 的费用很大，而复制同样的 MROM 就很便宜了，所以适用于大批量生产，不适用于科学研究。MROM 有双极型、MOS 型等几种电路形式。其应用场合有家电等。厂家将程序写入 MROM 之后只能读出，用户使用的时候只要根据需要选择地址就可以调用这些程序了。

MROM 的存储单元可以是二极管、三极管及场效应管。以场效应管为例说明数据存储的原理。

图 5-28 所示是一个简单的 4×4 位 MOS 管 MROM，采用单译码结构，两位地址线 A_1、A_0 译码后可有 4 种状态，输出 4 条选择线，分别选中 4 个单元，每个单元有 4 位输出。在此矩阵中，行和列的交点处有的连有 MOS 管，表示存储信息 "0"；有的没有 MOS 管，表示存储信息 "1"。若地址线 $A_1A_0=00$，则选中单元 0，即字线 0（单元 0）为高电平，若有 MOS 管与其相连（如位线 D_2 和 D_0），则其相应的 MOS 管导通，位线输出为 0，而位线 D_1 和 D_3 没有 MOS 管与字线相连，输出为 1。因此，单元 0 输出为 1010。对于图 5-28 所示矩阵，各单元内容见表 5-4。

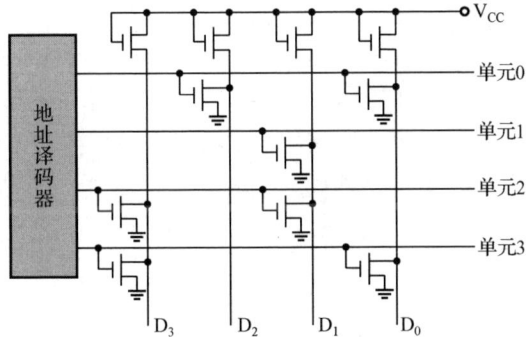

图 5-28　MROM 结构示意图

表 5-4　MROM 各单元的内容

位	D_3	D_2	D_1	D_0
单元 0	1	0	1	0
单元 1	1	1	0	1
单元 2	0	1	0	1
单元 3	0	1	1	0

5.3.2　可编程 ROM（PROM）

PROM 出厂时各存储单元内容全为 0，用户可用专门的 PROM 写入设备将信息写入，这种写入是破坏性的，因此只能对这种存储器进行一次编程。根据写入原理，PROM 可分为两类：结破坏型和熔丝型。图 5-29 所示为熔丝型 PROM 中一个存储元的示意图。

存储元由 1 个三极管和 1 根熔丝组成，可存储一位信息。出厂时，每根熔丝都与位线相连，存储的都是信息 "0"。如果用户在使用前根据程序的需要，利用编程写入器对选中的存储元通以 20～50mA 的电流将熔丝烧断，则该存储元将存储信息 "1"。由于熔丝烧断后无法再接通，所以 PROM 只能进行一次编程，编程后不能再修改。

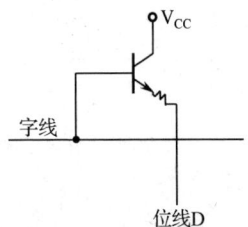

图 5-29　熔丝型 PROM 存储元示意图

写入时，按给定地址译码后选通字线，根据要写入信息的不同在位线上加不同的电压，若 D_i 位要写 "0"，则对应位线 D_i 悬空（或接较大电阻）而使流经被选中存储元的电流很小，不足以烧断熔丝，该位仍保持"0"状态；若要写"1"，则位线 D_i 加负电压（−2V），使瞬间通过被选存储元的电流很大，致使熔丝烧断，即改写为"1"。在正常只读状态工作时，加到字线上的是比较低的脉冲电压，但足以导通存储元中的晶体管。这样，被选中单元的信息就一并被读出了。存储信息为"0"，则对应位线有电流；存储信息为"1"，则对应位线无电流。在只读状态下，工作电流将很小，不会造成熔丝烧断，即不会破坏原存储信息。

5.3.3　可擦除的 PROM

PROM 虽然可供用户进行一次编程，但仍有局限性。为了便于研究、实验各种 ROM 程序方案，可擦除的 PROM 得到广泛应用。这种存储器利用编程器写入信息后，便可作为只读存储器来使用。

根据擦除芯片内信息的不同手段和方法，可擦除的 PROM 可分为两种类型：紫外光擦除 PROM（简称 EPROM）和电擦除 PROM（简称 EEPROM 或 E^2PROM）。

EPROM（Erasable Programmable Read-Only Memory，可擦除可编程只读存储器）芯片可重复擦除和写入，解决了 PROM 只能写一次的弊端。EPROM 芯片正面的陶瓷封装上开有一个玻璃窗口，透过该窗口可以看到其内部的集成电路。

EPROM 的擦除是对整个芯片进行的，不能只擦除个别单元或个别位，擦除时间较长，且擦、写均需离线操作，使用起来不方便。紫外线透过玻璃窗口照射一定的时间，可以将芯片内的数据擦除。擦除时，将芯片放入擦除器的小盒中，用紫外灯照射约 20 分钟，若读出各单元内容均为 FFH，说明原信息已全部擦除，恢复到出厂状态。一片编程后的 EPROM 可以保持其数据 10～20 年，并能无限次读取。在写入资料后，要以不透光的贴纸或胶布把窗口封住，以免受到周围的紫外线照射而使资料受损。

近年来，能够在线擦写的 EEPROM 芯片得到广泛应用。EEPROM（Electrically-Erasable Programmable Read-Only Memory，电擦除可编程只读存储器），又称为 E^2PROM。这种存储器在系统掉电后数据不丢失，用户可在计算机上或使用专用设备擦除已有信息，重新编程。不像 EPROM 芯片，E^2PROM 不需从计算机中取出即可修改，常用在接口卡中，用来存放硬件设置数据。EPROM 虽然已经实现了可以反复擦写，但当一位写错时，就需要将芯片中的所有信息全部擦除，再重新写入。这给使用带来了很大不便。而 E^2PROM 可对以字节为单位的信息进行擦除和重写，极大地方便了使用。

1. EPROM 芯片

EPROM 芯片有多种型号，一般都是以 27 开头的。常用的有 2716（2K×8bit）、2732（4K×8bit）、2764（8K×8bit）、27128（16K×8bit）、27256（32K×8bit）等。下面以 2716 为例对其性能及工作方式进行介绍。

1）2716 的内部结构和引脚

2716 芯片采用 NMOS 工艺制造，24 个引脚，双列直插式封装。其引脚及内部结构如图 5-30 所示。

图中，$A_0 \sim A_{10}$ 为 11 条地址线。其中，7 条用于行译码，4 条用于列译码。$O_0 \sim O_7$ 为 8 条数据线，编程写入时是输入线，正常读出时是输出线。$\overline{OE}$ 为数据输出允许控制信号引脚，低电平有效，用于允许数据输出。$\overline{CE}$/PGM 为片选/编程控制信号。该引脚为双重功能控制引脚。作为片选信号 $\overline{CE}$ 时，低电平有效；当对芯片进行编程时，它为编程控制信号 PGM，用于引入编程脉冲。V_{PP} 为编程电源。在编程写入时，$V_{PP}=+25V$；正常读出时，$V_{PP}=+5V$。V_{CC} 为工作电源，$V_{CC}=+5V$。

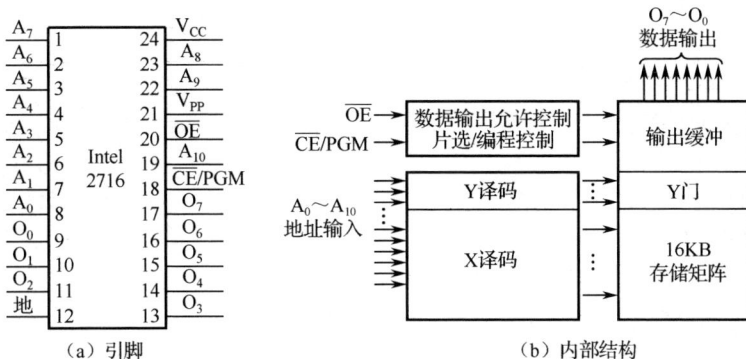

图 5-30　2716 芯片的引脚及内部结构

2）2716 的工作方式

2716 的工作方式见表 5-5。

表 5-5　2716 的工作方式

方　式	$\overline{CE}$ /PGM	$\overline{OE}$	V_{PP}	数据线状态
读出方式	0	0	+5V	D_{OUT}（输出）
未选中方式	×	1	+5V	高阻
待机方式	1	×	+5V	高阻
编程方式	约 50ms 宽的正脉冲	1	+25V	D_{IN}（输入）
校验编程内容方式	0	0	+25V	D_{OUT}
禁止编程方式	0	1	+25V	高阻

（1）读出方式。在 $\overline{OE}$ =0 时，此方式可以将被选中存储单元的内容读出。

（2）未选中方式。当 $\overline{OE}$ =1 时，不论 PGM 的状态如何，2716 均未被选中，数据线呈高阻状态。

（3）待机（备用）方式。当 $\overline{CE}$ /PGM=1 时，2716 处于待机方式。这种方式和未选中方式类似，但其功耗由 525mW 下降到 132mW，降低了约 75%，所以又称为功率下降方式。这时数据线呈高阻状态。

（4）编程方式。当 V_{PP}=+25V，在 $\overline{CE}$ /PGM 端加上约 50ms 宽的正脉冲时，可以将数据线上的信息写入指定的单元。数据线为输入状态。

在这里要特别指出，根据芯片的制作工艺和内部构造的不同，对 EPROM 芯片的编程可以采用不同宽度的编程脉冲，一般分为如下两种。

一种是标准编程方式。对双极型电路小容量芯片，如 2716、2764 等，采用标准的 50ms 脉冲宽度，即采用标准编程。标准编程方式就是每给出一个编程负脉冲就写入一字节的数据。早期的 EPROM 采用的都是标准编程方式。这种方式有两个严重的缺点。一是编程脉冲太宽（50ms），使得编程时间过长，容量大的 EPROM，其编程时间长得令人难以接受，如 64KB 的EPROM，编程时间将近 1 个小时；二是不安全，脉冲太宽会使芯片功耗过大而损坏 EPROM。

另一种是快速编程方式。快速编程与标准编程的工作过程一样，只是编程脉冲要窄得多。比如，MOS 型芯片 27C40 的编程脉冲宽度仅为 100μs。它的工作过程是这样的，先用 100μs 的编程脉冲依次写完所有要编程的单元，然后从头校验每个所写入的字节。若不正确，则重新写入此单元。写完后再校验，直至写入正确。若连续 10 次仍不能正确写入，则认为芯片已损坏。最后再从头到尾对每个单元校验一遍，全部正确，则编程完成。

还有一种是在此基础上提出的优化的快速编程方式。根据不同的芯片型号，选择可用的编程电压编程单元，第一个编程脉冲为 25μs。如果校验通过，则编第二个单元；若不能通过，第二个编程脉冲改为 50μs，如再次校验仍未通过时，则再次加宽编程脉冲为 100μs，以此类推。最终经过 12 次加倍后，编程脉冲宽度达到 62.4ms，最后一次编程失败时，则认为此器件永久失效，不可再用。

（5）校验编程内容方式。此方式与读出方式基本相同，只是 V_{PP}=+25V。在编程后，可将 2716 中的信息读出，与写入的内容进行比较，以验证写入是否正确。数据线为输出状态。

（6）禁止编程方式。此方式禁止将数据总线上的信息写入 2716。

另外，EPROM 芯片允许的擦除次数超过上万次。一块新的芯片或擦除过的芯片，其存储单元的内容都是 FFH。对使用过的 EPROM 进行编程需要先将芯片放到专门的擦除器上进行擦除操作。擦除器利用紫外线光照射芯片的窗口，一般经过 15～20 分钟就可以擦除干净。

当 2716 需要写入信息时，通过专用的 EPROM 编程器对存储器芯片进行编程，且芯片要与电路隔离，在编程器上进行操作。

3）只读存储器与系统的连接

2716 芯片与系统的连接应用上基本采用与 RAM 芯片相同的方法来设计电路，稍有不同。由于编程脉冲输入端 PGM 和 $\overline{CE}$ 是同一个引脚，2716 在只读操作下只需要提供有效的 $\overline{CE}$ 信号就可以。编程电源 V_{PP} 端接在+5V 电源 V_{CC} 端上。图 5-31 是 2716 与 8088 系统总线的连线图。图中 2716 芯片的地址范围为 71800H～71FFFH。

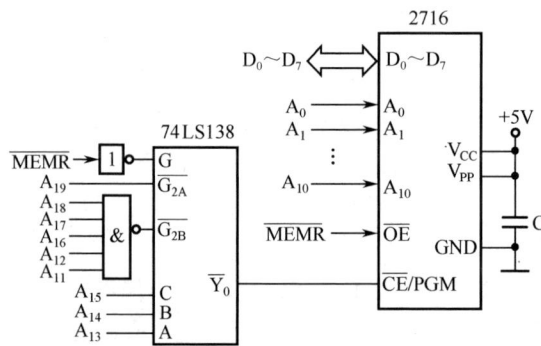

图 5-31　2716 与 8088 系统总线的连线图

内部存储器一般由 EPROM 和 RAM 组成。

【例 5.7】一个 8088 微机系统，其内存地址空间分配为：0000H～1FFFH 的 8KB 为 EPROM；2000H～2FFFH 的 4KB 为静态 RAM；3000H～3FFFH 的 4KB 为待扩存储空间。要求 EPROM 用 Intel 2716，RAM 用 Intel 2114，用 74LS138 译码器进行片选控制。试画出其连线图。

分析：2716 的容量为 2K×8bit，按照容量要求，需要用 4 片进行字扩展。其 8 条数据线与 CPU 的数据总线（D_7～D_0）相连，11 位地址线（A_{11}～A_0）与 CPU 的低 11 位（A_{10}～A_0）相连。2114 的容量为 1K×4bit，要用此芯片构成 4K×8bit 的存储器，需要字、位同时扩展，共需要 8 片芯片。其中，每两片组成一组进行位扩展。

根据表 5-6 给出的地址范围，可以确定地址线的分配及连接情况。连线图如图 5-32 所示，具体情况可以根据地址分配自行分析。

表 5-6　EPROM 和 RAM 芯片组地址范围

芯片	$A_{15}A_{14}$	$A_{13}A_{12}A_{11}$	A_{10}	A_{15}～A_0		地址范围
				最低地址	最高地址	
EPROM I	0　0	0 0 0	0/1	0000000000	1111111111	0000H～07FFH

芯片	$A_{15}A_{14}$	$A_{13}A_{12}A_{11}$	A_{10}	$A_{15}\sim A_0$ 最低地址	$A_{15}\sim A_0$ 最高地址	地址范围
EPROM II	0 0	0 0 1	0/1	0000000000	1111111111	0800H~0FFFH
EPROM III	0 0	0 1 0	0/1	0000000000	1111111111	1000H~17FFH
EPROM IV	0 0	0 1 1	0/1	0000000000	1111111111	1800H~1FFFH
RAM I	0 0	1 0 0	0	0000000000	1111111111	2000H~23FFH
RAM II	0 0	1 0 0	1	0000000000	1111111111	2400H~27FFH
RAM III	0 0	1 0 1	0	0000000000	1111111111	2800H~2BFFH
RAM IV	0 0	1 0 1	1	0000000000	1111111111	2C00H~2FFFH

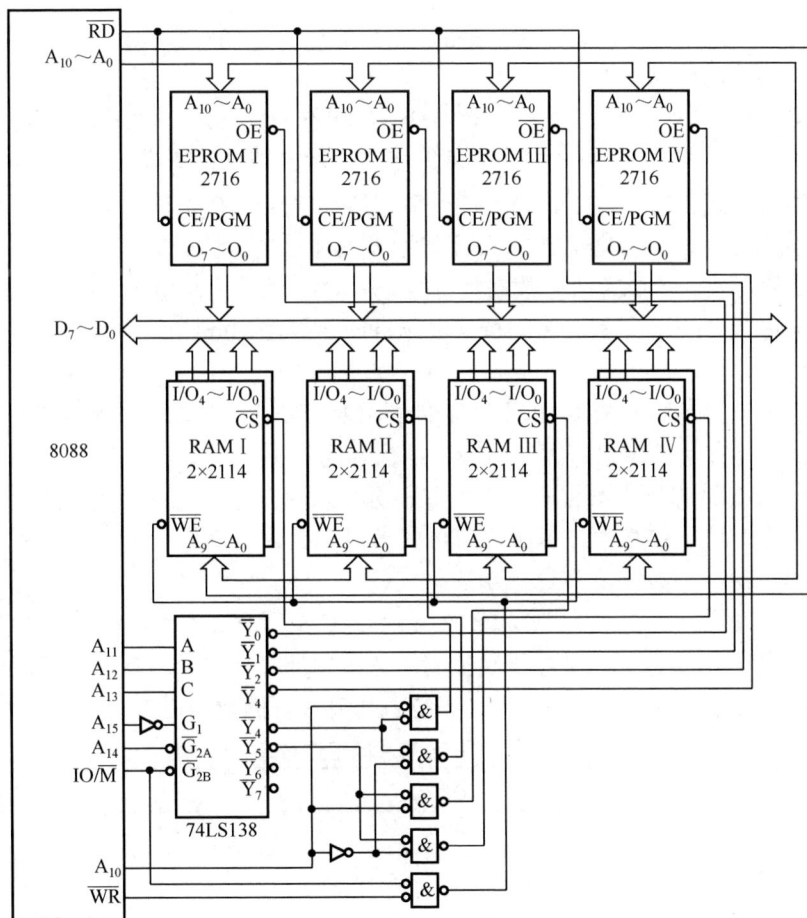

图 5-32 例 5.7 连线图

2. E²PROM 芯片

由于 E^{2}PROM 芯片的特性，其使用场合非常多。这里介绍一个 Intel 28 系列的 E^{2}PROM 芯片。

1）2816 芯片引脚

2816 芯片是 2K×8bit 的 E^{2}PROM 芯片，有 24 个引脚，单一+5V 电源。引脚如图 5-33 所示。

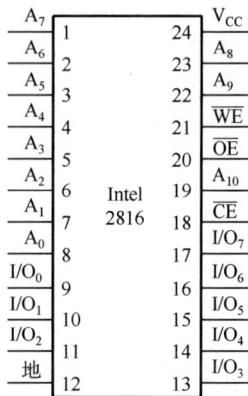

图 5-33 2816 芯片的引脚

$A_0 \sim A_{10}$ 为地址线，用于选择片内的 2K 个存储单元。

$I/O_0 \sim I/O_7$ 为 8 条数据线，作为数据的输入/输出通道。

$\overline{CE}$ 为片选信号。低电平有效。$\overline{CE} = 0$ 时，选中该芯片。

$\overline{OE}$ 为输出允许信号。

$\overline{WE}$ 为写允许信号。

当 $\overline{CE} = 0$，$\overline{OE} = 0$，$\overline{WE} = 1$ 时，可将被选中存储单元中的数据读出。

当 $\overline{CE} = 0$，$\overline{OE} = 1$，$\overline{WE} = 0$ 时，可将数据总线上的数据写入指定的存储单元。

2）2816 芯片的工作方式

2816 芯片有 6 种工作方式，见表 5-7。

（1）读出方式。当 $\overline{CE} = 0$，$\overline{OE} = 0$，并且 V_{CC} 端加+4～+6V 电压时，2816 芯片处于读出方式，此时数据线为输出状态。

（2）待机（备用）方式。当 $\overline{CE} = 1$，$\overline{OE}$ 为任意状态，且 V_{CC} 端加+4～+6V 电压时，2816 芯片处于待机方式。与 2716 芯片一样，待机方式下芯片的功耗将下降。

（3）字节擦除方式。当 $\overline{CE} = 0$，$\overline{OE} = 1$，数据线（$I/O_0 \sim I/O_7$）输入为高电平且 V_{CC} 端加幅度为+21V、宽度为 9～15ms 的脉冲时，处于以字节为单位的擦除方式。

（4）整片擦除方式。当 $\overline{CE} = 0$，数据线（$I/O_0 \sim I/O_7$）输入为高电平，$\overline{OE}$ 端加+9～+15V 电压及 V_{CC} 端加幅度为 21V、宽度为 9～15ms 的脉冲时，经约 10ms 可擦除整片内容。

（5）字节写入方式。当 $\overline{CE} = 0$，$\overline{OE} = 1$，V_{CC} 端加幅度为+21V、宽度为 9～15ms 的脉冲时，来自数据线的数据字节可写入 2816 芯片的存储单元中。可见，字节写入和字节擦除方式实际上是同一种操作，只是在字节擦除方式中，写入的信息为 FFH 而已。

有些 E^2PROM 芯片在写入数据时可以采取整页写入的方式。整页写入方式，即自动写入一页信息。在写入时，地址信息中包括所写入页的编号和页内的存储单元寻址，要求被写入的存储单元是连续的。2816 芯片不具有这个功能。

（6）擦写禁止方式。当 $\overline{CE} = 1$，V_{CC} 端加+4～+22V 电压时，不管 $\overline{OE}$ 是高电平还是低电平，2816 芯片都进入擦写禁止方式，其数据线呈高阻态，内部存储单元与外界隔离。要注意的是，在单字节改写前，必须先进行单字节擦除，不能直接将改写的数据送入未经擦除的字节单元中。

表 5-7　2816 芯片的工作方式

方　式	$\overline{CE}$	$\overline{OE}$	V_{CC}	数据线状态
读出方式	低	低	+4～+6V	输出
待机（备用）方式	高	×	+4～+6V	高阻
字节擦除方式	低	高	+21V	输入为高电平
整片擦除方式	低	+9～+15V	+21V	输入为高电平
字节写入方式	低	高	+21V	输入
擦写禁止方式	高	×	+4～+22V	高阻

5.3.4　闪存

闪存是不用电池供电的、高速耐用的非易失性半导体存储器，它以性能好、功耗低、体积小、质量轻等特点活跃于便携机存储器市场，但价格较贵。

闪存具有 E^2PROM 的特点，可在计算机内进行擦除和编程，它的读取时间与 DRAM 相近，而写入时间与磁盘驱动器相当。闪存有 5V 和 12V 两种供电方式。对于便携机来讲，用 5V 电源更为合适。闪存操作简便，编程、擦除、校验等工作均已编成程序，可由配有闪存系统的 CPU 予以控制。

闪存可替代 E²PROM，在某些应用场合还可取代 SRAM，尤其是对于需要配备电池后援的 SRAM 系统，使用闪存后可省去电池。闪存的非易失性和快速读取的特点能满足固态盘驱动器的要求，同时可替代便携机中的 ROM，以便随时写入最新版本的操作系统。闪存还可应用于激光打印机、条形码阅读器等各种仪器设备及计算机的外部设备中。典型的芯片有 27F256、28F016、28F020 等。

5.4　存储器的分级体系

对于半导体存储器而言，大容量、高速度、低价格是一组永恒的矛盾，用单一工艺制造的半导体存储器难以同时满足上述 3 个方面的要求。因此在一个计算机系统中，通常由多种存储器有机组合在一起，扬长避短，构成多层次的存储器系统。

5.4.1　存储器的分级结构

所谓多层次的存储器系统就是把几种不同容量、不同速度的存储器合理地组织在一起，使之能较好地同时满足大容量、高速度、低价格的要求。实现的技术难度也有相应的增加。

图 5-34 所示是存储器系统的层次结构示意图。该系统由高速缓存（Cache）、主存、辅存 3 类存储器组成。3 类存储器构成了两个层次的存储器系统。

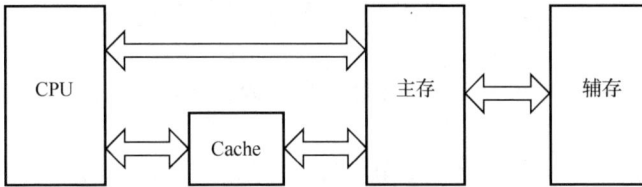

图 5-34　存储器系统的层次结构示意图

1. 高速缓存—主存层次

这个层次主要解决存储器系统的访问速度问题。

高速缓存（Cache）由 SRAM 构成，速度可与 CPU 相匹配，容量很小，可存放一小段时间内 CPU 要用到的指令和数据，供 CPU 高速访问，CPU 在这一小段时间内可以不必与主存交换信息而直接访问 Cache，从而提高了指令的执行速度。CPU 存取信息时，同时将地址码送到 Cache 和主存。若在 Cache 中找到所需的内容，则访问"命中"，信息在 Cache 中存取；否则访问"失败"，CPU 将所需信息从主存装入 Cache 并进行数据存取。Cache 访问的命中率随应用程序而异，高的可达 90%左右。从系统的角度看，高速缓存—主存层次的速度接近 Cache，而容量则是主存的容量，Cache 的容量可忽略。

主存一般由大容量的 DRAM 组成，它的单位成本低于 Cache，速度相对较慢。Cache 和内存构成计算机的主存。Cache 与内存之间以页为单位进行读/写操作。

CPU 需要读取指令或数据时，将主存中该指令或数据所在的页整体同时读入 Cache。这样，当 CPU 需要再次读入该页内的指令和数据时，就可以从 Cache 内快速读取，从而加快程序的执行速度。由于程序具有局部性的特征，在一个短的时间段内，程序和数据集中在一个小的存储区域内，因此使用 Cache 可以有效地提高系统性能。

可见，存储器系统的速度是以 Cache 的速度来衡量的。

2. 主存—辅存层次

这个层次主要解决存储器系统的容量问题。

辅助存储器（辅存）由大容量的磁表面存储器或光存储器构成，它的显著特征是具有很低的位存储价格。辅存上存储着大量的程序和数据，在大部分时间里，它们处于静止状态，也就是没有被使用。处理器仅把目前使用的程序和数据装入主存。辅存和主存之间以页为单位进行读/写操作。

可见，存储器系统的容量是以辅存容量的大小来衡量的。

以上两个层次的组合本质上来说充分利用了 Cache 的高速度及辅存的大容量和低成本，使存储器系统较好地解决了容量—速度—价格之间的矛盾。主存则用来弥补辅存不能随机存取及辅存与 Cache 速度差异过大的不足。

5.4.2 高速缓存系统

1. Cache 的工作原理

计算机系统均设置有一级高速缓存（L1 Cache）和二级高速缓存（L2 Cache）。L1 Cache 直接嵌入 CPU 芯片内部，又称内部高速缓存（Internal Cache），其速度极快，但容量很小，一般为8～64KB。在 CPU 外部，位于主板上的高速缓存称为 L2 Cache，又叫作外部高速缓存（External Cache）。L2 Cache 可以人为升级，其容量从 256KB 到几兆字节不等。随着硬件技术的发展，很多 CPU 的制造商把 L2 Cache 置于 CPU 芯片内部，第一个采用内置 L2 Cache 的是 Pentium Pro 微处理器，现在基本所有品牌的 CPU 都将其内核与 L2 Cache 一起封装在一个金属盒内。一般情况下，L2 Cache 的速度仅次于 L1 Cache。现在无论哪一款 CPU，其内部的 L2 Cache 都以与 CPU 相同的速度高速运行。除速度外，L2 Cache 的容量也会影响 CPU 的性能，原则是越大越好，现在家庭用或办公用计算机 CPU 的 L2 Cache 容量最大为 512KB，而服务器和工作站用 CPU 的 L2 Cache 容量更高达 1～3MB。

在系统配置中，片外主板上也可以配置三级高速缓存。而 IA-64 架构的 Itanium 2（安腾 2）等芯片则把一、二、三级高速缓存都集成到微处理器芯片内。

Cache 使 CPU 访问内存的速度大大加快。读取数据时，CPU 首先在 L1 Cache 中寻找数据，如果找不到，则在 L2 Cache 中寻找；若数据在 L2 Cache 中，在传输数据的同时，修改 L1 Cache 的相关内容，将数据装入 L1 Cache；若数据既不在 L1 Cache 也不在 L2 Cache 中，则从内存中读取数据并修改两级高速缓存。

访问存储器时，CPU 输出访问主存的地址，经地址总线送到 Cache 的主存地址寄存器，Cache 的主存地址转换机构从主存地址寄存器中获得地址并判断该单元的内容是否已经在 Cache 中。如果在，则命中，立即把访问地址转换成数据在 Cache 中的地址，随即访问 Cache。如果被访问单元的内容不在 Cache 中，则未命中，CPU 直接访问主存，并将包含该单元的一个存储页的内容及该页的地址信息装入 Cache 中；若 Cache 已满，则在替换控制部件的控制下按照某种置换算法以从主存中读取的信息页替换 Cache 中原来的某页信息。

由程序访问的局部性原理可知，CPU 访问的内容在多数情况下已经复制于 Cache 中，64KB Cache 可以缓冲 4MB 的主存，命中率一般在 90%以上，因此 CPU 的读/写操作主要在 CPU 与 Cache 之间进行。

2. Cache 的基本操作

当 CPU 需要访问存储器时，数据在 CPU—Cache 之间按行传输，在 Cache—主存之间按页

（又称块）传输；行或页的大小因计算机系统而异，一般为连续的 256bit，即 32B；页的大小与 Cache—主存之间的地址映射方式相关，通常为 256bit 的整数倍。

Cache 和其他存储器一样，有读和写两种基本操作。

1）读操作

CPU 将主存地址同时送往主存和 Cache，如果命中 Cache，则从 Cache 中读出数据到数据总线，并立即进行下一次访问操作；如果未命中 Cache，CPU 就从主存中读出数据，同时 Cache 替换控制部件把被读单元所在的存储页从主存复制到 Cache 中。

2）写操作

相对于读操作，写操作有很大差异，需要对被写单元设置新值。因此，当对 Cache 的写操作命中时，如何确保它与相对应的主存单元之间内容的一致性是个至关重要的问题。通常有 3 种 Cache 写入方法。

（1）通写（Write-through），即每次写入 Cache 时，同时也写入主存，使主存与 Cache 对应单元的内容始终保持一致。这种方法比较简单，能保持主存与 Cache 副本的一致性，可随时修改 Cache 中的内容，不会造成数据丢失；缺点是每次写入 Cache 都要进行慢速的访问主存操作，影响工作速度。

（2）改进通写（Improved Write-through）。如果对 Cache 写入的后面紧接着进行的是读操作，那么可在主存写入完成前即让 CPU 开始下一个操作，这样就不至于浪费太多的时间；如果前、后两个操作都是对 Cache 写入，或者虽然是读操作，但对 Cache 的寻址没有命中，则需要先将主存中的信息进行更新，仍需在 CPU 对主存写入时插入等待周期。这种方法与前一种通写法相比，有利于改善系统的性能。

（3）回写（Write-back）。该方法不是每次写入 Cache 后就立即向主存写入，只在相应内容被替换出 Cache 时才考虑向主存回写。如果 Cache 数据行存在期间发生过对它的写操作，那么在该行被覆盖（替换出 Cache）前必须将其内容回写到对应的主存单元中；如果该行内容没有被改写，则其内容可以直接被淘汰，无须回写。这种方法的速度比通写法快，被普遍采用，但结构复杂，在回写前 Cache 与主存的对应内容不一致。

多核处理器也存在这样的问题。例如，在多核处理器系统中，其内存中有一个数据 x，它的值为 3，它被缓存到 Core 0 和 Core 1 中，不过 Core 0 将 x 改为 5，如果 Core 1 不知道 x 已经被修改了，还在使用旧值，就会导致程序出错，这就是 Cache 的不一致。为了保证 Cache 的一致性，处理器提供了两个保证 Cache 一致性的底层操作：置无效和写更新。

① 置无效（Write invalidate）。当一个内核修改了一份数据时，其他内核上如果有这份数据的副本，就置成无效（invalid）。例如，假设一个三核处理器，每个内核都有自己私有的 Cache，该系统中的每个内核都使用了内存中的变量 x，其中 Core 0 将它私有 Cache 中的变量 x 修改为 5，其他内核将自己对应的 Cache 数据行置成无效（invalid）。

② 写更新（Write update）。当一个内核修改了一份数据时，其他地方如果有这份数据的副本，就都更新到最新值。

置无效和写更新的比较：置无效是一种很简单的方式，不需要更新数据，如果其余内核 Core 1 和 Core 2 以后不再使用变量 x，这时候采用置无效就非常有效。不过由于一个 Valid 标志对应一个 Cache 数据行，将 Valid 标志置成 invalid 后，这个 Cache 数据行中其他本来有效的数据也不能使用了。写更新策略会产生大量的数据更新操作，不过只需要更新修改的数据，如果 Core 1 和 Core 2 会使用变量 x，那么写更新就比较有效。由于置无效简单，大多数处理器都使用置无效策略。

3．地址映射

为了保证 Cache 读/写操作的正确、有效，必须在 Cache 中的存储页与主存中的存储页之间建立起对应关系。按某种函数关系把主存单元地址映射到 Cache 中并进行定位，称为地址映射。程序运行中，把主存地址变换为 Cache 地址，或者将 Cache 地址变换为主存地址的过程称为地址变换。地址映射有直接映射、全相联映射和组相联映射 3 种。

（1）直接映射（Direct Mapping）。直接映射法规定：主存中的一页只能进入与它页号相同的 Cache 页中。

将每个主存地址映射到 Cache 中一个指定地址的方式称为直接映射。Cache 空间小，地址位数少，页数也少；主存空间大，地址位数多，页数也多。直接映射是将主存中的页号（页地址）对 Cache 中的页数（页的总数）取模，得到其在 Cache 中的页号。这相当于将主存的空间按 Cache 的大小分区，各个区内相同的页号映射到 Cache 中的同一页号。

直接映射最简单，页调入 Cache 时不涉及替换策略问题，地址变换速度快。但直接映射方式页冲突概率高，当程序反复访问相互冲突的页中的数据时，Cache 命中率急剧下降，并且 Cache 中有空闲页也无法利用。

（2）全相联映射（Fully Associative mapping）。主存中的每个页都可映射到 Cache 中任意一个页的位置上，称为全相联映射。全相联映射具有相当高的 Cache 命中率，只有在 Cache 中的页全部装满后才会出现页冲突，页冲突的概率低，Cache 利用率高。

全相联映射方式下，访问页中的数据时，页地址要与 Cache 页表中的所有地址标记进行比较以确定命中与否，查找的速度慢；数据页调入时存在复杂的替换策略问题（数据页调入 Cache 中的什么位置、Cache 满时将哪一页调出送回主存等），所有的比较与替换策略要用硬件实现以保证 Cache 的高速度，控制复杂，实现起来也较困难。

（3）组相联映射（Set-associative Mapping）。组相联映射将 Cache 和主存各自分为若干组，各组之间采用直接映射，组内各页之间采用全相联映射，主存中的某一存储页可调入 Cache 中对应组内的任意页中，它是全相联映射和直接映射的一个折中，组数为 1 时就成了全相联映射，分组数和页数相等时就成了直接映射。

80486 中 8KB 的 L1 Cache 采用两组相联映射法，使其内存性能大大优于 80386；而 Pentium Pro 以后对 256KB～1MB 的 L2 Cache 采用四组相联映射法，其内存性能更佳。

4．替换规则

在对存储器进行读/写操作的过程中，当需要从主存复制新页到 Cache 时，若 Cache 已满，就必须在替换控制部件的控制下用新页替换 Cache 中的旧页。替换按一定的规则进行，这些规则称为替换策略或替换规则。替换规则应尽量使被替换下的页在下一时间段内最少用到。常用的替换规则有以下两种。

（1）先进先出（First In First Out，FIFO）规则。FIFO 规则总是把最先调进 Cache 的页替换出去。FIFO 容易实现，无须随时记录各个数据块的使用情况。这种方法实现起来简单，但不够合理，因为最早进入的页仍然可能是现在频繁使用的页，这是 FIFO 规则的缺点。

（2）最近最少使用（Least Recently Used，LRU）规则。LRU 规则是将 Cache 中近期使用最少的页替换出去。LRU 规则需要随时记录 Cache 中各页的使用情况，以确定哪个页是近期使用最少的页。LRU 的命中率比 FIFO 高，且加大分组容量能提高 LRU 规则的命中率。这种算法比较合理，但是实现起来稍微复杂一些。

5．突发总线传输

主存和 Cache 之间以页为单位进行信息交换，这意味着每次传输都是对连续的若干字节进行的。为了缩短传输时间，新型主存器件都支持突发总线传输方式。

所谓突发总线传输就是向主存发送起始地址之后连续传输多个字的数据。以 Pentium 为例，它的 Cache 每页为 64bit，与主存之间可以同时传输 64bit 也就是 8B 的信息。主存页调入 Cache 时，管理逻辑部件向主存发出该页的起始地址，同时发出突发总线请求信号。主存在收到上述信号并适当延时之后，在连续的多个周期内每次发送 8B（64bit）信息，最终把一页内容写入 Cache 中。

使用突发总线传输方式减少了发送地址信号和重复启动读/写的时间，可以获得很高的数据传输速率。

思考与练习

5-1 什么是 RAM 和 ROM？它们的主要区别和特点是什么？

5-2 简要分析微型计算机存储器系统的组成。

5-3 用全地址译码方式将 6264 芯片接到 8088 系统总线上，使其所占地址范围为：32000H～33FFFH。

5-4 什么是字扩展？什么是位扩展？什么是字位扩展？它们各自有什么特点？

5-5 假设某微型计算机 RAM 区的容量为 128KB，若用 2164 芯片构成这样的存储器，需要多少片 2164 芯片？至少需要多少根地址线？其中多少根用于片内寻址，多少根用于片选译码？

5-6 存储器与系统进行连接时，需要注意哪些问题？

5-7 分析 SRAM 与 DRAM 各自的特点和区别是什么？为什么 DRAM 需要定时刷新？

5-8 已知有 SRAM 芯片 62256（32K×8bit）及 EPROM 芯片（32K×8bit），用两芯片构成 8088 最小系统内存的一部分，其中 SRAM 所占的地址范围为 40000H～47FFFH，EPROM 所占的地址范围为 F8000H～FFFFFH，分析其原理。

5-9 什么是多层次的存储器系统？有什么作用？

5-10 什么是 Cache？它能够极大地提高计算机的处理能力是基于什么原理？

第6章 输入/输出接口与总线

微型计算机的组成部分除了 CPU 和存储器，还包括输入设备和输出设备，合称外部设备，简称外设。微型计算机通过外设与外界进行信息交换。为了实现微型计算机与种类繁多的外设之间的信息交换，各种外设都通过相应的接口（Interface）电路与主机系统相连。CPU 对各种外设的电路连接及管理驱动程序就是输入/输出（I/O）接口技术。

本章介绍接口技术的基本概念、接口的功能和基本接口、I/O 端口及其编址方式、地址译码技术及 CPU 与外设之间的数据传输方式。

6.1 接 口 概 述

所谓接口，就是用于微处理器与外部设备连接的部件，是 CPU 与外部设备进行信息交换的中转站。例如，源程序或原始数据要通过接口从输入设备送到微机中，而运算结果要通过接口送出去，控制指令要通过接口发出去，现场状态要通过接口取进来。这些来往信息都通过接口进行交换与传递。

接口技术就是采用硬件与软件相结合的方法，使微处理器与外部设备进行最佳的匹配，实现 CPU 与外部设备之间高效、可靠的信息交换。接口技术是工业实时控制、数据采集中非常重要的微机应用技术。例如在工业控制系统中，I/O 接口电路通过模数转换器或数模转换器与各种工业检测和控制仪表相连，进而控制工业现场。

CPU 与外设之间设置接口电路的原因是：两者的信号线不兼容，在信号线功能定义、逻辑定义和时序关系上不一致；两者的工作速度不兼容，CPU 速度高，外设速度低，若不通过接口，而由 CPU 直接对外设的操作实施控制，就会大大降低 CPU 的效率；若外设直接由 CPU 控制，也会使外设的硬件结构依赖于 CPU，对外设本身的发展不利。设置接口电路，可以使 CPU 与外设协调一致地工作，提高 CPU 的工作效率，并有利于外设自身的发展。

6.1.1 I/O 接口中的信息

CPU 与外设之间可以通过 I/O 接口传递 3 种信息：数据信息、状态信息和控制信息。

1. 数据信息

数据信息是 I/O 接口传递的主要内容，包括键盘、鼠标、扫描仪等输入设备传输到计算机内部的信息，及由计算机内部传输到打印机、显示器等输出设备的信息。

数据信息大致可分为 3 种类型：数字量、模拟量和开关量。数字量是用二进制形式表示的数据、图形、文字等信息；模拟量是连续变化的物理量，需要经过模数转换器变换成数字量，才能交给计算机处理；用一位二进制数表示的两种状态称为开关量，如开关的通/断、电机的启/停等。

2. 状态信息

状态信息反映了外设当前所处的工作状态，是外设发送给 CPU 的，用来协调 CPU 与外设之间的操作。对于输入设备来说，通常用准备好（READY）信号表示输入数据是否准备就绪；对于输出设备来说，通常用忙（BUSY）信号表示输出设备是否处于空闲状态，若为空闲，则可接收 CPU 送来的信息，否则 CPU 等待。

3．控制信息

控制信息是 CPU 发送给外设的，以控制外设的工作，如对外设的初始化、外设的启动和停止等控制信息。

6.1.2 I/O 接口的结构

I/O 接口内部一般由 3 类寄存器组成，CPU 与外设进行数据传输时，各类信息在接口中进入不同的寄存器，一般称这些寄存器为 I/O 端口。每一个端口均有各自的编号，即端口地址。有时为了节省端口地址的使用或简化译码电路的设计，可以使一个输入端口与一个输出端口公用一个端口地址。

一个外设或接口电路往往有多个端口地址，CPU 寻址的是端口，而不是笼统的外设。一个 I/O 接口一般由数据端口、状态端口及控制端口组成。I/O 接口的结构如图 6-1 所示。

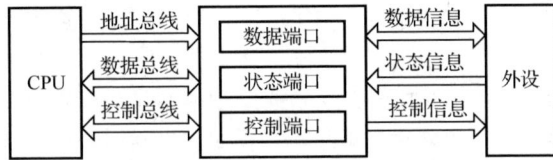

图 6-1 I/O 接口的结构

（1）数据端口。数据端口是数据信息输入、输出的端口。该端口的数据传输方向是双向的，CPU 通过端口将外部数据信息取进来，将处理过的数据通过数据端口送出去。

（2）状态端口。CPU 通过状态端口读入外设的状态信息。状态端口的传输方向是单向的。

（3）控制端口。CPU 通过控制端口发出控制命令以控制外设的动作。控制端口的传输方向是单向的。

6.1.3 I/O 接口的功能

由于外设的多样性、复杂性，I/O 接口的基本功能包括以下几个方面。

（1）数据缓冲与锁存功能。为了解决 CPU 高速与外设低速之间的矛盾，接口中一般都设置数据寄存器或锁存器，用于避免因 CPU 和外设速度不一致而丢失数据信息或状态信息。

（2）端口选择功能。微机系统中常有多个外设，而 CPU 在任一时刻只能与一个端口交换信息，因此需要通过接口的地址译码电路对端口进行寻址。一般通过高位地址产生外设的片选信号，低位地址用于芯片内部寄存器或锁存器寻址，以选定所需的端口，只有被选中的端口才能与 CPU 交换信息。

（3）接收和执行 CPU 命令的功能。接口电路具有接收和执行 CPU 命令的功能，以便 CPU 向 I/O 设备发出控制命令。

（4）信号转换功能。外设所提供的数据、状态信息和控制信号可能与微机的总线信号不兼容，所以接口电路应进行相应的信号转换。信号转换包括 CPU 信号与外设信号间的逻辑关系、时序匹配和电平转换等。

（5）数据宽度转换功能。CPU 能直接处理并行数据（8 位、16 位甚至更宽），而有的外设只能处理串行数据，在这种情况下，接口就需要具有"并→串"和"串→并"的数据宽度转换功能。

（6）中断管理功能。当外设需要及时得到 CPU 的服务，特别是出现故障需要 CPU 立即处理时，就要求接口中设置中断控制器，以便 CPU 处理有关中断事务。这样不仅使微机系统具有处理突发事件的能力，而且可以使 CPU 与外设并行工作，提高 CPU 的利用率。

6.1.4 I/O 端口的编址方式

CPU 与内部存储器或 I/O 端口交换信息，是通过地址总线访问内存单元或 I/O 端口来实现的，如何实现对内存单元或 I/O 端口的访问取决于这些内存单元或 I/O 端口的编址方式。微型计算机常用的两种 I/O 端口的编址方式为：I/O 端口与内存统一编址方式和 I/O 端口独立编址方式。

1. 统一编址方式

I/O 端口与内存统一编址方式，即 I/O 端口的地址和内存地址在同一个地址空间内。每个 I/O 端口被看作一个内存单元，纳入统一的存储器地址空间，可用访问存储器的方法来访问 I/O 端口。

这种方式的主要优点是无须专用的 I/O 指令及接口信号，CPU 对存储器数据的处理指令非常丰富，可全部用于 I/O 操作。缺点是 I/O 端口占用了存储器的地址空间，使存储器容量减少。

2. 独立编址方式

I/O 端口有独立的地址空间，即 I/O 端口的地址和内存地址不在同一个地址空间内。CPU 使用专门的 I/O 指令及 I/O 控制信号来访问 I/O 端口。其特点是 I/O 端口和存储器分别编址，各自都有完整的地址空间，而且由于有专用的 I/O 指令，在程序清单中对 I/O 端口的访问和对存储器的访问一目了然。

以上两种 I/O 端口的编址方式，其优缺点正好互补，微型计算机中都有所使用。如 Intel 公司 80x86 系列微处理器使用的是 I/O 端口独立编址方式，而 80C51 系列单片机使用的则是统一编址方式。

6.2 CPU 与外设之间的数据传输方式

在微机控制外设工作期间，最基本的操作是数据传输。但各种外设的工作速度相差很大，如何解决 CPU 与各种外设之间的速度匹配，以确保数据传输过程的正确和高效是很重要的问题。CPU 与外设之间的数据传输方式一般有 3 种：程序控制方式、中断方式和 DMA 方式。

6.2.1 程序控制方式

程序控制方式是指 CPU 与外设之间的数据传输过程是在程序的控制下完成的，它又可以分成无条件传输方式和查询传输方式。

1. 无条件传输方式

无条件传输方式是指传输数据过程中，发送/接收数据一方不查询判断对方的状态，无条件进行数据传输。这种传输方式的程序设计简单，一般用于能够确信外设已经准备就绪的场合，如读取开关的状态、LED 的显示等。

【例 6.1】不断扫描开关 K_i（i=1,2,…,7），当开关闭合时，点亮相应的 LED_i，当地址为 100H 时，$\overline{Y}$ 为低电平。无条件传输接口电路如图 6-2 所示。

分析：开关 K_i 闭合时，输入为低电平 "0"，而要点亮相应 LED_i，则输出为高电平 "1"，输入与输出的关系为相反。编写程序时，若先读取开关状态，再分析每一位的状态，然后决定 LED 的亮灭，则该程序会显得非常烦琐。具体程序如下：

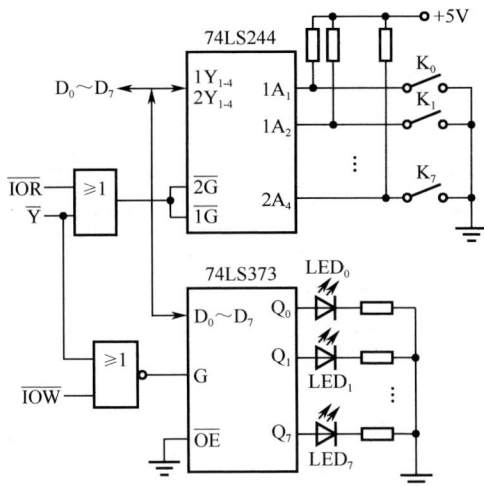

图 6-2   无条件传输接口电路

```
CODE    SEGMENT
  ASSUME  CS:CODE
  MAIN    PROC    FAR
  START:  PUSH    DS
          MOV     AX,0
          PUSH    AX
  AGAIN:  MOV     AH, 1       ;读键盘缓冲区字符
          INT     16H
          CMP     AL, 1BH     ;若为"Esc"键,则退出
          JZ      EXIT
          MOV     DX, 100H
          IN      AL, DX      ;读取开关状态
          NOT     AL          ;取反
          OUT     DX, AL      ;输出控制LED
          JMP     AGAIN
  EXIT:   RET                 ;返回DOS
  MAIN    ENDP
CODE ENDS
  END    START
```

2．查询传输方式

查询传输方式，也称条件传输方式，使用这种方式时，CPU 不断读取并测试外设的状态，如果外设处于"准备好"状态（输入设备）或"空闲"状态（输出设备），则 CPU 执行输入指令或输出指令，与外设交换信息。为此，接口电路中除数据端口外，还必须有状态端口。对于条件传输来说，一个条件传输数据的过程一般由 3 个环节组成：

（1）CPU 从接口中读取状态字；

（2）CPU 检测状态字的相应位是否满足"准备好"条件，如果不满足，则转（1）；

（3）若状态位表明外设已处于"准备好"状态，则传输数据。

【例 6.2】从终端往缓冲区输入 1 行字符，当遇到回车符（0DH）时，输入结束，并自动加上一个换行符（0AH）；当连续输入 127 个字符且不包含回车符时，输入结束，并在终端上输出信息"Buffer overlow!"。设终端接口的数据输入端口地址为 62H，数据输出端口地址为 64H，状态端口地址为 66H。状态寄存器的 $D_1=1$，表示输入缓冲区已准备好数据，CPU 可读取数据；

状态寄存器的 $D_0=1$，表示输出缓冲区已空，CPU 可向终端输出数据。终端接口电路具有根据相应操作对状态寄存器自动置 1 和清 0 的功能。具体程序如下：

```
DATA  SEGMENT
    MESS  DB 'Buffer overlow! ',0DH, 0AH
  BUFFER  DB  128  DUP(?)
DATA ENDS
CODE  SEGMENT
  ASSUME  CS:CODE, DS:DATA
  START:  MOV AX, DATA
          MOV DS, AX
          LEA SI, BUFFER
          MOV CX, 127
  INPUT:  IN  AL, 66H        ;读状态端口
          TEST AL, 02H       ;检测输入状态位D₁
          JZ   INPUT         ;未"准备好"转INPUT
          IN  AL, 62H        ;读取输入字符
          MOV [SI], AL       ;输入字符存入缓冲区
          INC SI
          CMP AL, 0DH        ;输入字符为回车否?
          LOOPNE  INPUT      ;不是回车且接收字符个数未超过127，转INPUT
          JNE  OVERFLOW      ;不是回车且接收字符个数超过127，转OVERFLOW
          MOV AL, 0AH        ;是回车且接收字符个数≤127，存入换行符
          MOV [SI], AL
          JMP  EXIT          ;转程序结束处理
OVERFLOW: MOV CX, 17         ;初始化输出字符个数
          LEA SI, MESS       ;初始化显示字符串首地址
  OUTPUT: IN  AL, 66H        ;读状态端口
          TEST AL, 01H       ;检测输出状态位D₀
          JZ   OUPUT         ;输出缓冲区未空，转OUTPUT
          MOV AL,[SI]        ;取出输出字符
          INC SI
          OUT 64H, AL        ;输出字符
          LOOP  OUTPUT
  EXIT:   MOV AH, 4CH        ;返回DOS
          INT 21H
CODE  ENDS
END  START
```

6.2.2 中断方式

查询传输方式比无条件传输方式可靠性高，因此使用场合也较多。但在查询传输方式下，CPU 和外设只能串行工作，各个外设之间也只能串行工作。CPU 需要主动读取状态字和检测状态位，如果状态位表明外设未准备好，则 CPU 必须等待。这个过程占用了 CPU 大量的工作时间，而 CPU 真正用于传输数据的时间却很少，计算机效率很低。

另外，如果一个系统有多个外设，使用查询传输方式工作时，由于 CPU 只能轮流对每个外设进行查询，而这些外设的速度往往不相同，这时 CPU 显然不能很好地满足各个外设随机性地对 CPU 提出的输入/输出服务要求，因而不具备实时处理能力，可见在实时系统及多个外设的系统中，采用查询传输方式进行数据传输往往是不适宜的。

为了提高 CPU 的效率，使系统具有实时输入/输出性能，可采用中断方式。在中断方式下，外设具有向 CPU 申请服务的能力。当输入设备已将数据准备好，或输出设备可以接收数据时，便可以向 CPU 发出中断请求，CPU 可以中断正在执行的程序而和外设进行一次数据传输。待输入操作或输出操作完成后，CPU 再恢复执行原来的程序。与查询传输方式不同的是，这时的 CPU 不需要不断地查询等待，而可以去处理其他工作。因此，采用中断方式时，CPU 和外设处于并行工作状态，从而大大提高了 CPU 的效率。

有关中断的概念，将在第 7 章中详细介绍，这里不再赘述。

6.2.3　DMA 方式

中断方式虽然具有很多优点，但对于传输数据量很大的高速外设，如磁盘控制器或高速的数据采集器，中断方式无法满足速度方面的要求。中断方式和查询传输方式一样，仍然是通过 CPU 执行程序来实现数据传输的。每进行一次传输，CPU 都必须执行一遍中断服务程序。

在中断方式下，传输数据量很大时会出现如下问题：①每执行一次中断服务程序，CPU 都要保护断点和标志，这要花费 CPU 大量的处理时间。②在中断服务程序中，通常还需要执行保护寄存器和恢复寄存器的指令，这些指令又需要花费 CPU 的时间。③对于 8086/8088 系列的 CPU 来说，其内部结构中包含了总线接口单元（BIU）和执行单元（EU），它们是并行工作的，即 EU 在执行当前指令时，BIU 要把后面将要执行的指令取到指令队列中缓存起来。一旦转去执行中断服务程序，指令队列中的指令就要被清除，EU 必须等待 BIU 将中断服务程序中的指令取到指令队列中才能开始执行程序。同样，返回断点时，指令队列中的指令也要被清除，EU 又要等待 BIU 重新装入从断点开始的指令后才开始执行，这个过程也要浪费时间。

可以看出，这些附加时间将影响传输速度。另外，在查询传输方式和中断方式下，每进行一次传输只能完成一字节或一字的传输，这对于传输数据量大的高速外设是不适用的，必须要将字节或字的传输方式改为数据的传输方式，这就需要 DMA 方式。

所谓 DMA 方式就是直接存储器存取（Direct Memory Access）方式。在 DMA 方式下，外设通过一种专用接口电路——DMA 控制器（DMAC）向 CPU 提出接管总线控制权的总线请求，CPU 在当前的总线周期结束后响应 DMA 请求，把总线的控制权交给 DMAC。于是在 DMAC 的管理下，外设和存储器之间直接进行数据交换，而不需要 CPU 的干预，这样可以大大提高数据的传输速度。

DMA 之所以适用于大批量数据块的传输，是因为一方面传输数据内存地址的修改、计数等均由 DMAC 的硬件完成（而不是 CPU 指令）；另一方面，CPU 交出总线的控制权，其现场不受影响，无须进行保存和恢复。

采用 DMA 方式进行数据传输时，仍使用系统的数据总线、地址总线和控制总线。进行数据传输前，DMAC 向 CPU 发出申请使用总线的请求。CPU 同意并让出总线控制权后，DMAC 接管系统总线，实现外设与内存之间的数据传输。传输完毕，DMAC 将总线控制权交还 CPU。DMAC 是一个专用接口电路，与系统的连接如图 6-3 所示。

CPU 与外设之间的几种数据传输方式各有特点，应用场合也各有不同。无条件传输方式的硬件结构和软件均很简单，但传输时可靠性差，常用于同步传输系统和开放传输系统；查询传输方式传输数据的可靠性高，但计算机使用效率很低，常用于任务比较单一的系统；中断方式传输数据的可靠性高，效率也高，常用于外设的工作速度比 CPU 慢很多且传输数据量不大的系统；DMA 方式传输数据的可靠性高，效率也很高，但硬件电路复杂，开销较大，常用于传输速度高、数据量很大的系统。

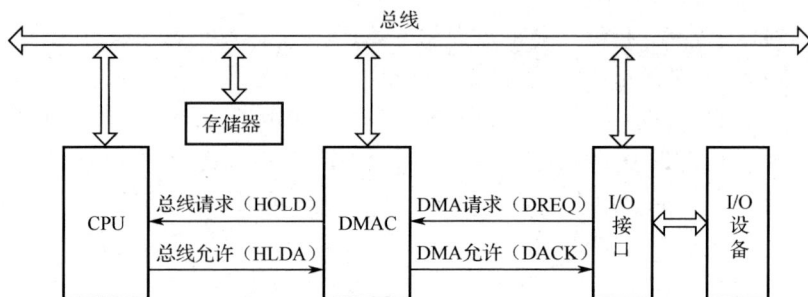

图 6-3　DMAC 与系统的连接

6.3　微型计算机中的总线

总线是微型计算机各部件联系的纽带，在接口技术中扮演着重要的角色。总线的性能直接关系到计算机系统的整体性能，而且任何系统的研制和外用模块的开发都必须依从所采用的总线的规范。随着微型计算机技术的发展，总线也不断地发展和更迭。

6.3.1　总线定义

总线是微机中用来连接各部件的一组通信线，是一种在各模块间传送信息的公共通路。在微机系统中，利用总线实现芯片内部、印制电路板各部件之间、机箱内各插件板之间、主机与外部设备之间或系统与系统之间的连接与通信。总线是构成微机应用系统的重要技术，总线设计的好坏会直接影响整个微机系统的性能、可靠性、可扩展性和可升级性。

采用标准总线可以简化系统的设计、系统的结构，提高系统可靠性，方便系统的扩充和更新等。

6.3.2　总线分类

总线根据其中信息传送的类型可分为地址总线、数据总线和控制总线，此外还有电源线和地线。若按总线的规模、用途和应用场合，则可将其分成以下几类。

1. 片内总线
它位于芯片内部，用来连接各功能单元，如 CPU 内部、ALU 单元和寄存器之间。

2. 片总线
片总线用在印制电路板上连接各芯片，如 CPU 及其支持芯片与其局部资源之间。

3. 内总线
内总线又称系统总线，用来连接微机系统的各插件板卡，是微机系统最重要的一种总线，如 PC 系列机中的 ISA 总线、EISA 总线、PCI 总线。

4. 外总线
外总线又称通信总线，是微机系统与系统之间、微机系统与外部设备之间的连接通道。这种总线的数据传输方式可以是并行的，也可以是串行的。数据传输速度比内总线慢。不同的应用场合有不同的总线标准。例如，串行通信的 EIA RS-232C 总线、USB（Universal Serial Bus，通用串行总线）等。

6.3.3　总线周期

1. 时钟周期
CPU 的任何操作都是在时钟脉冲信号 CLK 的统一控制下，一个节拍一个节拍地工作的。两个时钟脉冲信号间的间隔时间称为时钟周期。通常表示为 T。时钟周期可通过微处理器的时钟主频计算得到，即 $T=1/$主频。例如，8086 CPU 的时钟信号如图 6-4 所示，主频为 5MHz，其时钟周期 $T=200$ns。

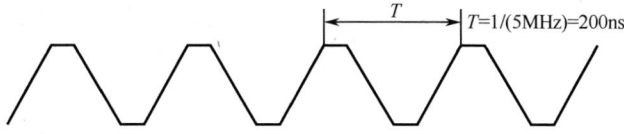

图 6-4   8086 CPU 的时钟信号

2．总线周期

CPU 与外设之间的信息交换都是通过总线来进行的，完成一次总线操作所需的时间称为总线周期。CPU 每从存储器或 I/O 端口存取一个单元（字或字节）均需要一个总线周期。根据总线操作的不同有多种不同的总线周期，如存储器读总线周期、存储器写总线周期、I/O 读总线周期和 I/O 写总线周期等。

8086 CPU 总线周期一般由 4 个时钟周期组成，也称为 4 个 T 状态，习惯上分别称为 T_1 状态、T_2 状态、T_3 状态和 T_4 状态。

（1）T_1 状态。CPU 向数据/地址复用总线上发出地址信息，以指出将要访问的内存单元地址或外设端口地址。

（2）T_2 状态。CPU 从复用总线上撤销地址信息，使总线的低 16 位悬空，置成高阻状态，为传输数据做准备。

（3）T_3 状态。16 位的复用总线上出现 CPU 要送出的数据或 CPU 从外设中读入的数据。

（4）T_4 状态。CPU 与存储器或 I/O 端口进行数据传输，直至完成，并为下一个总线周期做准备。

（5）T_W 状态。在某些情况下，外设或存储器速度较慢，不能及时配合 CPU 传输数据。为了防止数据丢失，在总线周期的 T_3 和 T_4 状态之间插入了一些必要的等待状态 T_W。具体来说，是外设或存储器会通过"READY"信号线在 T_3 状态启动之前向 CPU 发出一个"数据未准备好"的信号，于是 CPU 会在 T_3 状态之后插入 1 个或多个附加的 T_W 状态。在 T_W 状态，总线上的信息情况和 T_3 状态的信息情况一样。指定的存储器或外设完成了向总线上传输数据后，便通过"READY"信号线发出"准备好"信号，CPU 接收到这一信号后会自动脱离 T_W 状态而进入 T_4 状态。

3．指令周期

任何指令的执行过程都由取指令、指令译码和指令执行等操作组成。完成指令所有操作需要的时间称为指令周期。指令周期以时钟周期 T 为单位计量，不同的指令执行时间不等。例如，8086/8088 的最短指令周期为 $2T$，最长指令周期可达 $200T$。

6.3.4　总线的操作过程

总线上的数据传输是在主控模块的控制下进行的，主控模块是指有控制总线能力的模块，如 CPU 及 DMA 模块。一般来说，总线上完成一次数据传输要经历以下 4 个阶段。

1．申请阶段

当总线上有多个主控模块时，需要使用总线的主控模块要向总线仲裁机构提出占有总线控制权的申请。由总线仲裁机构判别确定，把下一个总线周期的总线控制权授给申请者。

2．寻址阶段

获得总线控制权的主控模块通过地址总线发出本次打算访问的从属模块的地址（如存储器

或 I/O 端口的地址）及有关命令，开始启动被访问的从属模块。

3．传输阶段

在本阶段，主控模块和从属模块进行数据交换。数据由源模块出发经数据总线流入目的模块。对于读传输，源模块是存储器或 I/O 端口，而目的模块是总线主控模块，如 CPU；对于写传输，源模块是总线主控模块，而目的模块是存储器或 I/O 端口。

4．结束阶段

本阶段，主控和从属模块的有关信息均从总线上撤除，让出总线，以便其他模块能继续使用。

6.3.5 常用系统总线和外设总线标准

1．系统总线

1）系统总线标准

在国际化生产非常流行的今天，一台计算机往往不再是由单一的企业按大而全的方式生产出来，而是将计算机中的各部件交给不同的专业化生产厂家分别生产，然后由组装厂组装成整机。这样做主要是为了降低成本、提高生产率和产品的质量。为了将不同厂家生产的各种部件组装在一起，形成一台完整的计算机，需要各厂家按照一定的标准进行生产，特别是系统总线，由于外设接口卡都要通过它接入系统，所以其标准的制定更显重要。系统总线标准有很多，如 ISA、MCA、EISA、PCI、AGP、PCI-E 等。

（1）ISA（Industry Standard Architecture，工业标准体系结构）是 IBM 公司为 286/AT 微型计算机制定的一种总线标准，也称 AT 总线标准。随着技术的发展，作为 8/16 位的总线标准，ISA 已基本被淘汰。

（2）MCA（Micro Channel Architecture，微通道体系结构）是 IBM 公司专为其 PS/2 系统开发的总线标准。由于执行的是使用许可证制度，因此未能得到有效的推广。

（3）EISA（Extended Industry Standard Architecture，扩充的工业标准结构）是在 ISA 的基础上为 32 位 CPU 设计的总线标准。

（4）PCI（Peripheral Component Interconnect，外设部件互连）是 PCI-SIG（PCI-Special Interest Group）推出的高性能的总线标准。1992 年起，先后有 Intel、HP、IBM、Apple、DEC、Compaq、NEC 等著名的厂商加盟并重新组建。

（5）AGP（Accelerated Graphic Port，加速图形接口）是一种专为提高视频带宽而设计的总线标准。

（6）PCIe（PCI Express）是目前最新的系统总线标准。虽然是在 PCI 的基础上发展起来的，但它与并行体系的 PCI 没有任何相似之处。它采用串行方式传输数据，依靠高频率来获得高性能，因此 PCIe 也一度被人们称为"串行 PCI"。

系统总线与 I/O 接口卡的连接是用总线插座来实现的，即各 I/O 接口卡连入系统时需要插入与系统总线连接的插槽。为使不同厂家生产的 I/O 接口卡都可以连入系统后正常工作，就需要制定相应的总线标准。

系统总线通常为 50～100 根信号线，这些信号线可分为以下 5 个主要类型。

（1）数据线：决定数据宽度。

（2）地址线：决定直接选址范围。

（3）控制线：包括控制、时序和中断线，决定总线功能和适应性的好坏。

（4）电源线和地线：决定电源的种类及地线的分布和用法。

（5）备用线：留给厂家或用户自己定义。

有关这些信号线的标准主要涉及如下几个方面：信号的名称，信号的定时关系，信号的电平，连接插件的几何尺寸，连接插件的电气参数，引脚的定义、名称、序号、个数，引脚的位置，电源及地线等。

微型计算机自问世以来，从 8 位机到 16 位机、32 位机，一直发展到了 64 位机，为了适应数据宽度的增加和系统性能的提高，依次推出并采用的系统总线标准有 XT、ISA、EISA、PCI 及专为提高视频带宽而设计的 AGP。下面简单介绍自 8086 CPU 以来使用最广泛的 4 种系统总线：ISA 总线、PCI 总线、AGP 总线和 PCIe 总线。

2）ISA 总线

ISA 总线是由美国 IBM 公司推出的 16 位标准总线，数据传输速度为 16MB/s，主要用于 PC/XT、PC/AT 及其兼容机。

（1）ISA 总线的起源。最早的系统总线是 IBM 公司于 1981 年推出的基于 8 位机 PC/XT 的总线，称为 PC 总线。1984 年 IBM 公司推出了 16 位微型计算机 PC/AT，其总线称为 AT 总线。然而 IBM 公司从未将 AT 总线规格公布于众，这就给兼容设备生产商开发外设接口卡造成了很大的困难。为解决这个问题，Intel 公司、IEEE 和 EISA 集团联合开发了与 IBM PC/AT 原装机总线意义相近的 ISA 总线，即 8/16 位的工业标准体系结构总线。

（2）ISA 总线的主要特点和性能指标。8 位 ISA 总线扩展插槽由 62 个引脚组成，用于 8 位的接口卡。8/16 位的扩展插槽除了具有一个 8 位 62 线的连接器，还有一个附加的 36 线连接器，这种扩展插槽既可支持 8 位的接口卡，也可支持 16 位的接口卡。ISA 总线的主要性能指标如下。

① I/O 端口地址空间为 0100H～03FFH。

② 24 位地址线可直接寻址的内存容量为 16MB。

③ 总线宽度 8/16 位，最高时钟频率为 8MHz，最大传输速度为 16MB/s。

④ 支持 15 级中断。

⑤ 7 个 DMA 通道。

⑥ 开放式总线结构，允许多个 CPU 共享系统资源。

3）PCI 总线

PCI 总线是 1991 年由 Intel 公司提出，并联合其他多家公司共同推出的 32/64 位标准总线，是一种与 CPU 隔离的总线结构，能与 CPU 同时工作。这种总线适应性强、速度快，数据传输速度为 133MB/s，适用于 Pentium 以前的微型计算机。

（1）PCI 总线的主要性能和特点。PCI 总线是一种不依附于某个处理器的局部总线。从结构上看，PCI 是在 CPU 和原来的系统总线之间插入的另一级总线，具体由一个桥接电路（习惯上称为北桥芯片）实现对这一层的管理，并实现上下之间的连接以协调数据的传输。管理器提供了信号缓冲，使之能支持 10 种外设，并能在高时钟频率下保持高性能。PCI 总线也支持总线主控技术，允许设备在需要时取得总线控制权，以加速数据传输。PCI 总线的主要性能如下。

① 总线宽度为 32/64 位，总线时钟频率为 33MHz/66MHz，最大数据传输速度为 528MB/s。

② 时钟同步方式。

③ 与 CPU 及时钟频率无关。

④ 能自动识别外设（即插即用功能）。

⑤ 具有与处理器和存储器子系统完全并行操作的能力。

⑥ 具有隐含的中央仲裁系统。

⑦ 采用多路（地址线和数据线）复用，减少了引脚数。

⑧ 完全的多总线主控能力。

⑨ 提供地址和数据的奇偶校验。

（2）PCI 总线体系结构。CPU 总线和 PCI 总线由桥接电路相连。芯片中除了含有桥接电路，还有 Cache 控制器和 DRAM 控制器等其他控制电路。PCI 总线上可挂接高速设备，如图形控制器、IDE 设备或 SCSI 设备、网络控制器等。PCI 总线和 ISA、EISA 总线之间也可通过桥接电路（习惯上称为南桥芯片）相连，ISA、EISA 总线上挂接系统的慢速设备，继承原有的资源。PCI 总线把 ISA、EISA 总线作为一种外部设备与之进行数据交换。

此外，PCI 总线还支持一些其他连接方式，如双 PCI 总线方式、PCI to PCI 方式、多处理器服务方式等。

4）AGP 总线

（1）设计 AGP 总线的目的。AGP 是一种专为提高视频带宽而设计的总线规范。AGP 插槽可以插入符合该规范的 AGP 显卡。其视频信号的传输速度可以从 PCI 的 133MB/s 提高到 266MB/s、533MB/s、1066MB/s 或 2133MB/s（选择不同模式）。严格来说，AGP 总线不能称为总线，因为它仅在 AGP 控制芯片和 AGP 显卡之间提供了点到点的连接。

在 AGP 总线出现以前，几乎所有图形显卡都采用 PCI 总线接口。随着图形显卡 3D 图形处理性能的大幅度提升，显卡处理的数据越来越多，PCI 总线接口就逐渐暴露出它的局限性。这种局限性主要表现在 3D 图形描绘中，存储在 PCI 显卡显示内存中的不仅有影像数据，还有纹理数据（Texture Data）、Z 轴的距离数据及 Alpha 变换数据等，特别是纹理数据，其信息量相当大。例如，显示 1024*768*16 位真彩色的 3D 图形时，纹理数据的传输速度需要 200MB/s 以上，但 PCI 总线的最高数据传输速度仅为 133MB/s，因而成为系统的主要瓶颈。

为了解决 3D 图形数据的传输问题，主要微机生产厂商联合推出了 AGP 图形接口。AGP 图形接口在主内存与显卡之间提供了一条直接的通道，使 3D 图形数据可以不经过 PCI 总线而直接送入显示子系统。这样就突破了由于 PCI 总线形成的系统瓶颈，从而实现了以相对低的价格来达到高性能的 3D 图形描绘功能。因此，推出 AGP 图形接口的主要目的就是大幅提高微型计算机的 3D 图形处理能力，或者说 AGP 图形接口是用于加速图形显示的一个专用总线接口。

（2）AGP 的性能特点。AGP 以 66MHz PCI Rev2.1 规范为基础，扩充了以下主要功能。

① 数据读/写采用流水线操作，从而减少了内存等待时间，提高了数据传输速度。

② 具有 2 倍、4 倍、8 倍的数据传输频率。AGP 总线使用了 32 位数据总线和多时钟技术的 66MHz 时钟。因为时钟频率提高到了 66MHz，所以 AGP 总线数据传输速度是 PCI 总线的两倍，达到了 266MB/s。随后很快 AGP 2×问世，通过每周期传输两次 32 位数据将数据传输速度提高到了 533MB/s。之后又出现了每个时钟周期处理 4 个 32 位数据的 AGP 4×模式，使 AGP 总线数据传输速度突破了 1GB/s，达到了 1066MB/s。最新的 8×模式使 AGP 总线数据传输速度甚至可达 2133MB/s。

③ 直接内存执行。AGP 总线允许纹理数据直接存入系统内存，从而让出帧缓冲区和带宽供其他功能使用。这种允许显卡直接操作主存的技术为直接内存执行（Direct Memory Execute，DIME）。但要说明的是，虽然 AGP 总线把纹理数据存入了主存，但并没有完全取代显卡的显示缓存，主存只是对缓存的扩大和补充。

④ 地址信号与数据信号分离。

⑤ 并行操作。在 CPU 访问系统 RAM 的同时允许 AGP 显卡访问 AGP 内存，显卡可以独享 AGP 总线带宽，从而进一步提高了系统性能。

5）PCIe 总线

PCIe 总线是新一代的总线接口，2002 年由 Intel 公司联合 AMD、DELL、IBM 等多家业界主导公司提出并完成。它采用点对点串行连接，相比 PCI 总线的共享并行架构，每个设备都有自己的专用连接，不需要向整个总线请求带宽，而且可以把数据传输频率提高到一个很高的频率，达到 PCI 总线所不能提供的高带宽。

PCIe 总线在性能上主要具有以下特点。

（1）PCIe 总线在技术上允许实现×1、×2、×4、×8、×12、×16 和×32 通道规格，但目前来讲，PCIe ×1 和 PCIe ×16 是 PCIe 总线的主流规格。

（2）PCIe ×1 支持双向数据传输，每向数据传输速度为 250MB/s，可以满足主流声效芯片、网卡芯片和存储设备对数据传输速度的需求，但是无法满足图形芯片对数据传输速度的需求。

（3）PCIe ×16 专为显卡设计，用于取代 AGP 接口以提高图形和视频信号的传输速度，它也支持双向数据传输，能够提供 5GB/s 的数据传输速度，除去编码上的损耗，仍能够提供约 4GB/s 的实际速度，远远超过了 AGP 8×的 2.1GB/s 的速度。

（4）除提供极高数据传输速度之外，PCIe 总线和 ISA、PCI、AGP 总线不同的另一点是采用串行方式传输数据，因此其每个针脚都可以获得比传统 I/O 标准更多的带宽，这样就降低了 PCIe 设备的生产成本和体积。

（5）PCIe 总线支持高阶电源管理、热插拔和数据同步传输，为优先传输数据进行带宽优化。

（6）在软件层面上，PCIe 总线兼容目前的 PCI 技术和设备，支持 PCI 设备和内存模组的初始化。也就是说，目前的驱动程序、操作系统无须推倒重来，就可以支持 PCIe 设备。

总之，PCIe 是新一代的系统总线标准，其较高的数据传输性能能大幅度提高中央处理器（CPU）和图形处理器（GPU）之间的带宽。

2. 外设总线

外设总线用于实现计算机主机和外部设备之间的连接，它与传统外设接口有很大的区别。传统外设接口是专用的，通常只能连接某一特定类型的设备，而且大多数情况下只能连接一个设备；外设总线是通用的，可连接不同的外部设备，并且允许在一个总线上连接很多设备。

常见的外设总线有 USB 和 IEEE1394。限于篇幅，下面仅介绍 USB 的特点及主要技术指标。

1）USB 的特点

USB 是由 Compaq、DEC、IBM、Intel、Microsoft 和 NEC 等多家美国和日本公司共同开发的一种新的外设连接技术，其目的是为用户提供一种具有独立的主机系统，并在整个计算机系统结构中保持一致，具有可共享、可扩充、使用方便等特性的串行总线。USB 具有以下特点。

（1）易使用，主要表现在以下方面。

① 适合多种设备。USB 是一种通用接口，可用于多种外设，无须为每个外设准备不同的接口协议。

② 自动配置，即插即用（PnP）。当用户连接 USB 外设到一个正在运行的系统时，系统能自动检测外设，加载合适的驱动程序。

③ 无须用户设定。USB 不需要用户进行初始设置，例如端口地址和中断请求（IRQ）线等，这给使用带来了很大的方便。

④ 节省硬件资源。微机上可提供的 IRQ 线是一种宝贵的稀缺资源，无法给新的外设分配 IRQ 线常常是使用 USB 的原因之一。如果外设都能尽可能地使用 USB，就可使 IRQ 线空闲出来供那些必须使用 IRQ 线的外设使用。对 USB 来说，它只需要若干个端口地址和一根 IRQ 线，而挂接到 USB 上的外设不需要其他任何资源。对比之下，每个非 USB 外设都要求有自己的端

口地址，通常还需要一根 IRQ 线，有时还要有一个扩展槽（如 MODEM 卡）。

⑤ 易于连接。有了 USB，就不需要再打开计算机的机箱去为每个外设增加扩展卡了。USB 的连接器和电缆都有确定的规格，即使没有经验的用户也不会接错。一个普通的微机有 2～6 个 USB 端口，如果需要的话，还可以通过连接一个 USB 集线器来扩展端口的数量。集线器可以提供最多 7 个端口来连接更多的外设或集线器。一个 USB 可支持多达 127 个物理外设。

⑥ 可热插拔。不管系统和外设是否开机，都可以在任何时候连接和断开外设，且不会造成损坏。当外设连接到微机上时，操作系统会自动检测到并准备使用。

⑦ 不需另备电源。USB 接口自带了电源线和地线，可以提供+5V 的电源供应。一个外设如果需要中等功率的电源供应（最多 500mA），则它完全可以从总线得到电源供应而不需要使用外置电源。

（2）速度较快。一个全速 USB1.1 接口可以 12Mbit/s（即 1.5MB/s）的速度进行通信。实际数据传输速度比这个数值要低一些，这是因为所有外设都共用总线，导致总线除传输数据外，还必须携带状态、控制和错误检测信号。如果这还不够快，USB2.0 规范允许以 480Mbit/s 传输数据。这使 USB 对打印机和其他需要快速传输大容量数据的外设更具吸引力。USB 也支持 1.5Mbit/s 的低速传输。低速外设通常很便宜，而且它们的电缆可以更灵活（如鼠标），因为电缆不需要屏蔽。

（3）可靠性高。USB 的可靠性来自硬件设计和数据传输协议两个方面。USB 驱动器、接收器和电缆的硬件规范消除了大多数可能引起数据错误的噪声。此外，USB 数据传输协议采用了差错控制/缺陷发现机制，当检测到错误时能通知发送方重新发送前面的数据。检测、通知和重发都由硬件完成，不需要任何软件的介入。

（4）低成本。虽然 USB 比以前的接口更复杂，但它的组件和电缆并不昂贵。带有 USB 接口的设备与带有相同功能的老式接口的设备所需的费用几乎是相同的，甚至更低。对成本非常低的外设来说，可以选择低速传输以降低对硬件的要求，将成本控制在合理的范围内。

（5）低功耗。当 USB 外设不被使用时，省电电路和代码会自动关闭它的电源，但它仍然能够在需要的时候做出反应。降低电源消耗除了保护环境的好处，这个特征对于对电源供应非常敏感的笔记本电脑尤其有用。

2）主要技术指标

USB 已有 3 种版本：USB1.1、USB2.0 和 USB3.0，前两个版本的 USB 均采用一条 4 芯的电缆连接主机和设备，USB3.0 采用 9 芯电缆连接主机和设备。电缆除提供信号线外，还向设备提供了电源。USB 的主要技术指标（参考值）见表 6-1。

表 6-1　USB 的主要技术指标

指标项	USB1.1	USB2.0	USB3.0
连接的设备数	127	127	127
传输模式	半双工	半双工	全双工
最高传输速度	12Mbit/s	480Mbit/s	5Gbit/s
最长电缆长度	5m	5m	3m
接头触点数	4	4	9
电源供应	电压：5V 最大电流：500 mA	电压：5V 最大电流：500 mA	电压：5V 最大电流：900 mA

注：表中指标为参考数据。随着技术的发展，这些数据也将随之改变。

思考与练习

6-1 什么叫 I/O 端口？典型的 I/O 接口电路包括哪几类 I/O 端口？

6-2 I/O 接口的主要功能是什么？

6-3 计算机 I/O 端口编址有几种不同方式？简述各自的主要优缺点。

6-4 CPU 与外设之间的数据传输方式有几种？各有何特点？

6-5 什么是总线？总线分哪几类？在微型计算机中采用总线结构有什么好处？

6-6 理解时钟周期、总线周期、指令周期的含义。

6-7 简述总线操作的过程。

6-8 常用的系统总线和外设总线标准有哪些？

6-9 简述 USB 接口的用途和特点。

第7章 中断系统

第 6 章介绍了微处理器通过接口传输数据的 4 种方式，其中中断方式是一种非常重要的数据传输方式。中断系统是微机系统的重要组成部分。在微型计算机中，为了提高 CPU 的工作效率，使系统具有实时功能，设置了中断系统。本章将介绍中断的基本概念、中断处理过程、80x86 中断系统和中断控制芯片 8259A 的工作原理及应用。

7.1 中断的基本概念

中断是微机系统中非常重要的一种技术，它有效地扩展了微处理器的功能。利用外部中断，微机系统可以实时响应外部设备的数据传输请求，及时处理外部意外和紧急事件。利用内部中断，微处理器为用户提供了发现、调试并解决程序执行时异常情况的有效途径。

7.1.1 中断、中断源及中断系统

1. 中断

CPU 暂时停止正在运行的程序，转去执行请求 CPU 为之服务的内、外部事件的服务程序，待该服务程序执行完后，又返回被暂停的程序继续运行的过程，称为中断。简言之，就是 CPU 正常运行程序时被"中间打断"后继续运行的过程。正在运行的程序通常称为主程序，服务程序称为中断服务程序。

2. 中断源

引起中断的事件称为"中断源"。中断源主要有以下几类。

（1）外部设备请求中断。一般外部设备有键盘、磁盘驱动器、打印机等，工作告一段落时发出中断请求，要求 CPU 为它服务。

（2）实时时钟请求中断。例如，定时器或计数器，先由 CPU 发出指令，让时钟电路开始计数工作，待规定的时间到，时钟电路发出中断请求，CPU 转向中断服务程序。

（3）故障请求中断。当出现电源掉电、存储出错或溢出等故障时，发出中断请求，CPU 转去执行故障处理程序，如启动备用电源、报警等。

（4）由软件引起的中断。如程序错、运算错、为调试程序而特意设置的断点等。

3. 中断系统

中断系统是实现中断功能的软硬件的统称。为了满足各种情况下的中断请求，中断系统应具有以下功能。

（1）能实现中断响应、中断服务及中断返回。当某一中断源发出中断请求时，CPU 能决定是否响应这一中断请求，若允许这一中断请求，则 CPU 在保护断点后将转移到响应的中断服务程序中，处理完后 CPU 返回原断点处继续执行原程序。

（2）能实现中断优先级排队。当有两个或多个中断源同时提出中断请求时，中断系统能根据各中断源的性质给出处理的先后顺序，确保优先级高的中断请求先处理。

（3）能实现中断嵌套。若在中断过程中又有新的优先级更高的中断源提出中断请求，则中断系统要让 CPU 暂停当前中断服务程序，而转去处理优先级更高的中断请求，处理完后再返回

原优先级较低的中断服务程序中。

7.1.2 中断处理过程

尽管不同微型计算机的中断系统有所不同，但实现中断的过程基本相同。一个完整的中断处理过程包括中断请求、中断排队、中断响应、中断处理和中断返回等环节。图 7-1 为中断处理过程的流程图。

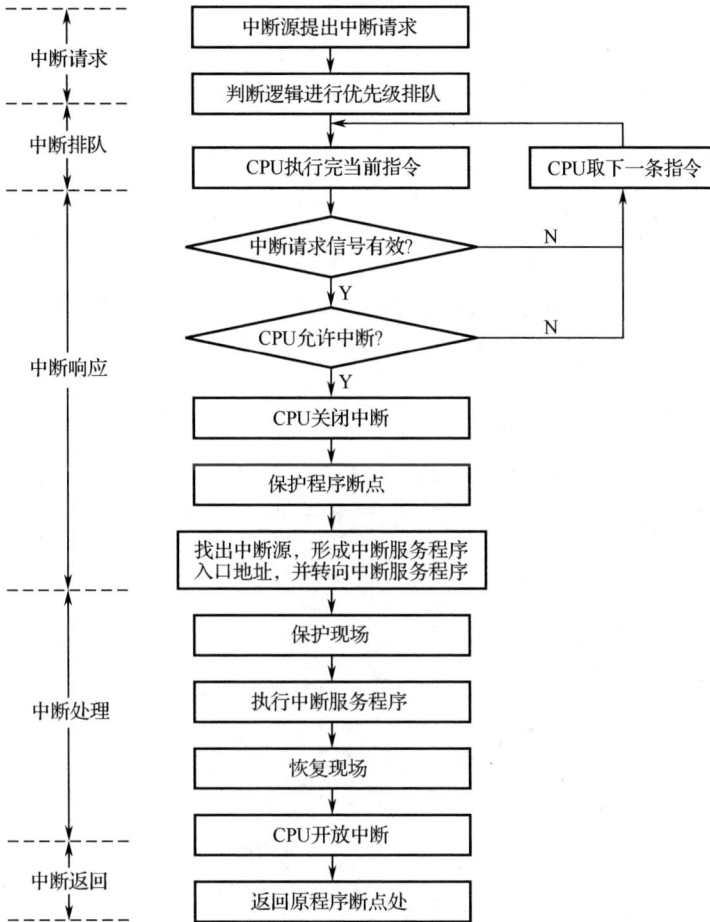

图 7-1 中断处理过程的流程图

1. 中断请求

中断请求环节中，中断源向 CPU 发出中断请求的信号，其作用是请求 CPU 为其服务。每个中断源向 CPU 发出的中断请求信号都是随机的，以一个电平信号加到 CPU 的中断请求输入端。中断源产生中断请求的条件因中断源而异，如外部设备发出中断请求信号应具备两个条件：①外部设备工作告一段落；②系统允许外部设备发出中断请求。

2. 中断排队

中断请求是随机的，有时会出现多个中断源同时提出中断请求的情况，但 CPU 每次只能响应一个中断源的请求。那么究竟先响应哪一个中断源的请求呢？这就必须根据中断源工作性质的轻重缓急预先安排一个优先级顺序，当多个中断源同时申请中断时即按此优先级顺序排队，等候 CPU 的处理。

3. 中断响应

经中断排队后，CPU 收到当前申请中断的中断源中优先级最高的中断请求信号。CPU 响应中断后，执行完当前指令就中止现行程序，转而响应中断请求。此时，首先由硬件电路保护断点，将 CPU 标志寄存器中的内容压入堆栈，并清除 IF 和 TF 位。然后将代码段寄存器 CS 和指令指针 IP 压入堆栈。至此，栈顶 6 个单元中保存了返回断点时需要的信息。

4．中断处理

中断响应后进入中断处理环节，即执行中断服务程序。在中断服务程序中，首先要保护现场，把中断服务程序中所要使用的寄存器的当前内容保存起来，例如将它们压入堆栈，再进行与此中断有关的服务程序处理。然后执行中断服务程序，完成中断源要求完成的任务，最后将中断服务程序执行前保护的信息从堆栈中弹出恢复到原寄存器，并保证堆栈指针恢复到进入中断处理时的指向。

5．中断返回

中断服务完成后，程序的最后一条指令一般都是 IRET，当 CPU 执行这条指令时，栈顶 6 个单元的内容依次弹出到 IP、CS 和标志寄存器中，于是恢复主程序运行。

需要指出的是，如果要实现中断嵌套，则应在中断处理过程中保护现场后首先执行开中断指令，方可在当前的中断处理中实现中断嵌套，并且应在中断服务结束后、恢复现场之前执行关中断指令，以保证恢复现场的正确执行。

7.1.3　中断嵌套

CPU 在执行某个中断服务程序时，接收到新的更高优先级的中断请求，从而中断正在处理的中断服务程序，响应优先级高的中断请求，这种一个中断请求尚未处理完又转去处理新的中断请求的方式，称为中断嵌套。两级中断嵌套的示意图如图 7-2 所示，CPU 中断正在执行着的低优先级的中断服务程序，转去执行优先级高的中断服务程序，待优先级高的中断服务程序结束后再返回被中断的低优先级的中断服务程序继续处理，直至中断全部处理完再返回主程序。

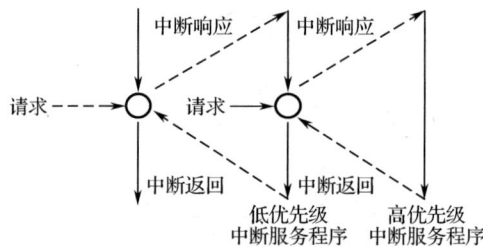

图 7-2　两级中断嵌套的示意图

实现多级中断嵌套需要注意以下两个问题。

（1）实现多级中断嵌套的重要条件是在中断服务程序执行过程中必须开放中断。

（2）必须加入屏蔽本级和较低级中断请求的环节，保证只有高优先级中断源才能中断低优先级的中断处理。

7.2　80x86 中断系统

80x86 CPU 具有一个简单而灵活的中断系统，可处理 256 种不同的中断请求。这些中断可分为外部中断（硬件中断）和内部中断（软件中断），每一种又各包括许多类型。各种类型的中断都被分配了一个中断类型号。80x86 中断源如图 7-3 所示，中断优先级见表 7-1。

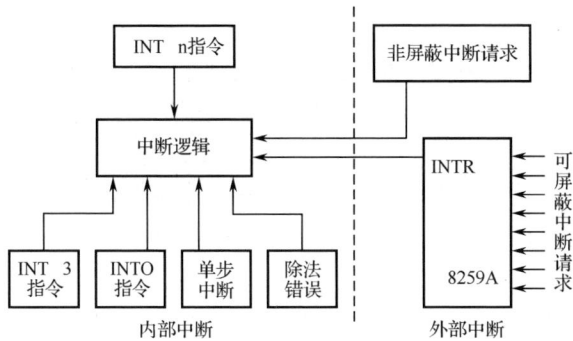

图 7-3 80x86 中断源

表 7-1 中断优先级

中断	优先级
除法出错，INT n，INTO	最高
非屏蔽中断（NMI）	较高
可屏蔽中断（INTR）	低
单步中断	最低

7.2.1 外部中断

由 CPU 外部硬件电路发出的电信号引起的中断称为外部中断（亦称硬件中断），外部中断又分为非屏蔽中断和可屏蔽中断。

1．非屏蔽中断

非屏蔽中断（NMI）信号连接到 CPU 的 NMI 引脚，其不受 CPU 中断允许标志位 IF 的控制，一旦发生，就立即转至中断类型号为 2 的中断服务程序。NMI 的优先级高于 INTR。当 CPU 采样到有 NMI 请求时，即在内部将其锁存，并自动提供中断类型号 2，然后按照下列步骤处理。

（1）将中断类型号乘 4，得到中断向量地址 0008H；

（2）将标志寄存器中的内容压入堆栈进行保护；

（3）清除 IF 和 TF 标志位，屏蔽 INTR 和单步中断；

（4）保存断点，即把断点处的 IP 和 CS 内容压栈；

（5）从中断向量表中取中断服务程序的入口地址，分别送至 CS 和 IP；

（6）转入相应中断服务程序并执行；

（7）恢复断点及标志寄存器中的内容，返回主程序。

IBM PC/XT 系统中，NMI 主要用于解决系统主板上 RAM 出现的奇偶校验错误，或 I/O 通道中扩展选件板上出现的奇偶校验错误等。

NMI 信号是边沿触发的输入信号，若 8088 CPU 的第 17 引脚 NMI 接收到一个正向跳变信号，则可能发生一次非屏蔽中断。这种中断响应不受中断允许标志位 IF 的控制。8086/8088 要求 NMI 信号跳变成高电平后至少保持两个时钟周期以上，以便锁存下来，待 CPU 完成当前指令后响应。

IBM PC/XT 中的非屏蔽中断源有 3 种：浮点协处理器 8087 的中断请求、系统主板上的 RAM 奇偶检验错误及扩展槽中的 I/O 通道错误。以上三者中的任何一个都可以单独提出中断请求，但是否真正形成 NMI 信号，还要受 NMI 屏蔽寄存器的控制。当这个寄存器 D_7=1 时，允许向 CPU 发出 NMI 信号。NMI 被响应时，8088 CPU 自动生成中断类型号 2，再转入相应的中断服务程序。

因此产生 NMI 信号有两个条件：①NMI 屏蔽寄存器 D_7=1；②上述 3 种中断源向 CPU 发出中断请求。

2．可屏蔽中断

可屏蔽中断（INTR）信号连接到 CPU 的 INTR 引脚，它受 CPU 中断允许标志位 IF 的控制，即当 IF=1 时，CPU 才能响应 INTR 引脚上接收到的中断请求。当可屏蔽中断被响应时，CPU 需要执行 7 个总线周期。

（1）执行第一个 $\overline{\text{INTA}}$ 总线周期，通知外部中断系统做准备。

（2）执行第二个 $\overline{\text{INTA}}$ 总线周期，从外部中断系统获取中断类型号，并乘 4，形成中断向量地址。

（3）执行一个总线写周期，将标志寄存器内容压栈，且使 IF 和 TF 标志位都为 0。

（4）执行一个总线写周期，将 CS 内容压栈。

（5）执行一个总线写周期，把当前的 IP 内容压栈。

（6）执行一个总线读周期，从中断向量表中读取中断服务程序的偏移地址并送入 IP。

（7）执行一个总线读周期，从中断向量表中读取中断服务程序的段地址并送入 CS。

若一个高电平信号加到 CPU 的第 18 引脚（INTR 引脚）上且中断允许标志位 IF=1，则可以产生一次可屏蔽中断；那么当 IF=0 时，INTR 的中断请求被屏蔽。在 IBM PC/XT 中，所有可屏蔽的中断源都先经过中断控制器 8259A 管理后再向 CPU 发出中断请求。

综上所述，得出结论：8086/8088 CPU 提供的能接收外部中断请求的引脚是第 17 引脚（NMI）和第 18 引脚（INTR）。这两种中断的区别是：NMI 不可用软件屏蔽，而 INTR 可用软件屏蔽；NMI 的中断请求信号必须是一个由低到高的上升沿，而 INTR 的中断请求信号高电平有效。

不同中断类型的优先级顺序为：

高 ← ─────────────────── 低

被零除中断、INT n、INTO、NMI、INTR、单步中断

7.2.2　内部中断

由 CPU 执行某些指令所引起的中断称为内部中断（亦称软件中断）。内部中断响应后不需要 $\overline{\text{INTA}}$ 总线周期，处理过程与 NMI 处理过程基本相同。内部中断包括如下几类。

（1）专用中断。在中断向量表中，类型号 0～4 中除类型号为 2 的 NMI 非屏蔽中断外，其余均为专用中断，它们通常是由某个标志位引起的中断。

① 0 型中断——除法出错中断。在执行除法指令时，若发现除数为 0 或商超出了寄存器所能表示的范围（双字/字的范围为−32768～+65535，字/字节的范围为−128～+255），CPU 会立即产生一个类型号为 00H 的 0 型中断，并转入相应的除法出错处理程序。由于 0 型中断没有相应的中断指令，也不是由外部硬件引起的，因此通常称为"自陷"中断。

② 1 型中断——单步中断。单步标志位 TF=1 时，CPU 把程序的执行变为单步方式。单步方式能够通过逐条指令观察操作的"窗口"，为系统提供一种方便的调试手段，如 DEBUG 中的跟踪命令就是将 TF 标志位置 1，每执行一条指令后就进入单步中断服务程序显示寄存器等的内容，从而跟踪程序的具体执行过程，调试程序。

由于中断响应时，CPU 自动把标志寄存器中的内容压入堆栈，然后清除 TF 标志位，因此当 CPU 进入单步中断程序时，不再处于单步方式，而以正常方式工作。只有在单步处理结束，从堆栈中弹出原来的标志（TF=1）时，才使 CPU 又返回单步方式。

③ 3 型中断——断点中断（INT 指令）。3 型中断和单步中断一样，也是 8086 提供的一种调试手段。它用于设置程序中的断点，故称为断点中断，用 INT 或 INT 3 指令表示。

INT 指令是一条单字节指令，因此它能很方便地插入程序的任何地方。插入 INT 指令的地方便是断点。在断点处，停止正常的程序执行过程，进入断点中断服务程序显示寄存器、存储单元

等的内容。相比之下，单步方式适用于规模较小的程序调试，而断点方式适用于较长程序的调试。

④ 4 型中断——溢出中断（INTO 指令）。溢出中断用 INTO 指令表示。若溢出标志位 OF 为 1，则当执行 INTO 指令时，立即产生一个 4 型中断。若溢出标志位 OF 为 0，则此指令不起作用。INTO 指令为程序员提供了一种算术运算出现溢出时的处理手段。它通常和带符号数的加、减法指令配合使用。

（2）指令中断——INT n 指令，其类型号就是指定的 n。它和 INT 与 INTO 一样，都是引起 CPU 中断响应的指令中断，不同的是，INT 和 INTO 是单字节指令，而 INT n 是双字节指令，第二字节是类型号 n。INT n 主要用于系统定义或用户自定义的软件中断。

BIOS 功能调用，如 INT 13H 的磁盘 I/O 调用、INT 10H 的屏幕显示调用、INT 16H 的键盘输入调用等，为用户提供了直接与 I/O 设备打交道的功能，而不必了解设备硬件接口的具体细节。DOS 功能调用（INT 21H）则使用户可以方便地实现对磁盘文件的存取管理、内存空间的申请或修改等操作。用户自定义的软件中断则是利用保留的中断类型号来扩充自己所需要的中断功能。

对于 BIOS 功能调用和 DOS 功能调用这些系统定义的指令中断，在系统引导时就完成了装配，使用者只要遵从调用的格式预置所需要的入口参数，直接用 INT n 指令就可以完成调用；而用户自定义的软件中断，除设计好中断服务程序外，还要把中断入口地址预置到中断向量表中，在需要调用时用 INT n 指令实现。

8086 CPU 中上述中断的优先级由最高到最低的顺序为：内部中断（单步中断除外）、非屏蔽中断、可屏蔽中断、单步中断。

7.2.3 中断向量和中断向量表

中断向量是指中断服务程序的入口地址，它包括中断服务程序入口的段地址 CS_n 和偏移地址 IP_n（共 4 字节）。因此，通过使用中断向量，可以找到中断服务程序的入口地址，实现程序转移。中断向量表是存放中断服务程序入口地址的表格，它存放于系统内存的最低端，共 1KB，每 4 字节存放一个中断服务程序的入口地址，较高地址的两字节存放中断服务程序入口的段地址，较低地址的两字节存放中断服务程序入口的偏移地址，这 4 字节的最低地址称为中断向量地址，其值为中断类型号乘 4。80x86 系统各中断服务程序的段地址 CS_n 和偏移地址 IP_n 在中断向量表中按中断类型号顺序存放，见图 7-4。

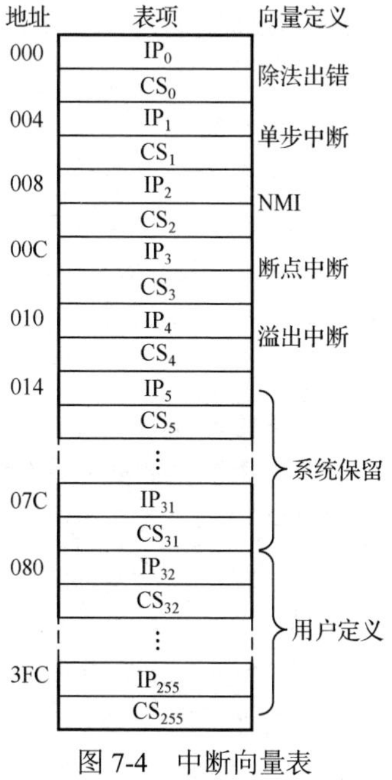

CPU 响应中断后将中断类型号乘 4，在中断向量表中查询得到中断服务程序的入口地址，分别送入 CS 和 IP，从而转入中断服务程序。

应该指出，中断类型号是固定不变的，一经系统分配指定，就不再变化。而中断类型号所对应的中断向量是可以改变的，即一个中断类型号所对应的中断服务程序不是唯一的，可以不同。也就是说，中断向量是可以修改的，这为用户使用系统中断资源带来很大便利。当然对于有些系统的专用中断，不允许用户随意修改。

中断向量并非常驻内存，而是在开机通电时由程序装入内存指令的中断向量表中的。系统配置和使用的中断所对应的中断向量由系统软件负责装入。若系统中（如单板机）未配置系统软件，就要由用户自行装入中断向量。一般设置中断向量的方法有两种，一是

地址	表项	向量定义
000	IP_0	除法出错
	CS_0	
004	IP_1	单步中断
	CS_1	
008	IP_2	NMI
	CS_2	
00C	IP_3	断点中断
	CS_3	
010	IP_4	溢出中断
	CS_4	
014	IP_5	
	CS_5	
	⋮	系统保留
07C	IP_{31}	
	CS_{31}	
080	IP_{32}	
	CS_{32}	
	⋮	用户定义
3FC	IP_{255}	
	CS_{255}	

图 7-4 中断向量表

自编程序将中断服务程序的入口地址直接写入中断向量表的相应单元,二是利用 DOS 功能调用完成中断向量的设置。

（1）直接写入。

```
MOV  DS, 0000H
MOV  SI, 中断类型号乘4
MOV  AX, 中断服务程序入口偏移地址
MOV  [SI], AX
MOV  AX, 中断服务程序入口段地址
MOV  [SI+2], AX
```

（2）利用 DOS 功能调用。

设置中断向量（DOS 功能调用 INT　21H）。

功能号：AH=25H。

入口参数：AL=中断类型号；DS:DX=中断向量（段地址:偏移地址）。

获取中断向量（DOS 功能调用 INT　21H）。

功能号：AH=35H。

入口参数：AL=中断类型号。

出口参数：ES:BX=中断向量（段地址:偏移地址）。

7.2.4　80x86 中断响应过程

80x86 CPU 对各种中断的响应过程是不同的,主要区别在于如何获得相应的中断类型号。

1．内部中断响应过程

CPU 在执行内部中断时没有中断响应总线周期。对于除法出错、单步中断、断点中断和溢出中断,中断类型号是自动形成的,而对于 INT　n 指令,其中断类型号由指令中给定的 n 决定,获得中断类型号以后的处理过程如下。

（1）将中断类型号乘 4,计算出中断向量的地址。

（2）CPU 的标志寄存器内容压栈,以保护各个标志位,此操作类似于 PUSHF 指令。

（3）清除 IF 和 TF 标志位,屏蔽新的 INTR 和单步中断。

（4）保存断点,即把断点处的 IP 和 CS 内容压入堆栈,先压入 CS,再压入 IP。

（5）根据第一步计算出来的地址从中断向量表中取出中断服务程序的入口地址（段地址和偏移地址）,分别送至 CS 和 IP 中。

（6）转入中断服务程序执行。

进入中断服务程序后首先要保护在中断服务程序中要使用的寄存器的内容,然后进行相应的中断处理,在中断返回前恢复保护的寄存器内容,然后执行中断返回指令 IRET。IRET 的执行将使 CPU 按次序恢复断点处的 IP、CS 和标志寄存器,从而使程序返回到断点处继续执行。

内部中断具有如下一些特点。

（1）中断由 CPU 内部引起,中断类型号的获得与外部无关,CPU 不需要执行中断响应总线周期去获得中断类型号。

（2）除单步中断外,内部中断无法用软件禁止,不受中断允许标志位 IF 的影响。

（3）内部中断何时发生是可以预测的,这有点类似于子程序调用。

2．外部中断响应过程

（1）非屏蔽中断响应。NMI 不受 IF 标志位的影响,也不用外部接口给出中断类型号,CPU 响应 NMI 时也没有中断响应总线周期。CPU 会自动按中断类型号 2 来计算中断向量的地址,其

后的中断处理过程和内部中断一样。

（2）可屏蔽中断响应。当 INTR 信号有效时，如果中断允许标志位 IF=1，则 CPU 在当前指令执行完毕后产生两个连续的中断响应总线周期。在第一个中断响应总线周期，CPU 将地址/数据总线置高阻，发出第一个中断响应信号 $\overline{INTA}$ 给中断控制器 8259A，表示 CPU 响应此中断请求，禁止来自其他总线控制器的总线请求。在最大方式下，CPU 还要启动 $\overline{LOCK}$ 信号，通知总线仲裁器 8289，使系统中其他处理器不能访问总线。在第二个中断响应总线周期，CPU 送出第二个 $\overline{INTA}$ 信号，该信号通知 8259A 将相应中断请求的中断类型号放到数据总线上供 CPU 读取。CPU 读取中断类型号后的中断处理过程也和内部中断一样。

以上所述的软件中断、单步中断、断点中断、NMI 和 INTR，它们的优先级是由 8086 CPU 识别中断的前后顺序来决定的。在当前指令执行完后，CPU 首先自动查询在指令执行过程中是否有除法出错中断、溢出中断和 INT n 中断发生，然后查询 NMI 和 INTR，最后查询单步中断。80x86 CPU 对一个中断请求进行响应和处理的流程如图 7-5 所示。在响应中断后，按照图中左半部分的顺序查询，并从内部或外部得到反映该中断的中断类型号。虽然中断类型号不同，但 80x86 CPU 对它们的响应过程一样，如图 7-5 右半部分所示。

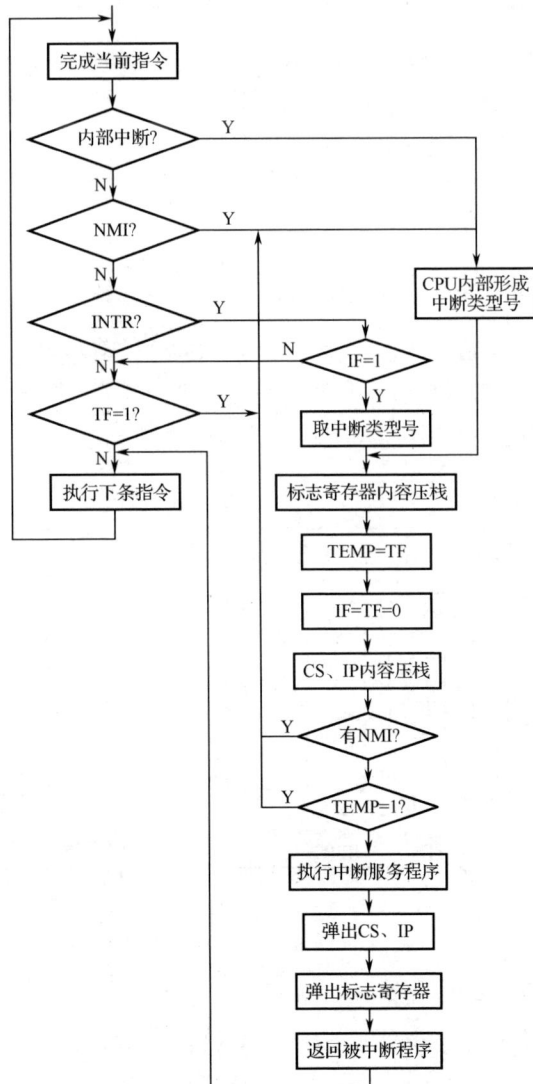

图 7-5　80x86 CPU 中断处理流程

在获取中断类型号后、执行中断服务程序前，应进一步判断是否存在单步中断，其目的是在系统单步工作时又产生其他中断的情况下，尽管系统首先识别其他中断，但在执行该中断服务程序前还可识别出单步中断，并首先开始执行单步中断服务程序。在单步中断处理结束后才返回原先被挂起的其他中断处理程序。另外，还应判断是否存在非屏蔽中断的原因，也是为了系统能够及时处理外部紧急事件提出的中断请求。

7.3 可编程中断控制器 8259A

Intel 8259A 是一种可编程中断控制器，用于管理外部可屏蔽的中断请求。因为 CPU 芯片的外部请求引脚 INTR 只有一根，但外部的中断源可以有多个，如时钟、键盘串口/并口和软盘等，所以 PC 系列机中，用 8259A 来协助 CPU 管理外部中断源。一片 8259A 管理 8 级中断源，IBM PC/AT 机中用两片 8259A 级联管理 15 级中断源。若用 9 片 8259A 级联，则不用附加外部电路就能管理 64 级中断源。

7.3.1 8259A 的功能

8259A 是一种可编程的、具有强大中断管理功能的大规模集成电路芯片，其主要功能如下。
（1）具有 8 级优先级控制，通过级联可以扩展到 64 级。
（2）每一级均可通过编程实现屏蔽或开放。
（3）能向 CPU 提供相应的中断类型号。
（4）可通过编程选择不同的工作方式。

7.3.2 8259A 的内部结构和引脚功能

8259A 主要由以下部分组成：中断请求寄存器（IRR）、中断服务寄存器（ISR）、中断屏蔽寄存器（IMR）、优先级裁决器（PR）、数据总线缓冲器、读/写逻辑、控制逻辑、级联缓冲器/比较器。其内部结构图和引脚图如图 7-6 所示，各部分功能如下。

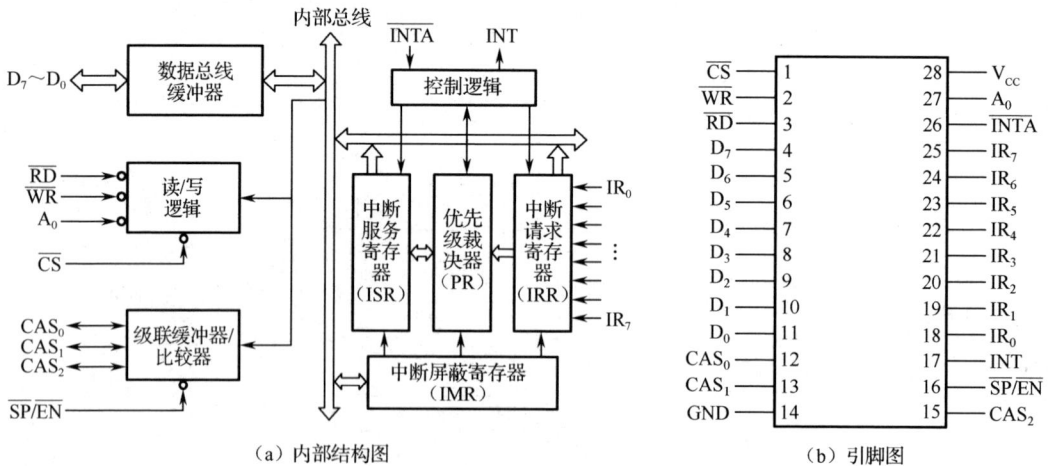

（a）内部结构图　　（b）引脚图

图 7-6　8259A 内部结构图及引脚图

（1）中断请求寄存器（IRR）。IRR 是一个 8 位的寄存器，用来保存外设送来的 $IR_0 \sim IR_7$ 中断请求信号。$IR_0 \sim IR_7$ 可以连接 8 个外设的中断请求信号，当 $IR_0 \sim IR_7$ 中的任何一个变为高电平时，IRR 的相应位置 1。

（2）中断服务寄存器（ISR）。ISR 是一个 8 位的寄存器，用来存放当前正在服务的中断级。

响应中断后，8259A 收到第一个中断响应信号 $\overline{\text{INTA}}$ 时，使当前被响应的中断请求所对应的 ISR 相应位置 1，而 IRR 的相应位复位。在中断嵌套时，ISR 中有多个位为 "1"。

8259A 收到第一个中断响应信号后，由优先级判决电路根据请求位 IRR_i 的优先级和 IMR 中屏蔽位的状态将允许中断的最高优先级请求选通到 ISR，使 ISR 相应位置 1，表明该位对应的中断级正在服务。因此用 ISR 来存放正在被服务的所有中断级，包括尚未服务完而中途被高优先级打断的中断级。在处理某一级中断的整个过程中，ISR 相应位一直保持为 "1"。只有当中断级服务完毕，在返回之前，才由中断结束命令 EOI 将该位清零，在不进行中断服务时，ISR 各位均为 "0"。

（3）中断屏蔽寄存器（IMR）。IMR 是一个 8 位的寄存器，用于保存要屏蔽的中断。某位为 "1"，表示屏蔽相应中断请求；为 "0"，则表示开放相应中断请求。

这些屏蔽位能禁止 IRR 对应的置 1 位发出的中断请求信号，屏蔽优先级较高的中断请求输入不会影响优先级较低的中断请求输入，因此可用软件方法设置 IMR 来改变优先级。

（4）优先级裁决器（PR）。PR 用来识别和管理各中断请求信号的优先级。当 N 个中断请求同时出现时，由优先级判决电路根据控制逻辑规定的优先级和 IMR 的内容判断哪一个信号的优先级最高，CPU 首先响应优先级最高的请求。把优先级最高的 IRR 置 1 位送至 ISR 中。当中断允许嵌套时，若选出的中断级的优先级高于正在服务的中断级，则发出中断请求信号 INT，并中止当前的中断处理，执行高优先级的中断处理；若其优先级低于正在服务的中断级，则不发中断请求信号 INT。

（5）数据总线缓冲器。它用于连接系统的数据总线，是一个 8 位的双向三态缓冲器，用于传输写入 8259A 的控制字、读取的 8259A 的状态信息及 CPU 读取的中断类型号。

（6）读/写逻辑。用来接收端口地址信息和 CPU 的读/写控制信号 $\overline{\text{RD}}$ 和 $\overline{\text{WR}}$，产生相应的控制信号，控制命令字的写入和状态字的读取。

在 CPU 写入 8259A 时，通过 OUT 命令使 $\overline{\text{WR}}$ 有效，把写入 8259A 的命令字送到相应的 ICW_i 和 OCW_i 内，将 IRR、ISR 和 IMR 的相应内容输出到数据总线上，读入 CPU。

（7）控制逻辑。根据编程设定的工作方式管理的 8259A 负责向 CPU 发送中断请求信号 INT 和接收来自 CPU 的中断响应信号 $\overline{\text{INTA}}$，并将 $\overline{\text{INTA}}$ 信号转换成内部所需的各种控制信号。

8259A 的控制电路中有一组初始化命令字 $ICW_1 \sim ICW_4$ 和一组工作命令 $OCW_1 \sim OCW_3$。控制逻辑电路按照编程设定的工作方式来管理 8259A 的全部工作。在 IRR 中有未被屏蔽的中断请求置 1 时，控制逻辑使 INTR 引脚输出高电平，向 CPU 发出中断请求。中断响应期间，它使中断优先级最高的 ISR 相应位置 1，同时使 IRR 的相应位清零，并发送相应的中断向量码到数据总线上。中断服务结束时按照编程规定的方式结束处理。

（8）级联缓冲器/比较器。用于控制多片 8259A 的级联，使系统的中断级可以扩展。最多可用 9 片级联，一片为主片，其他为从片。

这个功能部件用来存放和比较系统中各个 8259A 的从设备标志 ID_0。与此部件相关的有 3 根级联线 $CAS_0 \sim CAS_2$ 和从编程/缓冲器允许信号线 $\overline{\text{SP}/\text{EN}}$。3 根级联线 $CAS_0 \sim CAS_2$ 用来构成 8259A 的主从式控制结构。当某个 8259A 作主设备时，它的 $CAS_0 \sim CAS_2$ 是输出引脚。当该 8259A 作从设备时，它的 $CAS_0 \sim CAS_2$ 是输入引脚。在系统中应将 8259A 的 $CAS_0 \sim CAS_2$ 对应端互连。编程时，8259A 的从设备标志保存在它的级联缓冲器内，在中断响应期间，首先主 8259A 把申请中断级别最高的从设备标志码输出到级联线 $CAS_0 \sim CAS_2$ 上；接着从 8259A 把收到的从设备标志码与同级缓冲器保存的自身的标志码进行比较；最后，在随后的第二个 $\overline{\text{INTA}}$ 总线周期期间，与从设备标志码一致的从 8259A 被选中，而把中断向量码送到数据总线上。

$\overline{SP}/\overline{EN}$ 是双向功能引脚,低电平有效。它有两种功能,第一种为当处于缓冲方式时(所谓缓冲方式,即 8259A 数据引脚与系统总线之间加双向数据缓冲器 8286),此时它为起 $\overline{EN}$ 作用的输出引脚,用于控制缓冲器接收和发送数据方向的控制信号。第二种为当不处于缓冲方式时,它是输入引脚,用作主/从设备标志。当 $\overline{SP}$=1 时,指明该 8259A 是主设备;而当 $\overline{SP}$=0 时,指明该 8259A 是从设备。

7.3.3 8259A 的引脚及功能

8259A 是一种 28 引脚双列直插式封装的大规模集成电路专用芯片,其引脚如图 7-6(b)所示。

(1)$D_0 \sim D_7$。双向三态数据线,在系统中与数据总线相连。

(2)$IR_0 \sim IR_7$。中断请求输入信号。

(3)$\overline{RD}$。读控制信号输入,与控制总线相连。低电平有效,表示由 8259A 读至 CPU。

(4)$\overline{WR}$。写控制信号输入,与控制总线相连。低电平有效,表示写信号至 8259A。

(5)$\overline{CS}$。片选信号输入,与地址译码电路相连。低电平有效,表示正在访问该 8259A。

(6)A_0。地址线输入,在使用中 8259A 占用相邻的两个端口地址,A_0 与 $\overline{CS}$ 配合,A_0=1 选中奇地址端口,A_0=0 选中偶地址端口。在 80x86 的 PC 系列机中,主 8259A 的端口地址为 20H 和 21H。

(7)$CAS_0 \sim CAS_2$。3 根级联线,对主 8259A,它为输出引脚;对从 8259A,它为输入引脚。主、从 8259A 的 $CAS_0 \sim CAS_2$ 对应相连,主 8259A 在第一个 $\overline{INTA}$ 总线周期内通过 $CAS_0 \sim CAS_2$ 送出从设备标志码,而和此标志码相符的从 8259A 在接收到第二个 $\overline{INTA}$ 信号后将中断类型号发送到数据总线上。

(8)$\overline{SP}/\overline{EN}$。从编程/缓冲器允许信号,双向。$\overline{SP}/\overline{EN}$ 是作为输入引脚还是输出引脚取决于 8259A 是否采用缓冲方式,若不用缓冲方式,则 $\overline{SP}/\overline{EN}$ 是输入引脚,反之,则作为输出引脚。作为输入引脚的 $\overline{SP}$ 使用时,用于区分主、从 8259A。主 8259A 的 $\overline{SP}$=1,从 8259A 的 $\overline{SP}$=0。作为输出引脚的 $\overline{EN}$ 使用时,作为数据总线缓冲器的使能信号。

(9)INT。中断请求信号输出。8259A 用此线向 CPU 发送中断请求信号,连接至 CPU 的 INTR 引脚。

(10)$\overline{INTA}$。中断响应信号输入。与 CPU 的 $\overline{INTA}$ 引脚相连。

7.3.4 8259A 的工作方式

8259A 的工作方式有多种,可以通过编程来设置。用户可根据系统工作的要求来选择相应的工作方式,然后通过对 8259A 写入初始化命令字来确定其工作方式。

1. 中断屏蔽方式

(1)普通屏蔽方式。利用操作命令字 OCW_1 使中断屏蔽寄存器(IMR)中的一位或数位置 1 来屏蔽一个或数个中断源的中断请求。若要开放某一个中断源的中断请求,则将 IMR 中的相应位置 0。

(2)特殊屏蔽方式。在某些场合,执行某一个中断服务程序时,要求允许另一个优先级比它低的中断请求被响应,此时可采用特殊屏蔽方式。它可通过 OCW_3 的 D_6D_5=11 来设置。

2. 中断嵌套方式

(1)全嵌套方式。这是最常用的一种工作方式,中断优先级固定,IR_0 最高,IR_7 最低。当 IR_i 中断请求响应时,相应的 ISR_i 位置 1,在中断服务过程中,禁止同级和优先级低于本级的中断请求。

（2）特殊全嵌套方式。与全嵌套方式基本相同，不同的是在特殊全嵌套方式下，当执行某一级中断服务程序时可响应同级的中断请求，从而实现对同级中断请求的特殊嵌套（8259A 级联使用时，某从片的 8 个中断源对主片来说可以认为是同级的）。特殊全嵌套方式用于多片级联时。

3．优先级控制方式

（1）优先级自动循环方式。在这种方式下，优先级的顺序不是固定不变的，一个设备得到中断服务后，其优先级自动降为最低。其初始的优先级顺序规定为由高到低分别是 IR_0，IR_1，IR_2，…，IR_7。该方式用于系统中多个中断源优先级相等的场合。

（2）优先级特殊循环方式。这种方式与优先级自动循环方式的唯一区别是，其初始的优先级顺序不是固定的 IR_0 为最高，然后开始循环，而是由程序指定 $IR_0 \sim IR_7$ 中任意一个为最高优先级，然后按顺序自动循环，决定优先级。

4．中断结束方式

（1）自动中断结束方式。在中断服务程序中，中断返回前不需要发出中断结束命令就会自动清除该中断源所对应的 ISR 位（实际上在 CPU 发出第二个 $\overline{INTA}$ 信号时，8259A 即自动清除 ISR 中的对应位）。这种方式用在多个中断不会嵌套的系统中。

（2）非自动中断结束方式。在中断服务程序返回之前必须发送中断结束命令才能使 ISR 中的当前服务位清除。

7.3.5　8259A 的级联

一片 8259A 可管理 8 级中断源，那么如果要管理多于 8 个中断源的中断，又该如何进行呢？实际上 8259A 在芯片的设计过程中已经考虑到了这个问题，也就是利用级联的方法，将多片 8259A 连接在一起来管理多于 8 个中断源的中断系统。图 7-7 给出了多片 8259A 组成的级联中断系统结构图。

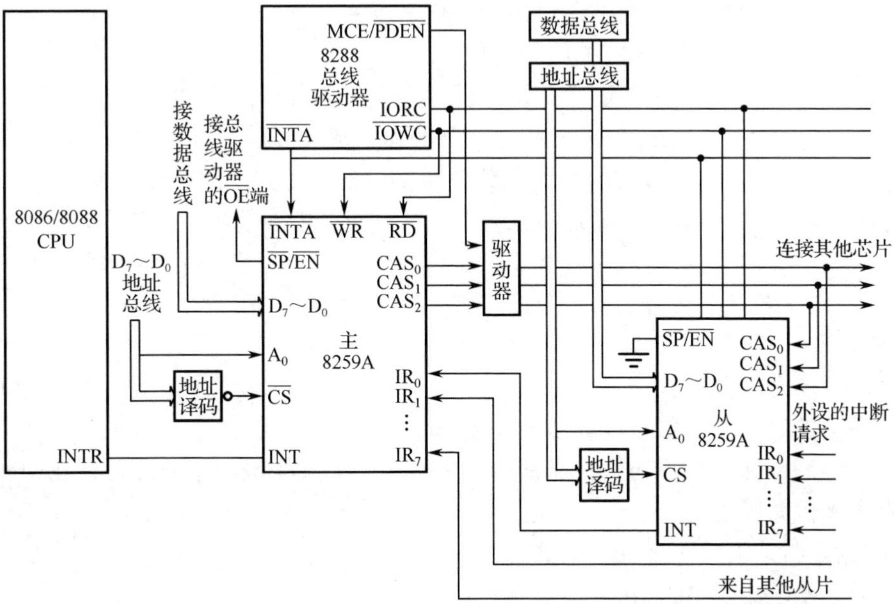

图 7-7　多片 8259A 组成的级联中断系统结构图

在一个中断系统中，可以使用多片 8259A，采用级联方法，使中断系统优先级从 8 级扩展到最高 64 级。在级联时，只能有一片 8259A 作为主片，其余的 8259A 均作为从片。

主 8259A 的 3 条级联线 $CAS_0 \sim CAS_2$ 作为输出线，通过驱动器连接到从片的 $CAS_0 \sim CAS_2$ 输入端，如只有一个从片，可以不加驱动器。

7.3.6　8259A 的编程

在使用 8259A 时，除按规定的方式接好电路外，还必须用程序选定其工作状态，例如，中断请求的优先级分配、中断屏蔽、中断向量等，每一种状态都由一个命令字或一个命令字中的某些位来规定。8259A 的命令字可分为初始化命令字（Initialization Command Word，ICW）和工作命令字（Operation Command Word，OCW）两种，因此 8259A 的编程也分为初始化编程和工作编程两步。在 8259A 内部，有相应的一组寄存器分别将这些命令字锁存以控制芯片工作。

1）8259A 寄存器的读/写

对于 8259A 的内部寄存器，除在编程时 CPU 可用输出指令对它们逐一写入外，还可在查询状态时用输入指令将其内容读出。为了寻址各寄存器，除用地址信号 A_0 译码外，还需要用这些命令字的某些位作为访问某个寄存器的特征，或者按写入的先后顺序来区分。

例如：要对 ICW_1 进行操作，此时除将地址线 A_0 置 0 外，还需要将 ICW_1 命令字的 D_4 位置 1，此时表示选中了 ICW_1 命令字，或者说启动了初始化编程。

2）8259A 的初始化编程

8259A 必须先进行初始化编程，后进行工作编程。初始化编程由写入 ICW_1（称为主初始化命令字）开始，然后写入 ICW_2。至于是否写 ICW_3 和 ICW_4，取决于 ICW_1 的内容。

初始化命令字流程图如图 7-8 所示。

从图 7-8 中可以看出，初始化命令字的写入顺序是：$ICW_1 \rightarrow ICW_2 \rightarrow ICW_3 \rightarrow ICW_4$，这 4 个命令字必须按照顺序写入，一般不重复写。

无论何时，当 CPU 向 8259A 送入一条地址线 $A_0=0$、数据线 $D_4=1$ 的命令时，该命令被译码为初始化命令字 ICW_1，它启动 8259A 的初始化过程，即相当于 RESET 信号的作用。

8259A 在进行初始化时将完成如下操作。

① 清除中断屏蔽寄存器 IMR，即中断屏蔽寄存器的各位均复位为 0。

② 设置 IR_7 为最低优先级的全嵌套方式，固定优先级排序。

全嵌套方式是指在一个中断请求被响应后，就会自动屏蔽其他同级和低级的中断请求，但能开放高级的中断请求，即某中断未服务完时，有同级或低级中断请求，不会使 8259A 的 INT 变为高电平。

图 7-8　初始化命令字流程图

③ 清除特殊屏蔽方式。

在某些应用场合，可能要求能在软件的控制下动态地改变系统的优先级结构，也就是若 CPU 正处在中断服务的过程中，希望能屏蔽一些较低优先级的中断源的中断请求，而允许一些优先级更低的中断源的中断请求。当然在通常情况下，当较高优先级的中断源正处在中断服务过程中时，所有中断优先级较低的中断源都被屏蔽。

④ 设置读中断请求寄存器 IRR 方式。

下面介绍初始化命令字的功能。

（1）ICW_1。

ICW_1 用于设置 8259A 的基本工作方式。前面已介绍当地址线 $A_0=0$ 时，若对 8259A 写入 $D_4=1$，则启动了初始化编程，写入的字节被当成 ICW_1，$D_4=1$ 是它的特征位，其余各位作用如下。

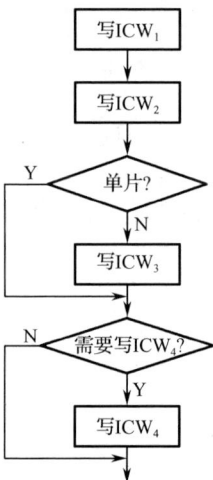

A_0
0

D_7	D_6	D_5	D_4	D_3	D_2	D_1	D_0
A_7	A_6	A_5	1	LJIM	ADI	SNGL	ICW$_4$

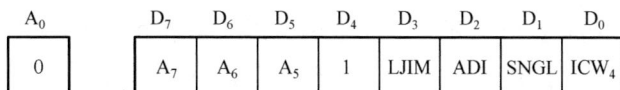

A_0=0 表示是偶地址，D_4=1 是初始化命令字 ICW$_1$ 的标志。

D_0（ICW$_4$）表示初始化过程是否需要写 ICW$_4$。D_0=1 表示是 8086/8088 系统，必须写 ICW$_4$，D_0=0 表示不需要写 ICW$_4$。

D_1（SNGL）用于表示系统是单片 8259A 还是多片 8259A。D_0=1 表示单片，D_0=0 表示级联。

D_2（ADI）和 D_7、D_6、D_5（A_7、A_6、A_5）用于 8080/8085 系统中设置中断服务程序入口地址的 A_7、A_6、A_5，在 8086/8088 系统中，此 3 位无意义。

D_3（LJIM）表示中断请求信号起作用的触发方式。D_3=1 表示电平触发，D_3=0 表示边沿触发。

例如：8086/8088 系统中，用单片 8259A 来管理 8 级中断源。IR$_i$ 的触发方式为电平触发，要写 ICW$_4$，则对该 8259A 进行初始化的程序为：

```
MOV    AL, 00011011B
OUT    20H, AL
```

（2）ICW$_2$（主片地址为 21H，从片地址为 A1H）。

功能：用来设置中断信号的中断类型号。

格式如下：

A_0
1

D_7	D_6	D_5	D_4	D_3	D_2	D_1	D_0
A_{15} / T_7	A_{14} / T_6	A_{13} / T_5	A_{12} / T_4	A_{11} / T_3	A_{10}	A_9	A_8

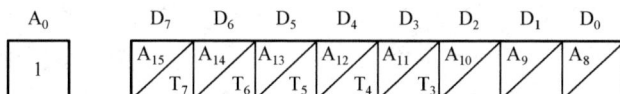

工作于 8080/8085 系统中时，8 位全部有用，表示 CALL 指令的高 8 位；工作于 8086/8088 系统中时，D_7~D_3 表示中断向量的高 5 位，D_2~D_0 不需编程，而是由中断类型号填入。

例如，在 8086/8088 系统中，键盘的中断请求线接到 IR$_1$ 上，它被分配的中断类型号为 09H。ICW$_2$ 的初始化程序为：

```
MOV    AL, 08H
OUT    21H, AL
```

向 ICW$_2$ 写入中断向量时，只写 ICW$_2$ 的高 5 位，即 D_7~D_3 位。低 3 位对应 IR$_7$~IR$_0$ 的 3 位编码定义如下。

中断源	D_2	D_1	D_0
IR$_0$	0	0	0
IR$_1$	0	0	1
IR$_2$	0	1	0
IR$_3$	0	1	1
IR$_4$	1	0	0
IR$_5$	1	0	1
IR$_6$	1	1	0
IR$_7$	1	1	1

低 3 位对应 IR$_7$~IR$_0$ 的编码由 8259A 硬件电路自动产生。

当 CPU 响应键盘中断请求时，8259A 把 IR$_i$ 的编码 001 作为中断向量的低 3 位，它和 ICW$_2$

的高 5 位构成一个完整的 8 位中断类型号 09H，在第二个中断响应总线周期经数据总线送给CPU。

（3）ICW$_3$（主片地址为 21H，从片地址为 A1H，多片级联时使用）。

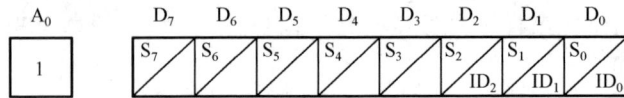

A$_0$		D$_7$	D$_6$	D$_5$	D$_4$	D$_3$	D$_2$	D$_1$	D$_0$
1		S$_7$	S$_6$	S$_5$	S$_4$	S$_3$	S$_2$ / ID$_2$	S$_1$ / ID$_1$	S$_0$ / ID$_0$

ICW$_3$ 是 8259A 的级联命令字，单片 8259A 工作时，不需要写入，多片 8259A 级联工作时，需要分别写入 ICW$_3$，主片 ICW$_3$ 的 D$_7$～D$_0$ 对应其 8 条中断请求线 IR$_7$～IR$_0$，若某条中断请求线接从 8259A，则主片 ICW$_3$ 的相应位写 1，否则写 0。各从片的 ICW$_3$ 仅 D$_2$～D$_0$ 有意义，作为从设备标志码，高 5 位固定为 0。这个从设备标志码须和所接主片 IR$_i$ 线的序号（i）一致。在中断响应时，主片通过 CAS$_2$～CAS$_0$ 送出被允许中断的从设备标志码。各从片用自己的 ICW$_3$ 和CAS$_0$～CAS$_2$ 的信号比较。二者一致的从片确定为当前中断源，才可发送自己的中断向量。

（4）ICW$_4$。

其格式如下。

A$_0$		D$_7$	D$_6$	D$_5$	D$_4$	D$_3$	D$_2$	D$_1$	D$_0$
1		0	0	0	SFNM	BUF	M/S	AEOI	UPM

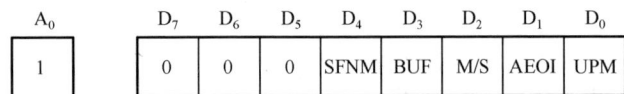

其中高 3 位无意义。

D$_4$（SFNM）指定了中断的嵌套方式。D$_4$=0 为全嵌套方式。全嵌套方式是指在一个中断请求被响应后就会自动屏蔽同级和低级的中断请求，但能开放高级的中断请求，即某中断未服务完，有同级或低级中断请求不会使 8259A 的 INT 变为高电平。对于单片 8259A 的中断系统，这种安排是没有问题的。但对于多片 8259A 级联组成的系统，当某个从片中的一个中断正在服务时，主片将这个从片的所有中断请求屏蔽。这是因为尽管该从片多个中断源各有优先级，但由于它们都通过同一个 INT 引脚接到主片的同一个 IR$_i$ 线上，也就是说在主片上，它们的优先级均相同，所以即使该从片中有级别比正在服务的中断更高的中断源发出请求，也不能得到响应，即不能中断嵌套。

当 D$_4$=1 时是特殊全嵌套方式。在这种方式下，一个中断请求被主 8259A 响应后，只屏蔽低级中断请求，不屏蔽同级和高级中断请求，这使从片也能按正常优先级请求中断并进行嵌套。

D$_3$（BUF）为数据缓冲选择。D$_3$=1 时，8259A 的数据总线和系统总线之间要加三态缓冲器。此时 8259A 的 $\overline{SP}/\overline{EN}$ 引脚作为输出线以控制缓冲器的接通。当 D$_3$=0 时，设定为非缓冲方式，由所接电平的高低确定该 8259A 是主片还是从片。当 D$_3$=1 且是级联方式时， D$_2$=1 时表示为主片，D$_2$=0 时表示为从片；D$_3$=0 时，D$_2$ 就无意义了。

D$_2$（M/S）表示本片 8259A 是主片还是从片，D$_2$=0 时表示是从片，D$_2$=1 时表示是主片。

D$_1$（AEOI）说明了中断的结束方式。中断结束的方式有两种，一种是非自动中断结束方式，另一种是自动中断结束方式。D$_1$=0 表示非自动中断结束方式，在这种方式下，中断结束时向8259A 发送一个中断结束命令字（OCW$_2$），于是中断服务寄存器（ISR）中与中断源相应的位被清除。D$_1$=1 表示自动中断结束方式，在中断响应时，8259A 送出中断向量后自动将 ISR 复位，不需要送中断结束命令。

D$_0$（UPM）指定了系统中所采用的 CPU 系列。当 D$_0$=0 时系统采用 8080/8085 CPU，当 D$_0$=1时系统采用 8086/8088 CPU 系列。

CPU 在向 8259A 写完初始化命令字后，为了进一步提高它的中断处理能力，例如，屏蔽某些中断，读出 ISR、IRR 中的内容，发出中断结束（EOI）命令等，还需要继续设置工作命令字。

3）8259A 的工作编程

8259A 在初始化编程后，应再进行工作编程，即写入工作命令字。工作命令字共有 3 个，分别是 OCW_1、OCW_2 和 OCW_3。它们各有自己的特征位，因此写入时没有顺序的要求。在中断服务程序中，某些命令字可能会多次重复写入。

（1）OCW_1（主片地址为 21H，从片地址为 A1H）。

OCW_1 又被称为中断屏蔽字，用来设置中断屏蔽寄存器 IMR 中各位的值。8259A 输入信号 IR_i 的屏蔽操作与 IMR 中各位的值一一对应。将 OCW_1 中的某个 M_i 位置 1 时，IMR 的相应位也置 1，从而屏蔽相应的输入信号 IR_i。3 个工作命令字中仅 OCW_1 占有奇地址（A_0=1）。

格式如下。

A_0		D_7	D_6	D_5	D_4	D_3	D_2	D_1	D_0
1		M_7	M_6	M_5	M_4	M_3	M_2	M_1	M_0

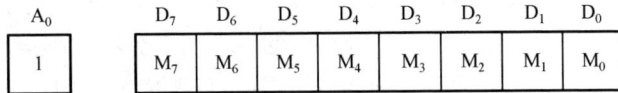

其中，M_i=1 表示屏蔽，M_i=0 表示不屏蔽。

（2）OCW_2（主片地址为 20H，从片地址为 A0H）。

写 OCW_2 的作用：①向 8259A 发出中断结束命令，实际上就是清除 ISR 中的置位；②改变优先级的排序结构。

它和工作命令字 OCW_3 都占有偶地址（A_0=0），但其特征位 D_4D_3=00，因此不会混淆。同样对它们的写入也没有要求是早写还是晚写。

格式如下。

A_0		D_7	D_6	D_5	D_4	D_3	D_2	D_1	D_0
0		R	SL	EOI	0	0	L_2	L_1	L_0

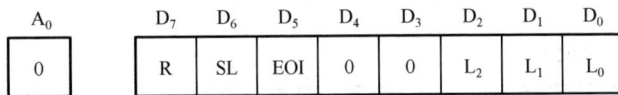

其中 A_0=0，D_4D_3=00 为 OCW_2 的标志。这些操作命令通常以组合方式出现，而不是按位设置的，为了说明组合命令的意义，首先介绍有关位的定义。

D_7（R）为优先级控制位。优先级指响应中断过程中中断请求信号的级别。一般情况下，IR_0 级别最高，IR_7 级别最低，但在实际应用中，中断源的优先级情况是比较复杂的，不一定有明显的等级，而且优先级还有可能改变，所以不能总规定 IR_0 的优先级最高，而 IR_7 的优先级最低，要根据情况来改变。在 8259A 中有两种控制优先级的方法。

① 自动循环

在某些应用的情况下，若干中断源有相等的优先级。在某个中断源服务完成后，它的优先级变为最低。

例如，在循环前，若 IR_4 和 IR_6 同时有中断请求，而当时 IR_0 级别最高，IR_7 最低。因此就先服务 IR_4 的请求，在 IR_4 服务完毕后它的优先级变为最低，而 IR_6 的优先级就最高了。

② 固定优先级

固定优先级指中断请求信号 IR_0~IR_7 的级别是固定的。

D_7（R）：中断排队是否循环的标志。当 D_7=1 时，优先级可以旋转，自动循环。当 R=0 时，为固定优先级。

D_6（SL）：特殊旋转。当 D_6=1 时，允许由 D_2~D_0（L_2~L_0）编码指定对应的 IR_i 为最低优先级。那么此时最高优先级为 IR_{i-1}。当 D_6=0 时，L_2~L_0 编码无效。

D_5（EOI）：中断结束命令位。D_5=1 表示中断结束（EOI 命令）。当用 8259A 来实现中断管理时，在返回指令 IRET 前必须给 8259A 送一条 EOI 命令（D_5=1 的 OCW_2）。8259A 收到这条命令后，将 ISR 中的相应位清除，然后才能为其他中断源服务。当 $D_6D_5=1$ 时，则为特殊的中断结束（SEOI 命令），它将复位 ISR 中由 OCW_2 中的 $L_2 \sim L_0$ 指定的位。

（3）OCW_3（主片地址为 20H，从片地址为 A0H）。

写入 OCW_3 的地址和 OCW_2 的相同，都是 $A_0=0$，但其特征位 $D_4D_3=01$。

OCW_3 常用来配合读 8259A 内部寄存器的内容。

格式如下。

A_0		D_7	D_6	D_5	D_4	D_3	D_2	D_1	D_0
0		$\times$	ESMM	SMM	0	1	P	RR	RIS

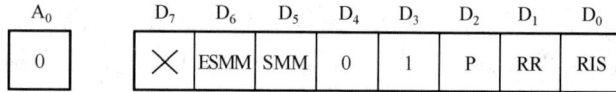

D_6、D_5 两位用来设置和清除特殊屏蔽。这里首先介绍一下，一般情况下的屏蔽是当一个中断源正处在中断服务的过程中时，所有优先级较低的中断请求全都被屏蔽；而特殊屏蔽是指 CPU 正处在中断服务过程中时，希望能屏蔽一些较低优先级中断源的中断请求，而允许一些优先级更低的中断源发出中断请求。设置特殊屏蔽为 $D_6D_5=11$，清除特殊屏蔽为 $D_6D_5=10$。

D_1、D_0 两位组合表示读中断请求寄存器（IRR）或中断服务寄存器（ISR）。当 OCW_3 的 $D_1D_0=11$ 时，用 A_0 作输入，读入的是 ISR 的内容。

除以上两个寄存器外，任何时候对 8259A 用奇地址 $A_0=1$ 作输入，都可以读出中断屏蔽寄存器（IMR）的内容。

7.3.7 8259A 在微机系统中的应用

【例 7.1】8259A 在 IBM PC/XT 中的应用。

其连接图如图 7-9 所示。

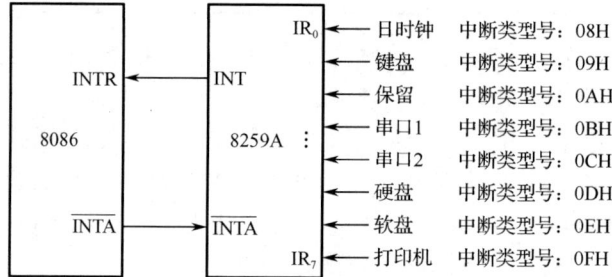

图 7-9 8259A 在 IBM PC/XT 中连接图

系统分配给 8259A 的端口地址为 20H 和 21H，中断类型号为 08H～0FH，采用边沿触发方式、缓冲方式、非自动中断结束方式，以及全嵌套方式。8259A 的初始化程序如下。

```
MOV    AL, 00010011B        ;设置ICW₁，边沿触发方式，单片8259A需要写ICW₄
OUT    20H, AL
MOV    AL, 00001000B        ;设置ICW₂，中断类型号的高5位为00001
OUT    21H, AL
MOV    AL, 00001101B        ;设置ICW₄，非自动中断结束方式、全嵌套方式、缓冲方式
OUT    21H, AL
```

注意：在 286 以上的 IBM PC/AT 机中共使用了两片 8259A（新型的 PC 中已将中断控制器集成到芯片组中，但功能上与 8259A 完全兼容），两片级联使用，共可管理 15 级中断源。各级中断源和中断类型号见表 7-2。

表 7-2 IBM PC/AT 的中断源和中断类型号

中断向量地址指针	8259A 引脚	中断类型号	优先级	中断源
00020H	主片 IR_0	08H	0（最高）	定时器
00024H	主片 IR_1	09H	1	键盘
00028H	主片 IR_2	0AH	2	从片 8259A
001C0H	从片 IR_0	70H	3	时钟/日历钟
001C4H	从片 IR_1	71H	4	IRQ_9（保留）
001C8H	从片 IR_2	72H	5	IRQ_{10}（保留）
001CCH	从片 IR_3	73H	6	IRQ_{11}（保留）
001D0H	从片 IR_4	74H	7	IRQ_{12}（保留）
001D4H	从片 IR_5	75H	8	协处理器
001D6H	从片 IR_6	76H	9	硬盘控制器
001D8H	从片 IR_7	77H	10	IRQ_{15}（保留）
0002CH	主片 IR_3	0BH	11	异步通信口（COM_2）
00030H	主片 IR_4	0CH	12	异步通信口（COM_1）
00034H	主片 IR_5	0DH	13	并行打印口 2
00038H	主片 IR_6	0EH	14	软盘驱动器
0003CH	主片 IR_7	0FH	15（最低）	并行打印口 1

【例 7.2】试编程实现主机每次响应 8259A 的 IR_2 中断请求，显示字符串 "THIS IS A 8259A INTERRUPT!"，中断 10 次后结束。程序流程图如图 7-10 所示。

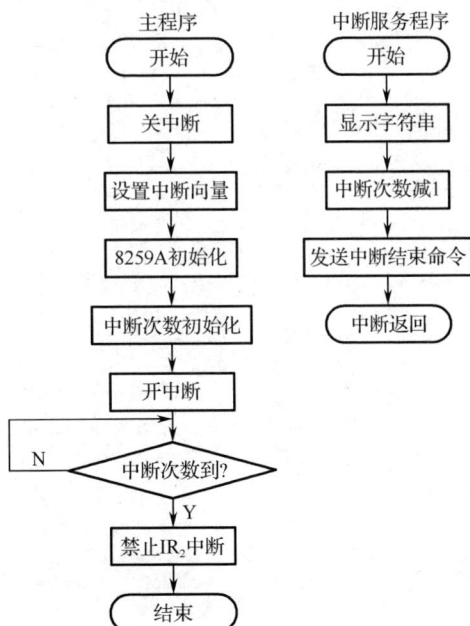

图 7-10　例 7.2 程序流程图

```
DATA  SEGMENT
  MESS  DB      'THIS IS A 8259A INTERRUPT!',0AH,0DH,'$'
DATA  ENDS
CODE  SEGMENT
```

```
            ASSUME  CS:CODE, DS:DATA
    START:  MOV AX, DATA
            MOV DS, AX
            CLI                         ;关中断
            PUSH DS
            MOV AX, SEG DISPLAY         ;取中断服务程序入口段地址
            MOV DS, AX
            MOV DX, OFFSET DISPLAY      ;取中断服务程序入口偏移地址
            MOV AX,250AH                ;设置中断向量
            INT 21H
            POP DS
            MOV AL,13H                  ;设置ICW₁,边沿触发方式,单片8259A,需写ICW₄
            OUT 20H,AL
            MOV AL,08H                  ;设置ICW₂,中断类型号的高5位为00001
            OUT 21H,AL
            MOV AL,05H                  ;设置ICW₄,非自动中断结束方式,全嵌套方式
            OUT 21H,AL
            IN  AL, 21H                 ;读IMR
            AND AL,0FBH                 ;开放IR₂
            OUT 21H,AL
            MOV BL,10                   ;中断次数初始化
            STI                         ;开中断
    WAIT1:  CMP BL,0
            NOP
            JNZ WAIT1
            CLI
            IN  AL,21H
            OR  AL,04H                  ;禁止IR₂中断
            OUT 21H,AL
            STI
            MOV AH,4CH                  ;返回DOS
            INT 21H
    DISPLAY PROC NEAR
            LEA DX, MESS                ;显示字符串
            MOV AH, 09H
            INT 21H
            DEC BL                      ;中断次数减1
            MOV AL, 20H                 ;发送中断结束命令
            OUT 20H, AL
            IRET
    DISPLAY ENDP
    CODE ENDS
    END START
```

思考与练习

7-1 什么是中断?什么是中断系统?中断系统的主要功能有哪些?

7-2 中断处理过程主要包括哪几个环节?中断服务程序中为什么要保护现场和恢复现场?如何实现?

7-3　什么是内部中断和外部中断？如何分类？

7-4　INTR 和 NMI 有什么区别？

7-5　中断向量表的作用是什么？如何设置中断向量表？中断类型号为 15H 的中断向量存放在哪些存储单元中？

7-6　设某系统中 8259A 的两个端口地址分别为 24H 和 25H，分别写出下列情况下应向 8259A 写入的命令字：

（1）读中断请求寄存器（IRR）的值；

（2）读中断服务寄存器（ISR）的值；

（3）读查询方式下的查询状态字；

（4）发送一般的中断结束命令 EOI。

7-7　单片 8259A 能管理多少级可屏蔽中断？若用 3 片级联能管理多少级可屏蔽中断？

7-8　8259A 有哪几种优先级控制方式？8259A 的中断请求有哪两种触发方式？对请求信号有什么要求？

7-9　某系统内有 8 个外部中断源，用一片 8259A 管理 8 级中断源。设 8259A 占用端口地址 24H、25H，各中断源的中断类型号为 40H～47H，各中断对应的服务程序入口地址 CS:IP 分别为 1000H:0000H，2000H:0000H，…，8000H:0000H。写出初始化程序，并编程向中断向量表中置入各中断向量。

7-10　中断服务程序的入口处为什么通常要使用开中断指令？

7-11　编程实现以下操作：从键盘输入 4 个数字，分别作为两个 10～99 的十进制数，求它们的和，并把结果以 3 位十进制数的形式显示在屏幕上。要求输入回显的两个加数与送显的和之间有适当的分隔，以示区别。格式自行拟定。

7-12　请用子程序结构编写如下程序：从键盘输入一个二位十进制的月份数（01～12），然后显示出相应的英文缩写名。

7-13　从键盘输入一串字符，并在显示屏上显示出来。要求用 DOS 系统功能调用的 9 号功能。

7-14　在磁盘中建立一个文件，并显示完成的结果。假设 BUF1 中存放正常信息，BUF2 中存放错误信息。

第8章 定时/计数器与DMA控制器

定时/计数器在计算机实时控制和处理系统中有着广泛的应用，它可以在多任务的分时系统中提供精确的定时信号，以实现各任务的切换，如测控系统中常需要对多个被控对象进行定时采样和处理，或者对某一工作过程进行计数等。另外，微机系统中日历时钟的计时、动态存储器的刷新及扬声器的工作也需要由定时/计数器提供时钟信号。

直接存储器存取（DMA）是指计算机的外设与存储器之间直接进行数据交换的一种输入/输出方式。在这种方式下，DMA控制器拥有总线控制权，控制数据不经过CPU干预，直接在存储器与存储器之间、存储器与外设之间进行传输。

本章在讨论定时/计数器与DMA控制器传输工作原理的基础上，分别介绍可编程定时/计数器8253和DMA控制器8237A的功能、结构、工作方式、编程及应用等。

8.1 可编程定时/计数器8253

8.1.1 定时/计数器的工作原理

微机系统常常需要为处理器和外设提供时间标记，或对外部事件进行计数。例如，分时系统的程序切换，向外设定时、周期性地发出控制信号，外部事件发生次数达到规定值后产生中断，以及统计外部事件发生的次数等。定时的本质也是计数，这里计"数"的单位是时间。如果把一小片一小片计时单位累加起来，就可以获得一段时间。例如，以秒为单位来计数，计满60秒为1分，计满60分为1小时。为获得所需要的定时，要求有准确而稳定的时间基准，产生这种时间基准通常采用两种方法：软件定时和硬件定时。

1. 软件定时

软件定时指利用CPU内部定时机构，运用软件编程，循环执行一段程序而产生等待延时。这是常用的一种定时方法，主要用于短暂延时。这种方法的优点是不需要增加硬件设备，只需要编写相应的定时程序以备调用即可。缺点是CPU执行等待延时增加了CPU的时间开销，延时时间越长，这种等待开销越大，降低了CPU的执行效率，浪费CPU的资源。并且，软件延时的时间随主机频率不同而发生改变，定时程序的通用性较差。

2. 硬件定时

硬件定时指采用可编程定时/计数器或单稳延时电路产生定时或延时。这种方法不占用CPU的时间，定时时间长，使用灵活，且定时精准，定时时间不受主机频率的影响，定时程序的通用性好，故应用广泛。目前通用的定时/计数器集成芯片种类很多，如Intel 8253/8254、Zilog的CTC等。

可编程定时/计数器的功能主要有：一是作为计数器，在设置好计数初值后，便开始对外部时钟信号做减1计数，减为0时，输出一个信号；二是作为定时器，在设置好定时常数后，便对外部时钟信号做减1计数，并按定时常数不断地产生时钟周期整数倍的定时间隔。两者的差别是，作为计数器时，在减到0以后，输出一个信号后计数便结束；而作为定时器时，在减到0后，常把定时常数自动重装，从而能连续重复减1计数，获得一个恒定的周期输出。

另外，有的定时/计数器是对外部时钟信号做加1计数，计满溢出时，输出一个信号。此定时/计数器的计数初值则需要根据计数个数进行换算得到。

8.1.2　8253 的功能与结构

Intel 8253 是 8086/8088 微机系统常用的定时/计数器芯片，它具有定时与计数两大功能，同类型的定时/计数器芯片还有 Intel 8254 等。8253 具有 3 个独立的 16 位计数器，使用单一+5V 电源，采用 NMOS 工艺，是具有 24 引脚的双列直插式封装的大规模集成电路芯片。

1．8253 的主要功能

（1）每片有 3 个独立的 16 位计数器通道，称为计数器 0～计数器 2；

（2）每个计数器都可以按照二进制或十进制计数；

（3）每个计数器的最高计数频率可达 2.6MHz；

（4）每个计数器具有 6 种可编程工作方式；

（5）所有输入/输出都与 TTL 电平兼容，便于与外界接口电路相连。

2．8253 的内部结构

8253 的内部结构如图 8-1 所示，它主要包括以下主要部分。

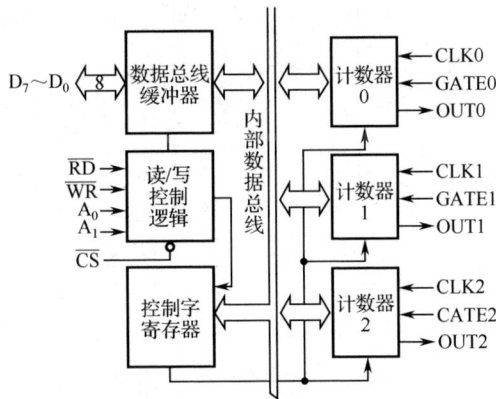

图 8-1　8253 的内部结构

（1）数据总线缓冲器。数据总线缓冲器是 8 位双向三态缓冲器，主要用于 8253 与 CPU 之间的数据传输。该数据包括 8253 控制字、计数器计数初值及计数器当前计数值 3 部分。

（2）读/写控制逻辑。读/写控制逻辑电路接收输入 8253 的 $\overline{RD}$、$\overline{WR}$、A_0、A_1、$\overline{CS}$ 信号，经过逻辑控制电路的组合产生相应操作，具体操作功能见表 8-1。

表 8-1　8253 的操作功能表

$\overline{CS}$	$\overline{RD}$	$\overline{WR}$	A_1	A_0	执行的操作
0	1	0	0	0	对计数器 0 设置计数初值
0	1	0	0	1	对计数器 1 设置计数初值
0	1	0	1	0	对计数器 2 设置计数初值
0	1	0	1	1	写控制字
0	0	1	0	0	读计数器 0 当前计数值
0	0	1	0	1	读计数器 1 当前计数值
0	0	1	1	0	读计数器 2 当前计数值
0	0	1	1	1	无操作（3 态）
1	×	×	×	×	禁止（3 态）
0	1	1	×	×	无操作（3 态）

（3）控制字寄存器。接收 CPU 对 8253 的初始化控制字。对控制字寄存器只能写入不能读出。

（4）3 个计数器。每个计数器内部都包含一个 16 位的计数初值寄存器、一个 16 位的减法计数寄存器和一个 16 位的当前计数输出寄存器。当前计数输出寄存器跟随减法计数寄存器内容变化，当有一个锁存器命令出现时，当前计数输出寄存器锁定当前计数值，直到计数值被 CPU 读取之后，才又随减法计数寄存器的变化而变化。

3．8253 的引脚

8253 是具有 24 个引脚的双列直插式封装的集成电路芯片，其引脚分布如图 8-2 所示。每个引脚的功能定义如下。

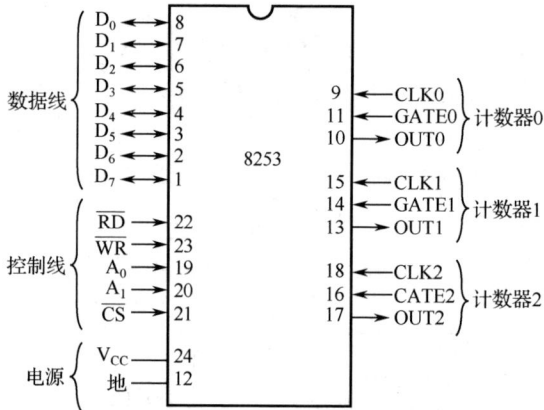

图 8-2　8253 的引脚分布

（1）$D_7 \sim D_0$：双向三态数据线引脚。

（2）$\overline{RD}$：输入引脚，读信号，低电平有效，有效时表示正在读取某个计数器的当前计数值。

（3）$\overline{WR}$：输入引脚，写信号，低电平有效，有效时表示正对某个计数器写入计数初值或写入控制字。

（4）$\overline{CS}$：输入引脚，片选信号，低电平有效，CPU 通过该信号有效选中 8253 芯片，对其进行读/写操作。

（5）A_1、A_0：输入引脚，8253 端口选择线，可对 3 个计数器和控制寄存器寻址。

（6）GATE：门控信号，用于控制计数。多数情况下，GATE=1 时允许计数，GATE=0 时止计数。用一句话来说，GATE 信号是用来禁止、允许或开始计数过程的。

（7）CLK：时钟信号。作用是在 8253 进行定时或计数工作时，每输入一个时钟信号，便使定时/计数值减 1。

（8）OUT：OUT 是 8253 向外输出的信号。它的作用是计数器工作时，当定时/计数值减为 0 时，即在 OUT 引脚上输出一个 OUT 信号，用于指示定时或计数已到。

8.1.3　8253 的控制字

1．8253 控制字格式

8253 有一个 8 位的控制字寄存器，在初始化编程时，由 CPU 向 8253 的控制字寄存器写入一个控制字，用来选择计数器，设置工作方式、计算方法及 CPU 访问计数器的读/写格式等。8253 控制字的格式如图 8-3 所示。

其中，D_7、D_6 用于选择计数器；D_5、D_4 用于确定时间常数的读/写格式；D_3、D_2、D_1 用来设置计数器的工作方式；D_0 用于确定计数数制，0 表示二进制，1 表示 BCD。

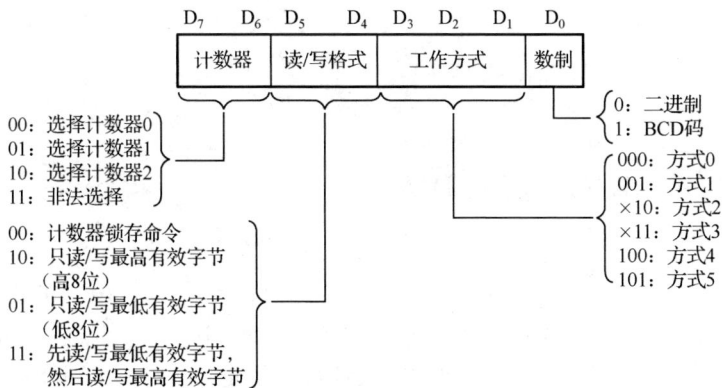

图 8-3　8253 控制字的格式

2．8253 初始化编程原则

8253 是一个可编程的芯片，在使用之前必须对它进行编程。初始化编程的步骤如下。

（1）写入每个计数器的控制字，规定各计数器的工作方式。

（2）写入每个计数器的计数初值，分以下 3 种情况：

① 只写低 8 位，则高 8 位自动置 0（对应 8 位计数）。

② 只写高 8 位，则低 8 位自动置 0（对应 16 位计数）。

③ 先写低 8 位，后写高 8 位（对应 16 位计数）。

【例 8.1】设 8253 的端口地址为 04H～07H，要使计数器 1 工作在方式 0，仅用 8 位二进制计数，计数初值为 128，进行初始化编程。

控制字：0101 0000——二进制数 50H

初始化编程：

```
MOV  AL, 50H            ;0101 0000B
OUT  07H, AL
MOV  AL, 80H
OUT  05H, AL
```

【例 8.2】设 8253 的端口地址为 F8H～FBH，若使计数器 0 工作在方式 1，按二进制计数，计数初值为 5080H，进行初始化编程。

控制字：0011 0010——二进制数 32H

初始化编程：

```
MOV  AL, 32H            ;0011 0010B
OUT  0FBH, AL
MOV  AL, 80H
OUT  0F8H, AL           ;先写低8位
MOV  AL, 50H
OUT  0F8H, AL           ;再写高8位
```

【例 8.3】设 8253 的端口地址为 04H～07H，若使计数器 2 工作在方式 2，按二进制计数，计数初值为 02F0H，进行初始化编程。

控制字：1011 0100——二进制数 0B4H

初始化编程：

```
MOV  AL, 0B4H           ;1011 0100B
OUT  07H, AL
```

```
MOV  AL, 0F0H
OUT  06H, AL                ;先写低8位
MOV  AL, 02H
OUT  06H, AL                ;再写高8位
```

8.1.4 8253 的工作方式与工作时序

8253 共有 6 种工作方式,对它们的操作遵循以下 3 条基本原则。

(1) 当控制字写入 8253 时,所有的控制逻辑电路立即复位,输出端 OUT 进入初始状态。

(2) 在计数初值写入计数器后,要经过一个时钟周期,减法计数器才开始工作,时钟脉冲的下降沿使计数器进行减法操作。计数器的最大计数初值是 0,用二进制计数时 0 相当于 2^{16},用十进制计数时 0 相当于 10^4。

(3) 通常,在时钟脉冲的上升沿采样门控信号 GATE。门控信号的触发方式有上升沿触发和电平触发两种。

门控信号为电平触发的有方式 0、方式 4。

门控信号为上升沿触发的有方式 1、方式 5。

门控信号可为电平触发也可为上升沿触发的有方式 2、方式 3。

1. 方式 0(计数结束产生中断)

采用这种工作方式时 8253 可完成计数功能,且计数器只计一遍。在控制字写入控制字寄存器后,输出端 OUT 为低电平,在计数初值写入后,在下一个时钟脉冲的下降沿将计数初值寄存器内容装入减法计数寄存器,然后减法计数器开始减 1 计数。在计数过程中,OUT 保持低电平,当计数到 0 时,OUT 变高电平,可作为中断请求信号,并保持到重新写入新的控制字或新的计数初值为止。

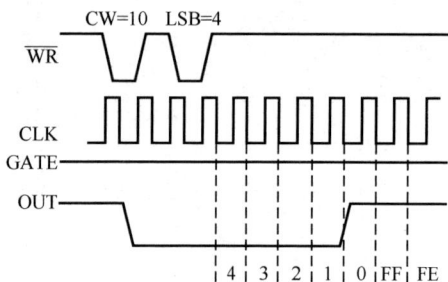

图 8-4 方式 0 下的工作波形

在计数过程中,可由 GATE 信号控制暂停。当 GATE=0 时,暂停计数,减法计数寄存器的值保持不变;当 GATE=1 时,继续计数。

在计数过程中可以改变计数初值,且这种改变是立即有效的,分成两种情况:若是 8 位计数,则写入新值后的下一个脉冲按新值计数;若是 16 位计数,则在写入第一字节后停止计数,写入第二字节后的下一个脉冲按新值计数。

方式 0 下的工作波形如图 8-4 所示。

【例 8.4】8532 的端口地址为 04H~07H,使用计数器 1,方式 0,8 位计数,二进制初值为 80H,进行初始化编程。

```
MOV  AL, 50H                ;0101 0000B
OUT  07H, AL
MOV  AL, 80H
OUT  05H, AL
```

2. 方式 1(可编程的硬件触发单拍脉冲)

方式 1 的工作波形如图 8-5 所示。

在这种方式下,CPU 向 8253 写入控制字后 OUT 变高电平,并保持,写入计数初值后并不立即计数,只有在 GATE 信号启动后(一个正脉冲)的下一个脉冲才开始计数,OUT 变低电平,计数到 0 后 OUT 才变高电平,此时再来一个 GATE 脉冲,计数器就又开始重新计数,OUT 再

次变低电平……因此输出为一单拍负脉冲。

从波形图中不难看出，方式 1 有如下特点。

（1）输出 OUT 为宽度等于计数初值的单拍脉冲。

（2）输出受门控信号 GATE 的控制，分 3 种情况。

① 计数到 0 后再来 GATE 脉冲，则重新开始计数，OUT 变低电平。

② 在计数过程中来 GATE 脉冲，则从下一个时钟脉冲开始重新计数，OUT 保持低电平。

③ 改变计数初值后，只有在 GATE 脉冲启动后才按新值计数，否则原计数过程不受影响，仍继续进行，即初值的改变是从下一个 GATE 脉冲开始的。

图 8-5　方式 1 的工作波形

（3）计数初值是多次有效的，每来一个 GATE 脉冲就自动装入计数初值开始从头计数，因此在初始化时，计数初值写入一次即可。

【例 8.5】若要使计数器 0 工作在方式 1，按 BCD 计数，计数初值为 3000，则初始化编程程序段如下。

```
MOV  AL, 23H          ;设方式控制字
OUT  07H, AL          ;输出至控制字寄存器
MOV  AL, 30H          ;设计数初值
OUT  04H, AL          ;输出至计数器0的高8位
```

3. 方式 2（速率发生器、分频器）

方式 2 的工作波形如图 8-6 所示。

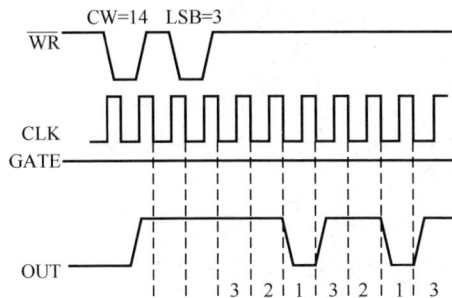

图 8-6　方式 2 的工作波形

在这种方式下，CPU 输出控制字后输出 OUT 变高电平，写入计数初值后的下一个时钟脉冲开始计数，计数到 1 后，OUT 变低电平，经过一个时钟脉冲后，OUT 恢复高电平，计数器重新开始计数……因此在这种方式下只需写入一次计数初值就能连续工作，输出相同间隔的连续负脉冲（前提：GATE 保持高电平），即周期性地输出，设 LSB=N，则每隔 N 个时钟脉冲输出一个负脉冲（周期为 N）。

从波形图中不难看出，方式 2 有如下特点。

① 计数器可以连续工作。

② GATE 可以控制计数过程，当 GATE 为低电平时暂停计数，恢复高电平后重新从初值计数（注意：该方式与方式 0 不同，方式 0 是继续计数）。

③ 重新设置新的计数初值，即在计数过程中改变计数初值，则新值是下次有效的，同方式 1。

4. 方式 3（方波速率发生器）

方式 3 的工作波形如图 8-7 所示。

这种方式下的输出也是周期性的，与方式 2 不同的是周期，CPU 写入控制字后，输出 OUT 变高电平，写入计数初值后开始计数，与其他方式不同的是，此方式为减 2 计数，当计数到一半计数初值时，OUT 变低电平，重新装入计数初值进行减 2 计数，当计数到 0 时，OUT 变高电平，再次装入计数初值进行减 2 计数，循环不止。

（a）计数初值为偶数

（b）计数初值为奇数

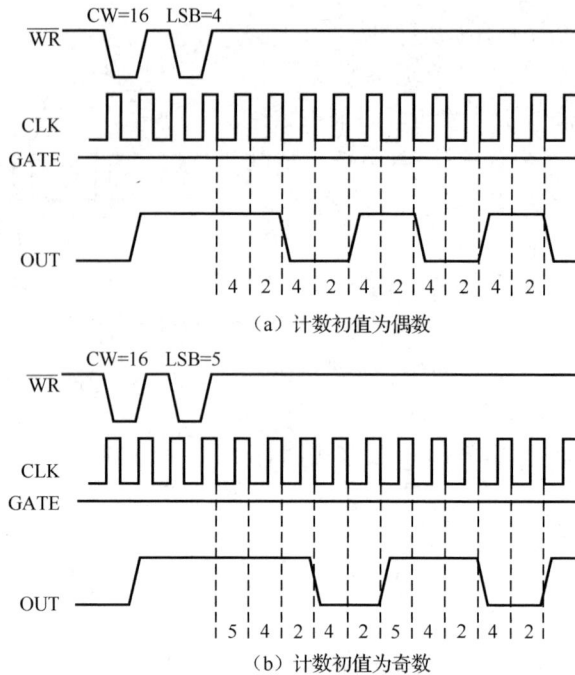

图 8-7　方式 3 的工作波形

从波形图中不难看出，方式 3 有如下特点。

① 计数器可以连续工作。

② 关于计数初值的奇偶，若为偶数，则输出标准方波，一个周期内高、低电平各为 $N/2$ 个；若为奇数，则在写入计数初值后的下一个时钟脉冲使其装入，然后减 1 计数，OUT 改变状态，再减至 0，OUT 又改变状态，重新装入计数初值循环此过程，因此在这种情况下，输出的一个周期内有 $(N+1)/2$ 个高电平和 $(N-1)/2$ 个低电平。

③ GATE 信号能使计数过程重新开始，当 GATE=0 时，停止计数，在 GATE 变为高电平后，计数器重新装入初值开始计数，尤其是当 GATE=0 时，若 OUT 此时为低电平，则立即变高电平，其他动作同上。

④ 在计数期间改变计数初值不影响现行的计数过程，一般情况下，新值是在现行计数过程半周结束后才装入计数器的。但若中间遇到 GATE 脉冲，则在此脉冲后即装入新值开始计数。

5. 方式 4（软件触发的选通信号发生器）

方式 4 的工作波形如图 8-8 所示。

在这种方式下，同样也是在 CPU 写入控制字后，OUT 立即变高电平，写入计数初值开始计数，计数到 0 后，OUT 变低电平，经过一个时钟脉冲后，OUT 变高电平，这种计数是一次性的（与方式 0 有相似之处），只有在写入新的计数初值后才开始下一次计数。

从波形图中不难看出，方式 4 有如下特点。

① 若计数初值为 N，则间隔 $N+1$ 个时钟脉冲，输出一个负脉冲（计数一次有效）。

② GATE=0 时，禁止计数；GATE=1 时，恢复继续计数。

③ 在计数过程中重新装入新的计数初值，该值立即有效（若为 16 位计数初值，则装入第一字节时停止计数，装入第二字节后开始按新值计数）。

6. 方式 5（硬件触发的选通信号发生器）

方式 5 的工作波形如图 8-9 所示，与方式 1 有相似之处。

在这种方式下，控制字写入后，OUT 立刻变高电平，写入计数初值后并不立即开始计数，而是由 GATE 信号的上升沿触发启动计数，当计数到 0 时，输出变低电平，经过一个时钟周期之后，输出恢复为高电平，计数停止，若再有 GATE 脉冲来，则重新装入计数初值开始计数，重复上述过程。

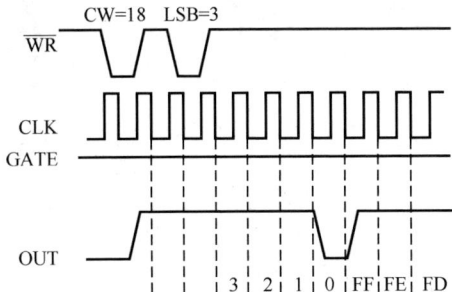

图 8-8　方式 4 的工作波形

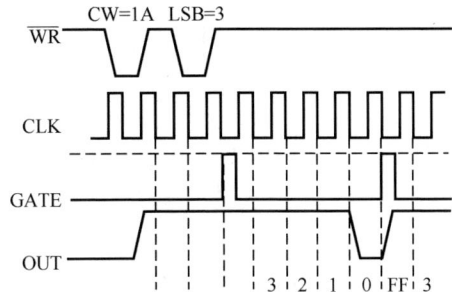

图 8-9　方式 5 的工作波形

从波形图中不难看出，方式 5 有如下特点。

① 若设置的计数初值是 N，则在 GATE 脉冲后，经过 $(N+1)$ 个时钟周期才输出一个负脉冲。

② 若在计数过程中又来一个 GATE 脉冲，则重新装入初值开始计数，输出不变，即计数初值多次有效。

③ 若在计数过程中修改计数初值，则该值在下一个 GATE 脉冲后装入并开始按此值计数。

8.1.5　8253 的初始化编程及应用

1. 写入控制字

控制字选择计数器并规定计数器的工作方式，任一计数器的控制字都要从 8253 的控制端口写入。

2. 写入计数初值

某个计数器写入控制字后，任何时候都可以按控制字中的规定写入计数初值。写入计数初值时，还必须注意：如果控制字中的数制位为 1，则写入的计数初值应为十六进制数。

3. 读取计数值

在计数过程中，若要读取当前的计数值，则需要采用以下方法：先写入一个控制字，指明要读取的计数器，D_5、D_4 位设为 00；然后按照初始化该计数器时的读/写方法读取计数值。

【例 8.6】实现输入数字键 1～8 时发出不同频率的声音，模拟电子琴的功能。调整程序中的分频系数和延时时间参数可以获得不同的声音效果。

微机系统分配给主板上 8253 的端口地址是 40H～43H，图 8-10 所示为这一部分接口电路的原理框图。系统输入时钟频率为 1193.18kHz，它的 3 个计数器分别如下。

① 地址为 40H 的计数器 0。用于产生系统时钟的基本定时中断，输出的方波序列的频率为 18.2Hz；

② 地址为 41H 的计数器 1。用于产生 DRAM 系统刷新信号，输出的负脉冲序列的频率为 68.2878kHz；

③ 地址为 42H 的计数器 2。用于为扬声器提供发声音调，输出的方波序列的频率约为 100Hz。

任何一台微机都内含一只小型扬声器，用于发出各种信号音或报警声。逻辑与门电路用于控制扬声器声音的通断，编程这一逻辑门就可以调整扬声器通断时间从而产生不同的声音效果。逻辑与门由 8255A 端口 B 的 PB_0 和 PB_1 两位来控制，"1"接通、"0"关闭，该端口的地址为 61H。由于端口 B 余下的 6 位还用于系统的其他控制，因此在编程中应注意保护这 6 位的状态不受任何影响。

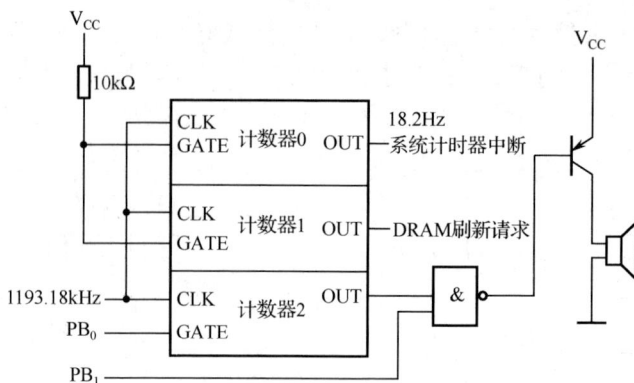

图 8-10 扬声器与 8253 接口电路原理框图

```
DATA  SEGMENT
MESSAGE  DB  'Use 1 ... 8 to play the music!','$'
  FREQU  DW   262, 294, 330, 347, 392, 440, 494, 524   ;不同频率的分频系数
DATA  ENDS
CODE  SEGMENT
    ASSUME  CS:CODE, DS:DATA
START:  MOV  AX, DATA
        MOV  DS, AX
        LEA  DX, MESSAGE
        MOV  AH, 09H
        INT  21H                    ;显示MESSAGE缓冲器中的字符串
        MOV  AL, 10110110B          ;选择工作方式3，使用计数器2
        OUT  43H, AL                ;通过AL将控制字写入43H端口
NEXT:   MOV  AH, 7
        INT  21H                    ;键盘输入无回显
        CMP  AL, '1'
        JB   EXIT
        CMP  AL, '8'
        JA   EXIT                   ;输入字符为非1～8的数字则退出程序
        SUB  AL, 30H                ;数字1～8的ASCII码减去30H
        MOV  AH, 0
        MOV  BX, AX
        SUB  BX, 1
        SHL  BX, 1                  ;计算分频系数的偏移地址
        MOV  CX, FREQU[BX]          ;取出频率值
        MOV  AX, 34DCH
        MOV  DX, 12H                ;DX:AX=1234DCH=1193180Hz时钟
        DIV  CX                     ;（DX×AX）/CX的商→AX
        MOV  BX, AX
        OUT  42H, AL                ;商的低8位送入计数器2
        MOV  AL, AH
        OUT  42H, AL                ;商的高8位送入计数器2
        IN   AL, 61H                ;读取8255A的状态，以控制PB₀和PB₁
        OR   AL, 03H                ;把PB₀和PB₁置1
        OUT  61H, AL                ;使扬声器发声
        MOV  CX, 0FFFFH
DELAY:  MOV  DX, 1000H              ;延时时间参数
```

```
DEC_DX: DEC  DX
        JNZ  DEC_DX
        LOOP DELAY                ;延时
        IN   AL, 61H              ;重新读取61H端口的状态
        AND  AL, 11111100B        ;把PB0和PB1置0
        OUT  61H, AL              ;关闭扬声器
        JMP  NEXT
EXIT:   MOV  AH, 4CH              ;返回DOS
        INT  21H
CODE    ENDS
END     START
```

8.2 DMA 控制器 8237A

8.2.1 DMA 的基本原理

前面介绍了微机系统中各种常用的数据传输方式,包括无条件传输方式、查询传输方式、中断方式和 DMA 方式,前 3 种方式适用于 CPU 与慢速及中速外设之间的数据交换。当高速外设要与系统内存或要在系统内存的不同区域之间进行大量数据的快速传输时,前 3 种方式就不能满足数据传输的要求了。

为了提高数据传输的速度,人们提出了直接存储器存取(DMA)的数据传输控制方式,即在一定时间段内,由 DMA 控制器(DMAC)取代 CPU,获得总线控制权,来实现内存与外设或内存的不同区域之间大量数据快速传输的一种数据传输方式。典型的 DMAC 的工作原理如图 8-11 所示。在 DMA 方式下,数据传输的工作过程大致如下。

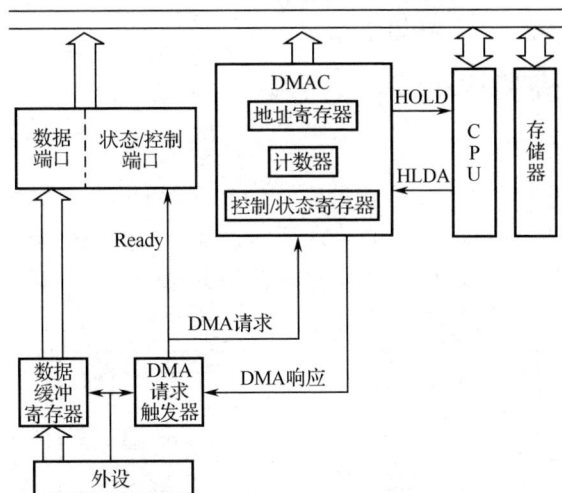

图 8-11 DMAC 的工作原理

(1)首先,外设向 DMAC 发出 DMA 请求。

(2)DMAC 通过连接到 CPU 的 HOLD 信号向 CPU 提出 DMA 请求。

(3)CPU 在完成当前总线操作后立即响应 DMAC 占用总线的请求。CPU 的响应包括两个方面:一方面,CPU 将立即放弃总线控制权(CPU 将控制总线、数据总线和地址总线浮空);另一方面,CPU 将有效的 HLDA 信号加到 DMAC 上,通知 DMAC 自己已经让出了总线的控制权。

(4)CPU 放弃总线控制权后(CPU 将总线浮空后),DMAC 接管系统总线的控制权,并向

外设送出 DMA 响应信号。

（5）DMAC 送出地址信号和控制信号，实现外设与内存或内存不同区域之间大量数据的快速传输。

（6）DMAC 将规定的数据字节传输完之后，通过向 CPU 发出 HOLD 信号，撤销对 CPU 的 DMA 请求。CPU 收到此信号后，一方面使 HLDA 信号无效，另一方面又重新开始控制总线，进行正常取指令、分析指令、执行指令的操作。

DMA 方式主要用于需要高速、大批量数据传输的系统中，以提高数据的吞吐量，如磁盘存取、图像处理、高速数据采集系统、同步通信中的收/发信号等。DMA 方式是让存储器与外设或外设与外设之间直接交换数据，不需要经过累加器，减少了中间环节，并且内存地址的修改、传输完毕的结束信号都由硬件完成，大大提高了传输速度。DMA 方式的优点是以增加系统硬件的复杂性和成本为代价的，因为 DMA 方式和程序控制方式相比，用硬件控制代替了软件控制。另外，DMA 传输期间 CPU 被挂起，CPU 部分或完全失去对系统总线的控制，这可能会影响 CPU 对中断请求的及时响应与处理。因此，在一些小系统或速度要求不高、数据传输量不大的系统中，一般不用 DMA 方式。

DMA 方式虽然脱离 CPU 的控制，但它仍然需要进行控制和管理。通常采用 DMA 控制器来取代 CPU，负责 DMA 传输的全过程控制。目前 DMA 控制器都是可编程的大规模集成电路芯片，类型较多。本节以广泛使用的 Intel 8237A 为例介绍 DMA 控制器的内部结构及应用。

8237A 是 Intel 系列高性能可编程 DMA 控制器，使用单一的+5V 电源、单相时钟，是具有 40 引脚的双列直插式封装的大规模集成电路芯片。工作在 5MHz 时钟下的 8237A，传输速度可达 1.6MB/s。每片 8237A 内部都含有 4 个相互独立的通道，每个通道的 DMA 请求可以分别被允许或禁止。4 个通道的 DMA 请求有不同的优先级，可以通过程序设置为固定的或循环的方式。每个通道中地址寄存器的长度为 16 位，可寻址的空间为 64KB，每个通道都有 4 种工作方式。多片 8237A 还可以通过级联来增加通道数。

8.2.2 8237A 的内部结构和引脚

1．8237A 的内部结构

8237A 的内部结构如图 8-12 所示，主要由 4 个独立的 DMA 通道组成。每个通道均由方式寄存器、请求寄存器、屏蔽寄存器、基地址寄存器、现行地址寄存器、基字节数寄存器和现行字节数寄存器组成。8237A 内部还包括 4 个通道公用的命令寄存器和状态寄存器等。此外，还有时序和控制逻辑、优先级编码器与循环优先级逻辑等。

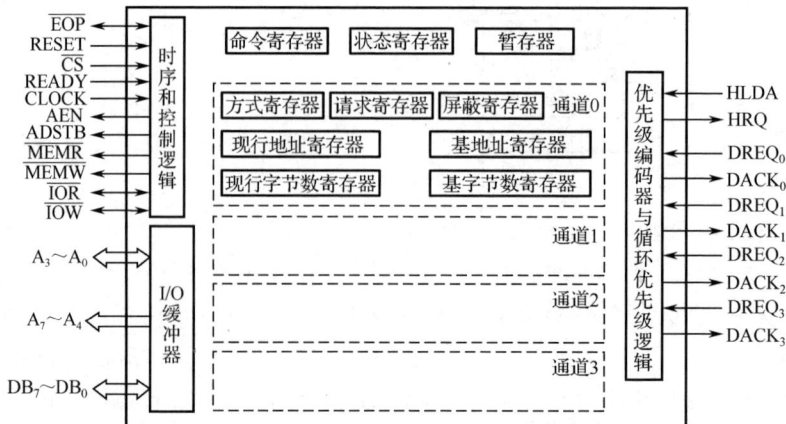

图 8-12 8237A 的内部结构

8237A 的数据线、地址线都有三态缓冲器，可以接管或释放总线。内部的优先级编码器单元可以对同时有 DMA 请求的通道进行优先级编码，确定优先级别。各通道公用一个控制寄存器和状态寄存器。暂存器在 8237A 完成存储器到存储器的数据传输时用于保存数据。完成传输后，暂存器总是保存存储器传输的最后一字节的内容直到下一次数据传输。

2．8237A 的引脚功能

8237A 有 40 个引脚，如图 8-13 所示。

（1）CLK：时钟信号输入引脚。对于标准的 8237A，其输入时钟频率为 3MHz，对于 8237A-5，其输入时钟频率可达 5MHz。

（2）$\overline{\text{CS}}$：芯片选择信号输入引脚。

（3）RESET：复位信号输入引脚。用来清除 8237A 中的命令、状态请求和临时寄存器，且使字节指针触发器复位并置位屏蔽触发器中的所有位（让所有通道工作在屏蔽状态），在复位之后，8237A 工作于空闲周期。

（4）READY：外设向 8237A 提供高电平有效的"准备好"信号的输入引脚。若 8237A 在 T_3 状态以后的时钟下降沿检测到 READY 为低电平，则说明外设还未准备好下一次 DMA 操作，需要插入 T_W 状态，直到 READY 引脚出现高电平为止。

（5）$\text{DREQ}_0 \sim \text{DREQ}_3$：DMA 请求信号输入引脚，对应 4 个独立的通道，其有效电平可以通过编程来设定，优先级可以固定，也可以旋转。

图 8-13 中引脚：

左侧（引脚 1~20）：$\overline{\text{IOR}}$、$\overline{\text{IOW}}$、$\overline{\text{MEMR}}$、$\overline{\text{MEMW}}$、NC、READY、HLDA、ADSTB、AEN、HRQ、$\overline{\text{CS}}$、CLK、RESET、DACK_2、DACK_3、DREQ_3、DREQ_2、DREQ_1、DREQ_0、GND

右侧（引脚 40~21）：A_7、A_6、A_5、A_4、$\overline{\text{EOP}}$、A_3、A_2、A_1、A_0、V_{CC}、DB_0、DB_1、DB_2、DB_3、DB_4、DACK_0、DACK_1、DB_5、DB_6、DB_7

中央芯片标识：8237A

图 8-13 8237A 的引脚

（6）$\text{DACK}_0 \sim \text{DACK}_3$：对相应通道 DMA 请求信号的应答信号输出引脚。

（7）HRQ：8237A 向 CPU 提出 DMA 请求的输出信号引脚，高电平有效。

（8）HLDA：CPU 对 DMA 请求信号的应答信号输入引脚，高电平有效。

（9）$\text{DB}_0 \sim \text{DB}_7$：8 条双向三态数据总线引脚。在 CPU 控制系统总线时，可以通过 $\text{DB}_0 \sim \text{DB}_7$ 对 8237A 进行编程或读出 8237A 内部状态寄存器的内容；在 DMA 操作期间，由 $\text{DB}_0 \sim \text{DB}_7$ 输出高 8 位地址信号 $A_8 \sim A_{15}$，并利用 ADSTB 信号锁存该地址信号。

在进行内存不同区域之间的 DMA 传输时，$\text{DB}_0 \sim \text{DB}_7$ 除了送出 $A_8 \sim A_{15}$ 地址信号，还会分时输入从存储器源区域中读出的数据，送入 8237A 的暂存器中，等到存储器写周期时，再将这些数据通过这 8 个引脚由 8237A 的暂存器送到系统数据总线上，然后写入规定的存储单元中。

（10）$A_3 \sim A_0$：4 条双向三态的低位地址信号引脚。在空闲周期，接收来自 CPU 的 4 位地址信号，用于寻址 8237A 内部不同的寄存器（组）；在 DMA 传输时，输出要访问的存储单元或 I/O 端口地址的低 4 位。

（11）$A_7 \sim A_4$：4 条三态地址信号输出引脚。在 DMA 传输时，输出要访问的存储单元或 I/O 端口地址的高 4 位。

（12）$\overline{\text{IOR}}$：低电平有效的双向三态信号引脚。在空闲周期，它是输入控制信号引脚，CPU 利用这个信号读取 8237A 内部状态寄存器的内容；而在 DMA 传输时，它是读端口控制信号输出引脚，与 $\overline{\text{MEMW}}$ 相配合，使数据由外设传输到内存。

（13）$\overline{\text{IOW}}$：低电平有效的双向三态信号引脚，其功能与 $\overline{\text{IOR}}$ 相对应。

（14）$\overline{\text{MEMR}}$：低电平有效的双向三态信号引脚，用于 DMA 传输时控制存储器的读操作。

（15）$\overline{\text{MEMW}}$：低电平有效的双向三态信号引脚，用于 DMA 传输时控制存储器的写操作。

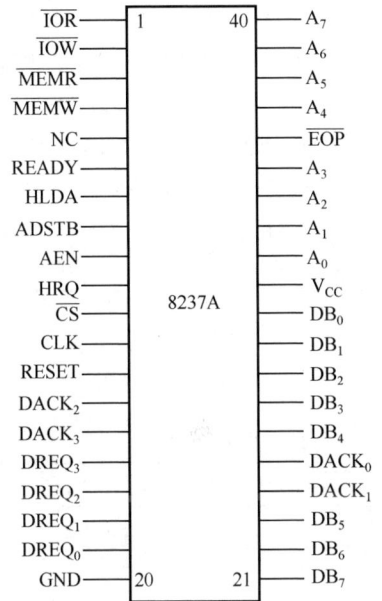

（16）AEN：高电平有效的输出信号引脚，由它把锁存在外部锁存器中的高 8 位地址送入系统的地址总线，同时禁止其他系统驱动器使用系统总线。

（17）ADSTB：高电平有效的输出信号引脚，此信号把 $DB_7 \sim DB_0$ 上输出的高 8 位地址信号锁存到外部锁存器中。

（18）$\overline{EOP}$：双向信号引脚，当字节数计数器减为 0 时，在 $\overline{EOP}$ 上输出一个低电平脉冲，表明 DMA 传输已经结束；也可接收外部的 $\overline{EOP}$ 信号，强行结束 8237A 的 DMA 操作或重新进行 8237A 的初始化。当不使用 $\overline{EOP}$ 端时，应通过数千欧姆的电阻将其接到高电平上，以免由它输入干扰信号。

3．8237A 的寄存器

8237A 有 4 根地址输入线 $A_0 \sim A_3$，其片内有 16 个端口可供 CPU 访问。各寄存器的端口地址和软件命令寻址见表 8-2。

表 8-2　8237A 各寄存器的端口地址和软件命令寻址

A_3 A_2 A_1 A_0	写操作（$\overline{IOW}$ 为 0 时）	读操作（$\overline{IOR}$ 为 0 时）
0　0　0　0	通道 0 基地址寄存器	通道 0 现行地址寄存器
0　0　0　1	通道 0 字节数寄存器	通道 0 现行字节数寄存器
0　0　1　0	通道 1 基地址寄存器	通道 1 现行地址寄存器
0　0　1　1	通道 1 字节数寄存器	通道 1 现行字节数寄存器
0　1　0　0	通道 2 基地址寄存器	通道 2 现行地址寄存器
0　1　0　1	通道 2 字节数寄存器	通道 2 现行字节数寄存器
0　1　1　0	通道 3 基地址寄存器	通道 3 现行地址寄存器
0　1　1　1	通道 3 字节数寄存器	通道 3 现行字节数寄存器
1　0　0　0	命令寄存器	状态寄存器
1　0　0　1	请求寄存器	—
1　0　1　0	单通道屏蔽字	—
1　0　1　1	方式寄存器	—
1　1　0　0	清先/后触发器命令	—
1　1　0　1	复位命令	暂存器
1　1　1　0	清屏蔽寄存器命令	—
1　1　1　1	综合屏蔽字	—

各寄存器功能如下。

（1）基地址寄存器。用来保存 DMA 传输时本通道所用到的数据段地址初值，该初值由 CPU 在对 8237A 进行初始化编程时写入，但 CPU 不能通过输入指令读出基地址寄存器的值。

（2）现行地址寄存器。用来保存 DMA 传输过程中的当前地址值。初始时该寄存器的值与基地址寄存器相同，每次 DMA 传输后其内容自动加 1 或减 1。现行地址寄存器的值可由 CPU 通过两条输入指令连续读出，每次 8 位。若 8237A 编程将其设定为自动预置，则在每次 DMA 操作结束发出 $\overline{EOP}$ 信号后，现行地址寄存器将根据基地址寄存器的内容自动恢复初始值。

（3）字节数寄存器。用来保存整个 DMA 操作过程中要传输数据的字节数，这个寄存器的初值由 CPU 在编程时写入，并且该寄存器的内容也不能被 CPU 读出。

（4）现行字节数寄存器。用来保存当前要传输的字节数，初始时该寄存器的值与基字节数寄存器相同，每次 DMA 传输后，此寄存器内容减 1，当它的值减为零时将发出 $\overline{EOP}$ 信号，表明 DMA 操作结束。这个寄存器的值可由 CPU 读出。在自动预置状态下，$\overline{EOP}$ 有效时现行字节数寄存器的值可根据基字节数寄存器的内容自动恢复为起始状态。

（5）暂存器。在存储器到存储器的传输方式下，暂存器用于保存从源存储单元读出的数据。

（6）方式寄存器。用于在 CPU 对 8237A 初始化编程时设置 8237A 的工作方式、地址增减、是否自动预置、传输类型及通道选择。每个通道有一个 8 位的方式寄存器，但是它们占用同一个端口地址，用来存放方式控制字，依靠方式控制字本身的特征位来区分并写入不同的通道，用来规定通道的工作方式，其格式如图 8-14 所示。

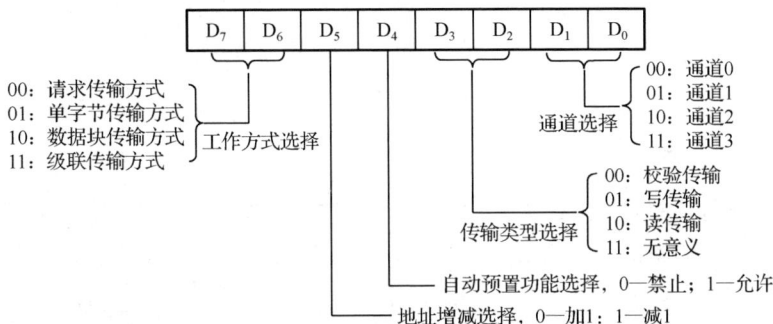

图 8-14　方式控制字格式

自动预置就是在某一个通道按要求将数据传输完后，能自动预置初始地址和传输的字节数，而后重复进行前面已进行过的过程。校验传输就是实际并不进行传输，只产生地址并响应 $\overline{EOP}$ 信号，不产生读/写控制信号，用于校验 8237A 的功能是否正常。

（7）命令寄存器。命令寄存器决定数据传输目标、通道的优先级控制方式、DACK 及 DREQ 信号的有效电平等。该寄存器只能写不能读，命令字格式如图 8-15 所示。

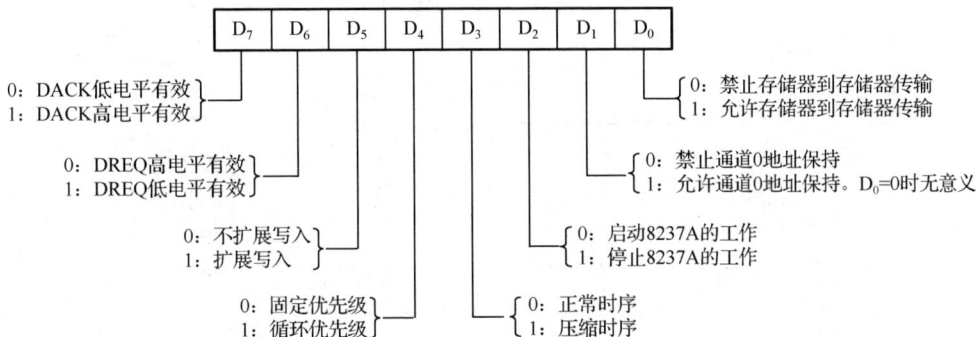

图 8-15　命令字格式

（8）请求寄存器。请求寄存器用于在软件控制下产生一个 DMA 请求，就如同外部 DREQ 请求一样，图 8-16 所示为请求字格式，D_0D_1 的不同编码用来表示向不同通道发出 DMA 请求。在软件编程时，这些请求是不可屏蔽的，利用请求字即可使 8237A 按照请求字 D_0D_1 所指的通道完成 D_2 所规定的操作，这种软件请求只用于通道工作在数据块传输方式下时。

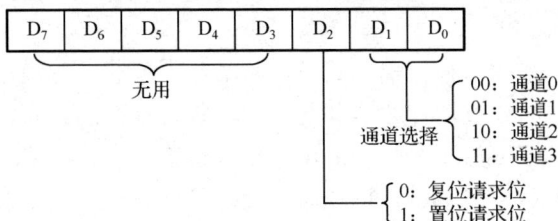

图 8-16　请求字格式

（9）屏蔽寄存器。8237A 的屏蔽字有两种形式：单通道屏蔽字和四通道屏蔽字。单通道屏蔽字格式如图 8-17 所示，利用这个屏蔽字，每次只能选择一个通道。其中 D_0D_1 的编码指示所选的通道，$D_2=1$ 表示禁止该通道接收 DREQ 请求，$D_2=0$ 表示允许 DREQ 请求。四通道屏蔽字格式如图 8-18 所示，可以利用这个屏蔽字同时对 8237A 的 4 个通道进行操作，故又称主屏蔽字。它与单通道屏蔽字占用不同的 I/O 端口地址，以此加以区分。

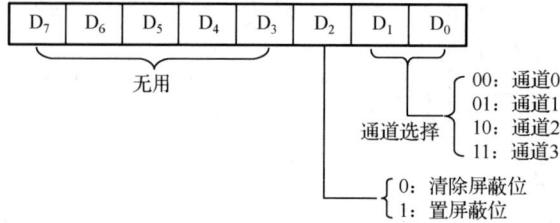

图 8-17　单通道屏蔽字格式

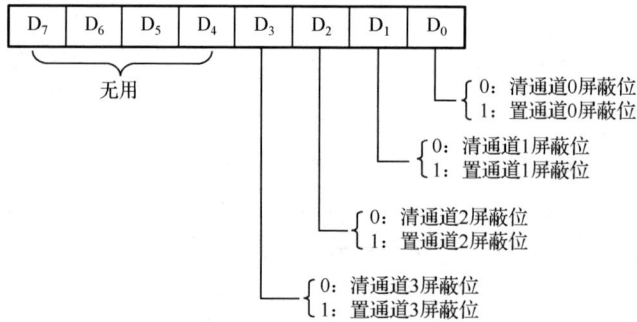

图 8-18　四通道屏蔽字格式

（10）状态寄存器。状态寄存器存放各通道的状态，CPU 读出其内容后，可得知 8237A 的工作状况。状态字格式如图 8-19 所示。

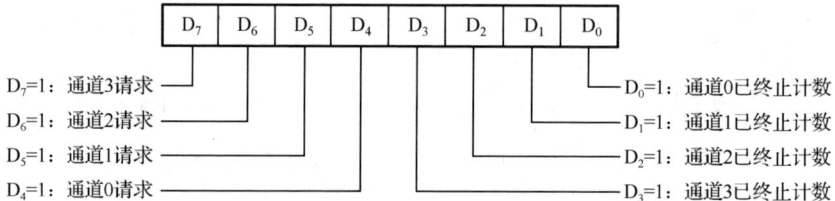

图 8-19　状态字格式

8.2.3　8237A 的工作方式和传输类型

1. 8237A 的工作方式

8237A 的各个通道在进行 DMA 传输时，共有 4 种工作方式。

（1）单字节传输方式。每次 DMA 操作仅传输一字节的数据，完成一字节的数据传输后，8237A 将现行地址寄存器的内容加 1 或减 1，并将现行字节数寄存器的内容减 1，每传输完一字节，就将总线控制权交回 CPU。

（2）数据块传输方式。在这种传输方式下，8237A 一旦获得总线控制权，就开始连续传输数据。每传输一字节，自动修改现行地址及现行字节数寄存器的内容，直到将规定字节数的数据全部传输完，或收到外部 $\overline{\text{EOP}}$ 信号，8237A 才结束传输，将总线控制权交给 CPU，一次所传输数据块的最大长度可达 64KB，数据块传输结束后可自动初始化。

显然，在这种方式下，CPU 可能会很长时间不能获得总线的控制权。这在有些场合下是不利的，例如，PC 就不能用这种方式，因为在块传输时，8088 不能占用总线，就无法实现对 DRAM 的刷新操作。

（3）请求传输方式。只要 DREQ 有效，DMA 传输就一直进行，直到连续传输到字节计数器为 0，或外部输入使 $\overline{EOP}$ 变为低电平，或 DREQ 变为无效时为止。

（4）级联传输方式。利用这种方式可以把多个 8237A 连接在一起，以便扩充系统的 DMA 通道数。下一级的 HRQ 接到上一级某一通道的 DREQ 上，而上一级的响应信号 DACK 可接到下一级的 HLDA 上。在级联传输方式下，当第二级 8237A 的请求得到响应时，第一级 8237A 仅输出 HRQ 信号而不能输出地址及控制信号，因为第二级 8237A 才是真正的主控制器，而第一级 8237A 仅应起到传输 DREQ 请求信号及 DACK 应答信号的作用。

2. 8237A 的传输类型

DMA 传输可以在 I/O 接口到存储器、存储器到 I/O 接口及内存的不同区域之间进行，它们具有不同的特点，所需要的控制信号也不相同。

（1）I/O 接口到存储器的传输。当进行由 I/O 接口到存储器的数据传输时，来自 I/O 接口的数据利用 8237A 送出的 $\overline{IOR}$ 控制信号，将数据传输到系统数据总线 $D_0 \sim D_7$ 上，同时 8237A 送出存储器单元地址及 $\overline{MEMW}$ 控制信号，将存于 $D_0 \sim D_7$ 上的数据写入所选中的存储器单元中。这样就完成了由 I/O 接口到存储器的一字节的传输，同时 8237A 修改现行地址及字节数寄存器的内容。

（2）存储器到 I/O 接口的传输。与前一种情况类似，在进行这种传输时，8237A 送出存储器单元地址及 $\overline{MEMW}$ 控制信号，将选中的存储器单元中的内容读出并传输到数据总线 $D_0 \sim D_7$ 上，接着 8237A 送出 $\overline{IOW}$ 控制信号，将数据写到指定的端口中去，而后自动修改现行地址及字节数寄存器的内容。

（3）存储器到存储器的传输。8237A 具有存储器到存储器的传输功能，利用对 8237A 命令寄存器的编程，可以选择通道 0 和通道 1 两个通道来实现由存储器到存储器的传输。在进行传输时，采用数据块传输方式，由通道 0 送出内存源区域的地址和 $\overline{MEMR}$ 控制信号，将所选中内存单元的数据读到 8237A 的暂存器中，修改通道 0 现行地址及字节数寄存器的值；接着由通道 1 输出内存目标区域的地址及 $\overline{MEMW}$ 控制信号，将存放在暂存器中的数据通过系统数据总线写入内存目标区域中，之后修改通道 1 现行地址和字节数寄存器的内容，通道 1 的字节计数器减到 0 或外部输入 $\overline{EOP}$ 信号时可结束一次 DMA 传输过程。

8.2.4　8237A 的初始化编程及应用

8237A 工作前应先由 CPU 对其进行初始化编程，设置工作方式及内部各寄存器的值。初始化编程包括输出总清除命令、设置基地址与现行地址寄存器、设置基字节数与现行字节数寄存器、写入方式寄存器、写入屏蔽寄存器、写入命令寄存器。若不使用软件请求，在完成上述编程后，由各通道的 DMA 请求信号 DREQ 启动 DMA 传输过程；若使用软件请求，需将请求寄存器中的内容写入指定通道后开始 DMA 传输过程。

在对 8237A 初始化之前，通常必须对 8237A 进行复位操作，利用系统总线上的 RESET 信号或软件命令对 $A_3A_2A_1A_0$ 为 1101 的地址进行写操作，均可使 8237A 复位。复位后，8237A 内部的屏蔽寄存器被置位而其他所有寄存器被清零，复位操作使 8237A 进入空闲状态，这时才可以对 8237A 进行初始化操作。

【例 8.7】在 IBM PC/XT 中，利用 8237A 通道 0 输出存储器地址进行 DRAM 的刷新操作，其 DMA 传输程序如下。

```
        MOV   AL, 00H
        OUT   DMA+0DH, AL          ;对8237A进行复位
        MOV   AL, 00H              ;固定优先级、DREQ高电平有效、DACK低电平有效、滞后写、正常时序
        OUT   DMA+08H, AL          ;8237A命令字写入命令寄存器
        MOV   AL, 00H
        OUT   DMA+00H, AL          ;写入通道0的基地址寄存器低字节
        OUT   DMA+00H, AL          ;写入通道0的基地址寄存器高字节
        MOV   AL, 0FFH             ;通道0的传输字节数为64KB，先写低位，后写高位
        OUT   DMA+01H, AL          ;写入通道0的基字节数寄存器低字节
        OUT   DMA+01H, AL          ;写入通道0的基字节数寄存器高字节
        MOV   AL, 58H              ;通道0方式控制字：单字节传输、DMA读、地址增量、自动初始化
        OUT   DMA+0BH, AL
        MOV   AL, 00H              ;通道0屏蔽字：允许DREQ提出申请
        OUT   DMA+0AH, AL
```

值得注意的是，在初始化通道 0 时，未初始化地址。因为基地址寄存器仅用于送出 DRAM 的行地址，执行总清除命令后它们的初始值为 0，而后根据方式控制字，地址递增，实现每次刷新一行。再就是 PC 中 DMA 方式不是通过 8088 CPU 的 HOLD 实现的，而是利用等待方式来实现的。这时 CPU 处于等待操作状态，把系统总线交给 DMA 控制器来控制。

【例 8.8】假设采用 IBM PC/XT 中 DMA 通道 1 传输 1KB 外设数据，内存起始地址为 36000H，其 DMA 传输程序如下。

```
        MOV   AL, 45H              ;通道1方式控制字：单字节传输，DMA写地址增量、非自动初始化
        OUT   DMA+0BH, AL
        OUT   DMA+0CH, AL          ;清先/后触发器
        MOV   AL, 00H
        OUT   DMA+02H, AL          ;写入低8位地址到基地址寄存器
        MOV   AL, 60H
        OUT   DMA+02H, AL          ;写入中8位地址到基地址寄存器
        MOV   AL, 03H
        OUT   81H, AL              ;写入高4位地址到页面寄存器，地址81H为已知
        MOV   AX, 1023             ;传输字节数减1后送入AX
        OUT   DMA+03H, AL          ;传输字节数低8位写入现行字节数寄存器
        MOV   AL, AH
        OUT   DMA+03H, AL          ;传输字节数高8位写入现行字节数寄存器
        MOV   AL, 01H              ;传输字节数减1后送入AX
        OUT   DMA+0AH, AL          ;单通道屏蔽字：允许通道1的DMA请求
        ...                        ;其他操作
    DMALOOP:
        IN    AL, DMA+08H          ;读状态寄存器
        AND   AL, 02H              ;判断通道1是否传输结束
        JZ    DMALOOP              ;没有结束，则循环等待
        ...
```

思考与练习

8-1 8253 定时/计数器有哪些特点？

8-2 8253 有几个计数器通道？每个计数器通道有哪些信号线？其作用是什么？

8-3 8253 的内部寄存器有哪些？其各位的意义是什么？

8-4 对 8253 进行初始化编程分哪几步进行？

8-5 设 8253 的计数器 0～2 和控制端口的地址分别为 300H，301H，302H 和 303H，定义计数器 0 工作在方式 3，CLK_0 为 2MHz。试编写初始化程序，并画出硬件连接图。要求计数器 0 输出 1.5kHz 的方波，计数器 1 用计数器 0 的输出作计数脉冲，输出频率为 300Hz 的序列负脉冲，计数器 2 每秒钟向 CPU 发 50 次中断请求。

8-6 设 8253 的 3 个计数器的端口地址为 200H、201H、202H，控制端口地址为 203H。输入时钟频率为 2MHz，要求计数器 1 周期性地发出脉冲，其脉冲周期为 1ms，试编写初始化程序。

8-7 什么是 DMA 方式？为什么 DMA 方式能够实现数据高速传输？

8-8 DMA 方式下，数据传输的工作过程是什么？

8-9 DMA 控制器 8237A 内部包含哪些寄存器？简述各寄存器的作用。

8-10 简要说明 8237A 的初始化步骤。

8-11 设 8237A 的端口地址为 00H～0FH。利用 8237A 的通道 1 在存储器的两个区域 BUF1 和 BUF2 之间直接传输 100 个数据，采用连续传输方式，传输完毕后不进行自动预置，试编写初始化程序。

第 9 章　并行接口与串行接口

计算机与外设之间或计算机与计算机之间的信息交换或数据传输称为通信。计算机的通信有两种基本方式：并行通信和串行通信。通信过程中，如果数据的所有位被同时传输，称为并行通信；如果数据被逐位顺序传输，则称为串行通信。计算机与外设的接口按照通信方式的不同，分为并行接口和串行接口两种。并行通信和串行通信指的是接口与外设一侧的通信方式，而接口与 CPU 之间的通信是并行的。并行接口和串行接口与 CPU 连接的一侧是相似的，它们在结构和功能上的主要差别在于：串行接口在发送数据时需要进行并/串转换，在接收数据时需要进行串/并转换。

本章在讨论并行接口和串行接口基本概念的基础上，介绍可编程并行接口芯片 8255A 和可编程串行接口芯片 8251A 的内部结构、工作方式、编程及应用。

9.1　可编程并行接口芯片 8255A

9.1.1　并行接口概述

1．并行接口的特点

（1）并行接口是在多根数据线上以字节或字为单位与 I/O 设备或被控对象传输数据的接口，如并行打印机接口、键盘显示器接口、A/D 和 D/A 转换器接口等。

（2）并行接口适用于近距离数据传输。并行通信是指两个功能模块之间有多条数据信号传输线路，这样功能模块之间可以一次同时传输多位数据，传输速度快。由于所需的数据传输线路较多，造价高，因此并行通信适用于近距离、快速数据交换的场合。

（3）在并行接口中，8 位或 16 位数据是同时传输的。因此，采用并行接口与外设交换数据时，即使只用到其中的一位，也是一次输入/输出 8 位或 16 位。

（4）并行传输的信息不要求固定的格式，这与串行传输的信息有固定格式的要求不同。

2．并行接口的类型

从数据传输的方向看，并行接口可分为两种：一是单向传输（只作为输入口或只作为输出口），另一种是双向传输（既可作为输入口，也可作为输出口）。

从电路结构看，并行接口可分为硬接线接口和可编程接口。硬接线接口的工作方式和功能单一，只能完成数据的传输，如果系统中需要控制和状态信息，只能由用户定义，使用不方便。也就是说，采用该结构时，一旦完成硬件电路设计，接口的工作方式就被固定了。此类接口常由数据锁存器、数据缓冲器等组成，用于 CPU 与外设之间不需要联络信号的并行数据传输，如开关量的读取、发光二极管的控制等。可编程接口可以用软件编程的方法改变其工作方式及功能，具有广泛的适应性和很高的灵活性，在微机系统中得到广泛应用。

9.1.2　8255A 的内部结构与引脚

Intel 8255A 是一种通用的可编程并行接口芯片，它具有 24 个 I/O 引脚，采用双列直插式封装，使用单一+5V 电源，全部输入/输出与 TTL 电平兼容。

1．8255A 的内部结构

8255A 的内部结构如图 9-1 所示，它由 4 部分组成。

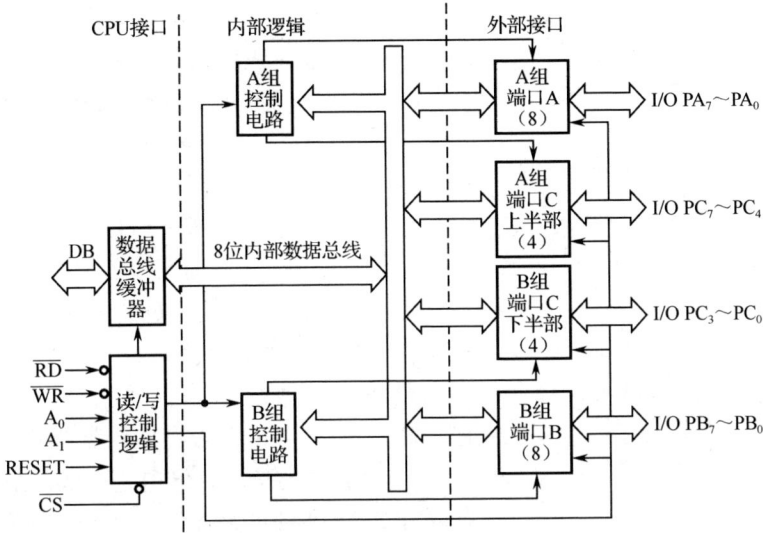

图 9-1　8255A 的内部结构

（1）数据端口 A、B、C

8255A 有 3 个 8 位数据端口，即端口 A、端口 B 和端口 C。设计人员可通过编程使它们分别作为输入端口或输出端口，但 3 个端口各有特点。

① 端口 A 包含一个 8 位数据输入锁存器和一个 8 位数据输出锁存器/缓冲器。用端口 A 作为输入或输出时，数据均受到锁存。

② 端口 B 和端口 C 均包含一个 8 位数据输入缓冲器和一个 8 位数据输出锁存器/缓冲器。

在使用中，端口 A 和端口 B 常常作为独立的输入或输出端口。端口 C 除了可作为独立的输入或输出端口，还可以配合端口 A 或端口 B 工作，端口 C 可以分成两个 4 位的端口，分别为端口 A 和端口 B 的控制信号或状态信号。

（2）A 组和 B 组控制电路

这两组控制电路一方面接收 CPU 发来的控制字并决定 8255A 的工作方式；另一方面接收来自读/写控制逻辑的读/写命令，完成接口的读/写操作。

A 组控制电路用来控制 A 口及 C 口的高 4 位；B 组控制电路用来控制 B 口及 C 口的低 4 位。

（3）数据总线缓冲器

数据总线缓冲器是一个 8 位的双向三态缓冲器，8255A 通过它与系统总线连接。输入/输出数据、CPU 发给 8255A 控制字都是通过这个缓冲器进行的。

（4）读/写控制逻辑

读/写控制逻辑电路负责管理 8255A 的数据传输过程。它接收译码电路片选信号 $\overline{CS}$ 和来自地址总线的 A_0 和 A_1 信号，以及控制总线的 RESET、$\overline{RD}$、$\overline{WR}$ 信号，将这些信号进行组合后，得到对 A 组控制电路和 B 组控制电路的控制命令，并将命令发给这两个部件，以完成对数据信息、状态信息和控制信息的传输。

2．8255A 的引脚

8255A 芯片除电源和地引脚外，其他引脚可分为两组。其引脚如图 9-2 所示。

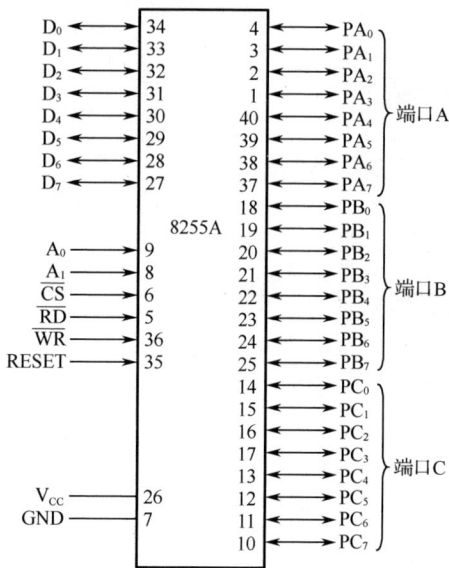

图 9-2 8255A 的引脚

（1）8255A 与外设连接的引脚

用于 8255A 与外设连接的有 24 个双向三态数据引脚，分成 3 组，对应 A、B、C 三个数据端口，分别为 $PA_0 \sim PA_7$、$PB_0 \sim PB_7$、$PC_0 \sim PC_7$。

（2）8255A 与 CPU 连接的引脚

① $D_0 \sim D_7$：8 位双向三态数据线，用来与系统数据总线相连。

② RESET：复位信号，高电平有效。复位时所有内部寄存器清零，并将数据端口 A、B、C 均置为输入方式。

③ $\overline{CS}$：片选信号，低电平有效，输入引脚，该信号有效时 8255A 被选中。

④ $\overline{RD}$：读信号，低电平有效，输入引脚，该信号有效时 CPU 可从 8255A 读取数据或状态信息。

⑤ $\overline{WR}$：写信号，低电平有效，输入引脚，该信号有效时 CPU 可向 8255A 写入控制字或数据。

⑥ A_1、A_0：片内端口选择信号，输入引脚。这两个引脚上的信号组合决定对 8255A 内部的哪一个端口或寄存器进行操作。8255A 内部共有 4 个端口：端口 A、端口 B、端口 C 和控制口，两个引脚的信号组合对应的选中端口见表 9-1。

8255A 的 $\overline{CS}$、$\overline{RD}$、$\overline{WR}$、A_1、A_0 控制信号和传输操作之间的关系见表 9-1。

表 9-1 8255A 的操作功能表

$\overline{CS}$ $\overline{RD}$ $\overline{WR}$ A_1 A_0	操　作	数据传输方式
0　0　1　0　0	读端口 A	端口 A 数据 → 数据总线
0　0　1　0　1	读端口 B	端口 B 数据 → 数据总线
0　0　1　1　0	读端口 C	端口 C 数据 → 数据总线
0　1　0　0　0	写端口 A	数据总线数据 → 端口 A
0　1　0　0　1	写端口 B	数据总线数据 → 端口 B
0　1　0　1　0	写端口 C	数据总线数据 → 端口 C
0　1　0　1　1	写控制口	数据总线数据 → 控制口

9.1.3　8255A 的控制字

8255A 有两个控制字：方式选择控制字和端口 C 置位/复位控制字。这两个控制字公用一个地址，即控制端口地址。用控制字的 D_7 位来区分这两个控制字，$D_7=1$ 为方式选择控制字，$D_7=0$ 为端口 C 置位/复位控制字。

1．方式选择控制字

方式选择控制字的格式如图 9-3 所示，$D_0 \sim D_2$ 用来对 B 组的端口进行工作方式设置；$D_3 \sim D_6$ 用来对 A 组的端口进行工作方式设置；最高位 D_7 为 1，是方式选择控制字的标志。

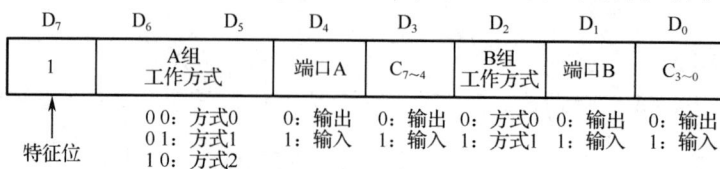

图 9-3 方式选择控制字的格式

2. 端口 C 置位/复位控制字

端口 C 置位/复位控制字的格式如图 9-4 所示：$D_3 \sim D_1$ 三位的编码与端口 C 的某一位相对应；D_0 决定置位或复位操作；最高位为 0，是端口 C 置位/复位控制字的标志。

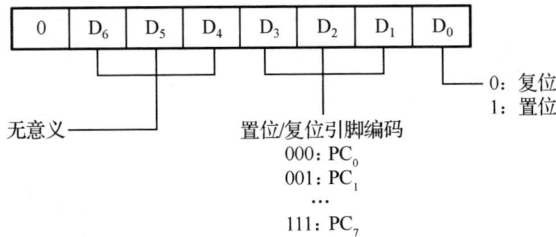

图 9-4　端口 C 置位/复位控制字的格式

9.1.4　8255A 的工作方式

8255A 有以下 3 种工作方式，用户可以通过编程来设置。

1. 方式 0（基本输入/输出）

在方式 0 下，每一个端口都作为基本的输入或输出端口，端口 C 的高 4 位和低 4 位及端口 A、端口 B 都可独立地设置为输入端口或输出端口。4 个端口的输入/输出可有 16 种组合。

8255A 工作于方式 0 时，CPU 可采用无条件传输方式与 8255A 交换数据，也可以采用查询传输方式与 8255A 交换数据。采用查询传输方式时，可利用端口 C 传输与外设的联络信号。

方式 0 的应用场合有两种：一种是同步传输；另一种是查询传输。

2. 方式 1（选通输入/输出）

方式 1 下，3 个数据端口分为 A、B 两组，端口 A、端口 B 仍作为输入或输出端口，端口 C 分成两部分，一部分（6 位，分成两个 3 位）作为端口 A 和端口 B 与外设的联络信号；另一部分（2 位）仍可作为基本的输入/输出端口。

（1）方式 1 输入。

图 9-5 给出了 8255A 的端口 A 和端口 B 在方式 1 下的输入组态。

端口 C 的 $PC_3 \sim PC_5$ 用作端口 A 的应答联络线，$PC_0 \sim PC_2$ 用作端口 B 的应答联络线，余下的 $PC_6 \sim PC_7$ 则可作为输入/输出端口使用。

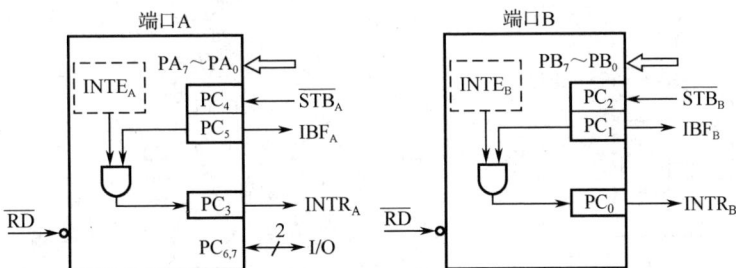

图 9-5　方式 1 下的输入组态

应答联络线的功能如下。

① $\overline{STB}$：选通输入。用来将外设输入的数据送入 8255A 的输入缓冲器。

② IBF：输入缓冲器满。作为 $\overline{STB}$ 的应答信号。

③ INTR：中断请求信号。INTR 置位的条件是 $\overline{STB}$ 为高电平，IBF 为高电平，且 INTE 为高电平。

④ INTE：中断允许。对端口 A 来讲，由 PC_4 置位来实现，对端口 B 来讲，则由 PC_0 置位

来实现，应事先将其置位。

（2）方式 1 输出。

图 9-6 给出了 8255A 的端口 A 和端口 B 在方式 1 下的输出组态。

端口 C 的 PC_3、PC_6、PC_7 用作端口 A 的应答联络线，$PC_0 \sim PC_2$ 用作端口 B 的应答联络线，余下的 $PC_4 \sim PC_5$ 则可作为输入/输出端口使用。

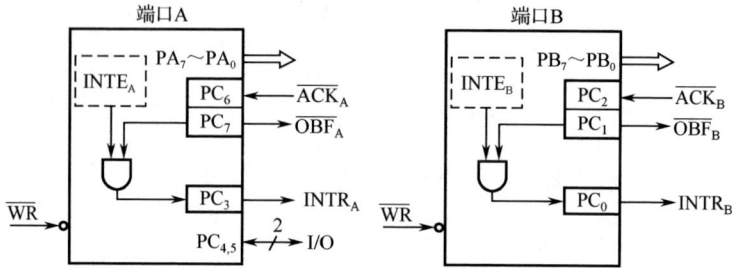

图 9-6　方式 1 下的输出组态

应答联络线的功能如下。

① $\overline{OBF}$：输出缓冲器满。当 CPU 已将要输出的数据送入 8255A 时有效，用来通知外设可以从 8255A 取数据。

② $\overline{ACK}$：响应信号。作为对 $\overline{OBF}$ 的响应信号，表示外设已将数据从 8255A 的输出缓冲器中取走。

③ INTR：中断请求信号。INTR 置位的条件是 $\overline{ACK}$ 为高电平，$\overline{OBF}$ 为高电平，且 INTE 为高电平。

④ INTE：中断允许。对端口 A 来讲，由 PC_6 的置位来实现，对端口 B 来讲，则由 PC_2 的置位来实现。

3．方式 2（双向选通输入/输出）

方式 2 可使 8255A 与外设进行双向通信，既能发送数据，又能接收数据。可采用查询传输方式和中断方式进行数据传输。

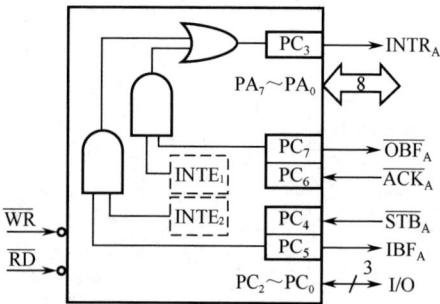

图 9-7　方式 2 下的输出组态

只有端口 A 有方式 2。这时，端口 C 的 $PC_7 \sim PC_3$ 用作端口 A 的应答联络线，其余的 $PC_0 \sim PC_2$ 可用作输入/输出端口，也可用作端口 B 方式 1 的应答联络线。方式 2 下的输出组态如图 9-7 所示。

$INTE_1$ 为输出中断允许，由 PC_6 置位/复位；$INTE_2$ 为输入中断允许，由 PC_4 置位/复位。

当端口 A 工作于方式 2、端口 B 工作于方式 0 时，$PC_7 \sim PC_3$ 作为端口 A 的应答联络线，$PC_0 \sim PC_2$ 可工作于方式 0；当端口 A 工作于方式 2、端口 B 工作于方式 1 时，$PC_7 \sim PC_3$ 作为端口 A 的应答联络线，$PC_0 \sim PC_2$ 作为端口 B 的应答联络线。

方式 2 和其他工作方式的组合如下。

① 方式 2 和方式 0 输入的组合，控制字：11XXX01T。

② 方式 2 和方式 0 输出的组合，控制字：11XXX00T。

③ 方式 2 和方式 1 输入的组合，控制字：11XXX11X。

④ 方式 2 和方式 1 输出的组合，控制字：11XXX10X。

其中 X 表示与其取值无关，而 T 表示视情况可取 1 或 0。

9.1.5　8255A 的应用

应用 8255A 并行接口芯片设计的键盘采用行扫描法。

行扫描法原理：键盘的行线为扫描输出线，列线为状态输入线，且使列线都处于高电平状态。若行线输出低电平，只要某列有按键按下，那么该列就被按键触点短接到行线，因此该列都变为低电平。不按键时，行线与列线之间没有接触点，列线输入仍为高电平。

使键盘上某一行线为低电平，而其余行线接高电平，然后读取列值，如果列值中有某位为低电平，则表明行列交点处的键被按下；否则扫描下一行，直到扫描完全部行线为止。

【例 9.1】扫描键盘按键并保存相应键值，硬件电路如图 9-8 所示。设 8255A 的端口地址为 300H～303H，接收 100 个按键后结束。

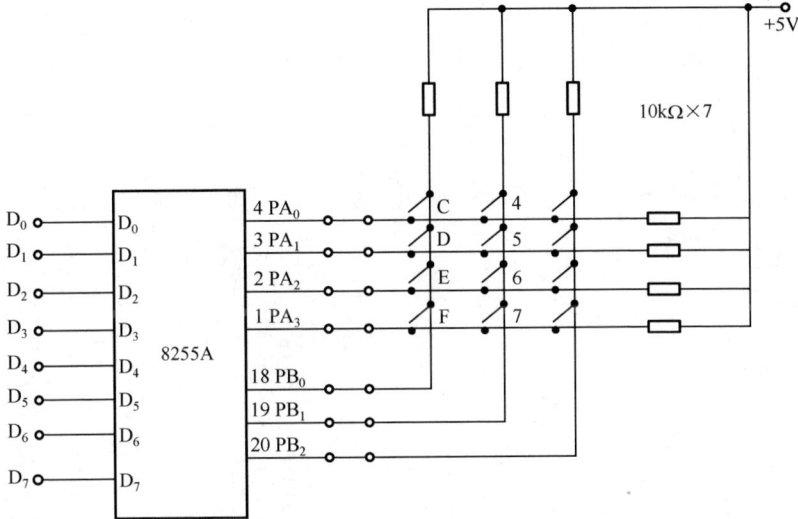

图 9-8　键盘接口电路

分析：检测键盘输入的过程如下：PA_0～PA_3 全送 "0"，再读取 PB_0～PB_2，若全为 "1"，则表示无键闭合。若有键闭合，则进行键扫描。键扫描方法如下：使 PA_0 为 0，PA_1～PA_3 为高电平，读取 PB_0～PB_2，如果是全 "1"，则表示该列无键闭合；否则闭合键在该列上，再进一步判断读取的数据中哪一位为 "0"，从而确定闭合键。若该列无键闭合，则依次使 PA_1～PA_3 分别为 0，重复上述操作。

```
DATA  SEGMENT
  BUFFER  DB 100 DUP（?）
DATA  ENDS
CODE  SEGMENT
  ASSUME  CS:CODE, DS:DATA
START:  MOV AX, DATA
        MOV DS, AX
        LEA SI, BUFFER
        MOV CL, 100          ;初始化按键次数
        MOV AL, 81H          ;8255A控制字
        MOV DX, 303H
        OUT DX, AL           ;8255A初始化
KS1:    CALL KS              ;读取按键
        CMP AL, 0FH          ;判断有无键闭合
        JZ  KS1              ;无键闭合，循环等待
```

```
        CALL  DELAY                    ;延时12ms，消除抖动
        CALL  KS
        CMP  AL, 0FH                    ;再次判断有无键闭合
        JZ  KS1
        MOV  BL, 0EFH                   ;初始化列码
        MOV  BH, 0                      ;初始化列计数器
AGAIN:  MOV  DX, 302H
        MOV  AL, BL
        OUT  DX, AL                     ;输出列码
        IN  AL, DX                      ;读取行码
        AND  AL, 0FH
        CMP  AL, 0FH
        JZ  NEXT                        ;该列无键闭合，准备下一列扫描
        CMP  AL 0EH                     ;判断该列是否第一个键闭合
        JNZ  TWO
        MOV  AL, 0
        JMP  FREE
TWO:    CMP  AL, 0DH                    ;判断该列是否第二个键闭合
        JNZ  THREE
        MOV  AL, 4
        JMP  FREE
THREE:  CMP  AL, 0BH                    ;判断该列是否第三个键闭合
        JNZ  FOUR
        MOV  AL, 8
        JMP  FREE
FOUR:   CMP  AL, 07H                    ;判断该列是否第四个键闭合
        JNZ  NEXT
        MOV  AL, 0CH
FREE:   PUSH  AX
WAIT1:  CALL  KS
        CMP  AL, 0FH
        JNZ  WAIT1                      ;键未释放，则等待
        POP  AX
        ADD  AL, BH                     ;按键键值=扫描键值+列计数值
        MOV  [SI], AL                   ;保存相应按键键值
        INC  SI
        DEC  CL
        JZ  EXIT                        ;判断是否接收到100个按键
        JMP  KS1
NEXT:   INC  BH                         ;列计数值加1
        ROL  BL, 1                      ;列码循环左移一位
        CMP  BL, 0FEH                   ;判断该轮键扫描是否结束
        JNZ  AGAIN
        JMP  KS1
EXIT:   MOV  AH, 4CH                    ;返回DOS
        INT  21H

KS  PROC NEAR
        MOV  DX, 302H
        MOV  AL, 0FH
```

```
          OUT  DX, AL              ;使所有行线为低电平
          IN   AL, DX              ;读取列值
          AND  AL, 00000111        ;屏蔽高5位
          RET
      KS ENDP
DELAY  PROC  NEAR                  ;延时子程序
          PUSH  BX
          PUSH  CX
          MOV   BX, 2000
DEL1:  MOV   CX, 0
DEL2:  LOOP  DEL2
          DEC   BX
          JNZ   DEL1
          POP   CX
          POP   BX
          RET
   DELAY  ENDP
CODE  ENDP
END   START
```

9.2 可编程串行接口芯片 8251A

9.2.1 串行通信的基本概念

串行通信是指利用一条传输线将数据一位一位地按顺序分时传输的方式。当传输一字节的数据时，8 位数据通过一条线分 8 个时间段发出，发出顺序一般是由低位到高位。

串行通信的优势是用于通信的线路少，因而在远距离通信时可以降低通信成本。另外，它还可以利用现有的通信信道（如电话线路等），使数据通信系统遍布千万个家庭和办公室。串行通信适用于远距离数据传输，如微机与计算中心之间、微机系统之间或其他系统之间。串行通信也由于连线方便而常用于速度要求不高的近距离数据传输，如房间内的微机之间、微机与绘图机之间、微机与字符显示器之间。PC 系统上都有两个串行异步通信接口，键盘、鼠标与主机之间也采用串行数据传输。

相比于并行通信方式，串行通信速度较慢。目前，高速的串行通信标准如 USB 接口标准已制定，并获得了广泛应用。

1．数据传输方式

串行通信按数据在通信线路进行传输的方向可分为单工、半双工和全双工通信 3 种方式，如图 9-9 所示。

（1）单工通信方式

单工通信就是指数据的传输始终保持同一个方向，而不能进行反向传输，如图 9-9（a）所示。其中 A 端只能作为发送端发送数据，B 端只能作为接收端接收数据。

（2）半双工通信方式

半双工通信就是指数据流可以在两个方向上传输，但同一时刻只限于一个方向上的传输，如图 9-9（b）所示。其中 A 端和 B 端都具有发送和接收功能，但传输线路只有一条，或者 A 端发送 B 端接收，或者 B 端发送 A 端接收。

（3）全双工通信方式

全双工通信能在两个方向上同时发送和接收，如图9-9（c）所示。A端和B端都可以一方面发送数据，一方面接收数据。

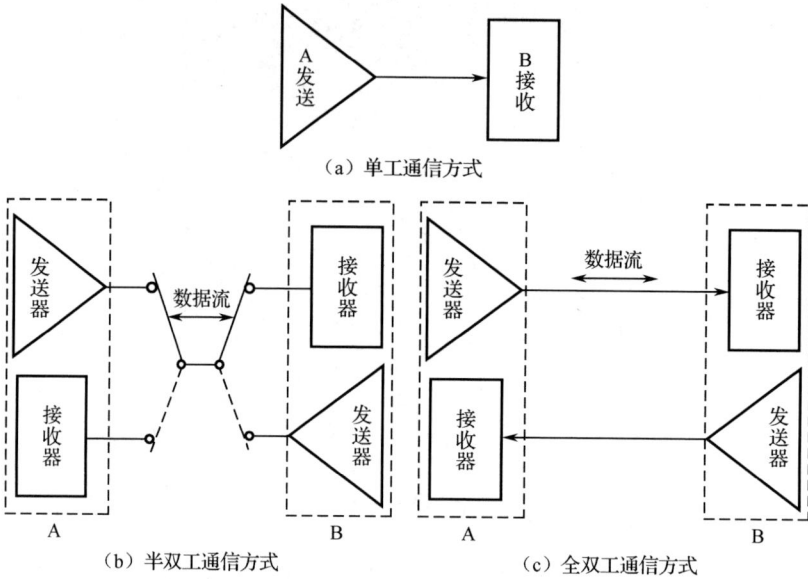

（a）单工通信方式

（b）半双工通信方式　　　　　　　　　（c）全双工通信方式

图9-9　数据传输方式

2．异步通信和同步通信

串行通信按信息传输格式可分为异步通信（ASYNC）和同步通信（SYNC）两种。在串行通信中，发送端与接收端之间的同步问题是数据通信中的一个重要问题。同步不好，轻则导致误码增加，重则使整个系统不能正常工作。为解决这一传输过程中的问题，在串行通信中采用了两种同步技术，即异步通信和同步通信。

（1）异步通信

异步通信也称起止式传输，它是利用起止法来达到收发同步目的的。异步通信以一个字符为传输单位，接收设备在收到起始信号之后只要在一个字符的传输时间内能和发送设备保持同步就能正确接收。下一个字符起始位的到来又使同步重新校准。

异步通信时，数据是一帧一帧（包括一个字符代码或一字节数据）传输的。在帧格式中，一个字符由4部分组成：启动位、数据位、奇偶校验位和停止位，首先启动位由"0"开始；然后是编码的数据，通常规定低位在前，高位在后；接下来是奇偶校验位（可省略）；最后是停止位"1"（可以是1位、1.5位或2位），表示字节的结束。格式如下。

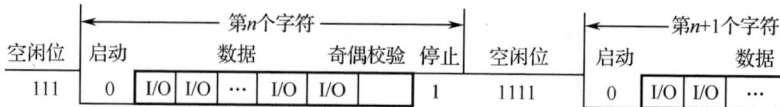

采用异步通信方式时，硬件结构简单，但是传输每一字节都要加启动位、停止位，因而传输效率低，主要用于中、低速通信。

（2）同步通信

同步通信以一个帧为传输单位，每个帧中包含多个字符。在通信过程中，每个字符间的时间间隔是相等的，而且每个字符中各相邻代码间的时间间隔也是固定的。同步通信的数据格式如下。

同步字符		数据块						同步字符	
		数据1	数据2	…	数据n	校验字符1	校验字符2		

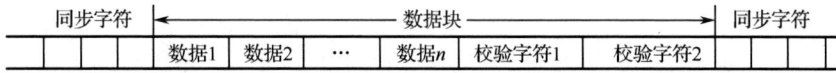

同步通信在数据开始处用同步字符（通常为 1～2 个）来指示。由定时信号（时钟）来实现收发端的同步，一旦检测到与规定的同步字符相符合，就连续按顺序传输数据。在这种传输方式中，数据以一组数据（数据块）为单位进行传输，数据块中每字节不需要启动位和停止位，因而克服了异步通信效率低的缺点，但同步通信所需的软硬件价格是异步通信的 8～12 倍。因此通常在数据传输速度超过 2000bit/s 的系统中才采用同步通信方式。

3．波特率与收/发时钟

波特率是衡量数据传输速度的指标，表示每秒钟传输的二进制位数，以位/秒（bit/s）为单位，也称为波特。例如，数据传输速度为每秒 960 个字符，而每一个字符为 10 位，则其传输的波特率为 10×960=9600 位/秒=9600bit/s。

在异步通信中，发送端需要用一定频率的时钟来决定发送每一位数据所占用的时间长度（称为位宽度），接收端也要用一定频率的时钟来测定每一位输入数据的位宽度。发送端使用的用于决定数据位宽度的时钟称为发送时钟，接收端使用的用于测定每一位输入数据位宽度的时钟称为接收时钟。由于发送/接收时钟决定了每一位数据的位宽度，所以发送/接收时钟频率的高低决定了串行通信双方发送/接收字符数据的速度。

在异步通信中，一般根据数据传输的波特率来决定发送/接收时钟的频率。通常，发送/接收时钟的频率总是取波特率的 16 倍、32 倍或 64 倍，这有利于在位信号的中间对每位数据进行多次采样，以减少读数错误。

4．信息传输方式

（1）基带传输方式

在传输线路上直接传输不加调制的二进制信号，这种传输方式称为基带传输方式。它要求传输线路的频带较宽，传输的数字信号是矩形波。基带传输方式仅适用于近距离和速度较低的通信。基带传输方式如图 9-10 所示。

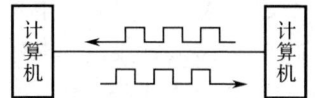

图 9-10　基带传输方式

（2）频带传输方式

传输经过调制的模拟信号，称为频带传输方式。在长距离通信时，发送方要用调制器把数字信号转换成模拟信号，接收方则用解调器将接收到的模拟信号再转换成数字信号，这就是信号的调制解调。

实现调制和解调任务的装置称为调制解调器（MODEM）。采用频带传输方式时，通信双方各接一个调制解调器，将数字信号寄载在模拟信号（载波）上来传输，因此这种传输方式也称为载波传输方式。这时的通信线路可以是电话交换网，也可以是专用线。

常用的调制方式有 3 种——调幅、调频和调相，分别如图 9-11 所示。

5．传输介质

目前普遍使用的传输介质有同轴电缆、双绞线、光缆，其他介质如无线电、红外微波等在电力线通信（Power Line Communication，PLC）网络中应用得很少。其中双绞线（带屏蔽）成本低、安装简单；光缆尺寸小、质量轻、传输距离远，但成本高、安装维修需专用仪器。

6．串行接口标准

（1）RS-232C 接口

RS-232C 是得到广泛使用的串行异步通信接口标准。它是 EIA（美国电子工业协会）于 1962 年公布，并于 1969 年修订的串行接口标准，事实上已经成为国际上通用的串行接口标准。1987

年 1 月，RS-232C 经修改后正式改名为 EIA-232D，1991 年修改为 EIA-232E，1997 年又修改为 EIA-232F。由于标准修改不多，现在很多厂商仍习惯使用 "RS-232C" 这个名字。

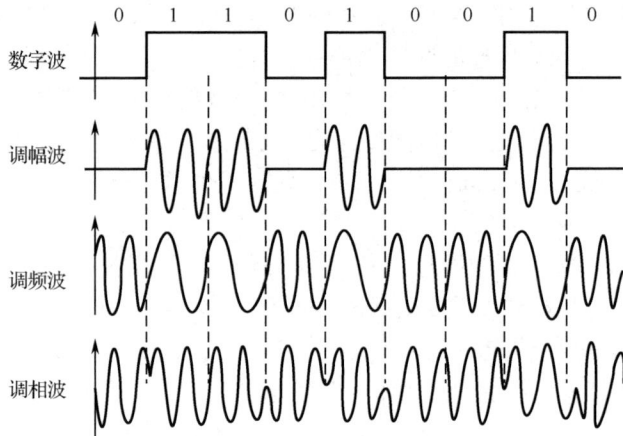

图 9-11　频带传输方式

最初，RS-232C 接口设计的目的是用于连接调制解调器。目前，RS-232C 已成为数据终端设备（DTE，如计算机）与数据通信设备（DCE，如调制解调器）的标准接口。利用 RS-232C 接口不仅可以实现远距离通信，还可以近距离连接两台微机或电子设备。RS-232C 接口规定使用 25 针连接器，一般应用中并不会用到全部信号线，所以在实际应用中常使用 9 针连接器代替 25 针连接器，计算机侧使用的是 9 针阳头连接器。RS-232C 标准采用 EIA 电平，规定："1" 的逻辑电平在–15～–3V 之间，"0" 的逻辑电平在+3～+15V 之间。由于 EIA 电平与 TTL 电平完全不同，因此必须进行相应的电平转换，由 MC1488 完成 TTL 电平到 EIA 电平的转换，MC1489 完成 EIA 电平到 ITL 电平的转换。单电源电平转换芯片 MAX232 内有 2 个发送器、2 个接收器，符合 RS-232C 接口标准，可以实现全双工数据发送和接收。

（2）RS-422A 与 RS-485 接口

RS-232C 接口存在着传输距离短、传输速度低、有电平偏移和抗干扰能力差等问题，因此 EIA 制定了新的串行通信标准 RS-422A，它是平衡型电压数字接口电路的电气标准。RS-422A 与 RS-232C 的主要区别是收发双方的信号地不再公用，且每个方向用于传输数据的是两条平衡导线。所谓 "平衡"，是指输出驱动器为双端平衡驱动器。如果其中一条线为逻辑 "1" 状态，另一条线就为逻辑 "0"，对电压的放大倍数比采用单端不平衡驱动大一倍。驱动器输出允许范围是±2～±6V。差分电路能从地线干扰中拾取有效信号，差分接收器可以分辨 200mV 以上的电位差。若传输过程中混入了干扰和噪声，差分放大器的作用可使干扰和噪声相互抵消，大大减弱了地线干扰和电磁干扰的影响。

RS-485 是 RS-422A 的变形，RS-422A 用于全双工通信方式，RS-485 用于半双工通信方式。RS-485 是一种多发送器标准，在通信线路上最多可以使用 32 对差分驱动器/接收器。如果在一个网络中连接的设备超过 32 个，还可以使用中继器。RS-485 的信号传输采用两线间的电压来表示逻辑 "0" 和逻辑 "1"。由于发送方需要两根传输线，接收方也需要两根传输线，传输线采用差动信道，所以它的干扰抑制性极好。又因为它的阻抗低，无接地问题，所以传输距离可达 1200m，传输速度可达 1Mbit/s。RS-485 是一点对多点的通信接口，一般采用双绞线结构。通用计算机一般不带 RS-485 接口，需要使用 RS-232C/RS-485 转换器来完成电平转换。

RS-422A 定义了一种平衡通信接口，将传输速度提高到 10Mbit/s，传输距离延长到 1200m（速率低于 100kbit/s 时），并允许在一条平衡总线上连接最多 10 个接收器。RS-422A 是一种单机发送、多机接收的单向平衡传输规范，被命名为 TIA/EIA-422-A 标准。为扩展应用范围，EIA 于 1983 年在 RS-422A 基础上制定了 RS-485 标准，增加了多点、双向通信能力，它允许多个发送器连接到同一条总线上，同时增加了发送器的驱动能力和冲突保护特性，扩展了总线共模范围，后命名为 TIA/EIA-485-A 标准。由于 EIA 提出的建议标准都是以 RS 作为前缀的，所以在通信工业领域，仍然习惯将上述标准以 RS 作前缀。RS-232、RS-422A 与 RS-485 标准只对接口的电气特性做出规定，而不涉及接插件、电缆或协议，在此基础上用户可以建立自己的高层通信协议。

9.2.2　8251A 的功能及结构

1．8251A 的基本功能

8251A 是可编程串行通信接口芯片，可通过编程实现串行接口的基本任务。8251A 能以同步方式或异步方式工作。与之相类似的可编程串行通信接口芯片还有 8250 及 16550。8250 是异步收发器，只能工作在异步方式。早期的 PC 系统中，8250 是使用最为广泛的异步串行通信接口芯片，另一款芯片 16550 完全兼容 8250。同其他单一功能的可编程接口芯片一样，目前，8250 已被集成在大规模集成电路的主板芯片组中，但至今仍然保持了原有的端口特性。一个 COM 端口相当于一片 8250 芯片。

8251A 的基本功能如下。

① 通过编程，可工作在同步方式或异步方式下。同步方式下，波特率为 0～64kbit/s，异步方式下，波特率为 0～19.2kbit/s。

② 同步方式下，每个字符可以用 5 位、6 位、7 位或 8 位来表示，并且内部能自动检测同步字符，从而实现同步。此外，8251A 也允许同步方式下增加奇偶校验位进行校验。

③ 异步方式下，每个字符可以用 5 位、6 位、7 位或 8 位来表示，时钟频率为传输波特率的 1 倍、16 倍或 64 倍，用 1 位作为奇偶校验位，1 个启动位，并能通过编程为每个数据增加 1 个、1.5 个或 2 个停止位。可以检查假启动位，自动检测和处理终止字符。

④ 采用全双工通信方式，其内部提供具有双缓冲器的发送器和接收器。

⑤ 提供出错检测，具有奇偶、溢出和帧错误 3 种校验电路。

2．8251A 的内部结构

8251A 的内部结构如图 9-12 所示。

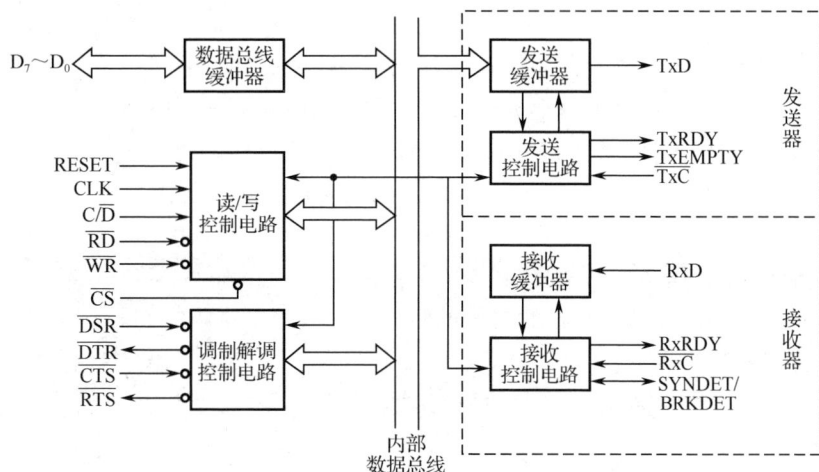

图 9-12　8251A 的内部结构

（1）发送器

发送器由发送缓冲器和发送控制电路两部分组成。采用异步方式，则由发送控制电路在数据首尾加上启动位和停止位，然后从启动位开始，经移位寄存器从数据输出线 TxD 逐位串行输出。采用同步方式，则在发送数据之前，发送器将自动送出 1 个或 2 个同步字符，然后才逐位串行输出数据。

如果 CPU 与 8251A 之间采用中断方式交换数据，那么 TxRDY 可作为向 CPU 发出的中断请求信号。当发送器中的 8 位数据串行发送完毕时，由发送控制电路向 CPU 发出 TxE 有效信号，表示发送器中移位寄存器已空。

（2）接收器

接收器由接收缓冲器和接收控制电路两部分组成。接收移位寄存器从 RxD 引脚上接收串行数据转换成并行数据后存入接收缓冲器中。

异步方式下，在 RxD 引脚上检测低电平，将检测到的低电平作为启动位，8251A 开始进行采样，完成字符装配，并进行奇偶校验和去掉停止位，变成并行数据后送到数据输入寄存器，同时发出 RxRDY 信号给 CPU，表示已经收到一个可用的数据。

同步方式下，首先搜索同步字符。8251A 监测 RxD 引脚，每当 RxD 引脚上出现一个数据位时，接收下来并送入移位寄存器，与同步字符寄存器的内容进行比较，如果两者不相等，则接收下一位数据，并且重复上述比较过程。当两个寄存器的内容相同时，8251A 的 SYNDET 升为高电平，表示同步字符已经找到，同步已经实现。

采用双同步方式就要在测得输入移位寄存器的内容与第一个同步字符寄存器中的内容相同后，再继续检测此后输入移位寄存器的内容是否与第二个同步字符寄存器的内容相同。如果相同，则认为同步已经实现。

在外同步情况下，同步输入端 SYNDET 加一个高电平来实现同步。实现同步之后，接收器和发送器间就开始进行数据的同步传输。这时，接收器利用时钟信号对 RxD 线进行采样，并把接收到的数据位送到移位寄存器中。向 CPU 发送 RxRDY 信号，表示收到一个字符。

（3）数据总线缓冲器

数据总线缓冲器是 CPU 与 8251A 之间的数据接口，包含 3 个 8 位的寄存器，两个寄存器分别用来存放 CPU 向 8251A 读取的数据和状态信息；另一个寄存器用来存放 CPU 向 8251A 写入的数据或控制信息。

（4）读/写控制电路

读/写控制电路用来配合数据总线缓冲器的工作，其功能如下。

① 接收写信号 $\overline{\text{WR}}$，并将来自数据总线的数据和控制字写入 8251A。

② 接收读信号 $\overline{\text{RD}}$，并将数据或状态字从 8251A 送往数据总线。

③ 接收控制/数据信号 C/$\overline{\text{D}}$，高电平时表示传输的是控制字或状态字，低电平时表示传输的是数据。

④ 接收时钟信号 CLK，完成 8251A 的内部定时。

⑤ 接收复位信号 RESET，控制 8251A 的复位，使其处于空闲状态。

（5）调制解调控制电路

调制解调控制电路用于简化 8251A 和调制解调器的连接。

3．8251A 的引脚

8251A 与 CPU 及外设的连接如图 9-13 所示。

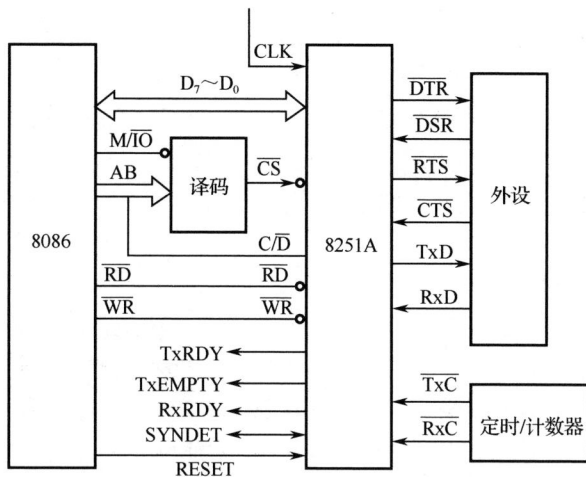

图 9-13 8251A 与 CPU 及外设的连接

（1）8251A 和 CPU 之间的连接信号可以分为 4 类。

① $\overline{CS}$：片选信号，它由 CPU 的地址信号通过译码得到。

② $D_0 \sim D_7$：数据信号，8251A 有 8 位双向数据线，与系统的数据总线相连，传输 CPU 对 8251A 的编程命令和 8251A 送往 CPU 的状态信息及数据。

③ 读/写控制信号。

● $\overline{RD}$：读信号，低电平时，表示 CPU 正在从 8251A 读取数据或状态信息。

● $\overline{WR}$：写信号，低电平时，表示 CPU 正在往 8251A 写入数据或控制信息。

● $C/\overline{D}$：控制/数据信号，用来区分当前读/写的是数据还是控制信息或状态信息。该信号也可看作 8251A 数据口/控制口的选择信号。

由此可知，$\overline{RD}$、$\overline{WR}$、$C/\overline{D}$ 这 3 个信号的组合决定了 8251A 的具体操作。注意：数据输入端口和数据输出端口公用同一个偶地址，而状态端口和控制端口公用同一个奇地址。在 16 位系统中，将地址线 A_1 和 8251A 的 $C/\overline{D}$ 端相连用于区分两个端口地址。A_1 为 0，选中偶地址端口，再配合 $\overline{RD}$ / $\overline{WR}$ 信号实现数据的读/写；A_1 为 1，选中奇地址端口，再配合 $\overline{RD}$ 或 $\overline{WR}$ 信号实现状态信息的读出或控制信息的写入。

④ 收发联络信号。

● TxRDY：发送器准备好信号，用来通知 CPU 8251A 已准备好发送一个字符。

● TxEMPTY：发送器空信号，高电平有效，用来表示此时 8251A 发送器中并行到串行转换器空，说明一个发送动作已完成。

● RxRDY：接收器准备好信号，用来表示当前 8251A 已经从外设或调制解调器接收到一个字符，等待 CPU 取走。因此，在中断方式时，RxRDY 可用来作为中断请求信号；在查询传输方式时，RxRDY 可用来作为查询信号。

● SYNDET：同步检测信号，只用于同步方式。

（2）8251A 与外设之间的连接信号分为 2 类。

① 收发联络信号。

● $\overline{DTR}$：数据终端准备好信号，通知外设 CPU 当前已经准备就绪。

● $\overline{DSR}$：数据设备准备好信号，表示当前外设已经准备好。

● $\overline{RTS}$：请求发送信号，表示 CPU 已经准备好发送。

● $\overline{CTS}$：允许发送信号，是对 $\overline{RTS}$ 的响应，由外设送往 8251A。

实际使用时，这 4 个信号中通常只有 $\overline{\text{CTS}}$ 必须为低电平，其他 3 个信号可以悬空。

② 数据信号。

- TxD：发送器数据输出信号。在 CPU 送往 8251A 的并行数据被转换为串行数据后，通过 TxD 送往外设。
- RxD：接收器数据输入信号。用来接收外设送来的串行数据，数据进入 8251A 后被转换为并行数据。

（3）8251A 的其他信号。

8251A 除了与 CPU 及外设的连接信号，还有时钟信号、电源和地端 3 类信号。

① CLK：时钟输入，用来产生 8251A 的内部时序。同步方式下，其频率要大于接收数据或发送数据波特率的 30 倍；异步方式下，则要大于数据波特率的 4.5 倍。

② $\overline{\text{TxC}}$：发送器时钟输入，用来控制发送字符的速度。同步方式下，$\overline{\text{TxC}}$ 的频率等于字符传输的波特率；异步方式下，$\overline{\text{TxC}}$ 的频率可以为字符传输波特率的 1 倍、16 倍或 64 倍。

③ $\overline{\text{RxC}}$：接收器时钟输入，用来控制接收字符的速度，和 $\overline{\text{TxC}}$ 一样。在实际使用时，$\overline{\text{RxC}}$ 和 $\overline{\text{TxC}}$ 往往连在一起，由同一个外部时钟来提供，CLK 则由另一个频率较高的外部时钟来提供。

④ V_{CC}：电源输入端。

⑤ GND：接地端。

9.2.3　8251A 的控制命令

CPU 可以向 8251A 写入控制命令，包括方式选择控制字和操作命令控制字，还可以从 8251A 读取工作状态字。

（1）方式选择控制字

方式选择控制字可分为 4 组，每组两位。B_1、B_2 用于设置工作方式；L_1、L_2 用于设置字符长度；PEN、EP 用于设置校验方式；S_1、S_2 用于设置异步方式下停止位的位数或同步方式下的同步确认方式。格式如图 9-14 所示。

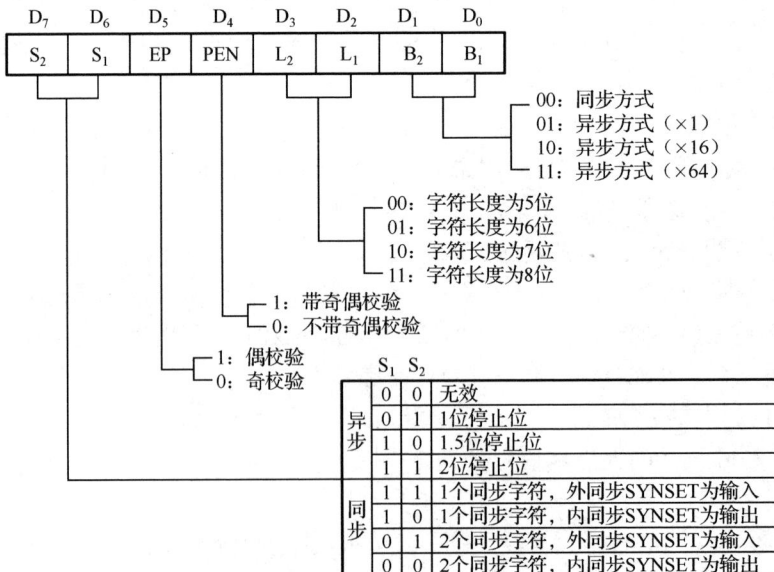

图 9-14　8251A 方式选择控制字格式

（2）操作命令控制字

操作命令控制字用于设置 8251A 的工作状态，以便接收或发送数据，格式如图 9-15 所示。

D7	D6	D5	D4	D3	D2	D1	D0
EH	IR	RTS	ER	SBRK	RxE	DTR	TxEN

进入搜索方式
内部复位

1：允许发送
1：数据终端准备好
1：允许接收
1：发断缺字符
0：正常工作
1：清除错误标记
1：请求发送

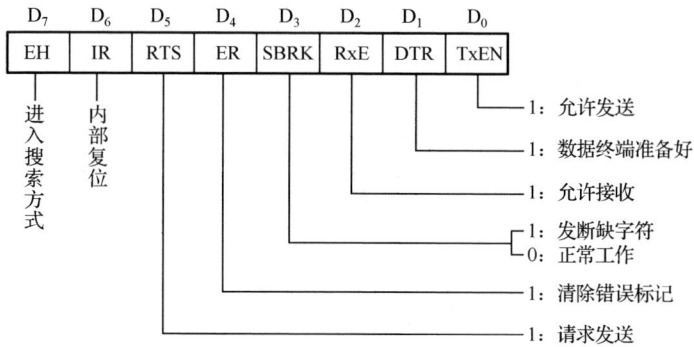

图 9-15　8251A 操作命令控制字格式

（3）工作状态字

8251A 进行数据传输后的状态字存放在状态寄存器中，CPU 通过读操作读入状态字，进行分析和判断，以决定下一步的工作。工作状态字的格式如图 9-16 所示。

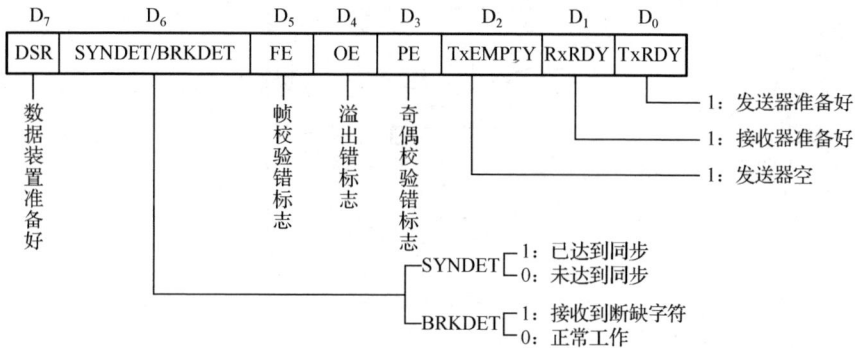

D7	D6	D5	D4	D3	D2	D1	D0
DSR	SYNDET/BRKDET	FE	OE	PE	TxEMPTY	RxRDY	TxRDY

数据装置准备好
帧校验错标志
溢出错标志
奇偶校验错标志

1：发送器准备好
1：接收器准备好
1：发送器空

SYNDET　1：已达到同步　0：未达到同步
BRKDET　1：接收到断缺字符　0：正常工作

图 9-16　8251A 工作状态字格式

例如，若要查询 8251A 接收器是否准备好，则可用下列程序段完成。

```
        MOV  DX, 0FFF2H    ;状态口
LP:     IN   AL, DX        ;读状态口
        AND  AL, 02H       ;查D₁是否为1，即接收器是否准备好
        JZ   LP            ;未准备好，则等待
        MOV  DX, 0FFF0H    ;数据口
        IN   AL, DX        ;已准备好，则输入数据
```

9.2.4　8251A 的初始化编程与应用

1．8251A 的初始化

（1）芯片复位以后，第一次用奇地址端口写入的值作为方式选择控制字送入方式寄存器。

（2）如果方式选择控制字中规定了 8251A 工作在同步方式，CPU 接着往奇地址端口写入规定的 1 字节或 2 字节的同步字符，同步字符写入同步字符寄存器，同步字符的数目由方式选择控制字确定。

（3）只要不是复位命令，不论同步方式还是异步方式，均由 CPU 往奇地址端口写入控制字到控制寄存器，而往偶地址端口写入的值将作为数据送到数据输出寄存器。

初始化结束后，CPU 就可以通过查询 8251A 的工作状态字或采用中断方式进行正常的串行通信。由于方式选择控制字、操作命令控制字及同步字符均无特征位，且都写入同一个控制端口地址，所以在对 8251A 初始化时，必须按一定的顺序编程。初始化流程图如图 9-17 所示。

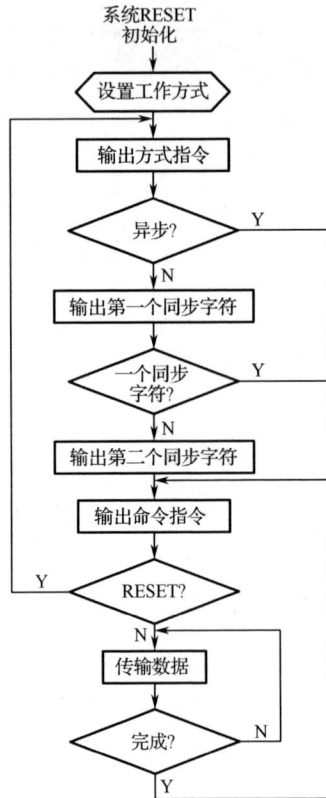

图 9-17   8251A 初始化流程图

2．8251A 的应用实例

（1）异步方式下的初始化程序举例。

设 8251A 工作在异步方式，波特率系数（因子）为 16，7 个数据位，偶校验，2 个停止位，发送、接收允许，设端口地址为 00E2H 和 00E4H，完成初始化程序。

分析：根据题目要求，可以确定方式选择控制字为 11111010B，即 0FAH，而操作命令控制字为 00110111B，即 37H，则初始化程序如下。

```
MOV  AL, 0FA H        ;送方式选择控制字
MOV  DX, 00E2H
OUT  DX, AL           ;异步方式，7个数据位，偶校验，2个停止位
MOV  AL, 37H          ;设置操作命令控制字，使发送、接收允许，清除错误标记，使RTS、DTR有效
OUT  DX, AL
```

（2）同步方式下的初始化程序举例。

设 8251A 端口地址为 52H，采用同步方式，2 个同步字符（设同步字符为 16H），偶校验，7 个数据位。

分析：根据题目要求，可以确定方式选择控制字为 00111000B（38H），操作命令控制字为 10010111B（97H）。它使 8251A 对同步字符进行检索；同时使状态寄存器中的 3 个错误标记复位；此外，使 8251A 的发送器启动，接收器也启动；操作命令控制字还通知 8251A，CPU 当前已经准备好进行数据传输。具体程序段如下。

```
MOV  AL, 38H          ;设置方式选择控制字，同步方式，用2个同步字符
OUT  52H, AL          ;7个数据位，偶校验
MOV  AL, 16H
OUT  52H, AL          ;送同步字符16H
```

```
        OUT  52H, AL
        MOV  AL, 97H                    ;设置操作命令控制字，使发送器和接收器启动
        OUT  52H, AL
```

（3）测试工作状态字编程的举例。

下面的程序段先对 8251A 进行初始化，然后对工作状态字进行测试，以便输入字符。本程序段可用来输入 80 个字符。

分析：8251A 的控制和状态口地址为 52H，数据输入/输出端口地址为 50H。字符输入后，放在 BUFFER 标号所指的内存缓冲区中。具体程序段如下。

```
        MOV  AL, 0FAH          ;设置方式选择控制字，异步方式，波特率系数为16
        OUT  52H, AL           ;7个数据位，2个停止位，偶校验
        MOV  AL, 35H           ;设置操作命令控制字，使发送器和接收器启动
        OUT  52H, AL           ;清除错误标记
        MOV  DI, 0             ;变址寄存器初始化
        MOV  CX, 80            ;计数器初始化，共收取80个字符
BEGIN:  IN   AL, 52H           ;工作读取状态字，测试RxRDY位是否为1，如为0，表示未收到字符，
                               ;故继续读取工作状态字并测试
        TEST AL, 02H
        JZ   BEGIN
        IN   AL, 50            ;读取字符
        MOV  DX, OFFSET  BUFFER
        MOV  [DX+DI], AL
        INC  DI                ;修改内存缓冲区指针
        IN   AL, 52H           ;读取工作状态字
        TEST AL, 38H           ;测试有无帧校验错、奇/偶校验错和溢出错，如有，则转出错处理程序
        JZ   ERROR
        LOOP BEGIN             ;如没错，则再收下一个字符
        JMP  EXIT              ;如输入满足80个字符，则结束
ERROR:  CALL ERR-OUT          ;调用出错处理程序
EXIT:   …
```

（4）两台微型计算机通过 8251A 相互通信的举例。

通过 8251A 实现相距较远的两台微型计算机相互通信的系统连接简化框图如图 9-18 所示。这时，利用两片 8251A 通过 RS-232C 接口实现两台 8086 微机之间的串行通信，可采用异步或同步方式。

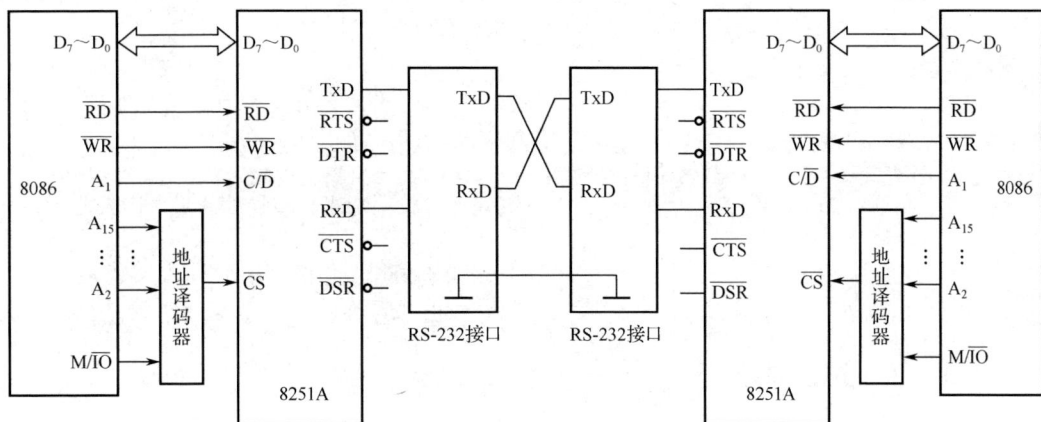

图 9-18　双机串行通信示意图

分析：设系统采用查询传输方式控制传输过程，异步通信。初始化程序由两部分组成，将一方定义为发送端，发送端 CPU 每查询到 TxRDY 有效，则向 8251A 并行输出一字节数据；将另一方定义为接收端，接收端 CPU 每查询到 RxRDY 有效，则从 8251A 接收一字节数据，一直进行到全部数据传输完毕为止。

发送端初始化程序与发送控制程序如下。

```
STT:    MOV   DX, 8251A控制端口地址
        MOV   AL, 7FH
        OUT   DX, AL              ;将8251A定义为异步方式，8个数据位，1个停止位
        MOV   AL, 11H             ;偶校验，取波特率系数为64，允许发送
        OUT   DX, AL
        MOV   DI, 发送数据块首地址     ;设置地址指针
        MOV   CX, 发送数据块字节数     ;设置计数初值
NEXT:   MOV   DX, 8251A控制端口地址
        IN    AL, DX
        AND   AL, 01H             ;查询TxRDY有效否
        JZ    NEXT                ;无效则等待
        MOV   DX, 8251A数据端口地址
        MOV   AL, [DI];           ;向8251A输出一字节数据
        OUT   DX, AL
        INC   DI                  ;修改地址指针
        LOOP  NEXT                ;未传输完，则继续
        HLT
```

接收端初始化程序和接收控制程序如下。

```
SRR:    MOV   DX, 8251A控制端口地址
        MOV   AL, 7FH
        OUT   DX, AL              ;初始化8251A，异步方式，8个数据位
        MOV   AL, 14H             ;1个停止位，偶校验，波特率系数为64，允许接收
        OUT   DX, AL
        MOV   DI, 接收数据块首地址     ;设置地址指针
        MOV   CX, 接收数据块字节数     ;设置计数初值
COMT:   MOV   DX, 8251A控制端口地址
        IN    AL, DX
        ROR   AL, 1               ;查询RxRDY有效否
        ROR   AL, 1
        JNC   COMT                ;无效则等待
        ROR   AL, 1
        ROR   AL, 1               ;有效时，进一步查询是否有奇偶校验错
        JC    ERR                 ;有错时，转出错处理程序
        MOV   DX, 8251A数据端口地址
        IN    AL, DX              ;无错时，输入一字节到接收数据块
        MOV   [DI], AL
        INC   DI                  ;修改地址指针
        LOOP  COMT                ;未传输完，则继续
        HLT
ERR:    CALL  ERR-OUT
```

思考与练习

9-1　8255A 的端口 A、端口 B、端口 C 有哪几种工作方式，其特点是什么？端口 C 有哪些使用特点？

9-2　对 8255A 进行初始化，要求端口 A 工作于方式 1，输入；端口 B 工作于方式 0，输出；端口 C 的高 4 位配合端口 A 工作，低 4 位为输入口。设控制口的地址为 006CH。

9-3　设 8255A 的 4 个端口地址分别为 00C0H、00C2H、00C4H 和 00C6H，要求用置 0、置 1 的方法对 PC_6 置 1，对 PC_4 置 0。

9-4　8255A 的 3 个端口在使用上有什么不同？

9-5　当数据从 8255A 的端口 C 读到 CPU 时，8255A 的控制信号 $\overline{CS}$、$\overline{RD}$、$\overline{WR}$、A_1、A_0 分别是什么电平？

9-6　8255A 作为打印机接口的电路示意图如图 9-19 所示，假设 8255A 以方式 1 工作，试编程用中断方式完成将内存缓冲区 BUFF 中的 100 个字符送到打印机打印的主程序和中断服务程序。已知中断向量为 2000H:3000H，向量地址为 0002CH，8255A 的端口地址为 E0H、E2H、E4H、E6H。

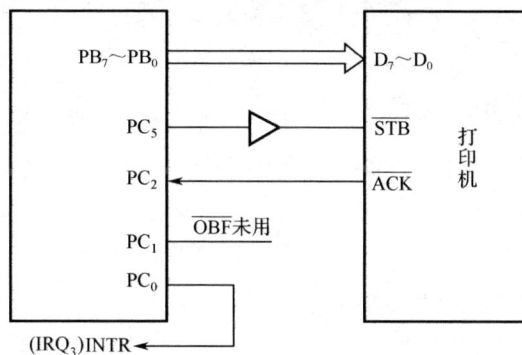

图 9-19　题 9-6 图

9-7　串行通信的特点是什么？

9-8　什么是串行通信的全双工和半双工？

9-9　什么是波特率？发送时钟和接收时钟与波特率有什么关系？

9-10　简述 8251A 的内部结构及工作过程。

9-11　对 8251A 进行初始化编程时应按什么顺序向它的控制口写入控制字？

第10章　A/D 和 D/A 转换通道

当用计算机来构成数据采集或过程控制等系统时，所要采集的外部信号或被控制对象的参数，往往是温度、压力、流量、声音和位移等连续变化的物理量，即模拟量。但是，计算机只能处理不连续的数字量。因此，必须用模数转换器（A/D 转换器或 ADC）将模拟量转换成数字量后，才能送入计算机进行处理。计算机处理后的结果，也要经过数模转换器（D/A 转换器或 DAC）转换成模拟量，驱动执行部件实现对电动调节阀、模拟调试系统等的控制。

A/D 转换器和 D/A 转换器是微型计算机实时控制系统中不可缺少的输入/输出通道。本章主要介绍典型 A/D 转换器和 DAC 接口芯片的性能参数、内部结构及使用方法。

10.1　模拟量输入和输出通道

10.1.1　模拟量输入通道组成

典型的模拟量输入通道由以下几部分组成。

1. 传感器

能把生产过程的非电物理量转换成电量（电流、电压）的器件称为传感器。

例如，热电偶能把温度这个物理量转换成几毫伏或几十毫伏的电信号，因此可作为温度传感器。有些传感器不是直接输出电量，而是把电阻值、电容值或电感值的变化作为输出值，反映相应物理量的变化。例如，热电阻利用的是某些导线或半导体的电阻率随温度的变化而变化的特性（热电阻效应）；其他的温度传感器还有热敏电阻传感器和半导体集成温度传感器。热敏电阻传感器是利用半导体材料作为感温元件的测温器件，它具有负温度系数（即温度升高电阻值下降）。半导体集成温度传感器是利用硅半导体的温度敏感特性而制成的测温器件。

传感器的类型有温度传感器、压力传感器、流量传感器和液力传感器。

2. 信号处理环节

信号处理环节的作用是将传感器输出的信号放大或处理成与 A/D 转换器所要求的输入相适应的电压水平。信号处理环节的另一作用是利用低通滤波滤去干扰信号。这主要用在传感器处于恶劣的环境中，其输出有叠加的干扰信号时。常用的滤波电路有 RC 低通滤波电路和有源滤波电路。

3. 多路转换开关

多路转换开关，又称多路转换器。在实际数据处理系统或实际控制系统中，被测量或被控制的量往往可能是几路或几十路的。对这些回路的参量进行采样和 A/D 转换时，为了公用 A/D 转换器，以便节省硬件，可利用多路开关开路（MUX）、轮流切换各被测量与 A/D 转换的通路来达到分时转换的目的，如图 10-1 所示。

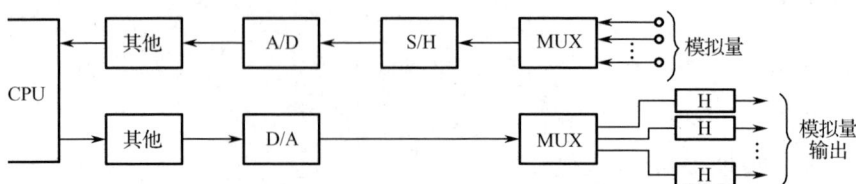

图 10-1　多回路分时公用 A/D、D/A 转换器

4．采样保持器

在 A/D 采样期间，保持输入信号不变的电路称为采样保持器。输入的模拟信号是连续变化的，而 A/D 转换器完成一次转换是需要时间的，这段时间称为转换时间。不同类型的 A/D 转换器芯片，其转换时间不同，对变化较快的模拟输入信号，如不采取措施，将会引起转换误差。对于同频率的信号，如果 A/D 转换的时间过长，对采样频率模拟信号转换精度的影响就越大。为了保持转换精度，可采用采样保持器，在 A/D 转换期间保持采样信号的大小不变。

5．A/D 转换器

这是模拟量输入通道的核心器件。其作用是将模拟输入量转换成数字量，以便由计算机读取并进行分析处理。

10.1.2　模拟量输出通道组成

典型的模拟量输出通道由以下部分组成。

1．D/A 转换器

这是模拟量输出通道的核心器件，其作用是把计算机输出的数字量转换成模拟量。

2．锁存器

由于 D/A 转换需要一定的转换时间，在转换期间，待转换的数字量应保持不变，而计算机输出的数据在数据总线上稳定的时间很短，因此在计算机与 D/A 转换器间必须用锁存器来保持数字量的稳定，若 D/A 转换器芯片上已带有锁存器，则不必再额外增加。

3．放大驱动电路

为了能驱动执行部件，可以采用功率放大器作为模拟量输出的驱动电路。

10.2　D/A 转换及其接口

10.2.1　D/A 转换的主要性能参数

1．分辨率

分辨率是指 D/A 转换器对微小输入量变化的敏感程度，通常用数字量的位数来表示，如 8 位、10 位等。一个分辨率为 n 位的转换器，能够分辨满刻度的 2^{-n} 大小的输入信号。

例如，一个 8 位的 D/A 转换器，若转换后的电压满量程是 5V，而对于 10 位的 D/A 转换器，输出满量程也是 5V，则它能分辨的最小电压为 $5V/2^{10} = 4.9mV$。

2．转换时间

转换时间是指从数字量输入到 D/A 转换完成，输出达到最终值并稳定下来为止所需的时间。电流型 D/A 转换器的转换较快，转换时间一般在几微秒到几百微秒之间。电压型 D/A 转换器的速度较慢，这取决于运算放大器的响应时间。

3．精度

精度是指 D/A 转换器实际输出电压与理论值之间的误差。

4．线性度

线性度是指当数字量变化时，D/A 转换器的输出量按比例关系变化的程度。理想的 D/A 转换器是线性的，但实际上有误差，模拟量输出偏离理想输出的最大值称为线性误差。

10.2.2　D/A 转换器的输入/输出特性

表示一个 D/A 转换器输入/输出特性的几方面因素如下。

1．输入缓冲能力

D/A 转换器是否带有三态输入缓冲器来保存输入数字量，对转换器与微机的接口设计是很重要的。这是因为计算机输出的数据在数据总线上稳定的时间很短，故需设计一个三态输入缓冲器来保持输入数字量，进而起到使数字信号能正确转换为模拟信号的作用。

2．输入数据的宽度

D/A 转换器通常有 8 位、10 位、12 位、14 位、16 位之分，当 D/A 转换器的位数高于微机系统总线宽度时，需要分两次输入数字量。

3．电流输出型还是电压输出型

对于电流输出型，电流在几毫安到几十毫安之间；对于电压输出型，其电压一般在 5～10V 之间。

4．输入码制

输入码制即 D/A 转换器能接收哪些码制的数字量输入。有的 D/A 转换器能够接收二进制或 BCD 码，双极性输出的 D/A 转换器能接收补码和偏移二进制码。

10.2.3　D/A 转换器的工作原理

图 10-2 给出了 D/A 转换器的基本结构，一个 D/A 转换器通常包含 4 部分：电阻解码网络、权位开关、相加器和参考电源，D/A 转换的实质就是将每一位数据代码按其"权"的数值转换成相应的模拟量，然后将代表各位的模拟量相加，即可获得与数字量相对应的模拟量。

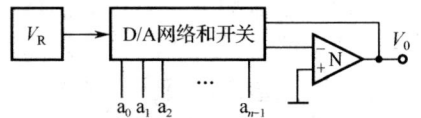

图 10-2　D/A 转换器的基本结构

以下介绍几种 D/A 转换器的基本结构。

1．权电阻网络 D/A 转换器

权电阻网络 D/A 转换器结构如图 10-3 所示，由权电阻网络、数据位切换开关、反馈电阻和运算放大器组成，由于运算放大器的虚短作用，权电阻网络的负载电阻可视作零（虚地）。当数据位 $a_i=1$ 时，相应开关 S_i 接电源，否则接地。

根据反相加法放大器输入电流求和的特性，不难得出该电路的输出电压为：

$$V_O = -I_\Sigma R_f = -\frac{2V_R R_f}{R}(a_n 2^{-1} + a_{n-1} 2^{-2} + \cdots + a_1 2^{-n}) \tag{10-1}$$

在实际应用中，一般取 $R_f=R/2$，代入后得：

$$V_O = -V_R(a_n 2^{-1} + a_{n-1} 2^{-2} + \cdots + a_1 2^{-n}) \tag{10-2}$$

这时，当输入的二进制代码 $a_n a_{n-1} \cdots a_1$ 为 100……0 时，输出电压 $V_O=-V_R/2$，当输入代码为 111……1 时，输出电压 $V_O=-V_R(1-1/2^n)$，当输入代码为 000……0 时，输出电压为 0。由此可见，利用图 10-3 所示的电路可实现 D/A 转换。

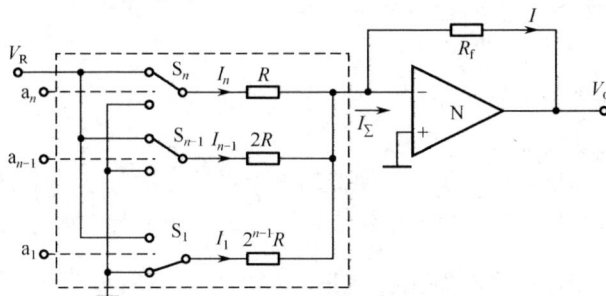

图 10-3　权电阻网络 D/A 转换器结构

2. R-2R T 型电阻网络 D/A 转换器

图 10-4 所示是一种实用且工作原理简明的 T 型电阻网络 D/A 转换器结构。在该电路中，仍依靠运算放大器的虚短特性使 R-2R T 型电阻网络的输出以短路方式工作。由图 10-4 可知，不论各开关处于何种状态，$S_n \sim S_1$ 的各点电位均可认为是 0（虚地或实地）。这样，从右到左观察图中的 N、M、…、C、B、A 各点，从各点向右看，对地的电阻值均为 R；从左到右分析，可得出各路的电流分配，其规律是 $I_R/2$、$I_R/4$、…、$I_R/2^{n-1}$、$I_R/2^n$，也满足按权分布的要求，从而可得：

$$V_O = -\frac{V_R R_f}{R}(a_n 2^{-1} + a_{n-1} 2^{-2} + \cdots + a_1 2^{-n}) \tag{10-3}$$

若 $R_f = R$，则式（10-3）与式（10-2）相同，因此利用图 10-4 所示的电路也可实现 D/A 转换。

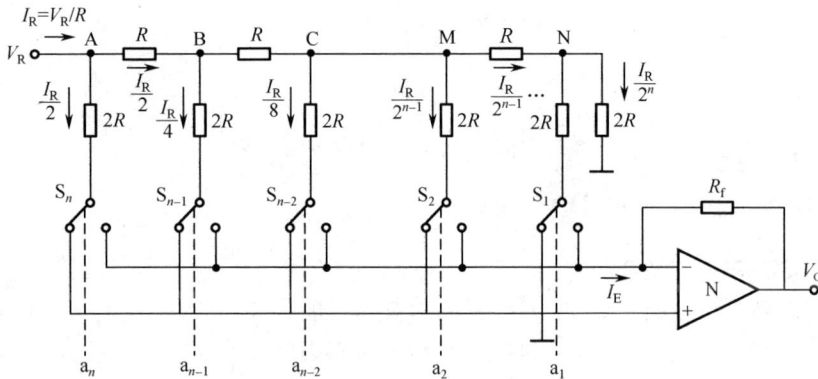

图 10-4　R-2R T 型电阻网络 D/A 转换器结构

3. $2^n R$ 电阻分压式 D/A 转换器

当用均等的 2^n 个电阻串联成一串对 V_R 进行分压时就可得到 2^n 个分层的电压。如果再用 $n-2^n$ 个译码器控制 2^n 个开关去选通这些分压器的分压端点，就可实现 n 位的 D/A 转换，图 10-5 给出了实现这种转换的一种电路结构（3 位转换）。在图 10-5 中，8 个均等的电阻将 V_R 分成 1/8、2/8、…、8/8 倍，14 个开关连成树状开关网络，在 3 位二进制数码 a_1、a_2、a_3 及 $\overline{a_1}$、$\overline{a_2}$、$\overline{a_3}$ 的控制下（$a_i=1$ 时，奇数标号的开关合上，反之，偶数标号的开关合上），可完成选通各分压端点以实现 D/A 转换的功能。

例如，当输入的 $a_1 a_2 a_3$ =010 时，对应的 $\overline{a_1} \overline{a_2} \overline{a_3}$ =101，这将使 S_2、S_3、S_5、S_8、S_{10}、S_{12}、S_{14} 导通，其余各开关断开，此时输出电压 $V_O = 2V_R/8$。当输入的 $a_1 a_2 a_3$ =101 时，输出电压 $V_O = 5V_R/8$。以此类推，在任何数字输入下，此电路均符合线性 D/A 转换的关系。图 10-5 所示的 3 位 D/A 转换器可以很容易地变换成 n 位 D/A 转换器，此时所需要的电阻和模拟开关数量较多，但实现并不困难。

4. 集成化 D/A 转换器

集成化 D/A 转换器按其制作工艺划分，目前有高速双极型和 CMOS 型两类。电阻网络有采用离子注入或扩散电阻条的，但高精度的 D/A 转换器多采用薄膜电阻。高速双极型 D/A 转换器目前大多采用不饱和晶体管电流模拟开关，其建立时间（稳定时间）可缩短到数十至数百纳秒。CMOS 型 D/A 转换器中采用 CMOS 模拟开关及驱动电路，虽然这种电路有制造容易、造价低的优点，但转换速度目前尚不如双极型的高。

除上面介绍的几类 D/A 转换器结构外，还有 F/V（频率/电压）等类型的结构。

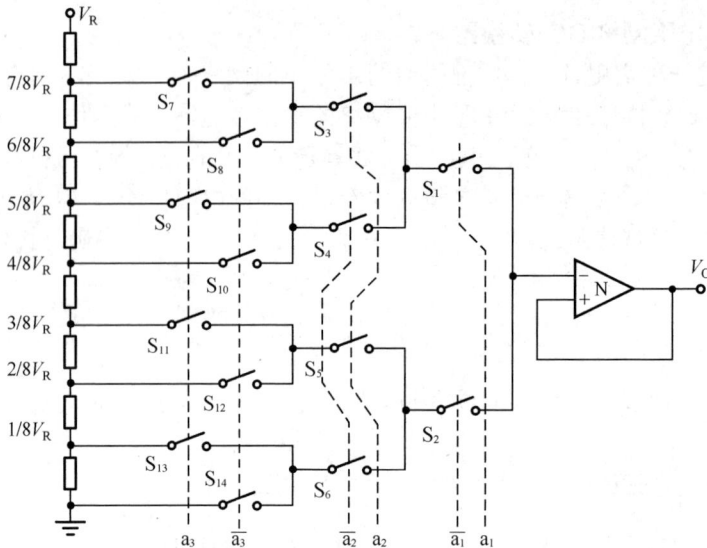

图 10-5 2^3R 电阻分压式 D/A 转换器结构

10.2.4 D/A 转换器芯片 DAC0832

1. DAC0832 的内部结构

DAC0832 是采用先进的 CMOS 工艺制成的双列直插式 8 位 D/A 转换器，它的输出形式为电流型。该芯片主要由 3 部分组成，包括 2 个数据寄存器和 1 个 D/A 转换器。

（1）输入寄存器。8 位输入寄存器的 $D_{I0} \sim D_{I7}$ 输入端可直接与 CPU 的数据总线相连，工作状态受控于 $\overline{LE_1}$。

（2）DAC 寄存器。8 位，受控于 $\overline{LE_2}$，它可以使 D/A 转换器芯片工作于双缓冲方式下。这样可以在 D/A 转换的同时送下一个数据，以便提高转换速度。

（3）D/A 转换器。实现 D/A 转换，其转换结果以一组差动信号 I_{OUT1} 和 I_{OUT2} 输出。

2. DAC0832 的引脚

（1）$D_{I0} \sim D_{I7}$。数字量输入信号线，其中 D_{I0} 为最低位，D_{I7} 为最高位。

（2）$\overline{CS}$。片选输入信号，低电平有效。

（3）$\overline{WR_1}$。写输入寄存器信号，低电平有效。

（4）$\overline{WR_2}$。写 DAC 寄存器信号，低电平有效。

（5）ILE。输入寄存器允许信号，高电平有效。ILE 信号和 $\overline{CS}$、$\overline{WR_1}$ 共同控制选通输入寄存器。当 $\overline{CS}$、$\overline{WR_1}$ 均为低电平而 ILE 为高电平时，$\overline{LE_1}$ =1，输入数据立即被送至 8 位输入寄存器的输出端；当上述 3 个控制信号（ILE、$\overline{CS}$、$\overline{WR_1}$）中的任何一个无效时，$\overline{LE_1}$ 变为低电平，输入寄存器的数值将锁存，输出端保持状态，不随输入端变化。

（6）$\overline{XFER}$。从输入寄存器向 DAC 寄存器传输 D/A 转换数据的控制信号，低电平有效。当 $\overline{XFER}$ 和 $\overline{WR_2}$ 同时有效时，输入寄存器的数据将被装入 DAC 寄存器，并同时启动一次 D/A 转换。

（7）V_{Ref}。D/A 转换器的基准电压输入端。

（8）I_{OUT1}。D/A 转换器输出电流 1，输入数字为全"1"时其值最大，约为 $\dfrac{255}{256}\dfrac{V_{Ref}}{R_{fb}}$；全"0"时最小，为 0。

（9）I_{OUT2}。D/A 转换器输出电流 2，它与输出电流 1 的关系为：$I_{OUT1}+I_{OUT2}$=常数。

（10）V_{CC}。芯片电压源，其值可在+5～+15V 之间。

（11）R_{fb}。内部反馈电阻引脚。

（12）AGND。模拟信号地。

（13）DGND。数字信号地。

3．DAC0832 的工作方式

根据对 DAC0832 的输入锁存器和 DAC 寄存器的不同控制方法，DAC0832 有如下 3 种工作方式：

（1）双缓冲方式。此方式适用于多个模拟量输出通道同时进行 D/A 转换时。

DAC0832 内有 2 个数据寄存器，在双缓冲方式下，CPU 要对 DAC0832 进行两步写操作：

① 将数据写入输入寄存器；

② 将输入寄存器的内容写入 DAC 寄存器。

其连接方式是：把 ILE 固定为高电平，$\overline{WR_1}$ 和 $\overline{WR_2}$ 均接到 CPU 的 $\overline{IOW}$ 引脚，而 $\overline{CS}$ 和 $\overline{XFER}$ 分别接到两个端口的地址译码信号引脚上。

具体工作：输入寄存器接收数据，再将数据传输到 DAC 寄存器，可以实现多个模拟量通道同时进行 D/A 转换，分次输出。

双缓冲方式的优点：DAC0832 的数据接收和启动转换可异步进行；可以在 D/A 转换的同时，进行下一数据的接收，以提高模拟量输出通道的转换率，即可实现多个模拟量输出通道同时进行 D/A 转换。

（2）单缓冲方式。此方式适用于只有一路模拟量输出或几路模拟量非同步输出的情形。

实现方法：控制输入寄存器和 DAC 寄存器同时接收数据。使两个寄存器中的任意一个处于直通状态，另一个工作于受控锁存状态。一般情况下，使 DAC 寄存器处于直通状态，即把 $\overline{WR_2}$ 和 $\overline{XFER}$ 端都接数字信号地端。此时，数据只要一写入 DAC0832 就立刻进行 D/A 转换。此种方式可减少一条输出指令，在不要求多个模拟量输出通道同步输出时，可采用此方式。

（3）直通方式。将 $\overline{CS}$、$\overline{WR_1}$、$\overline{WR_2}$、$\overline{XFER}$ 引脚都接数字信号地端，ILE 引脚固定为高电平时，芯片即处于直通状态，此时 8 位数字量一旦到达 $D_{I0} \sim D_{I7}$ 输入端，就立即进行 D/A 转换而输出。但在这种方式下，DAC0832 不能直接和 CPU 数据总线相连，故很少采用。

4．DAC0832 的应用

【例 10.1】某 8086 系统中有一个由 DAC0832 构成的双极性电压输出的 8 位 D/A 转换电路，如图 10-6 所示，设 DAC0832 的地址为 5AH，基准电压 $V_{REF} = +1V$。系统中的定时器 8253 与中断控制器 8259A 配合，每 100 μs 中断一次。试编写中断服务程序使其输出三角波，并画出输出波形图。

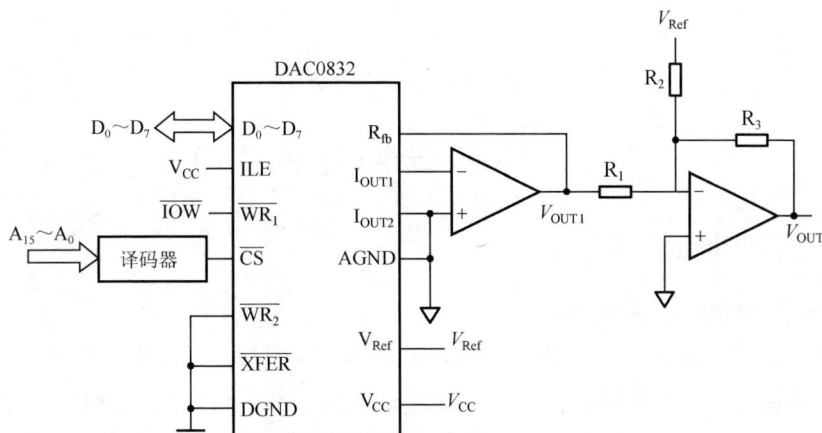

图 10-6 双极性电压输出的 8 位 D/A 转换电路

主程序：

```
DATA  SEGMENT                    ;数据段
COUNT  DB  0
FLAG  DB  0
DATA  ENDS
CODE  SEGMENT                    ;代码段

    ...                          ;主程序略

INTSERVE  PROC  FAR              ;中断服务程序
        PUSH AX
        MOV  AL,  COUNT
        OUT  5AH, AL             ;由数据端口输出数据
        CMP  FLAG, 0
        JNZ  DECREASE            ;FLAG!=0，转减1处理
        INC  COUNT               ;加1
        CMP  COUNT, 255
        JNZ  NEXT                ;不等于255则转移
        MOV  FLAG, 1             ;置减1标志
        JMP  NEXT
DECREASE: DEC  COUNT             ;FLAG!=0，减1
        JNZ  NEXT                ;COUNT不等于0则转移
        MOV  FLAG, 0             ;COUNT等于0，则置加1标志
NEXT:   MOV  AL, 20H
        OUT  20H, AL             ;设8259A端口地址为20H和21H
        POP  AX
        IRET
INTSERVE ENDP
CODE  ENDS
```

输出波形图如图 10-7 所示。

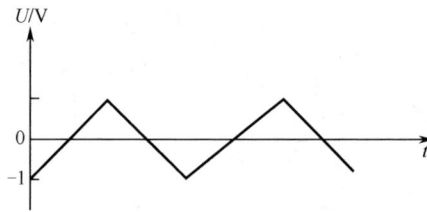

图 10-7　输出波形图

10.3　A/D 转换及其接口

10.3.1　A/D 转换的基本概念

1. 从物理信号到电信号的转换

对于外界连续变化的物理量，必须先将其转换成电模拟量，才能由计算机进行处理，这种转换是靠传感器来完成的。传感器一般指能够进行非电量和电量之间转换的敏感元件，由于物理量的多样性，传感器的种类繁多，如温度传感器、压力传感器、光电传感器和气敏传感器等。

2．采样、量化与编码

将电模拟量转换成数字量一般要经过采样、量化和编码 3 个过程。

（1）采样

被转换的模拟信号在时间上是连续的，它有无限个瞬时值，而 A/D 转换过程总是需要时间的，不可能把每一个瞬时值都一一转换为数字量，因此必须在连续变化的模拟量上按一定的规律（周期性地）取出其中某一些瞬时值（样点）来代表这个连续的模拟量，这个过程就是采样（Sample）。

奈奎斯特采样定理：当采样器的采样频率 f_0 高于或至少等于输入信号最高频率 f_m 的 2 倍时（$f_0 \geq 2f_m$），采样之后的数字信号即完整地保留了原始信号中的信息。在应用中，一般取采样频率 f_0 为 f_m 的 4～8 倍。

（2）量化

所谓量化，就是以一定的量化单位，把采样值取整，或者说是把采样值取整为量化单位的整数倍。量化单位是输入信号的最大范围除以数字量最大范围的商。

量化过程有舍入问题就必然会出现舍入误差，这个误差称为量化误差。

（3）编码

量化得到的数值通常用二进制数表示，对有正、负极性（双极性）的模拟量一般采用偏移码来表示，数据的最高位为符号位，数值为正时符号位为 1，反之为 0。例如，8 位的二进制偏移码 10000000 代表数值 0，00000000 代表负电压满量程，11111111 代表正电压满量程。

3．A/D 转换器的性能参数

（1）量化误差

A/D 转换器将连续的模拟量转换为离散的数字量，一定范围内连续变化的模拟量只能量化为同一个数字量。量化误差是在 A/D 转换中由于取整量化所产生的固有误差。对于舍入（四舍五入）量化法，量化误差在 ±1/2LSB 之间。它是量化器所固有的，是不可克服的。

（2）分辨率

分辨率表示 A/D 转换器对输入信号的分辨能力。通常用输出二进制数的位数表示。n 位输出的 A/D 转换器能区分 2^n 个不同等级的输入模拟信号，能区分的输入电压的最小值为输入电压满量程的 $\frac{1}{2^n}$。当输入电压满量程一定时，输出的位数越多，分辨率越高。例如，某 A/D 转换器的分辨率为 8 位，输入电压满量程 V_{fs}=5V，则能区分的输入电压最小值是 5V/（2^8），即 0.01953V。

（3）转换误差

转换误差为 A/D 转换器实际输出数字量与理论上的输出数字量之间的差值，通常以整个输入范围内的最大输出误差表示。一般用最低有效位的倍数来表示转换误差，例如，转换误差≤LSB 说明在整个输入范围内，输出数字量与理论上的输出数字量之间的差值小于最低有效位的数值。

（4）转换时间

转换时间是指 A/D 转换器开始一次转换到完成转换得到相应的数字量输出所需的时间。

（5）量程

量程是指 A/D 转换器能够实现转换的输入电压范围。

4．A/D 转换器的类型

A/D 转换器的类型较多，主要有并行比较型、逐次比较型、双积分型等。

并行比较型的转换速度最高，但分辨率一般在 8 位以内。因为 n 位并行比较型 A/D 转换器

中需要 2^n-1 个电压比较器，$n>8$ 以后，需要的电压比较器太多而会使芯片的面积大、成本高。

双积分型的分辨率高，抗干扰能力强，但转换速度低，转换时间一般为 1~1000ms，通常用在对速度要求不高但需要很高精度的场合。

逐次比较型的分辨率高，转换时间为 0.1~100μs。转换速度比并行比较型低，但远高于双积分型。随着集成电路工艺的进步，其转换速度也在提高。因此逐次比较型的 A/D 转换器适合既要求精度，又要求速度的场合。

一般地，将转换时间大于 1ms 的称为低速 A/D 转换器，1μs~1ms 的称为中速 A/D 转换器，小于 1μs 的称为高速 A/D 转换器。

10.3.2 A/D 转换器的工作原理

1. 双积分型的 A/D 转换器

双积分式也称二重积分式，其实质是测量和比较两个积分的时间，一个是对模拟输入电压积分的时间 T_0，此时间往往是固定的，另一个是以充电后的电压为初值，对参考电源 V_{Ref} 反向积分，积分电容被放电至零所需的时间 T_1。模拟输入电压 V_I 与参考电压 V_{Ref} 之比等于上述两个时间之比。由于 V_{Ref} 和 T_0 固定而放电时间 T_1 可以测出，因而可计算出模拟输入电压的大小（V_{Ref} 与 V_I 符号相反）。转换器结构如图 10-8 所示。

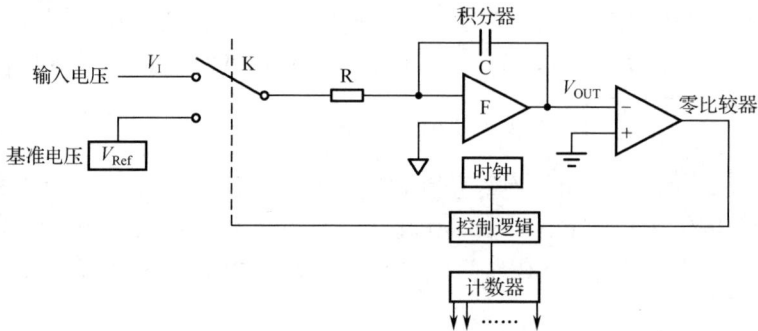

图 10-8 双积分型 A/D 转换器结构

具体工作过程如下。

转换开始后首先使积分电容完全放电，并将计数器清零。然后使开关接通输入电压 V_I，积分器对 V_I 进行定时积分，当定时 T_0 到时，控制逻辑使 K 合向基准电压 V_{Ref} 端，并让计数器开始计数，此时积分电容开始反向积分（放电）至输出电压为 0，比较器翻转，控制计数器停止计数。

定量计算如下。

第一阶段，K 合向 V_I 端，积分器对模拟输入电压 V_I 定时（T_0）积分，输出 V_A 为：

$$V_A = \frac{1}{RC}\int_0^{T_0} V_I \mathrm{d}t = \frac{T_0}{RC}V_I \qquad (10\text{-}4)$$

即积分器的输出与模拟输入电压 V_I 成正比。

第二阶段，K 合向基准电压 V_{Ref} 端时，积分器对 V_{Ref} 进行反向积分，直至积分器输出电压为 0，即

$$V_A + \frac{1}{RC}\int_0^{T_1} V_{Ref} \mathrm{d}t = 0$$

$$V_A + \frac{T_1}{RC}V_{Ref} = 0$$

$$V_A = \frac{-T_1}{RC}V_{Ref} \qquad (10\text{-}5)$$

由式（10-4）和式（10-5）得：

$$\frac{T_0}{RC}V_{\text{I}} = \frac{-T_1}{RC}V_{\text{Ref}}$$

$$V_{\text{I}} = -\frac{T_1}{T_0}V_{\text{Ref}}$$

由于 T_0、V_{Ref} 为已知的固定常数，因此反向积分时间 T_1 与输入模拟电压 V_{I} 在 T_0 时间内的平均值成正比。输入电压 V_{I} 越高，输出 V_{A} 越大，T_1 就越长。在 T_1 开始时刻，控制逻辑启动计数器开始计数，直至积分器恢复到零电平时计数停止。计数器的计数值正比于输入电压 V_{I} 在 T_0 时间内的平均值，于是完成了一次 A/D 转换。

2. 逐次逼近型的 A/D 转换器

逐次逼近型（也称逐位比较型）A/D 转换器结构如图 10-9 所示，其应用比双积分型更为广泛。

它主要由逐次逼近寄存器 SAR、D/A 转换器、比较器和时序及控制逻辑等组成。它的实质是逐次把 SAR 中的数字量经 D/A 转换后得到电压 V_{C}，与待转换模拟电压 V_x 进行比较。比较时，先从 SAR 的最高位开始，逐次确定各位的数码是"1"还是"0"，其工作过程如下。

转换前，先将 SAR 的各位清零。转换开始时，控制逻辑电路先把 SAR 中的最高位置"1"，其余位为"0"。此试探值经 D/A 转换成电压 V_{C}，然后将 V_{C} 与模拟电压 V_x 进行比较。如果 $V_x>V_{\text{C}}$，则说明 SAR 最高位"1"应予保留；如果 $V_x<V_{\text{C}}$，则说明 SAR 中的最高位应清零。然后对 SAR 的次高位置"1"。依上述方法进行 D/A 转换和比较。如此重复上述过程，直至确定 SAR 的最低位为止。

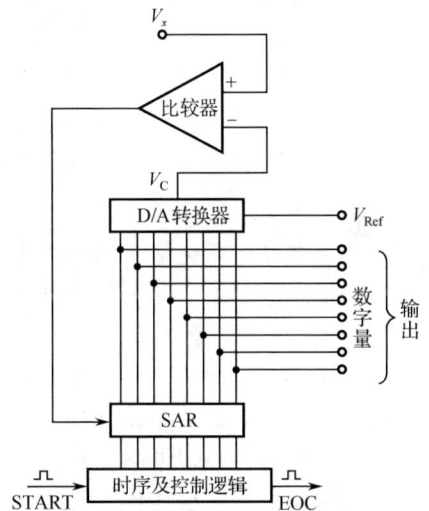

图 10-9　逐次逼近型 A/D 转换器结构

最后，SAR 中的内容就是与输入模拟量 V_x 相对应的二进制数字量。显然，A/D 转换器的位数决定了 D/A 转换器和 SAR 的位数。位数越多，转换结果越能准确逼近模拟量，但转换所需时间也越长。

逐次逼近型 A/D 转换器的主要特点是：

① 转换速度快；②转换时间固定；③抗干扰能力差。

10.3.3　典型 A/D 转换器介绍

1. 8 位 A/D 转换器 ADC0809

1）ADC0809 的主要性能

ADC0809 是一个 8 通道的 A/D 转换器芯片，采用逐次逼近式的 A/D 转换提供模拟多路开关和联合寻址逻辑。它的主要特性如下。

① 分辨率为 8 位，零偏差和满量程误差均小于 1/2LSB。

② 8 个模拟量输入通道，有通道地址锁存，数据输出具有三态锁存功能。

③ 转换时间为 100μs。

④ 工作温度范围为–40～+85℃。

⑤ 功耗为 15mW。

⑥ 输入电压范围为 0～+5V。

⑦ 单一+5V 电源供电。

2）ADC0809 的内部结构

ADC0809 的内部结构如图 10-10 所示。ADC0809 由 3 部分组成：通道选择电路、8 位 A/D 转换器、定时和控制电路。

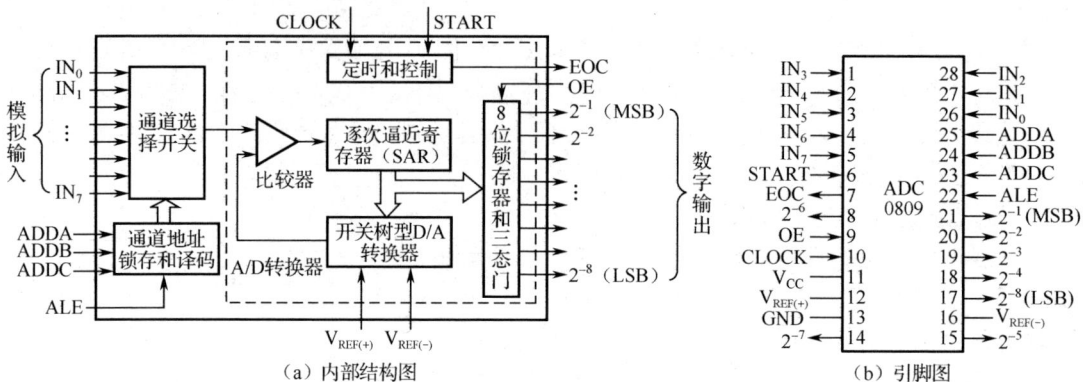

图 10-10　ADC0809 的内部结构及引脚图

（1）通道选择电路

通道选择电路包括一个树状通道选择开关和相应的地址锁存、译码电路。通道地址经锁存和译码以后选中 8 个输入通道中的一个进入 A/D 转换器。

（2）8 位 A/D 转换器

ADC0809 内部采用逐次逼近式的 A/D 转换，其中开关树和 $256k\Omega$ 电阻连在一起实现单调性的 D/A 转换，转换后的数据经数据锁存器和三态门输出。

（3）定时和控制电路

定时和控制电路具有控制启动转换和报告转换结束的功能。

3）ADC0809 的引脚

图 10-10 给出了 ADC0809 的引脚图，各引脚的功能如下。

（1）$IN_0 \sim IN_7$：8 个模拟量输入通道，每个通道输入电压范围为 0～5V。

（2）ADDA、ADDB、ADDC：模拟通道选择（也称通道地址选择），输入信号，由这 3 个引脚的编码决定本次转换的模拟量来自哪个输入通道。具体对应关系见表 10-1。

表 10-1　ADC0809 的通道选择

选中通道	地址		
	ADDC	ADDB	ADDA
IN_0	0	0	0
IN_1	0	0	1
IN_2	0	1	0
IN_3	0	1	1
IN_4	1	0	0
IN_5	1	0	1
IN_6	1	1	0
IN_7	1	1	1

（3）ALE：地址锁存允许，输入信号，当它有效时，将来自 ADDA～ADDC 的通道地址送入地址锁存、译码电路进行译码。

（4）START：启动转换，输入信号，要求持续时间在 200ns 以上，用来启动 A/D 转换。

（5）EOC：转换结束，输出信号，当转换正在进行时为低电平，转换结束后自动跳转为高电平，用于指示 A/D 转换已经完成且结果数据已存入锁存器。在系统中这个信号可用作中断请求或查询信号。

（6）2^{-1}～2^{-8}：8 位数字量输出，来自具有三态输出能力的 8 位锁存器，可直接接到系统数据总线上。

（7）OE：允许数据输出，输入信号，该信号有效时，输出三态门打开，数据锁存器的内容输出到数据总线上。

（8）$V_{REF(+)}$、$V_{REF(-)}$：基准电压。基准电压 V_{REF} 根据 V_{CC} 确定，典型值为 $V_{REF(+)}=V_{CC}$，$V_{REF(-)}=0$，$V_{REF(+)}$ 不允许比 V_{CC} 高，$V_{REF(-)}$ 不允许比地电平低。

（9）V_{CC}：电源。

（10）CLOCK：时钟，要求频率范围为 10kHz～1MHz（典型值为 640kHz），可由微处理器时钟分频得到。

（11）GND：地。

4）ADC0809 的工作时序

ADC0809 的工作时序如图 10-11 所示。由 START 为高电平来启动转换，上升沿将片内 SAR 复位，真正的转换从 START 的下降沿开始。在 START 上升沿之后的 2μs 加 8 个时钟周期（不定）后，EOC 输出信号将变低，以指示转换操作正在进行中。EOC 保持低电平直至转换完成后，此时转换后的数据已进入数据锁存器。当 OE 被置为高电平时，输出三态门打开，数据锁存器中的内容输出到数据总线上（CPU 可通过 IN 指令获取数据）。

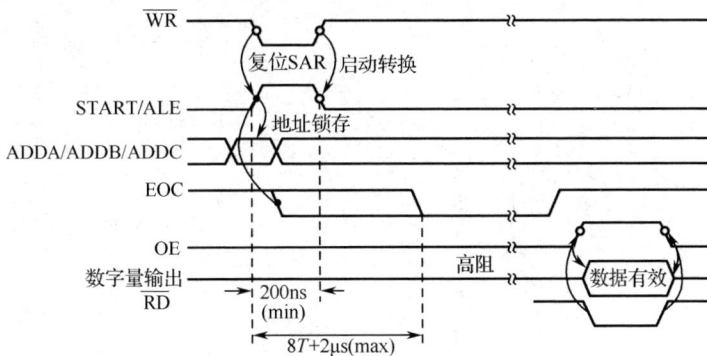

图 10-11　ADC0809 的工作时序

2．ADC0809 通过 8255A 与 CPU 的连接举例

【例 10.2】如图 10-12 所示，ADC0809 的 D_0～D_7 接 8255A 的 PA 口，PA 口工作于方式 0 输入；ADDC、ADDB、ADDA 分别接 8255A 的 PB_2～PB_0，PB 口工作于方式 0 输出。8255A 的 PC 口高 4 位工作于方式 0 输入，PC_7 接 ADC0809 的 EOC。8255A 的 PC 口低 4 位工作于方式 0 输出，PC_0 接 ADC0809 的 START 和 ALE。8255A 的地址为 70H～73H。试编写程序，以查询的方式对 IN_0 端进行 100 次采样并将数据存入开始的内存中。

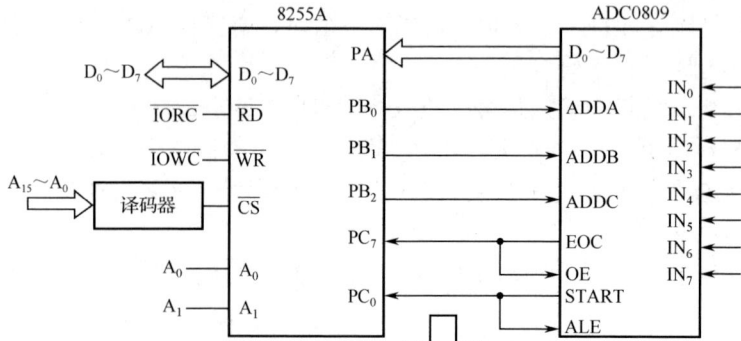

图 10-12　ADC0809 与 8255A 连接图

主程序：

```
        MOV  AL, 10011000B       ;8255A编程
        OUT  73H, AL
        MOV  AL, 00H
        OUT  72H, AL             ;START、ALE=0
        MOV  BX, OFFSET DATA     ;DATA是数据区首地址
        MOV  CX, 100
        MOV  AL, 00H
        OUT  71H, AL             ;选IN0
AGAIN:  MOV  AL, 01H
        OUT  72H, AL             ;START、ALE=1
        MOV  AL, 00H
        OUT  72H, AL             ;START、ALE=0
WAIT0:  IN   AL, 72H
        AND  AL, 80H
        JNZ  WAIT0               ;若EOC为低，则顺序执行指令
WAIT1:  IN   AL, 72H
        AND  AL, 80H
        JZ   WAIT1               ;若EOC为高，则顺序执行指令
        IN   AL, 70H             ;从PA口输入数据
        MOV  [BX], AL            ;存入内存
        INC  BX
        LOOP AGAIN
```

思考与练习

10-1　D/A 转换器和 A/D 转换器在微机应用中分别起何作用？

10-2　D/A 转换器的分辨率和精度指什么？

10-3　D/A 转换器中采用双缓冲方式的目的是什么？

10-4　已知某 D/A 转换器，最小可分辨电压变化量 $V_{omin}=5mV$，最大（满量程）输出电压 $V_{omax}=10V$，试问此电路输入数字量的位数 n 应为多大？参考电压 V_{Ref} 应为多大？

10-5　A/D 转换时为什么要进行采样？采样频率应根据什么选定？

10-6　设被测温度变化范围为 0～1200℃，如要求误差不超过 0.4℃，应选用分辨率为多少位的 A/D 转换器（设 A/D 转换器的分辨率和精度的位数一样）？

10-7　某 8 位 A/D 转换器输入电压范围为 0～+10 V，当输入电压为 4.48 V 和 7.81 V 时，其输出二进制数各是多少？该 A/D 转换器能分辨的最小电压变化量为多少毫伏？

附录 A   ASCII 字符集

1. 基本 ASCII 码

ASCII 码	字符	控制符	ASCII 码	字符	ASCII 码	字符	ASCII 码	字符
000/00H	null	NUL	032/20H	space	064/40H	@	096/60H	`
001/01H	☺	SOH	033/21H	!	065/41H	A	097/61H	a `
002/02H	☻	STX	034/22H	"	066/42H	B	098/62H	b
003/03H	♥	ETX	035/23H	#	067/43H	C	099/63H	c
004/04H	♦	EOT	036/24H	$	068/44H	D	100/64H	d
005/05H	♣	ENQ	037/25H	%	069/45H	E	101/65H	e
006/06H	♠	ACK	038/26H	&	070/46H	F	102/66H	f
007/07H	beep	BEL	039/27H	'	071/47H	G	103/67H	g
008/08H	back space	BS	040/28H	(	072/48H	H	104/68H	h
009/09H	◙	HT	041/29H	)	073/49H	I	105/69H	i
010/0AH	line feed	LF	042/2AH	*	074/4AH	J	106/6AH	j
011/0BH	♂	VT	043/2BH	+	075/4BH	K	107/6BH	k
012/0CH	♀	FF	044/2CH	,	076/4CH	L	108/6CH	l
013/0DH	carriage return	CR	045/2DH	-	077/4DH	M	109/6DH	m
014/0EH	♫	SO	046/2EH	.	078/4EH	N	110/6EH	n
015/0FH	☼	SI	047/2FH	/	079/4FH	O	111/6FH	o
016/10H	►	DLE	048/30H	0	080/50H	P	112/70H	p
017/11H	◄	DC1	049/31H	1	081/51H	Q	113/71H	q
018/12H	↕	DC2	050/32H	2	082/52H	R	114/72H	r
019/13H	‼	DC3	051/33H	3	083/53H	S	115/73H	s
020/14H	¶	DC4	052/34H	4	084/54H	T	116/74H	t
021/15H	§	NAK	053/35H	5	085/55H	U	117/75H	u
022/16H	■	SYN	054/36H	6	086/56H	V	118/76H	v
023/17H	↨	ETB	055/37H	7	087/57H	W	119/77H	w
024/18H	↑	CAN	056/38H	8	088/58H	X	12078H	x
025/19H	↓	EM	057/39H	9	089/59H	Y	121/79H	y
026/1AH	→	SUB	058/3AH	:	090/5AH	Z	122/7AH	z
027/1BH	←	ESC	059/3BH	;	091/5BH	[	123/7BH	{
028/1CH	∟	FS	060/3CH	<	092/5CH	\	124/7CH		
029/1DH	↔	GS	061/3DH	=	093/5DH	]	125/7DH	}
030/1EH	▲	RS	062/3EH	>	094/5EH	^	126/7EH	~
031/1FH	▼	US	063/3FH	?	095/5FH	_	127/7FH	del

2. 扩展 ASCII 码

ASCII 码	字符	ASCII 码	字符	ASCII 码	字符	ASCII 码	字符
128	Ç	160	á	192	└	224	α
129	ü	161	í	193	┴	225	β
130	é	162	ó	194	┬	226	Γ
131	â	163	ú	195	├	227	π
132	ä	164	ñ	196	─	228	Σ
133	à	165	Ñ	197	┼	229	σ
134	å	166	ª	198	╞	230	μ
135	ç	167	º	199	╟	231	τ
136	ê	168	¿	200	╚	232	φ
137	ë	169	⌐	201	╔	233	θ
138	è	170	¬	202	╩	234	Ω
139	ï	171	½	203	╦	235	δ
140	î	172	¼	204	╠	236	∞
141	ì	173	¡	205	=	237	φ
142	Ä	174	«	206	╬	238	∈
143	Å	175	»	207	╧	239	∩
144	É	176	░	208	╨	240	≡
145	æ	177	▒	209	╤	241	±
146	Æ	178	▓	210	╥	242	≥
147	ô	179	│	211	╙	243	≤
148	ö	180	┤	212	╘	244	⌠
149	ò	181	╡	213	╒	245	⌡
150	û	182	╢	214	╓	246	÷
151	ù	183	╖	215	╫	247	≈
152	ÿ	184	╕	216	╪	248	°
153	Ö	185	╣	217	┘	249	•
154	Ü	186	║	218	┌	250	·
155	¢	187	╗	219	█	251	√
156	£	188	╝	220	▄	252	ⁿ
157	¥	189	╜	221	▌	253	²
158	Pt	190	╛	222	▐	254	■
159	ƒ	191	┐	223	▀	255	blank

附录 B 8086/8088 指令系统一览表

助记符	指令格式	指令功能	对标志位的影响 O D I T S Z A P C
MOV	MOV dst, src	dst←src	— — — — — — — — —
PUSH	PUSH src	SP←SP−2 SP+1, SP←src	— — — — — — — — —
POP	POP dst	dst←SP+1, SP SP←SP+2	— — — — — — — — —
XCHG	XCHG opr1, opr2	opr1↔opr2	— — — — — — — — —
IN	IN ac, port IN ac, DX	ac←port ac←(DX)	— — — — — — — — —
OUT	OUT port, ac OUT DX, ac	port←ac (DX)←ac	— — — — — — — — —
XLAT	XLAT		— — — — — — — — —
LEA	LEA reg, src	reg←src	— — — — — — — — —
LDS	LDS reg, src	reg←src DS←src+2	— — — — — — — — —
LES	LES reg, src	reg←src ES←src+2	— — — — — — — — —
LAHF	LAHF	AH←flags 低字节	— — — — — — — — —
SAHF	SAHF	flags 低字节←AH	— — — — r r r r r
PUSHF	PUSHF	SP←SP−2 (SP+1, SP)←flags	— — — — — — — — —
POPF	POPF	flags←(SP+1, SP) SP←SP+2	r r r r r r r r r
ADD	ADD dst, src	dst←src+dst	x — — — x x x x x
ADC	ADC dst, src	dst←src+dst+CF	x — — — x x x x x
INC	INC opr	opr←opr+1	x — — — x x x x —
SUB	SUB dst, src	dst←dst−src	x — — — x x x x x
SBB	SBB dst, src	dst←dst−src−CF	x — — — x x x x x
DEC	DEC opr	opr←opr−1	x — — — x x x x —
NEG	NEG opr	opr←−opr	x — — — x x x x x
CMP	CMP opr1, opr2	opr1←opr1−opr2	x — — — x x x x x
MUL	MUL src	AX←AL*src src 为 8 位 reg/mem (DX,AX)←AL*src src 为 16 位 reg/mem	x — — — u u u u x
IMUL	IMUL src	AX←AL*src src 为 8 位 reg/mem (DX,AX)←AL*src src 为 16 位 reg/mem	x — — — u u u u x
DIV	DIV src	AL←AX/src 的商 src 为 8 位 reg/mem AH←AX/src 的余数 AX←(DX, AX) / src 的商 src 为 16 位 reg/mem DX←(DX, AX) / src 的余数	— — — — u u u u u
IDIV	IDIV src	AL←AX/src 的商 src 为 8 位 reg/mem AH←AX/src 的余数 AX←(DX, AX) / src 的商 src 为 16 位 reg/mem DX←(DX, AX) /src 的余数	u — — — u u u u u

助记符	指令格式		指令功能	对标志位的影响 O D I T S Z A P C
DAA	DAA		AL←把 AL 中的和调整到压缩的 BCD 格式	u－－－x x x x x
DAS	DAS		AL←把 AL 中的差调整到压缩的 BCD 格式	u－－－x x x x x
AAA	AAA		AL←把 AL 中的和调整到非压缩的 BCD 格式 AH←AH+调整产生的进位值	u－－－u u x u x
AAS	AAS		AL←把 AL 中的差调整到非压缩的 BCD 格式 AH←AH-调整产生的借位值	u－－－u u x u x
AAM	AAM		AX←把 AH 中的积调整到非压缩的 BCD 格式	u－－－x x u x u
AAD	AAD		AL←10*AH+AL, AH←0 实现除法的非压缩的 BCD 调整	u－－－x x u x u
AND	AND	dst, src	dst←dst ∧src	0－－－x x u x 0
OR	OR	dst, src	dst←dst ∨src	0－－－x x u x 0
NOT	NOT	opr	opr← $\overline{opr}$	－－－－－－－－－
XOR	XOR	dst, src	dst←dst ∀ src	0－－－x x u x 0
TEST	TEST	opr1, opr2	opr1∧opr2	0－－－x x u x 0
SHL	SHL SHL	opr, 1 opr, CL	逻辑左移	x－－－x x u x x
SAL	SAL SAL	opr, 1 opr, CL	算术左移	x－－－x x u x x
SHR	SHR SHR	opr, 1 opr, CL	逻辑右移	x－－－x x u x x
SAR	SAR SAR	opr, 1 opr, CL	算术右移	x－－－x x u x x
ROL	ROL ROL	opr, 1 opr, CL	循环左移	x－－－－－－－x
ROR	ROR ROR	opr, 1 opr, CL	循环右移	x－－－－－－－x
RCL	RCL RCL	opr, 1 opr, CL	带进位循环左移	x－－－－－－－x
RCR	RCR RCR	opr, 1 opr, CL	带进位循环右移	x－－－－－－－x
MOVS	MOVSB MOVSW		(DI) ←(SI) SI←SI±1 或 2 DI←DI±1 或 2	－－－－－－－－－
STOS	STOSB STOSW		(DI) ←AC DI←DI±1 或 2	－－－－－－－－－
LODS	LODSB LODSW		AC←(SI) SI←SI±1 或 2	－－－－－－－－－
REP	REP 串指令		当 CX=0, 退出重复; 否则 CX←CX-1, 执行其后的串指令	－－－－－－－－－
CMPS	CMPSB CMFLAGS		(SI) ←(DI) SI←SI±1 或 2 DI←DI±1 或 2	x－－－x x x x x
SCAS	SCASB SCASW		AC←(DI) DI←DI±1 或 2	x－－－－－－－x
REPE/REPZ	REPE/REPZ 串指令		当 CX=0 或 ZF=0 退出重复, 否则 CX←CX-1, 执行其后的串指令	－－－－－－－－－

助记符	指令格式		指令功能	对标志位的影响 O D I T S Z A P C
REPNE/REPNZ	REPNE/REPNZ 串指令		当 CX=0 或 ZF=1 退出重复，否则 CX←CX–1，执行其后的串指令	— — — — — — — — —
JMP	JMP JMP JMP JMP JMP	short opr near ptr opr far ptr opr word ptr opr dword ptr opr	无条件转移	— — — — — — — — —
JZ/JE	JZ/JE	opr	ZF=1 则转移	— — — — — — — — —
JNZ/JNE	JNZ/JNE	opr	ZF=0 则转移	— — — — — — — — —
JS	JS	opr	SF=1 则转移	— — — — — — — — —
JNS	JNS	opr	SF=0 则转移	— — — — — — — — —
JO	JO	opr	OF=1 则转移	— — — — — — — — —
JNO	JNO	opr	OF=0 则转移	— — — — — — — — —
JP/JPE	JP/JPE	opr	PF=1 则转移	— — — — — — — — —
JNP/JPO	JNP/JPO	opr	PF=0 则转移	— — — — — — — — —
JC/JB/JNAE	JC/JB/JNAE	opr	CF=0 则转移	— — — — — — — — —
JNC/JNB/JAE	JNC/JNE/JAE	opr	CF=0 则转移	— — — — — — — — —
JBE/JNA	JBE/JNA	opr	CF ∨ZF=1 则转移	— — — — — — — — —
JNBE/JA	JNBE/JA	opr	CF ∨ZF=0 则转移	— — — — — — — — —
JL/JNGE	JL/JNGE	opr	SF ∀ OF=1 则转移	— — — — — — — — —
JNL/JGE	JNL/JGE	opr	SF ∀ OF=0 则转移	— — — — — — — — —
JLE/JNG	JLE/JNG	opr	(SF ∀ OF)∨ZF =1 则转移	— — — — — — — — —
JNLE/JG	JNLE/JG	opr	(SF ∀ OF)∨ZF =0 则转移	— — — — — — — — —
JCXZ	JCXZ	opr	CX=0 则转移	— — — — — — — — —
LOOP	LOOP	opr	CX≠0 则循环	— — — — — — — — —
LOOPZ/LOOPE	LOOPZ/LOOPE	opr	ZF=1 且 CX≠0 则循环	— — — — — — — — —
LOOPNZ/LOOPNE	LOOPNZ/LOOPNE	opr	ZF=0 且 CX≠0 则循环	— — — — — — — — —
CALL	CALL	dst	过程调用指令	— — — — — — — — —
RET	RET		返回指令	— — — — — — — — —
RET	RET	n	带参数的返回指令	— — 0 0 — — — — —
INT	INT	type	软中断指令 type=3 时，是 1 字节指令 type≠3 时，是 2 字节指令	— — 0 0 — — — — —
INTO	INTO(type=4)		若 OF=1，则产生类型为 4 的中断	— — 0 0 — — — — —
IRET	IRET		从中断返回指令	r r r r r r r r r
CBW	CBW		AL 的符号扩展到 AH	— — — — — — — — —
CWD	CWD		AX 的符号扩展到 DX	— — — — — — — — —
CLC	CLC		进位位置 0	— — — — — — — — 0
CMC	CMC		进位位取反	— — — — — — — — x
STC	STC		进位位置 1	— — — — — — — — 1
CLD	CLD		方向标志置 0	— 0 — — — — — — —
STD	STD		方向标志置 1	— 1 — — — — — — —

助记符	指令格式	指令功能	对标志位的影响 O D I T S Z A P C
CLI	CLI	中断标志置 0	— — 0 — — — — — —
STI	STI	中断标志置 1	— — 1 — — — — — —
NOP	NOP	无操作	— — — — — — — — —
HLT	HLT	停机	— — — — — — — — —
WAIT	WAIT	等待	— — — — — — — — —
ESC	ESC	换码	— — — — — — — — —
LOCK	LOCK	封锁	— — — — — — — — — — — — — — — — — —

符号说明如下。

（1）指令中的符号。

opr—操作数；

src—源操作数；

dst—目标操作数；

reg—寄存器操作数；

mem—存储器操作数；

data—立即数。

（2）对标志位的影响中的符号。

0—置 0；

1—置 1；

x—根据结果设置；

——不影响；

u—无定义；

r—恢复原先保存的值。

附录 C 通用汇编程序伪指令

伪指令	功能
.286	选择 80286 指令系统
.286P	选择 80286 保护模式指令系统
.386	选择 80386 指令系统
.386P	选择 80386 保护模式指令系统
.486	选择 80486 指令系统
.486P	选择 80486 保护模式指令系统
.586	选择 Pentium 指令系统
.586P	选择 Pentium 保护模式指令系统
.287	选择 80287 数字协处理器
.387	选择 80387 数字协处理器
.code	定义代码段
.data	定义数据段
.EXIT	使程序设计模型返回 DOS
.MODEL	选择编程模式
.stack	定义堆栈段
.STARTUP	在编程模型中指示程序的开始
ALIGN2	按字或双字分界的段中数据的开始
ASSUME	规定段所属的段寄存器
BYTE	指示字节长度的操作数，如 BYTE PTR
WORD	起字操作数的作用，如 WORD PTR
DWORD	定义双字节长度的操作数，如 DWORD PTR
DB	定义字节（8 位）
DW	定义字节（16 位）
DD	定义字节（32 位）
DQ	定义字节（64 位）
DT	定义字节（80 位）
DUP	产生重复的字符或数字
END	指示程序结束
MACRO	定义宏的名字、参数和开始　　宏名　MACRO
ENDM	指示宏序列结束　　ENDM
PROC	指示过程开始　　过程名 PROC
ENDP	指示过程结束　　过程名 ENDP
STRUC	指示结构开始　　结构名 STRUC
ENDS	指示结构结束　　结构名 ENDS

伪指令	功能
EQU	标号等于数据
=	赋值
FAR	定义远指针
NEAR	定义近指针
ORG	设置段内的起始地址
PTR	指示存储器指针
SEGMENT	定义段　段名 SEGMENT
STACK	指示这个段是堆栈段
USES	MASM 6.X 版本指示自动保存过程使用的寄存器
USES16	指导汇编程序 80386～Pentium 以上微处理器使用 16 位的指令模式和数据长度
USES32	指导汇编程序 80386～Pentium 以上微处理器使用 32 位的指令模式和数据长度
PUBLIC	说明在本模块中定义的外部符号
EXTRN	可使指定的段都在 64KB 的物理段内

附录 D　常用 DOS 功能调用（INT　21H）

功能号	功能	入口参数	出口参数
00H	程序终止	CS=程序段前缀的段地址	
01H	键盘输入		AL=输入字符
02H	显示输出	DL=输出显示的字符	
03H	串行通信输入		AL=接收字符
04H	串行通信输出	DL=发送字符	
05H	打印机输出	DL=打印字符	
06H	控制台输入/输出	DL=FFH（输入），DL=字符（输出）	AL=输入字符
07H	无回显键盘输入		AL=输入字符
08H	无回显键盘输入		AL=输入字符
09H	显示字符串	DS:DX=字符串地址	
0AH	输入字符串	DS:DX=缓冲区地址	
0BH	检验键盘状态		AL=00 有输入，AL=FF 无输入
0CH	清输入缓冲区，执行指定输入功能	AL=输入功能号（1、6、7、8、0AH）	
0DH	磁盘复位		清除文件缓冲区
0EH	选择磁盘驱动器	DL=驱动器号	AL=驱动器数
0FH	打开文件	DS:DX=FCB 首地址	AL=00H 文件找到 AL=FFH 文件未找到
10H	关闭文件	DS:DX=FCB 首地址	AL=00H 目录修改成功 AL=FFH 未找到
11H	查找第一个目录项	DS:DX=FCB 首地址	AL=00H 找到，AL=FFH 未找到
12H	查找下一个目录项	DS:DX=FCB 首地址	AL=00H 文件找到 AL=FFH 未找到
13H	删除文件	DS:DX=FCB 首地址	AL=00H 删除成功 AL=FFH 未找到
14H	顺序读	DS:DX=FCB 首地址	AL=00H 读成功 AL=01H 文件结束，记录无数据 AL=02H DTA 空间不够 AL=03H 文件结束，记录不完整
15H	顺序写	DS:DX=FCB 首地址	AL=00H 写成功 AL=01 盘满 AL=02H DTA 空间不够
16H	创建文件	DS:DX=FCB 首地址	AL=00H 创建成功 AL=FFH 无磁盘空间
17H	文件改名	DS:DX=FCB 首地址 (DS:DX+1)=旧文件名 (DS:DX+17)=新文件名	AL=00H 改名成功 AL=FFH 不成功
19H	取当前磁盘		AL=当前驱动器号
1AH	设置 DTA 地址	DS:DX=DTA 地址	
1BH	取默认驱动器 FAT 信息		AL=每簇的扇区数，DS:BX=FAT 标识字节 CX=物理扇区的大小，DX=驱动器和簇数
21H	随机读	DS:DX=FCB 首地址	AL=00H 读成功 AL=01H 文件结束 AL=02H 缓冲区溢出 AL=03H 缓冲区不满

功能号	功能	入口参数	出口参数
22H	随机写	DS:DX=FCB 首地址	AL=00H 写成功 AL=01H 磁盘满 AL=02H 缓冲区溢出
23H	文件长度	DS:DX=FCB 首地址	AL=00H 成功，长度在 PCB AL=1 未找到
24H	设置随机记录号	DS:DX=FCB 首地址	
25H	设置中断向量	DS:DX=中断向量， AL=中断向量号	
26H	建立 PSP	DX=新的 PSP	
27H	随机块读	DS:DX=FCB 首地址 CX=记录数	AL=00H 读成功 AL=01 文件结束 AL=02H 缓冲区溢出 AL=03H 缓冲区不满
28H	随机块写	DS:DX=FCB 首地址 CX=记录数	AL=00H 写成功 AL=01H 盘满 AL=02H 缓冲区溢出
29H	分析文件名	ES:DI=FCB 首地址 DS:SI=ASCII 串 AL=控制分析标志	AL=00H 标准文件 AL=01H 多义文件 AL=FFH 非法盘符
2AH	取日期		CX:DH:DL=年:月:日
2BH	设置日期	CX:DH:DL=年:月:日	
2CH	取时间		CH:CL=时:分，DH:DL=秒:百分秒
2DH	设置时间	CH:CL=时:分， DH:DL=秒:百分秒	
2EH	设置磁盘写标志	AL=00 关闭，AL=01 打开	
2FH	取 DTA 地址		ES:BX=DTA 首地址
30H	取 DOS 版本号		AL=主版本号，AH=辅版本号
31H	程序终止并驻留	AL=返回码，DX=驻留大小	
33H	ctrl-break 检测	AL=00 取状态 AL=01 置状态	DL=00H 关闭，DL=01H 打开
35H	获取中断向量	AL=中断向量号	ES:BX=中断向量
36H	取可用磁盘空间	DL=驱动器号	成功：AX=每簇扇区数，BX=有效簇数 CX=每扇区字节数，DX=总簇数 出错：AX=FFFFH
38H	取国家信息	DS:DX=信息区地址	BX=国家代码
39H	建立子目录	DS:DX=ASCII 串	AX=错误码
3AH	删除子目录	DS:DX=ASCII 串	AX=错误码
3BH	改变目录	DS:DX=ASCII 串	AX=错误码
3CH	建立文件	DS:DX=ASCII 串，CX=文件属性	成功：AX=文件号；出错：AX=错误码
3DH	打开文件	DS:DX=ASCII 串，AL=0/1/2 读/写/读写	成功：AX=文件号；出错：AX=错误码
3EH	关闭文件	BX=文件号	AX=错误码
3FH	读文件或设备	DS:DX=数据缓冲区地址 BX=文件号 CX=读取字节数	成功：AX=实际读出字节数 AX=0 已到文件尾 出错：AX=错误码
40H	写文件或设备	DS:DX=数据缓冲区地址，BX=文件号，CX=写入字节数	成功：AX=实际写入字节数 出错：AX=错误码

功能号	功　　能	入口参数	出口参数
41H	删除文件	DX:DX=ASCII 串	成功：AX=00；出错：AX=错误码
42H	移动关闭指针	BX=文件号，CX:DX=位移量 AL=移动方式	成功：DX:AX=新指针位置 出错：AX=错误码
43H	读取/设置文件 属性	DS:DX= ASCII 串，AL=0/1 取/置 属性，CX=文件属性	成功：CX=文件属性 出错：AX=错误码
44H	设备 I/O 控制	BX=文件号： AL=0 取状态，AL=1 置状态， AL=2 读数据，AL=3 写数据， AL=6 取输入状态， AL=7 取输出状态	DX=设备信息
45H	复制文件号	BX=文件号 1	成功：AX=文件号 2；出错：AX=错误码
46H	强制文件号	BX=文件号 1，CX=文件号 2	成功：AX=文件号 1；出错：AX=错误码
47H	取当前路径名	DL=驱动器号 DS:SI= ASCII 串地址	DS:SI= ASCII 串 出错：AX=错误码
48H	分配内存空间	BX=申请内存容量	成功：AX=分配内存首址 出错：BX=最大可用空间
49H	释放内存空间	ES=内存起始段地址	出错：AX=错误码
4AH	调整分配的内存空间	ES=原内存起始地址 BX=再申请内存容量	失败：AX=错误码 BX=最大可用空间
4BH	装入/执行程序	DS:DX= ASCII 串 ES:BX=参数区首地址 AL=0/3 执行/装入不执行	出错：AX=错误码
4CH	程序终止	AL=返回码	
4DH	取返回码		AL=返回码
4EH	查找第一个目录项	DS:DX= ASCII 串地址，CX=属性	AX=错误码（02，18）
4FH	查找下一个目录项	DS:DX= ASCII 串地址	AX=错误码（18）
54H	读取磁盘写标志		AL=当前标志值，00 为关，01 为开
56H	文件改名	DS:DX=旧 ASCII 串 ES:DI=新 ASCII 串	AX=错误码（03，05，17）
57H	设置/读取文件日期和时间	BX=文件号，AL=0 读取 AL=1 设置(DX:CX)	DX:CX=日期和时间 出错：AX=错误码
58H	取/置分配策略码	AL=0 读取，AL=1 设置（BX）	成功：AX=策略码，出错：AX=错误码

附录 E 常用 ROM BIOS 功能调用

功能号	功能	入口参数	出口参数
10H	AH=00H 设置显示方式	AL=00:40×25 单色文本	
		AL=01:40×25 彩色文本	
		AL=02:80×25 单色文本	
		AL=03:80×25 彩色文本	
		AL=04:320×200 彩色图形	
		AL=05:320×200 黑白图形	
		AL=06:640×200 黑白图形	
		AL=07:80×25 单色文本	
		AL=08:160×200 16 色图形	
		AL=09:320×200 16 色图形	
		AL=0A:640×200 16 色图形	
		AL=0B, 0C:保留 EGA	
		AL=0D:320×200 彩色图形 EGA	
		AL=0E:640×200 彩色图形 EGA	
		AL=0F:640×350 单色图形 EGA	
		AL=10:640×350 彩色图形 EGA	
		AL=11:640×480 单色图形 EGA	
		AL=12:640×480 16 色图形 EGA	
		AL=13:320×200 256 色图形 EGA	
	AH=01H 设置光标形状	$CH_{0\sim3}$=光标起始的扫描线号,$CL_{0\sim3}$=光标终止的扫描线号	
	AH=02H 设置光标位置	DH=光标所在的行号, DL=光标所在的列号, BH=光标所在的页号	
	AH=03H 查询光标形状和位置	BH=要查询光标所在的页号	CH=光标起始扫描线号, CL=光标终止扫描线号, DH=光标行号, DL=光标列号
	AH=04H 查询光标位置		
	AH=05H 设置当前显示页	AL=页号。设定某页,则此页变为当前显示页。默认时为 0 页	
	AH=06H 窗口上滚	CH=滚动窗口左上角的行号, CL=滚动窗口左上角的列号, DH=滚动窗口右下角的行号, DL=滚动的行数, BH=填充的正文属性字节(符号方式)或填充字节(图形方式)	
	AH=07H 窗口下滚	同 6 号功能	
	AH=08H 读光标处的字符及其属性	BH=所在页号	AL=所读字符的 ASCII 码, AH=所读字符的属性

功能号	功能	入口参数	出口参数
10H	AH=09H 在光标处写字符及其属性	AL=字符的 ASCII 码，BL=属性字节（文本方式）或颜色值（图形方式），BH=页号，CX=连续写字符的个数	
	AH=0AH 在光标处写字符	AL=字符的 ASCII 码，BL=颜色值（图形方式），BH=页号，CX=连续写字符的个数	
	AH=0BH 设置 CGA 调色板	① BH=0 时，BL=图形方式的背景色或字符方式的边界色（0～15）。② BH=1 时，BL=选用的调色板号（0 和 1 分别对应第 0 和第 1 色组）	
	AH=0CH 写图形像素（写点）	AL=像素值，CX=像素写到的列值，DX=像素写到的行值	
	AH=0DH 读图形像素（读点）	CX=欲读像素所在的列值，DX=欲读像素所在的行值	AL=像素值
	AH=0EH 在光标处写字符并移动光标	AL=字符的 ASCII 码，BL=字符的颜色值（图形方式），BH=页号（字符方式）	
	AH=0FH 查询当前显示方式	AH=显示的列数，AL=显示方式号，BH=当前显示页号	
14H	AH=00H UART 初始化设置	AL=初始化参数。其中 $D_7D_6D_5$ 设置波特率：取 000～111 值依次对应 110、150、300、600、1200、2400、4800、9600（单位：bit/s）。D_4D_3 设置奇偶校验位：X0、01、11 分别表示无校验、奇校验、偶校验。D_2 设置停止位：0、1 分别表示使用 1、2 停止位。D_1D_0 设置数据位：10 和 11 分别表示 7 和 8 位数据位	AH=通信线路状态，D_7～D_0 各位为 1 依次表示发生超时、发送移位寄存器空、发送保持寄存器空、中止字符、帧校验错、奇偶校验错、溢出错、数据准备好。AL=调制解调器状态，D_7～D_0 各位为 1 依次表示发生载波检测到、振铃指示、DSR 有效、CTS 有效、载波改变、振铃指示断开、DSR 改变、CTS 改变。0 号功能是将 AL 中的 D_4～D_0 位直接写入 8250 的线路控制寄存器 LCR 的低 5 位，指定串行通信的数据格式；同时，还使 LCR 的 D_6、D_5 位复位，既不使用强制奇偶校验位，也不发送中止字符。该功能利用 AL 中的 $D_7D_6D_5$ 建立数据传输通道，清除中断允许寄存器 IER，即不使用中断方式。最后，取出通信线路状态和调制解调器状态送入 AH 和 AL
	AH=01H 发送一个字符	AL=欲发送的字符代码	AH=通信线路状态（同 0 号功能），其中，D_7=1 表示未能成功发送
	AH=02H 接收一个字符		AL=接收的字符；AH=通信线路状态（同 0 号功能），其中，D_7=1 表示未能成功接收
	AH=03H 读取异步通信口状态		AH=通信线路状态（同 0 号功能），AL=调制解调器状态（同 0 号功能）
16H	AH=00H 读取键值		AX=键值代码，根据按键可以分为以下 3 种情况。①标准 ASCII 码（0～127），AH=接通扫描码 ②扩展按键（组合键、F1～F10 功能键、光标控制键等）：AL=00H，AH=键扩展码（0FH～84H）③Alt+小键盘的数字键：AL=数字值（1～255），AH=00H

功能号	功能	入口参数	出口参数
16H	AH=01H 判断是否有键按下		标志 ZF=1, 无键按下; ZF=0, 有键按下, 且 AX=键值代码 (同 AH=0 功能)
	AH=02H 读当前 8 个特殊键的状态	AL=KB-FLAG 字节单元内容, 从高位到低位依次为 Ins、Caps Lock、Num Lock、Scroll Look、Alt、Ctrl、左 Shift、右 Shift 各键的按下标志位。按下时, 相应位为 1	
17H	AH=00H 送入打印机一个字符	AL=打印字符, DX=打印机号(0~2)	AH=打印机状态
	AH=01H 初始化打印机	DX=打印机号 (0~2)	AH=打印机状态
	AH=02H 读打印机状态	DX=打印机号 (0~2)	AH=打印机状态
	上述 3 个功能调用返回的参数都是打印机状态字节。某位为 1, 分别表示不忙 (D$_7$)、响应 (D$_6$)、无纸 (D$_3$)、选中 (D$_4$)、出错 (D$_3$) 和超时错误 (D$_0$)		
1AH	AH=00H 读取日时钟		CX=计时变量高字内容, DX=计时变量低字内容; AL=0, 表示未超过 24 小时
	AH=01H 设置日时钟	CX=计时变量高字内容, DX=计时变量低字内容	
	AH=02H 读取实时时钟		CH=BCD 码小时值, CL=BCD 码分值, DH=BCD 码秒值
	AH=03H 设置实时时钟	CH=BCD 码小时值, CL=BCD 码分值, DH=BCD 码秒值, DL=0(不调整天数)	
	AH=04H 读取实时日期		CH=BCD 码世纪值, CL=BCD 码年值, DH=BCD 码月值, DL=BCD 码日值
	AH=05H 设置实时日期	CH=BCD 码世纪值, CL=BCD 码年值, DH=BCD 码月值, DL=BCD 码日值	
	AH=06H 设置报警时钟	CH=BCD 码小时值, CL=BCD 码分值, DH=BCD 码秒值	
	AH=07H 复位报警时钟		

参 考 文 献

[1] 倪继烈，刘新民.微机原理与接口技术 [M]. 成都：电子科技大学出版社，2001.

[2] 郑学坚，周斌. 微型计算机原理与应用 [M]. 3 版. 北京：清华大学出版社，2001.

[3] 艾德才. Pentium 系列微型计算机原理与接口技术 [M]. 北京：高等教育出版社，2001.

[4] 沈美明，温冬婵. IBM PC 汇编语言程序设计 [M]. 2 版. 北京：清华大学出版社，2002.

[5] 冯博琴，吴宁，陈文革，等. 微型计算机原理与接口技术 [M]. 北京：清华大学出版社，2002.

[6] 李继灿. 新编 16/32 位微型计算机原理与应用 [M]. 北京：清华大学出版社，2001.

[7] 谢瑞和. 微机原理与接口技术 [M]. 2 版. 北京：高等教育出版社，2007.

[8] 王忠民，王钰，王晓婕. 微型计算机原理 [M]. 2 版. 西安：西安电子科技大学出版社，2007.

[9] 牟琦，聂建萍. 微机原理与接口技术 [M]. 北京：清华大学出版社，2007.

[10] 周荷琴，吴秀清. 微型计算机原理与接口技术 [M]. 4 版. 合肥：中国科学技术大学出版社，2008.

[11] 杨素行. 微型计算机系统原理及应用 [M]. 3 版. 北京：清华大学出版社，2009.

[12] 洪永强，王一菊，颜黄苹. 微机原理与接口技术 [M]. 2 版. 北京：科学出版社，2009.

[13] 戴梅萼，史嘉权. 微型机原理与技术 [M]. 2 版. 北京：清华大学出版社，2009.

[14] 李继灿，谭浩强. 微机原理与接口技术 [M]. 北京：清华大学出版社，2011.

[15] 陈继红. 微机原理及应用 [M]. 2 版. 北京：高等教育出版社，2011.

[16] 冯博琴，吴宁. 微型计算机原理与接口技术 [M]. 3 版. 北京：清华大学出版社，2011.